Gerhard Gensch, Eva Maria Stöckler, Peter Tschmuck (Hrsg.)

Musikrezeption, Musikdistribution und Musikproduktion

GABLER EDITION WISSENSCHAFT

Gerhard Gensch, Eva Maria Stöckler,
Peter Tschmuck (Hrsg.)

Musikrezeption, Musikdistribution und Musikproduktion

Der Wandel des Wertschöpfungsnetzwerks in der Musikwirtschaft

GABLER EDITION WISSENSCHAFT

Bibliografische Information der Deutschen Nationalbibliothek
Die Deutsche Nationalbibliothek verzeichnet diese Publikation in der Deutschen Nationalbibliografie; detaillierte bibliografische Daten sind im Internet über <http://dnb.d-nb.de> abrufbar.

1. Auflage 2008

Lektorat: Frauke Schindler / Viktoria Steiner

Gabler ist Teil der Fachverlagsgruppe Springer Science+Business Media.
www.gabler.de

Umschlaggestaltung: Regine Zimmer, Dipl.-Designerin, Frankfurt/Main
Gedruckt auf säurefreiem und chlorfrei gebleichtem Papier
Printed in Germany

ISBN 978-3-8350-0913-4

Vorwort

Das musikwirtschaftliche Wertschöpfungsnetzwerk unterliegt gegenwärtig einem tiefgreifenden Wandel, der die Art und Weise der Produktion, der Distribution sowie der Rezeption von Musik nachhaltig verändert. Um den vielfältigen Facetten dieser Umbruchsituation gerecht zu werden, wurden für diesen Sammelband Autorinnen und Autoren aus den verschiedensten wissenschaftlichen Disziplinen gewonnen. Das Spektrum reicht von der Musikwissenschaft über die Musiksoziologie, die Kultur- und Medienwissenschaft bis hin zu den Wirtschaftswissenschaften. Auf diese Weise kann ein interdisziplinärer und multiperspektivischer Blick auf die sich gerade vollziehenden Änderungsprozesse, die die gesamte Musikwirtschaft betreffen, gewährleistet werden.

Damit reicht dieser hier vorliegende Sammelband weit über die Vielzahl der in letzter Zeit veröffentlichten Publikationen hinaus, die sich meist auf den Wandel der musikindustriellen Verwertung und dabei vor allem auf die neuartige Distribution von Musik über die neuen Medien fokussieren. Da sich die Flut dieser Arbeiten über die Musikindustrie nur zum Teil einer wissenschaftlichen Methodik verpflichtet fühlen, haben die HerausgeberInnen dieses Bandes ganz bewusst einen wissenschaftlichen Anspruch für die Beiträge postuliert, der, so lässt sich das nach Abschluss dieses Buchprojekts sagen, in höchstem Maß eingelöst werden konnte.

Wir möchten an dieser Stelle den Autorinnen und Autoren für ihr Engagement und ihre Geduld herzlich danken. Sie haben sich im Diskurs mit den HerausgeberInnen deren Fragen und Anregungen gestellt und somit für die hohe Qualität dieses Sammelbandes einen wichtigen Beitrag geleistet.

Danken möchten wir auch Sibylle Zwins, die sich trotz des engen Zeitkorsetts bereit gefunden hat, das Endlektorat zu übernehmen.

Schließlich möchten wir uns noch bei der Abteilung für Kultur und Wissenschaft des Amtes der Niederösterreichischen Landesregierung sowie beim Vorstand des Instituts für Kulturmanagement und Kulturwissenschaft (IKM), Prof. Dr. Hofecker, für den jeweils gewährten Druckkostenzuschuss, ohne den dieses Buch hätte nicht erscheinen können, bedanken.

Wir hoffen, dass mit dem vorliegenden Sammelband ein breiter Leserkreis angesprochen werden kann, der sich für die Verknüpfung von musikwirtschaftlichen, musik- und medienwissenschaftlichen Fragestellungen interessiert und wünschen in diesem Sinn eine spannende und bereichernde Lektüre.

Krems/Wien am 31. August 2008 Die HerausgeberInnen

Inhaltsverzeichnis

Musikrezeption

Der Musiker im Spannungsfeld zwischen Begabungsideal, Berufsbild und Berufspraxis im digitalen Zeitalter

Gerhard Gensch, Herbert Bruhn

1 Einleitung

Musik nimmt in jeder menschlichen Gesellschaft eine zentrale Position ein. Sie ist ein Medium für den Austausch persönlicher Erlebnisse, sozialer Beziehungen und kultureller Identität (Rösing 1998). Die Rolle der ausübenden Musiker ist dabei sehr unterschiedlich definiert. In einigen Kulturkreisen werden beim Musizieren alle Anwesenden eingebunden – ein besonderes Kennzeichen von schwarzafrikanischer Musik oder allgemein von Volksmusik bzw. tribaler Musik, der Musik kleinerer Stammesgemeinschaften (Födermayr 1998a). Musik stärkt hier das Gefühl von Zusammengehörigkeit und übt eine kulturstabilisierende Wirkung aus (Födermayr 1998b).

Manche Kulturkreise wie das westliche und mittlere Europa unterscheiden bisher deutlich zwischen einer vom Volk mitgestalteten Musik und einer Kunstmusik, für die nach dem mitteleuropäischen Prinzip der Arbeitsteilung nur ausgebildete Spezialisten als Musiker in Frage kommen. Kunstmusik wird als ästhetisch höherstehend angesehen – Volksmusik oder volkstümliche Musik dagegen als weniger wertvolle Gemeinschaftsmusik, obwohl auch hier die Teilnehmer im Rahmen ihrer besonderen Qualifikation einer Arbeitsteilung unterliegen.

Diese wird durch die technologische Entwicklung im Bereich der Musikproduktion zunehmend in Frage gestellt. Insbesondere im Bereich der Popmusikstilrichtungen ist es für einen Amateurmusiker mittlerweile möglich, mit Computer und Synthesizer qualitativ hochwertig neben dem Profimusiker aufzutreten: Profis und Amateure treten in Wettbewerb zueinander (Smudits 2004: 15; Sperlich 2008). Technologische Innovationen im Bereich der Popmusik seit Mitte der 1980er Jahre und der erleichterte Zugang zu neuen Distributionswegen (Internet) sind dafür verantwortlich, dass das künstlerische Ideal des Musikers einem neuen, an der Berufspraxis orientierten Berufsbild weichen muss. Die Marktstrukturen haben sich radikal geändert, das Ergebnis der Veränderungen ist bisher keineswegs abzuschätzen.

Wahrscheinlich ist, dass es zur Umformung des gesamten Musikmarkts kommen wird und die auf einem arbeitsteiligen Musikmarkt fußende Unterscheidung zwischen Musiker, Produzent, Techniker und Distributeur unbrauchbar wird. Ein neuer Typus des Musikschaffenden entsteht. In ihm vereinigen sich künstlerisch-kreative Fähigkeiten mit produktionstechnischen, ökonomischen, rechtlichen, kommunikativen und managementbezogenen Kompetenzen.

2 Entwicklung des Berufsmusikers in Europa

Der im ersten Jahrzehnt des 21. Jahrhunderts begonnene Veränderungsprozess wird in Mitteleuropa eine historisch gewachsene Kluft überbrücken müssen, die zwischen Hochkultur und Volkskultur, zwischen Amateur und Berufsmusiker sowie zwischen Vorstellungen vom Musikberuf und der Praxis des Berufsmusikers entstanden ist.

Deutlich bestimmend war für die Entwicklung der Musik in Mitteleuropa der Einfluss der Kirche. Vom 9. Jahrhundert an war die Kirche für lange Zeit dominierender Träger der Hochkultur. In engem Zusammenhang mit den Funktionen im Gottesdienst entstehen Domschulen und Ausbildungsstätten für liturgische Gesänge. In dieser Zeit war die Gemeinde vom Singen der Messe ausgeschlossen: Aus dem Wechselgesang zwischen Priester und Gemeinde wurde der Wechselgesang zwischen den Klerikern und der Schola der Cantoren (Niemöller 1976: 956).

Als sich im 13. Jahrhundert schließlich auch weltliche Ausbildungsstätten entwickelten, wird zunächst nicht zwischen der Laienmusik und der Berufsausbildung getrennt. Die Ausbildung fand in Musikergilden statt, die analog zu den Handwerksgilden organisiert wurden. Sie waren unabhängig von der Kirche und standen sogar eine Zeitlang unter dem Bann des Papstes (erst 1480 aufgehoben, vgl. Engel 1960: 221ff.). Der Zusammenschluss zu Musikergilden diente in erster Linie dem Schutz der Mitglieder gegenüber staatlichen Eingriffen – das gemeinsame Singen war nur der äußere Anlass für die Treffen. Insbesondere die Meistersingergilden aus dem 13. Jahrhundert galten als quasi-religiöse Bruderschaft, die für den Schutz von Person und individuellem Recht eintrat.

Erst die Einrichtung von Stadtpfeifereien für städtische Musik oder die Ausbildung für Militärmusiker vollzog die Trennung zwischen einer kirchlichen und einer weltlichen Musikausübung: Die Musikerausbildung in den Stadtpfeifereien wurde nach dem Vorbild von Handwerksbetrieben organisiert. Neben der Aufgabe, öffentliche festliche und private Anlässe musikalisch zu begleiten, hatten sie auch die Verpflichtung, Lehrlinge und Gesellen auszubilden (Lehmann-Wermser et al. 2007).

Auch die heutigen Berufsausbildungsstätten, die Musikhochschulen und Konservatorien, waren ursprünglich keineswegs für die Berufsausbildung vorgesehen: Konservatorien, deren Geschichte bis ins 14. Jahrhundert zurückgeht, waren Bewahranstalten für arme und verwaiste Kinder. Erst im 16. Jahrhundert wurden Konservatorien mit schulischer Unterweisung und gleichzeitig mit Musikunterricht verbunden (Schaal 1958). Als Sonderfall ist sicher das Mädchen-

Waisenheim in Venedig anzusehen, in dem Antonio Vivaldi als Geigenlehrer wirkte. Er konnte nach kurzer Zeit Konzerttourneen durch Oberitalien veranstalten und mit dem Ensemble weiß gekleideter junger Mädchen große Erfolge erringen. Sind im 18. Jahrhundert die Grenzen zwischen der Ausbildung für professionelle Musiker und Amateure noch fließend, ändert sich dies im 20. Jahrhundert im Zuge der Professionalisierungsdebatte sowie der Gründung von Musikhochschulen für die akademische Musikerausbildung einerseits und Musikschulen als Teil einer musikalischen Volksbildung andererseits (Lehmann-Wermser et al. 2007).

Die im 20. und 21. Jahrhundert erkennbar gute finanzielle Absicherung klassischer Musiker ist aus diesem Abschnitt mitteleuropäischer Geschichte im Übergang vom Mittelalter in die Moderne und das Zeitalter des Absolutismus zu erklären: Nur auf Grund der festen Einbindung der Musik in die kirchliche Liturgie (seit dem 9. Jahrhundert) konnte sich die hohe Spezialisierung der Instrumentalisten und Sänger und damit die Mehrstimmigkeit der Musik entwickeln. Im 13. Jahrhundert begann der Adel, Musiker fest in seine Dienste zu nehmen, wie erste Belege aus England nachweisen (Caldwell 1995: 39f.).

Die Geschichte der Institutionalisierung einer Berufsausbildung für Musik kann als Spiegel der Debatte über die kulturelle, gesellschaftliche und politische Bedeutung der Kunst gesehen werden (Kremer und Schmidt 1999). War es zunächst die geistige Auseinandersetzung mit Kirche und Adel (im frühen Mittelalter), so wurde das ursprünglich lokale Musikleben im 15. und 16. Jahrhundert internationalisiert: Berufsmusiker konnten sich in ganz Europa niederlassen und sich an vermögende Kaufleute wenden, um ihren Lebensunterhalt zu verdienen. Hortschansky spricht von der großen Chance der Musiker, die vom staatsbürgerlichen Privatmann Zugang zu den humanistischen Idealen der Antike erhielten und an ihnen teilhaben konnten (Hortschansky 1989: 55). So war es Künstlern und Musikern im 18. und 19. Jahrhundert schließlich möglich, die Ideale der französischen Revolution aufzunehmen und zu verbreiten.

3 Aufklärung: Adel und Bürgertum

Mit dem Rückgang der Bedeutung von Kirche und Adel als Folge von Aufklärung, Revolution und der anschließenden napoleonischen Kriege vollzog sich die wesentliche Veränderung im Berufsbild der Musiker, die jetzt, mit dem Beginn des 21. Jahrhunderts, zu Konsequenzen führen wird. Auf dem Höhepunkt der Wiener Klassik beginnt es, dass der Musiker und Komponist seine Werke im Spannungsfeld zwischen Musikrezeption, Musikdistribution und Musikproduktion zur Wirkung bringen muss: Mozart, Beethoven und auch Haydn in den späteren Jahren produzieren Musik (Kompositionen für die Abendveranstaltung), verhandeln mit Verlagen und Konzertveranstaltern oder organisieren eigene

Konzerte und akquirieren Sponsoren in Hauskonzerten von vermögenden Bürgern (Tschmuck 2001).

Musikerausbildung wird im 19. Jahrhundert zur Aufgabe des Staates. Die höfischen Musiktheater werden nach und nach zu staatlichen Theatern, Musikvereine werden gegründet, um Konzerte zu organisieren. Die kulturelle Leitfunktion übernahm das Bürgertum, ohne jedoch die finanzielle Förderung der Berufspraxis der Musiker in gleicher Weise übernehmen zu können. Insgesamt nimmt die Breitenwirkung aber zu, die Musikkultur dehnt sich im 19. Jahrhundert aus:

- Der musikalische Salon dient der Demonstration von Bedeutung unter den Wohlhabenden.
- Der Liederabend wird zum Treffpunkt für politische Diskussion (Schubertiade) – die Liedkomposition zur Demonstration einer Gesinnung (z.B. die Heine-Zyklen von Robert Schumann).
- Die Oper wird zum Ort der Demonstration politischer Gemeinsamkeit (Verdi: italienischer Einigungsprozess, Wagner: früher deutscher Nationalismus).

Scheinbar entwickeln die Musiker eine Form der Selbstständigkeit, da sie als Unternehmer in eigener Sache von Konzert zu Konzert reisen, unterrichten und frei mit den Veranstaltern und Verlegern verhandeln – als gleichberechtigter Partner, als Mitunternehmer. Dies funktioniert jedoch nur selten. Schon im 18. Jahrhundert, als die Komponisten nicht mehr nur Untertanen von Fürstenhäusern sein mussten, war das Verhältnis zwischen Musikern, Komponisten, Veranstaltern und den Vertretern der Musikdistribution ungleichgewichtig.

Die Beziehung wurde jedoch durch den Hörer, den Konzertgänger als Endabnehmer, schärfer kontrolliert: Große Komponisten der Wiener Klassik waren auf die Präsentation ihrer neuen Werke in öffentlichen Konzerten angewiesen – diese Konzerte kamen noch Ende des 18. Jahrhunderts überwiegend mit Unterstützung der adligen Kreise zustande. Unter den Adligen gab es augenscheinlich ein hohes Einverständnis über das, was gefördert werden sollte und was nicht. Dies hatte eine ästhetische Leitfunktion, der sich die Verlage, die führenden Musikmedien der damaligen Zeit, offensichtlich unterordneten. Wie stark die Position des Adels trotz des erstarkenden Bürgertums war, musste selbst Wolfgang Amadeus Mozart in seinen letzten Lebensjahren verspüren, als der Wiener Adel aus Geldmangel, wohl mit bedingt durch eine vom Türkenkrieg ausgelöste wirtschaftliche Krisenphase, seine Konzertakademien nicht mehr unterstützte (Gruber 2005: 122). Die Konzertorganisation im Deutschland des 18. Jahrhunderts war dagegen bereits deutlich von finanzkräftigen Kaufmannskreisen bestimmt, wie Schleuning (1984: 101ff.) beschreibt.

Auch nach der Auflösung des Einflusses des Adels war der Musiker ebenso wie der Komponist in einer starken Position gegenüber den Musikmedien (Verlagen) und der Musikindustrie (z.B. den Instrumentenbauern). Die ästhetische Leitfunktion des Adels wurde abgelöst durch die Begabungsvorstellung und den Geniekult, der den Berufsmusiker vor Demontage schützte. War ein Komponist oder seine Musik erst einmal von einer Gruppe von Menschen als genial anerkannt, so stützte ihn diese Gruppe, sofern sie gesellschaftlich relevant und einflussreich war. Der Verlag war gezwungen mit dem Komponisten zu verhandeln, wollte er im Musikleben weiterhin eine maßgebliche Rolle spielen. In der Zeit zwischen Beethoven und Wagner konnte es sich kein Verleger leisten, einen bereits anerkannten Komponisten zu übervorteilen. Der Mythos der Begabung schützte den Musiker (vgl. Salmen et al. 2007).

Hinzu kommt, dass Künstler im 19. Jahrhundert tatsächlich eine Art von starker Verhandlungsposition hatten: Sie konnten ihr Stück, ihre Komposition, zurückziehen – das Manuskript als Objekt, als Papierstapel, hatte einen Kaufwert. Heute reichen wenige Minuten aus, um selbst umfangreiche Manuskripte und Partituren zu kopieren oder einzuscannen.

Dennoch darf nicht verkannt werden, dass mit dem 19. Jahrhundert alle Mechanismen eines funktionierenden Musikmarkts etabliert waren: Einzelhändler, Großhändler, Hersteller von Musikalien und Musikinstrumenten, Lehrer, Vermittlungsagenten, Veranstalter bildeten eine Infrastruktur für die Musik, in der die Verleger bis ins 20. Jahrhundert hinein eine zentrale Rolle einnehmen (Martin 2007: 304).

4 Geniekult und Übergang ins Medienzeitalter

Die Strukturen der späteren Kommerzialisierung waren im 19. Jahrhundert bereits vorhanden. Von den Unternehmern im Musikmarkt wurde dies jedoch nicht zum Nachteil der produzierenden Künstler genutzt, obwohl gerade die Verlage eine weitaus zentralere Rolle einnahmen und dadurch größere Macht hatten als heute. Das ist unter anderem auf die Bedeutung des Geniekults in Verbindung mit einer starken kulturinteressierten Bevölkerungsschicht zurückzuführen: Noch in der ersten Hälfte des 19. Jahrhunderts gab es eine hohe Übereinkunft in Bezug auf Ästhetik, kulturelle Normen und klare Vorstellungen von Gut und Schlecht in der Kunst wie in der Musik.

Gute Komponisten und Musiker sorgten durch hohe Nachfrage beim Publikum für gute Umsätze, das enthob Musikwirtschaft und Musikerausbildung jeglicher Verpflichtung zur Veränderung.

Die Veränderungen traten ein, als sich im Verlauf des 19. Jahrhunderts durch eine Überhöhung die sogenannte „Ernste“ Musik, die Kunstmusik, von der unterhaltenden Musik als Gegenpol trennte (siehe dazu Arbeiten über den sogenannten „Beethoven-Kult; z.B. Kleinen 2008: 39). Die Hochachtung vor Begabung und Genie blieb erhalten, jedoch nur bei einem kleineren Teil der Musikkonsumenten. In diesen Anfängen der Entwicklung eines Massenpublikums (Martin 2007: 305) wird Musikmachen zur Dienstleistung, in der das Begabtsein keine zentrale fördernde Eigenschaft für Musiker war. Die Gatekeeper der Kultur verlieren an Bedeutung, obwohl die Musikwirtschaft einen Boom erlebt: Dies ist an der Entwicklung im Verkauf von Klavieren deutlich abzulesen: Das Klavier wurde vom Luxusgut zu einer Art gehobenem Konsumgut, das in einem Haushalt mit Bildungsanspruch nicht mehr fehlen durfte.

Die Musiker selbst geraten durch die kulturellen Umbrüche zunehmend unter Druck. Die Weiterentwicklung der Vervielfältigungsmedien machte zum Beispiel die Entwicklung des Urheberrechts und des Schutzes der Komponisten zwingend notwendig. Das klassische Begabungsideal stand immer mehr im Widerspruch zu einem Berufsbild, das vom Verwertungsgedanken bestimmt ist, einem Ideal der pragmatischen Ausrichtung auf die Anforderungen eines Musikmarktes.

Bemerkenswerterweise ist die Einstellung gegenüber den Komponisten, Musikern und Sängern auch heute noch von einem vererbungstheoretisch begründeten Begabungsbegriff, einem romantischen Geniebegriff, dominiert. Künstler werden oft in eine Sackgasse gedrängt, weil der Blick auf die triviale Tatsache verstellt ist, dass Musik jeglicher Form an Geschäftsvorgänge wie Produktion, Herstellung und Vertrieb gebunden ist. Über die Beziehung von Musik und Geschäft allerdings herrscht bis ins Medienzeitalter des letzten Viertels des 20. Jahrhunderts beharrliches Stillschweigen (Saary 2006: 194). Das Wissen über eine Reihe logischer und auch teurer Arbeitsprozesse bleibt unreflektiert.

Aus der geteilten Einstellung gegenüber klassischen und modernen populären Musikern heraus erklärt sich, dass bis heute klassisch ausgerichtete Instrumentalisten eine gut dotierte Anstellung an einem staatlich subventionierten Musikbetrieb (Oper, Orchester) oder einem Ausbildungsinstitut (Musikhochschule, Universität, Musikschule) anstreben können.

Musiker moderner populärer Stilrichtungen üben dagegen meist einen zweiten Beruf aus, wenn sie nicht zu den wenigen weltweiten Spitzenstars gehören (Rösing 1987). Dieser zweite Beruf ist oft musikfern. Unterrichtstätigkeit als Instrumentallehrer, für klassisch ausgebildete Instrumentalisten eine Alternative zur Festanstellung, verhindert selten, dass Popmusiker sich einer Art Musikproletariat zuordnen, wo Einkünfte aus dem Musikbusiness durch Sozialleistungen aufgebessert werden müssen.

Die Wende vom 20. ins 21. Jahrhundert ist nun davon bestimmt, dass sich sowohl die Lage der klassischen Musiker als auch die Lage der modernen Pop- und Rockmusiker verschlechtert. Bei den klassischen Musikern ließ sich die Veränderung eine Zeitlang direkt aus den Arbeitslosenzahlen ablesen. In den 1970er Jahren gab es einen Mangel an qualifizierten Instrumentalisten – es wurden nicht genug Musiker für den deutschsprachigen Markt ausgebildet, so dass viele europäische und außereuropäische Musiker die Chance nutzten und sich nach einem Aufbaustudium in Deutschland oder Österreich dauerhaft niederließen. Das änderte sich in den 1990er Jahren: Seit dem Zusammenschluss der beiden deutschen Staaten sind viele Arbeitsplätze in den klassischen Kulturbetrieben verloren gegangen – im Osten Deutschlands wurde ein Drittel aller Arbeitsplätze für klassische Musiker vernichtet (Deutschlandweit 17 Prozent, siehe Tabelle 1). Auch in Westdeutschland konnte seit Jahrzehnten durch die Deckelung der Subventionen die Lohnentwicklung nicht mehr aufgefangen werden. Die realen Verluste in den Etats wurden in den Kulturinstitutionen meist durch Kürzungen im Personalbestand ausgeglichen.

	1992	1996	2000	2004	2008	Abbau in Prozent
Zahl der Ensembles	168	151	145	136	133	-20,83 %
Beschäftigte						
Ost	5.032	4.198	3.878	3.545	3.372	-32,99 %
West	7.127	7.018	6.961	6.780	6.665	-6,48 %
Gesamt	12.159	11.216	10.839	10.325	10.037	-17,45 %

Tabelle 1: Kürzungen im Bereich der klassischen Orchester (Zahlen aus dem Mikrozensus des Statistischen Bundesamts, siehe Deutscher Musikrat 2008).

Parallel dazu geriet die Phonoindustrie in den letzten Jahren gravierend unter Druck: Noch 1990 bis 1994 konnten Spitzengewinne realisiert werden, als Musikfans ihre Schallplatten durch CDs zu ersetzen begannen, die Klassik aufgrund der Verwendung populärer Werke in der Werbung einen unvergleichlichen Boom erlebte und dies alles bei deutlich geringeren Produktionskosten und nahezu gleich hohen Verkaufspreisen. Mit der Entwicklung von Internet und Homerecording brachen in den letzten fünf Jahren Umsatz und Gewinn der Tonträgerindustrie derart ein, dass selbst die großen Unternehmen um ihr wirtschaftliches Überleben fürchten (siehe den Beitrag bei http://www.Zulurocker.blogspot.com 2008). So sank der Umsatz der phonografischen Wirtschaft in Deutschland von 2,7 Milliarden Euro in 1998 auf 1,6 Milliarden Euro in 2007, die Zahl der Beschäftigten bei den Tonträgerherstellern verringerte sich von 12.200 im Jahr 1996 auf 8.650 im Jahr 2007 (Bundesverband Musikindustrie 2008). Die Major-Unternehmen reagierten darauf unter anderem mit der Maßnahme, die Zahl der unter Vertrag stehenden Nachwuchs-bands drastisch zu reduzieren. Am 11. Juni 2006 vermeldete der Nachrichtensender n-tv, dass sich die SonyBMG-Gruppe von 60 Prozent der vertraglich gebundenen Gruppen trennen wolle. Der Grund: Es schien ineffektiv, dass 85 Prozent ihrer Musikgruppen weniger als 25.000 Tonträger pro Jahr umsetzten.

Damit verabschiedeten sich die Major-Unternehmen der Tonträgerindustrie weitgehend aus der Förderung des Nachwuchses, dem damit – zumindest bei den multinationalen Unternehmen – die Chance genommen wurde, Spielpraxis zu gewinnen und ein Repertoire aufzubauen. Zeitgleich entstand eine Vielzahl von kleinen, sogenannten Independent-Labels, oft Ein-Personen-Unternehmen, die mit Risikobereitschaft und Idealismus unbekannten Nachwuchsgruppen und -künstlern eine Plattform boten. Viele von ihnen sind im „Verband unabhängiger Tonträgerunternehmen, Musikverlage und Musikproduzenten" (VUT) zusammengeschlossen. 2005 gehörten dem Verband bereits 1.013 Mitglieder an, das ist gegenüber 1997 ein Mitgliederzuwachs von 268 Prozent (Handke 2005). Dagegen scheint der Eintritt in den modernen, auf Massenpublikum ausgerichteten Popularmusik-Markt heute immer mehr über kunstferne, medienzentrierte Mechanismen zu erfolgen wie „Deutschland sucht den Superstar" oder „Starmania" in Österreich, über gutes Aussehen (Nora Jones) und spektakuläres Auftreten (Tokio-Hotel oder Nigel Kennedy).

Dieser kurze Atem von Musikwirtschaft und Medien gleichermaßen verleitet junge Musiker dazu, zu versuchen, ohne Anstrengungen und Mühe zum Star zu werden. Gottfried Indra (zitiert nach Huber 2001: 24ff.) beklagt, dass junge Musiker oft den Anspruch erheben, die Nummer 1 zu sein. Dabei haben sie aber in Aufnahmen keine Ausdauer, üben zu wenig und erneuern ihr Repertoire zu selten. Huber nennt dies den „Dilettantismus des Möchtegern-Stars". Im Prinzip findet sich hier aber auch der Starkult des 19. Jahrhunderts wieder, diesmal in der Ausprägung konservativer Bildungseinstellungen: Wer begabt ist, wird schon seinen Weg finden.

Der schrittweise Rückzug der Tonträgerindustrie als Motor der Förderung junger Talente im Rock- und Popmusikbereich ist analog zum Verhalten von Bund, Ländern und Kommunen in Deutschland zu sehen, die ihre Förderungen im Klassiksegment teilweise dramatisch zurückfahren. Interessanterweise spiegeln die Arbeitslosenzahlen diese Entwicklung im Musikkulturbereich nicht wider. Ausbildungsinstitute melden steigende Studierendenzahlen, die Anzahl der Absolventen stieg von 1998 bis 2006 alleine bei den Instrumentalisten um etwa 500 (27 Prozent). Dennoch erhöhten sich die Arbeitslosenzahlen nicht – Abgänge und Zugänge halten sich die Waage (Tabellen 2 und 3).

Es scheint so, als ob der Musikmarkt die Absolventen alle absorbieren würde. Dabei muss allerdings gesehen werden, dass viele junge Musiker nach Abschluss ihres Studiums nicht in eine feste Anstellung wechseln, sondern als

Kleinstunternehmer, musikalische Culturepreneurs (Davies und Ford 1998) ihren Lebensunterhalt verdienen und ihr unregelmäßiges und zumeist geringes Einkommen durch kunstferne Arbeit aufbessern.

Studierende	1995/96	1998/99	2002/03	2003/04	2004/05	2005/06	2006/07
alle Musikstudien	11.172	11.922	13.176	12.847	12.700	12.738	12.138
davon: Instrumentalisten	7.384	7.761	8.419	8.084	7.899	7.781	7.947
Komponisten	259	276	275	292	306	287	263
Dirigenten	246	231	295	272	274	283	261
Jazz und Pop	423	404	804	769	836	908	886

Studienabschlüsse	1996	1998	2002	2003	2004	2005	2006
alle Musikberufe	1.641	1.822	1.833	2.277	2.268	2.255	2.670
davon: Instrumentalisten	1316	1.444	1.451	1.797	1.765	1.761	1.985
Komponieren	54	53	37	61	56	64	78
Dirigieren	44	70	54	92	80	62	86
Jazz und Pop	49	74	90	106	127	135	238

Tabelle 2: Studierendenzahlen und Abschlüsse an deutschen Musikhochschulen und Musikuniversitäten von 1995 bis 2006 (vollständig siehe Deutscher Musikrat 2008).

		2004			2005			2006	
Arbeitslose	Zugang	Anzahl	Abgang	Zugang	Anzahl	Abgang	Zugang	Anzahl	Abgang
Komponisten	10	66	9	5	76	8	5	99	11
Dirigenten	32	189	24	30	205	18	18	156	15
Instrumentalisten	272	1.724	217	236	2.016	184	205	1.830	231

Tabelle 3: Veränderungen der arbeitslos gemeldeten Komponisten, Dirigenten und Instrumentalisten (klassisch und populär) von 2004 bis 2006 – die Zahlen liegen immer unter den Absolventenzahlen aus Tabelle 2 (Deutscher Musikrat 2008).

Nicht logisch ist deshalb die Diskussion staatlicher Kulturinstitutionen, die 2006 in Bayern begonnen wurde: Dort gab die Politik den Auftrag, zu prüfen, ob und wie 15 bis 20 Prozent der 2700 Studienplätze an bayerischen Musikhochschulen abgebaut werden könnten. Eine Expertenkommission stellt im Auftrag des Ministeriums für Wissenschaft, Forschung und Kunst fest, dass eine solche

„Radikallösung“ mit den besonderen regionalen Traditionen und Interessen des Freistaats politisch vermutlich nicht umsetzbar wäre, nennt jedoch einen Studienplatzabbau von zehn Prozent für vertretbar (Expertenkommission 2006). Überlegungen zum Abbau von Studienplatz-Kapazitäten an den deutschen Musikhochschulen und eine damit verbundene kontroverse Diskussion sind freilich nicht nur auf Bayern beschränkt.

Vielfach verlangen Kulturpolitiker, dass die Musikkultur sich über Sponsoring und Spenden selbst finanzieren solle. Als Vorbild wird meist das amerikanische Musikleben genannt, ohne dass dabei thematisiert wird, wie gering die Breitenwirkung des amerikanischen klassischen Musiklebens im Vergleich mit dem deutschsprachigen Mitteleuropa ist. Tatsächlich wäre es für Großunternehmen leicht, zum Beispiel das deutsche Opernleben zu finanzieren. So würden allein die Bezüge der Vorstandsvorsitzenden einiger führender Wirtschaftskonzerne und Banken (Jahresbezüge von Josef Ackermann/Deutsche Bank: zirka 14 Mio. Euro) ohne Einbuße an Lebensqualität ausreichend Spielraum bieten, um jeweils ein bis zwei Orchester (Öffentliche Subvention für den Jahresetat der Hamburger Symphoniker: zirka 2,5 Mio. Euro) zu finanzieren. Allerdings bietet das deutsche Steuersystem wenig Anreize, großzügige Spenden von der Steuer abzusetzen, zum anderen führt jede Spende aus der Wirtschaft zu Einnahmeverlusten aus Einkommensteuer, Mehrwertsteuer und Gewerbesteuer und engt dadurch den Handlungsspielraum der Politik weiter ein. Unbestritten ist, dass, bedingt durch den Rückzug der öffentlichen Hand, die Bedeutung privater Sponsoren im Musikleben der Zukunft stark zunehmen wird.

Wo sich die alten Förderinstitutionen schrittweise zurückziehen und bislang funktionierende Regelmechanismen der Musikwirtschaft außer Kraft gesetzt werden, sind tiefgreifende Neuorientierungen die Folge.

5 Plädoyer für eine neue Professionalisierung

Um in einer solchen Situation sowohl künstlerisch als auch ökonomisch erfolgreich zu sein, muss ein Musiker anderen Maßstäben genügen als bisher. Dabei ist das Ideal vom guten Musiker nicht neu. Es skizziert durch die gesamte Musikgeschichte das Berufsbild eines Musikers, der nicht durch Begrenzung gekennzeichnet ist, sondern durch Öffnung, sich nicht allein durch die Beherrschung seines Instruments definiert, sondern einen breiten Bildungshintergrund aufweist, ihn ständig aktualisiert und für die Musik nutzbar macht. Immer wieder wird eingefordert, dass sich der Musiker neben der Musik auch anderen hohen Künsten und Wissenschaften zuwenden muss. Johann Mattheson stellt 1735 in der „Kleinen Generalbass-Schule“ fest, dass es einem rechtschaffenen Musico nicht genug sein kann, einen Choral anzustimmen und die Schüler im Ton zu halten. Die Pflicht des Amtes gebiete es, andere Künste und Wissenschaften mit einzubeziehen (Mattheson 1735, zitiert nach Kapp 2007). Der Musicus mittelalterlichen Typs, dessen Wissen über Musik auf den mathematischen Grundlagen beruhte, wird schließlich im 19. Jahrhundert ersetzt durch den emanzipierten Künstler, der sich im System der Schönen Künste auch den anderen Künsten zuwendet und sie nutzt (Kapp 2007: 41). Im 20. Jahrhundert ist aus dem geförderten und bewunderten begnadeten Musiker ein kurzzeitig hochkatapultierter Star geworden, der sich der Verwertungslogik des Marktes unterwerfen muss.

Die Mehrheit der Musiker ist heute darauf angewiesen, nicht nur die künstlerischen Fähigkeiten weiter zu entwickeln, sondern zusätzliche Qualifikationen zu erwerben und sich selbst zu managen. Dieser Prozess wird sich weiter verschärfen. In der Studie „Aufbruch Musik", die sich im Rahmen eines Foresight-Prozesses mit den möglichen Szenarien des deutschen Musiklebens im Jahre 2020 auseinandersetzt (Deutscher Musikrat 2006), wird in Bezug auf den sich fortsetzenden Wandel des Berufsbildes des Musikers als Tendenz der Expertenbefragungen festgestellt: *„Der ausgebildete Musiker wird zum selbständigen Unternehmer, der mit unterschiedlichen Dienstleistungen sein Geld verdient. Festanstellungen für Chor- und Orchestermusiker sowie Musikpädagogen sind die Ausnahme."*

Die Qualifikation und das Kompetenzprofil eines Musikers erschöpft sich deshalb im Zeitalter der digitalen Mediamorphose nicht mehr nur in künstlerischer Exzellenz und virtuoser Pracht, sondern in einem Professionalismus, der den artifiziellen Wert von Musik und ihren wirtschaftlichen Wert integrativ in sich trägt (Kaden 1999: 17). Die Kapitalisierung von Musik erzwingt neue Dimensionen der Professionalität, wobei es nach Kaden nicht mehr um den Austausch von Dienstleistungen geht, für die der höfische oder städtische Musiker in vorkapitalistischer Zeit entlohnt wurde, sondern um den Austausch von (musikalischen) Waren. Versuche, sich diesem System zu verweigern, sind meist zum Scheitern verurteilt, wenn die Existenzsicherung zur zentralen Frage wird. Gerade in musikalischen Subkulturen und Szenekulturen gilt es jedoch als Kennzeichen künstlerischer Selbstsicherung, sich der Ökonomisierung zu widersetzen und sich außerhalb der Wertschöpfungskette zu stellen. Eine Flucht aus dem kapitalistischen System der Musikwirtschaft gibt es jedoch auch für Idealisten nicht, denn – wie Kaden (1999: 30) bestätigt: *„Kapitalismus ist im Kapitalismus überall: selbst dort, wo um seine Überwindung gerungen wird."*

6 Wandel des Wertschöpfungsnetzwerks

Mit dem gravierenden Wandel des Wertschöpfungsnetzwerks in der Musikindustrie, dessen Auswirkungen die berufliche Praxis des Musikers stark verändern, befassen sich die Beiträge des vorliegenden Sammelbandes, auf die deshalb nachfolgend kurz eingegangen wird.

Über Musikgeschmack lässt sich ebenso streiten wie über den ästhetischen Wert anderer Kulturprodukte, jedoch entsteht der individuelle Geschmack aus soziologischer Perspektive nicht zufällig, sondern unterliegt einer systematischen sozialen Verankerung, wie Gunnar Otte[1] darstellt. Musikgeschmack ist für ihn eine Komponente des Lebensstils, Teil eines Syndroms mehr oder weniger kohärenter Zu- und Abneigungen, Orientierungen und Verhaltenspraktiken. Der Musikgeschmack lässt deshalb Rückschlüsse auf den Lebensstil eines Menschen zu, so wie umgekehrt andere Muster des Kulturkonsums auf Grundzüge des Musikgeschmacks hinweisen. Lebensstil und Musikgeschmack hängen von Klassenlage, Bildung, Beruf, Generation, Alter, Geschlecht und ethnischer Zugehörigkeit ab, weil von diesen Kategorien nachhaltige Prägekräfte ausgehen. Der Autor bemängelt, dass es im deutschsprachigen Raum erstaunlich wenige Studien zur sozialen Strukturierung des Musikgeschmacks gibt. Vor allem die Genrepräferenzen sind in wissenschaftlichen Umfragen kaum oder wenig differenziert erhoben worden. Um weitere und bessere Erkenntnisse zu gewinnen, zum Beispiel über die Entstehung von musikalischen Vorlieben für konkrete jugendkulturelle Szenen, Stabilität und Wandel von Musikpräferenzen im Lebenslauf oder über die Ursachen von Geschlechterdifferenzen, sind umfangreichere und qualitativ bessere Daten notwendig. Dringend erforderlich sind für Otte Repräsentativumfragen, die neben der aktuellen Lebensführung und Kulturnutzung den biographischen Wandel des Kulturkonsums erfassen und Indikatoren zentraler Theoriekonzepte enthalten.

Peter Tschmuck[2] prognostiziert, dass an die Stelle der traditionellen Tonträgerkonzerne Unternehmen treten werden, die nicht aus dem Music Business selbst kommen, jedoch die Gesetzmäßigkeiten des neu entstehenden kulturellen Paradigmas mit seinen sich ausprägenden kreativen Pfaden beherrschen. Auch wenn das Ende der traditionellen Tonträgerindustrie vorhersehbar ist, werden sich nach Tschmuck die Musikmarktstrukturen wieder oligopolisieren. Neue dominante Marktakteure werden auf den Plan treten, um die Spielregeln in neuen Paradigmen zu bestimmen. Nach seiner Meinung bleibt es jedoch dabei, dass der Tonträger von der unkörperlichen Musikdistribution, der Verbreitung im Internet, in die Bedeutungslosigkeit gedrängt wird.

Michael Huber[3] leitet aus der digitalen Musikdistribution neue Chancen für Musikschaffende ab. So vielfältig, zukunftsträchtig, benutzerfreundlich und innovativ die neuen Technologien auch sind, sie werden jedoch nur denen nut-

---

[1] Otte, Gunnar, 2008, Lebensstil und Musikgeschmack (siehe in diesem Band).

[2] Tschmuck, Peter, 2008, Vom Tonträger zur Musikdienstleistung – Der Paradigmenwechsel in der Musikindustrie (siehe in diesem Band).

[3] Huber, Michael, 2008, Digitale Musikdistribution und die Krise der Tonträgerindustrie (siehe in diesem Band).

zen, deren Musik nachgefragt wird. Diese Nachfrage wird nicht nur durch den Verkäufer, sondern durch den Käufer, also das Publikum bestimmt und gesteuert. Als Kernzielgruppe der Musikwirtschaft sieht Huber weiterhin die Jugend, obgleich er allgemein einen sinkenden Bedarf am Kauf von Musik voraussagt.

Wie viel darf Onlinemusik kosten? Während die einen bereit wären, für ihre Lieblingsmusik noch mehr zu zahlen als derzeit gefordert, sind andere nicht willens, 99 Cent und mehr für den Download eines Musiktitels auszugeben. Die Diskussion über den richtigen Preis für Onlinemusik wird jedoch nicht nur unter den Konsumenten, sprich Musikliebhabern, geführt, sondern genauso heftig von den Shop-Anbietern und Labels. Eine Kooperation der Partner in der Wertschöpfungskette sehen Jochen Strube, Gerrit Pohl und Peter Buxmann[4] als Voraussetzung an, um eine lohnende Niedrigpreisstrategie für Online-Musik zu ermöglichen. Diese ist aus der Sicht der Anbieter von Online-Musik nicht problemlos umsetzbar, da die Abgaben, die pro verkauften Titel unter anderem an die Labels entrichtet werden müssen, als variable Kosten zu betrachten sind. Es ist jedoch anzunehmen, dass sowohl Labels als auch Anbieter von Online-Musik von den höheren Umsätzen, die eine Niedrigpreisstrategie verspricht, profitieren. Dazu ist es nach Meinung der Autoren allerdings zwingend notwendig, dass die Akteure der digitalen Wertschöpfungskette ihre Preispolitik aufeinander abstimmen. Grundvoraussetzung für eine solche Kooperation bleibt, dass keiner der Beteiligten schlechter gestellt wird, sondern jeder Akteur einen Gesamtdeckungsbeitrag erwirtschaftet, der mindestens so groß ist wie im bisherigen Hochpreismodell.

Die Gruppe Radiohead hatte in einer von den Medien aufmerksam begleiteten Aktion angekündigt, ihr neues Album nach einem neuen System im Markt zu platzieren. Sie wollten das Download zu einem Preis anbieten, den jeder Konsument frei wählen kann („pay what you like"). Nach Mahlmann[5] funktioniert dies nur bei Bands mit hohem Bekanntheitsgrad. Außerdem sei es zweifelhaft, ob derartige Aktionen die gewünschte Ticketnachfrage erzeugen, wenn sich der Neuigkeitswert erschöpft hat und Musiker damit nicht mehr in die Schlagzeilen und Charts kommen. Die Charts sind seiner Ansicht nach weiterhin unverzichtbar und ein wichtiger Indikator für Verkaufserfolge sogenannter „Frontline-Produkte". Charts sind sowohl Orientierungsmittel für den Musikkäufer als auch für den Handel, die Medien, für Industrie und Künstler gleichermaßen. Nach Mahlmann treten die Charts als Ersatzmaßstab für den Wert von Musik auf.

Mit dem Spannungsverhältnis zwischen dem ökonomischen Objekt Musik

---

[4] Strube, Jochen, Pohl Gerrit, Buxmann, Peter, 2008, Preisstrategien für Onlinemusik (siehe in diesem Band).

[5] Mahlmann, Carl, 2008, Marketing und Promotion von Musikprodukten (siehe in diesem Band).

und dem ästhetischen Objekt Musik befasst sich Eva Maria Stöckler.[6] Sie verweist darauf, dass die Dominanz des ökonomischen Aspekts die Tatsache, dass es sich bei dem Produkt Musik immer auch um ein ästhetisches Objekt handelt, das sich nicht auf seine ökonomische Substanz reduzieren lasse, kaum im Bewusstsein sei. In der Diskussion um die radikalen Veränderungen von Produktion, Distribution und Rezeption von Musik wird meist außer acht gelassen, dass sich die Musik selbst auch verändert hat und zu einem leicht reproduzierbar und manipulierbaren Produkt geworden ist, auf das der traditionelle Kunstbegriff nicht mehr zutrifft. Dies gilt besonders im Kontext der Digitalisierung. Der binäre Code hat nicht nur die Schriftlichkeit der Musik und Rezeption von Musik beeinflusst, sondern unmittelbar in die musikalische Substanz der Musik eingegriffen. Damit, so die Autorin, stellt sich die Frage nach dem Wert von Musik völlig neu, einer Musik, deren Rezeption immer stärker von alltäglicher, beiläufiger Wahrnehmung denn kontemplativer Versenkung gekennzeichnet ist.

Im Herbst 2007 verließ die Pop-Diva Madonna nach jahrelanger Zusammenarbeit das Tonträgerunternehmen Warner Music und wechselte mit einem 10-Jahresvertrag zum Konzertveranstalter Live Nation, der – mit Ausnahme von Publishing-Agenden – das komplette Management für die Sängerin übernimmt. Der in Kalifornien ansässige Konzertveranstalter sieht sich selbst und seine Zunft als „die Zukunft des Musikgeschäfts“. Martin Pfleiderer[7] nimmt dies neben anderem zum Beleg dafür, welch hohen Stellenwert der Veranstaltungssektor für Musiker inzwischen besitzt. Denn während die Einnahmen aus dem Verkauf physischer Tonträger immer weiter zurückgehen, steigen die Einkünfte aus Konzertauftritten kontinuierlich an, und dies nicht nur bei Spitzenstars des Musikgeschäftes. Dabei hat sich das Konzert längst zum sogenannten Event gewandelt, zur aufwändig inszenierten Veranstaltung, vor allem im Rahmen von Festivals. Trotz oder gerade wegen der unüberschaubaren medialen Musikvermittlung durch die klassischen Massenmedien, das Internet sowie analoge und digitale Speichermedien, bietet die Live-Veranstaltung nach Pfleiderer für den Musikliebhaber Unmittelbarkeit, Direktheit und Authentizität der ästhetischen Erfahrung, die beim Konsum von Medienmusik und Musikkonserven kaum möglich ist. Nur beim Live-Konzert kann ein verbindendes Gemeinschaftserlebnis entstehen, das zwar im Internet virtuell erlebt, aber nicht sinnlich „greifbar“ ist. Und: Live-Konzerte dienen in besonderer Weise der Vergewisserung der Gruppenzu-

[6] Stöckler, Eva Maria, 2008, „Produkt Musik“. Eine musikwissenschaftliche Annäherung (siehe in diesem Band).

[7] Pfleiderer, Martin, 2008, Live-Veranstaltungen von populärer Musik und ihre Rezeption (siehe in diesem Band).

gehörigkeit als auch der persönlichen Teilhabe an der Musik.

Eine Hinwendung zu neuen Live-Kulturen beobachtet Simone Heilgendorff[8] nicht nur im Bereich der Popularmusik, sondern auch in der westlichen (klassischen) Kunstmusik. Der performative Turn, die performative Wende, lenkt die Aufmerksamkeit auf die Ausdrucksdimensionen des Nichtfassbaren und Flüchtigen musikalischer Performanz und holt in der Musik die leibhaftigen und prozesshaften Aspekte zurück ins Blickfeld. Die bei Live-Performances westlicher Kunstmusik frei werdende Energie zwischen Publikum und Ausführenden kann durch keine medial vermittelte Art der Begegnung mit dieser Musik erreicht werden. Nicht ersetzbar ist deshalb die Erfahrung leibhaftiger Konzerte, die Interaktion mit dieser Musik aus Speichermedien und Lautsprechern sowie die Kombination beider kann jedoch durchaus eine eigene Qualität entwickeln. Heilgendorff kritisiert, dass die empirisch (musikpsychologisch) arbeitende Interpretationsforschung zum großen Teil auf der Beurteilung experimenteller Laborsituationen beim passiven Rezipieren von Musik konzentriert ist. Dadurch würden jedoch Parameter musikalischer Interpretation ausgeschlossen, die sich nur in Aufführungssituationen entfalten, vor allem in Interaktionsformen zwischen Publikum und Musikern. Dazu zählen vor allem körperliche Bewegung und deren Einfluss auf die Hörerfahrung sowie die akustisch-atmosphärischen Aspekte von Räumen und Zeiten.

Wenn es um die Wirkung von Musik geht, sind viele überzeugt, dass Musik auf vielfältige und wundersame Weise wirken kann. Da Musik ein Phänomen des menschlichen Bewusstseins ist, sollte nach Bruhn[9] keine Wirkungsforschung durchgeführt werden, ohne den wahrnehmenden Menschen zum Zentrum der Untersuchungen zu machen. Wenn Musik erst im Erleben des Menschen entsteht, so kann ihre Wirkung auch nur untersucht werden, wenn das Erleben des Menschen verdeutlicht und beschrieben wird. Die Wirkung von Musik geht für Bruhn nicht vom physikalischen Objekt aus, sondern entsteht ausschließlich aus der Interaktion zwischen angeeigneten Klängen und der erlebten, wahrgenommenen Umwelt. Ob und wie Musik wirkt, dafür interessiert sich sowohl die Psychologie als auch Musikwissenschaft, Musikpädagogik und Medizin. Dabei stoßen besonders die bahnbrechenden Forschungen der Neurowissenschaften auf großes Interesse. Die daraus gewonnenen Erkenntnisse werden begleitet von neuen Forschungsparadigmen in der Kulturforschung und der Musiksoziologie. Bruhn sieht die Neuropsychologie als Zukunft der Musikforschung und verweist

[8] Heilgendorff, Simone, 2008, Neue Live-Kulturen der westlichen Kunstmusik: Für eine Rezeption musikalischer Interpretationen mit Körper und Ort (siehe in diesem Band).

[9] Bruhn, Herbert, 2008, Musikrezeption aus der Sicht der Musikwirkungsforschung (siehe in diesem Band).

auf die Fortschritte, die die neuropsychologische Forschung in den letzten 20 Jahren gemacht hat. Nach seiner Meinung fehlt zurzeit jedoch noch die Theorie, an der sich die hochentwickelte Messtechnologie beweisen könnte.

Die Krise der Musikindustrie erfordert neue, der Umweltdynamik gerecht werdende Marktbearbeitungsstrategien, wobei nach Marcel Engh[10] die Artist & Repertoire (A&R)-Politik als das Fundament des modernen Musikmarketings eine strategische Kernfunktion ausüben sollte. Nach seiner Meinung muss die heute stark distributionsperspektivisch getriebene Diskussion um die Contentperspektive erweitert werden. Denn die A&R-Politik schafft den eigentlichen Wert für die digitale Distribution und stellt die Basis jeglicher Wertschöpfung dar. Ohne attraktive Musikinhalte gäbe es keine Live-Konzerte und kein Interesse für Musikvideos auf YouTube. Der digitale Paradigmenwechsel bietet für das Musikmarketing und die A&R-Politik vielfältige Chancen. Neben viel diskutierten Kostenvorteilen geht es vor allem um neue Strategien des Relational Music Branding in Form der Steuerung der Künstler-Fan-Beziehungen. Nach Engh kann das A&R-Management durch interaktive 1-to-1-Kommunikation und das Monitoring der Fan-Community-Kommunikation wertvolle Einblicke in die Psyche der Fans gewinnen.

Mit dem digitalen Paradigmenwechsel in der Musikinstrumentenindustrie befassen sich Joachim Stange-Elbe und Kai Bronner[11] und verweisen darauf, in welch starkem Maße die Sampling-Technik das Musizieren und den Musikkonsum verändert hat: Die Unterscheidung zwischen der Medienwiedergabe eines geschützten Werkes und der Arbeit an einem Musikinstrument mit freiem Klangmaterial ist erschwert, da beides mit ein und demselben Gerät ausgeführt wird. Dies impliziert Fragestellungen zum Werkbegriff und zum Urheberrecht. Technologische Innovationen im Bereich elektronischer Instrumente haben zur Erschließung neuer Zielgruppen der Musikinstrumentenindustrie geführt, allen voran DJs und Produzenten von elektronischer Musik. Neben neuen Klangerzeugungs- und -formungsverfahren wird nach Stange-Elbe und Bronner die Bedienbarkeit und Spielbarkeit der Geräte entscheidenden Einfluss auf die Entwicklung und Weiterentwicklung von Musikinstrumenten nehmen. Interaktive, gemeinschaftlich spielbare Instrumente wie das reacTable werden zunehmend gefragt sein. Aber auch Medienkonvergenz, Multimedialität und Multisensualität sind Aspekte, die bei der Produktentwicklung von Musikinstrumenten eine wichtige Rolle spielen. Der Disc Jockey (DJ) hat sich bereits zum Multi-Media Jo-

[10] Engh, Marcel, 2008, Artist & Repertoire (A&R). Eine markentheoretische Betrachtung (siehe in diesem Band).

[11] Stange-Elbe, Joachim, Bronner, Kai, 2008, Musikinstrumentenindustrie im digitalen Paradigmenwechsel (siehe in diesem Band).

ckey (MMJ) gewandelt und wird nach Einschätzung der Autoren – mit Verweis auf sogenannte Duft-DJs, die in der Clubszene bereits aktiv sind – in wohl absehbarer Zeit zum Multimedia-Multisensory Jockey (MMMJ) mutieren.

Alfred Smudits[12] sieht den Musikschaffenden in der Zukunft als Kleinunternehmer, als „Artrepreneur" mit vielfältigen Kompetenzen. Man könnte ihn als „Musikgewerbetreibenden" bezeichnen, da durch die Entwicklung der Produktionstechniken ein neuer Typus des Musikschaffenden entstanden ist. Nicht unwahrscheinlich ist, dass seine künstlerisch ambitionierte Arbeit von ihm vorwiegend als kreative Visitenkarte produziert und genutzt wird, vor allem um Aufträge aus der Wirtschaft zu akquirieren. Der erleichterte Zugang zu Produktions- und Distributionsmitteln führt nach Smudits zu einer De-Professionalisierung, obwohl traditionelle musikalische Kompetenzen weiterhin unabdingbar bleiben. Als „content-provider" wird der Musiker auch künftig eine zentrale Rolle im Musikmarkt einnehmen.

7 Ausblick

Den in den Beiträgen dieses Bandes beschriebenen dynamischen Veränderungsprozessen in Produktion, Distribution und Rezeption von Musik hinkt die Aus- und Weiterbildung von Musikern hinterher. Zu sehr waren die Musikhochschulen in Deutschland mit sich selbst und dem hochschulpolitischen Ziel einer Gleichstellung mit den Universitäten beschäftigt.

Doch selbst nachdem den musikalischen Ausbildungsstätten in Deutschland im Hochschulrahmengesetz von 2002 und den Hochschulländergesetzen Promotions- und Habilitationsrechte zugesagt waren, ließ sich nur ein äußerst langsamer und zögerlicher Wandel des Selbstverständnisses der Musikhochschulen feststellen. Was für die deutschen Musikhochschulen zutrifft, gilt auch für die österreichischen seit in Kraft treten des Kunstuniversitäts-Organisationsgesetzes 1998 und des Universitätsgesetzes 2002. Es scheint allerdings so, als wären die dramatischen Veränderungen im Musikleben erkannt worden: (1) die Verschiebungen ästhetischer Erfahrungsräume und künstlerischer Darbietungsformen (Event-Kultur), (2) die Differenzierung der Sparten und Veränderungen des Publikumsgeschmacks sowie (3) eine zunehmende Mittelverknappung (Pfeffer 2006).

Die meisten Ausbildungsstätten hat jedoch die Harmonisierung der Bildungsabschlüsse in Europa (Bachelor-Master-System) nicht dazu gebracht, den notwendigen Innovationsschub zu vollziehen: Die immer noch vorhandene Studienstruktur mit von einander abgegrenzten und auf ein spezifisches Berufsbild ausgerichteten Studiengängen trifft auf eine Berufsrealität, die vom Abbau tradi-

[12] Smudits, Alfred, 2008, Soziologie der Musikproduktion (siehe in diesem Band).

tioneller Institutionen des Musikbetriebs gekennzeichnet ist und gleichzeitig eine Fülle von neuen Berufsprofilen eröffnet. Dabei kommt der Verbindung von Musik und Medien eine herausragende Bedeutung zu.

Neue Technologien in Wirtschaft und Medien haben im Laufe der Musikgeschichte immer wieder gravierende Auswirkungen auf künstlerische und kulturelle Entwicklungen des Musiklebens gehabt. Die Kooperation von Musikwirtschaft und Medien mit den Musikern war dabei für alle Seiten von Nutzen.

Die Abkehr von der Praxis eines Musikstudiums in quasi mönchischer Askese und ein als unabdingbar erkannter Wechsel vom musikimmanenten Dialog zum transdisziplinären Colloquium (Hennevogl 1997) sind deshalb als unbewältigte Zukunftsaufgaben zu sehen. Geht es doch darum, die Studierenden auf die Realität eines Musikmarktes vorzubereiten, der neben künstlerischer Exzellenz auch unternehmerische Kompetenz fordert. Hinzu kommt die Notwendigkeit der Erkenntnis, dass es ein Agieren außerhalb dieses Marktes nicht gibt. Musikhochschulen im 21. Jahrhundert müssen deshalb, wenn sie ihr Potenzial voll entfalten wollen, als Zentren in der Auseinandersetzung von Kunst, Gesellschaft, Staat und den sich wandelnden Leitbildern und Werten agieren und dies in besonderem Maße mit Interdisziplinarität und Internationalität verknüpfen (Hochschul-Rektorenkonferenz 1999).

Den Managementprozessen und -funktionen im Musikbereich ist in den letzten Jahren erhöhte Aufmerksamkeit gewidmet worden, was zu einem größeren Angebot an vorwiegend nichtuniversitären Weiterbildungsangeboten geführt hat. Diese orientieren sich an einer Neupositionierung des Musikmanagers, wie sie zuletzt Ende der 1930er Jahre vorgenommen wurde, als durch die enge Verbindung von marktbeherrschenden Tonträgerunternehmen mit Rundfunk und Film ein neues Promotionsmodell geschaffen wurde: Gefragt war bei den Unternehmen jetzt ein Managertyp, der nicht mehr auf den direkten Kontakt zum Publikum setzte und für den Musik auch „Herzensangelegenheit" war, sondern ein Manager, der sich ausschließlich auf den Markt konzentrierte und die Verkaufszahlen zur Grundlage seiner Entscheidungen machte (Frith 2007).

Dieser Typus des Musikmanagers verfügt oft über keine fachspezifische musikalische Ausbildung, sondern hat sich zumeist als Quereinsteiger oder durch learning by doing seine Führungsposition erarbeitet. Er bestimmt immer noch weitestgehend die Tonträgerindustrie. Mit den dramatisch sinkenden Verkaufszahlen als Folge der neuen Verfügbarkeit von Musik steht der Musikmanager jedoch vor einer bisher nicht dagewesenen Herausforderung: Er muss sich in einem zugespitzt fragmentierten Markt, der durch Globalisierung und Digitalisierung gekennzeichnet ist, zwischen ästhetischen Ansprüchen und wirtschaftlichen Notwendigkeiten erfolgreich bewegen lernen.

Eine auf Konsens beruhende Definition des Begriffs Musikmanagement gibt es nicht. Es ist jedoch kennzeichnend, dass sich viele Weiterbildungsangebote auf die ökonomischen Aspekte konzentrieren und damit den interdisziplinären Ansatz professionellen Musikmanagements negieren. Willnauer bezeichnet Musikmanagement als Teilbereich des übergreifenden Managements von Kulturbetrieben (Willnauer 1994). In diesem Kontext definiert er Musikmanagement in Anlehnung an kulturelles Management als planvolles, öffentliches, ökonomisch orientiertes Handeln in allen Bereichen des institutionellen Konzertbetriebs, des kommerziellen und freien Musiklebens. Beschränkt Willnauer die Hauptanwendungen von Musikmanagement noch auf vier dominierende Bereiche des Musiklebens, nämlich den Konzertbetrieb, Musikfestspiele, Tourneemanagement und Musikwettbewerbe, so ist diese Eingrenzung auf wenige musikalische Berufsbilder von der Entwicklung und den Veränderungen des Musiklebens rasch eingeholt worden, was gleichermaßen für die Feststellung gilt, dass es eine fachliche Ausbildung zum Musikmanager nicht gibt. Und während Willnauer den Musikmanager ausschließlich nur als Partner und Gegenüber des Musikschaffenden sieht, ist eine wachsende Zahl von exzellent ausgebildeten Musikern, nicht zuletzt unter dem Druck des Marktes und Arbeitsmarktes bereit, selbst Managementfunktionen zu übernehmen und sich dafür zu qualifizieren.

Auf diese Bereitschaft reagieren einige Musikhochschulen und Musikuniversitäten bereits: In Düsseldorf wurde ein Institut für Musik und Medien etabliert, seit 2005 gibt es den Masterstudiengang Musikmanagement in Krems (Österreich), in Bern wird ein Nachdiplomstudium „Musikmanagement" angeboten. Ähnliche Studiengänge sind für Hannover (Medien- und Musikmanagement) und München (Theater- und Musikmanagement) geplant.

Wichtig wäre jedoch, dass es in allen Ausbildungsinstituten selbstverständlich wird, junge Musiker mit einem umfangreichen Portfolio an Wissen und Fertigkeiten auszustatten, das sich an den neuen Berufsbildern und einer veränderten Berufspraxis orientiert und sie nach Abschluss ihres Studiums in die Lage versetzt, trotz ungünstiger gesellschaftlicher Rahmenbedingungen ihre künstlerischen Begabungen in die aktuelle Musikkultur einzubringen.

8 Literatur

Bundesverband Musikindustrie, 2008, Musikindustrie in Zahlen 2007. Berlin: Bundesverband Musikindustrie e.V.

Caldwell, John,1995, „England". In: Finscher, Ludwig (Hrsg.), Musik in Geschichte und Gegenwart MGG. Sachteil Band 3: 27-73. Kassel/Stuttgart: Bärenreiter/Metzler.

Davies, Anthony und Simon Ford, 1998, Art Capital, *Art Monthly* 213: 12-20. London: Art Monthly.

Deutscher Musikrat, 2000, Memorandum zur Musikkultur im Zeitalter digitaler Medien. Bundesfachausschuss Musik und Medien, *Musikforum. Referate und Informationen des Deutschen Musikrats,* 93: 72-84. Mainz: Schott.

Deutscher Musikrat, 2006, Aufbruch Musik, www.foresight-musik.de (zuletzt aufgerufen am 24. Mai 2008)

Deutscher Musikrat, 2008, Zahlen zu Erwerbstätigkeit, Arbeitslosigkeit, Studium und Absolventenzahlen in den Musikberufen. www.miz.de (zuletzt aufgerufen am 6. März 2008).

Engel, Hans, 1960, Musik und Gesellschaft. Berlin: Max Hesse.

Expertenkommission Musikhochschullandschaft Bayern, 2006, Empfehlungen zur Musikhochschullandschaft in Bayern. München: Bayerisches Ministerium für Wissenschaft, Forschung und Kunst.

Födermayr, Franz, 1998a, „Kulturbereiche der Welt", in: Bruhn, Herbert und Helmut Rösing (Hrsg.), Musikwissenschaft. Ein Grundkurs: 511-543. Reinbek: Rowohlt.

Födermayr, Franz, 1998b, „Universalien der Musik", in: Bruhn, Herbert und Helmut Rösing (Hrsg.), Musikwissenschaft. Ein Grundkurs: 91-103. Reinbek: Rowohlt.

Frith, Simon, 2007, Taking popular music seriously. Selected essays. London: Ashgate.

Gruber, Gernot, 2005, Wolfgang Amadeus Mozart. München: C.H. Beck.

Handke, Christian, 2005, Wachstum gegen den Trend, Grundlegende Ergebnisse der VUT-Mitgliederbefragung 2005 unter kleinen und mittleren Tonträgerunternehmen. Berlin: Verband unabhängiger Tonträgerunternehmen, Musikverlage und Musikproduzenten (VUT).

Hochschul-Rektorenkonferenz, 1999, Musikhochschulen an der Schwelle des 21. Jahrhunderts. Thesenpapier der Rektorenkonferenz der Musikhochschulen in der Bundesrepublik Deutschland – Mitgliedergruppe Musikhochschulen in der HRK. Bonn: Beiträge zur Hochpolitik 3/2000.

Hortschansky, Klaus, 1996, „Musikleben", in: Finscher, Ludwig (Hrsg.), Die Musik des 15. und 16. Jahrhunderts. Neues Handbuch der Musikwissenschaft, Band 3: 23-128. Laaber: Laaber.

Huber, Michael, 2001, Hubert von Goisern und die Musikindustrie. Universität für Musik in Wien: Institut für Musiksoziologie.

Kaden, Christian, 1999, „Professionalismus in der Musik – eine Herausforderung an die Musikwissenschaft". In: Kalisch, V. (Hrsg.), Professionalismus in der Musik (Schriftenreihe der Robert-Schumann-Hochschule, Band 5): 17-32. Essen: Die blaue Eule.

Kapp, Reinhard, 2007, „Vom Ideal des guten Musikers", in: Kremer, Joachim und Dörte Schmidt (Hrsg.), 1999, Zwischen bürgerlicher Kultur und Akademie. Zur Professionalisierung der Musikausbildung in Stuttgart seit 1857. (Forum Musikwissenschaft, Band 2): 11-60. Schliengen: Schmidt.

Kleinen, Günter, 2008, „Musikalische Sozialisation", in: Bruhn, Herbert et al. (Hrsg.), Musikpsychologie. Das neue Handbuch: 17-66. Reinbek: Rowohlt.

Kremer, Joachim und Dörte Schmidt (Hrsg.), 1999, Zwischen bürgerlicher Kultur und Akademie. Zur Professionalisierung der Musikausbildung in Stuttgart seit 1857. (Forum Musikwissenschaft, Band 2), Schliengen: Schmidt.

Lehmann-Wermser, Andreas, et al., 2007, „Ausbildungsstätten Musik", in: de la Motte-Haber, Helga und H. Neuhoff (Hrsg.), Musiksoziologie. Handbuch der Systematischen Musikwissenschaft Band 4: 345-356. Laaber: Laaber.

Martin, Peter J., 2007, „Die Musikwirtschaft in der kapitalistischen Gesellschaft", in: de la Motte-Haber, Helga und H. Neuhoff (Hrsg.), Musiksoziologie. Handbuch der Systematischen Musikwissenschaft, Band 4: 303-326. Laaber: Laaber.

Mattheson, Johann, 1735, Kleine Generalbaß-Schule, Vor-Bericht XXVI: 29, zitiert nach: Kapp, Reinhard, 2007, „Vom Ideal des guten Musikers", in: Kremer, Joachim und Dörte Schmidt (Hrsg.), Zwischen bürgerlicher Kultur und Akademie. Zur Professionalisierung der Musikausbildung in Stuttgart seit 1857 (Forum Musikwissenschaft Band 2): 32-33. Schliengen: Schmidt.

Niemöller, Klaus Wolfgang, 1976, „Kirchenmusik: B. Die Kirchenmusik im Mittelalter", in: Blume, Friedrich (Hrsg.), Musik in Geschichte und Gegenwart MGG. Band 16, Supplement: 954-962. Kassel: Bärenreiter.

Pfeffer, Martin, 2007, Ausbildung für Musikberufe http://www.miz.org/static/themenportale/einfuehrungstexte_pdf/01_BildungAusbildung/pfeffer.pdf (zuletzt aufgerufen am 13.Juli 2008)

Rösing, Helmut, 1987, Rock/Pop/Jazz – vom Amateur zum Profi (Beiträge zur Popularmusikforschung, Band 3/4). Karben: Coda.

Rösing, Helmut, 1998, „Musikalische Lebenswelten", in: Bruhn, Herbert und Helmut Rösing (Hrsg.), Musikwissenschaft. Ein Grundkurs: 130-152. Reinbek: Rowohlt.

Saary, Margareta, 2006, „Musik als Geschäft". in: Flotzinger, Rudolf (Hrsg.), Musik als ...., Ausgewählte Betrachtungsweisen: 193-247, Wien: Verlag der Österreichischen Akademie der Wissenschaften.

Salmen, Walter, et al. 2007, „Der soziale Status des Musikers", in: de la Motte-Haber, Helga und H. Neuhoff (Hrsg.), Musiksoziologie. Handbuch der Systematischen Musikwissenschaft, Band 4: 183-211. Laaber: Laaber.

Schaal, Richard, 1958, „Konservatorium", in: Blume, Friedrich (Hrsg.), Musik in Geschichte und Gegenwart MGG. Band 7: 1459-1482. Kassel: Bärenreiter.

Schleuning, Peter, 1984, Das 18. Jahrhundert: Der Bürger erhebt sich. Reinbek: Rowohlt.

Smudits, Alfred, 2004, Die digitale Mediamorphose des Musikschaffens. Die Veränderungen der ästhetischen Produktionsbedingungen für die österreichischen Musikschaffenden durch die digitale Mediamorphose anhand der Fallbeispiele elektronischer Musik und Rockmusik. Wien: Mediacult.

Sperlich, Regina, 2008, Popularmusik in der digitalen Mediamorphose. Wandel des Musikschaffens von Rock und elektronischer Musik in Österreich. Wiesbaden: Deutscher Universitäts-Verlag

Tschmuck, Peter, 2001, "From Court Composers to Self-made Men. An Analysis of the Changing Socio-economic Status of Composers in Austria from the Seventeenth to the Nineteenth Century", in: Susanne Janssen et. al. (Hrsg.): Trends and Strategies in the Arts and Cultural Industries: 157-172. Rotterdam: Barjesteh van Waalwijk van Doorn & Co.

Willnauer, Franz, 1994, „Musikmanagement", in: Rauhe, H. und Ch. Demmer (Hrsg.), Kulturmanagement, Theorie und Praxis einer professionellen Kunst: 223-242. Berlin: Walter de Gruyter.

Lebensstil und Musikgeschmack

Gunnar Otte

Über den ästhetischen Wert von Kulturprodukten lässt sich vortrefflich streiten. Derartige Konflikte werden gern mit der Formel geschlichtet: „Es ist eben reine Geschmackssache!“ Aus soziologischer Perspektive, die der folgenden Darstellung zugrunde liegt, entsteht der individuelle Geschmack allerdings weder zufällig noch ist er beliebig wandelbar. Er unterliegt – zumindest in groben Zügen – einer systematischen sozialen Verankerung. Der Musikgeschmack ist eine Komponente des Lebensstils, Teil eines Syndroms mehr oder weniger kohärenter Zu- und Abneigungen, Orientierungen und Verhaltenspraktiken. Die Kenntnis des Musikgeschmacks verrät daher einiges über den Lebensstil eines Menschen insgesamt. Umgekehrt lässt sich von allgemeinen Mustern des Kulturkonsums auf Grundzüge des Musikgeschmacks schließen. Besonders erklärungsbedürftig sind die biographische Entstehung und Entwicklung von Lebensstil und Musikgeschmack. Die Soziologie sucht die Erklärung in der menschlichen Einbettung in Strukturen sozialer Ungleichheit und in den damit verbundenen Gruppenzugehörigkeiten: Lebensstil und Musikgeschmack hängen von Klassenlage, Bildung, Beruf, Generation, Alter, Geschlecht und ethnischer Zugehörigkeit ab, weil von diesen Kategorien nachhaltige Prägekräfte ausgehen.

Der Beitrag wendet sich in Abschnitt 1 dem Lebensstilbegriff und Untersuchungsansätzen der Lebensstilforschung zu. Diese lassen den Musikgeschmack als Teil kultureller Praktiken erkennbar werden, die nach sozialen Gruppen variieren. Da die präsentierten Ansätze unterschiedlichen raum-zeitlichen Kontexten entstammen, werden in Abschnitt 2 Systematiken musikalischer Genrepräferenzen auf der Basis einer neueren Repräsentativumfrage in Deutschland beschrieben. Die erkennbare Segmentierung des Musikangebotes in unterschiedliche Nischen verfestigt sich durch die Teilnahme an Musikszenen mit je eigenen Kommunikations- und Verhaltensnormen. Musikszenen als Orten der Inszenierung von Lebensstilen wird in Abschnitt 3 daher eine gesonderte Betrachtung gewidmet. Welche theoretischen Erklärungsmechanismen sich für die in den ersten Abschnitten versammelten empirischen Regelmäßigkeiten anbieten und welche Reichweite sie haben, wird abschließend in Abschnitt 4 behandelt.

1 Untersuchungsansätze der Lebensstilforschung

Die heutige Lebensstilforschung fußt auf einer Fragestellung, die schon Max Weber vor einhundert Jahren beschäftigt hat. Weber (1972: 538) hat den Lebensführungsbegriff eingeführt, um „ständische Vergemeinschaftungen“ von ökonomisch begründeten „Klassen“ abzugrenzen: *„‚Klassen‘ gliedern sich nach den*

*Beziehungen zur Produktion und zum Erwerb der Güter, ‚Stände' nach den Prinzipien ihres Güter*konsums *in Gestalt spezifischer Arten von ‚Lebensführung'.*" *Die aufgrund der Lebensführung eintretende „soziale Schätzung*" thematisiert Weber entlang beruflicher, ethnischer und religiöser Linien. Kennzeichnend für eine „spezifisch religiös determinierte" Lebensführung sei etwa, „*daß, aus religiösen Motiven, eine Systematisierung des praktischen Handelns in Gestalt seiner Orientierung an einheitlichen Werten entsteht*" (Weber 1972: 320f.). Der Lebensführungsbegriff umfasst demnach zwei Komponenten: handlungsleitende *Wertorientierungen und Grundprinzipien* der als wünschenswert erachteten Lebensgestaltung einerseits; expressive, symbolhaltige, für die Mitmenschen wahrnehmbare *Handlungsmuster* andererseits.

Die zweite Komponente ist gemeint, wenn in der Soziologie heute von „Lebensstilen" gesprochen wird. *Lebensstile* kann man als relativ stabile, expressive Muster der individuellen Alltagsgestaltung definieren (Spellerberg 1996: 57ff.). Sie haben doppelten Syndromcharakter: Im zeitlichen Längsschnitt zeichnen sie sich durch *Wiederholungs- und Habitualisierungstendenzen* aus; im Querschnitt weisen sie eine *systematische Passung von Einzelelementen* auf, die die Gesamtheit der Praktiken als „Stil" identifizierbar macht (vgl. zum Stilbegriff Hartmann 1999: Kap. 2). Typischerweise nimmt das Zusammenwirken der Einzelelemente eine *kohärente Form* über verschiedene Lebensbereiche an: Ein „hochkultureller" Lebensstil neigt zur Kultivierung von Kennerschaft und Exklusivität beim Musikkonsum genauso wie in Fragen der Lektüregewohnheiten, Urlaubsziele und Ernährungsansprüche. Gleichwohl sind auch Lebensstile denkbar, die durch inhärente Brüche oder postmodernen Eklektizismus auffallen.

Webers Interesse galt dem Ausmaß der *Deckungsgleichheit* der objektiven, materiellen Gliederung einer Gesellschaft – etwa in ökonomische Klassen oder Schichten – und der subjektiven, kulturellen Ordnungsprinzipien, die sich in Mustern der Lebensführung („Ständen") ausdrücken. Nach Weber ist das Ausmaß historisch variabel. Von einer engen Korrespondenz geht der Ansatz Pierre Bourdieus aus. Für die französische Gesellschaft der 1960er und 1970er Jahre entwirft Bourdieu (1982) das Modell eines „sozialen Raumes", der vertikal in drei Klassen mit einem je spezifischen kulturellen Geschmack gegliedert ist: Der „herrschenden Klasse" des Bildungs- und Besitzbürgertums sei ein souveräner Umgang mit dem Kanon der historisch etablierten, „legitimen Werke" und ein „Sinn für Distinktion" zu eigen; das „Kleinbürgertum", bestehend aus Inhabern mittlerer Berufspositionen, eifere den Kulturpraktiken der herrschenden Klasse „bildungsbeflissen" nach, ohne gleichermaßen kenntnisreich und ungezwungen mit Kultur umzugehen; die „unteren Klassen" der Arbeiter und einfachen Angestellten pflegten aufgrund ihrer prekären Soziallage mit geringen Spielräumen für kulturelle Bildung einen „populären Geschmack", der an Traditionen der

Volkskultur und Moden der Unterhaltungsindustrie orientiert sei. Für den Musikgeschmack versucht Bourdieu (1982: 31ff.) dies mit einer Bevölkerungsumfrage nachzuweisen, in der er darum bat, aus zwei Listen mit Sängern bzw. Musikstücken jeweils drei Favoriten zu bestimmen. Als typisch für den legitimen Geschmack ermittelt er klassische Werke wie Bachs „Das wohltemperierte Klavier", für den mittleren Geschmack „minderbewertete Werke der legitimen Künste" wie Gershwins „Rhapsody in Blue" und für den populären Geschmack „leichte" oder „durch Verbreitung entwertete" Werke wie Johann Strauß' „An der schönen blauen Donau" und Schlager.

Verglichen mit ähnlichen Modellen klassen- und schichtbasierter Geschmackshierarchien (z. B. Gans 1974) zeichnet sich Bourdieus Untersuchung durch zwei Besonderheiten aus. Erstens gelingt es ihm anhand umfangreicher Daten eine Fülle von Freizeitaktivitäten und Geschmacksvorlieben als Syndrome kohärenter Lebensstile nachzuweisen und auf ein klassen- und bildungsspezifisches Dispositionssystem – den „Habitus" – zurückzuführen. Zweitens fächert er den sozialen Raum anhand zwei weiterer Achsen genauer auf. Dazu führt Bourdieu (1983) die Unterscheidung von „ökonomischem" und „kulturellem Kapital" ein. Als *ökonomisches Kapital* bezeichnet er Geld und „direkt in Geld konvertierbares" Eigentum. *Kulturelles Kapital* könne in drei Formen existieren: in inkorporiertem Zustand (Wissensbestände, Kompetenzen), objektiviertem Zustand (Besitz von Kulturgütern, z. B. Büchern und Musikinstrumenten) und institutionalisiertem Zustand (Bildungstitel). Besonders wichtig sei das *inkorporierte* Kulturkapital, denn es erlaube den kompetenten Umgang mit Kulturgütern und begünstige den Erfolg beim Erwerb von Bildungszertifikaten.[1]

Während sich die vertikale Klassenposition im sozialen Raum auf das *Gesamtvolumen* der Kapitalsorten gründet, lassen sich auf der horizontalen Achse Klassenfraktionen nach der *Kapitalstruktur* differenzieren: So stehen sich innerhalb der herrschenden Klasse die „beherrschte Fraktion" der Künstler, Hochschullehrer und Lehrer (mit einem Übergewicht an kulturellem Kapital) und die „herrschende Fraktion" der Handels- und Industrieunternehmer (mit einem Übergewicht an ökonomischem Kapital) gegenüber, während sich Freiberufler und höhere Angestellte mit einem ausgewogenen Kapitalverhältnis in der Mitte befinden (Bourdieu 1982: 212f., 405ff.). Am Beispiel des Musikkonsums wird die Relevanz dieser Gegenüberstellung deutlich: Die kulturkapitalstarken Berufsgruppen sind gegenüber ästhetischen Experimenten besonders aufgeschlossen (etwa der Neuen Musik in Gestalt von Pierre Boulez und Iannis Xenakis), während die Inhaber hohen ökonomischen Kapitals kanonisierte Werke bevorzugen

[1] Als dritte Kapitalsorte konzipiert Bourdieu das „soziale Kapital" – das persönliche Netzwerk sozialer Beziehungen und der darüber zugänglichen Güter –, das aber im Modell des sozialen Raumes von nachgeordneter Bedeutung ist.

(Verdis „La Traviata"), aber auch Affinitäten zu Operetten und Schlagern haben, d. h. zum „mittleren" und „populären" Geschmack. Bourdieus Ansatz vermag damit die Struktur symbolischer Kämpfe um die „richtige" ästhetische Ausrichtung von Opern- und Konzerthäusern zu erklären, die immer wieder in Kulturbetrieben und in der Öffentlichkeit ausgefochten werden. Ferner verweist sein Ansatz darauf, dass Personen mit hohem kulturellem Kapital – oftmals beschäftigt in Kultur-, Medien- und Wissensbranchen – besonders empfänglich für ästhetische Innovationen sind. Die Konstellation von Klassenstruktur und Geschmack tendiert nach Bourdieu aufgrund der Trägheitskräfte des Habitus zu einer fortwährenden Reproduktion.

Auf der dritten Achse seines Raumschemas versucht Bourdieu *sozialem und generationalem Wandel* Rechnung zu tragen: Mit der „Neuen Bourgeoisie" und dem „Neuen Kleinbürgertum" macht er zwei Klassenfraktionen aus, die von der Bildungsexpansion der Nachkriegszeit profitiert und die jugend- und popkulturellen Strömungen der 60er und 70er Jahre getragen haben. Da er aber die Nähe zur „legitimen Kultur" zum Maßstab kulturellen Kapitals erklärt, gerät dieser kulturelle Wandel in seinem Modell leicht aus dem Blick. Klarer bildet ihn Gerhard Schulzes Ansatz ab, der dem Lebensalter eine zentrale Rolle zuweist. Im Zentrum seiner Betrachtung stehen „soziale Milieus", d. h. „*Personengruppen, die sich durch gruppenspezifische Existenzformen und erhöhte Binnenkommunikation voneinander abheben*" und die nach Alter, Bildung und alltagsästhetischem Stil abgrenzt werden (Schulze 1992: 174). Den Stil einer Person macht Schulze an ihrer Nähe bzw. Distanz zu drei „alltagsästhetischen Schemata" fest. Das *Hochkulturschema*, das etwa klassische Musik und Museumsbesuche umfasse, sei gekennzeichnet durch kontemplative Genussformen und das Streben nach Perfektion. Zum *Trivialschema* mit seinen Merkmalen der Gemütlichkeit und Harmonieträchtigkeit gehörten der deutsche Schlager und Quizsendungen im Fernsehen. Das *Spannungsschema* orientiere sich an Action und narzisstischer Selbstdarstellung und sei durch Rockmusik und den Besuch von Kneipen und Diskotheken charakterisierbar. Für die Bevölkerung Nürnbergs 1985 weist Schulze nach, dass höhere Schulbildung die Nähe zum Hochkulturschema begünstigt und die zum Trivialschema mindert. Mit dem Alter reduziert sich die Nähe zum Spannungsschema, während die Nähe zum Trivialschema – zumindest bei niedriger Bildung – ausgeprägter ist (vgl. Abbildung 1).[2]

[2] Wegen der Entwertung von Bildungsabschlüssen im Zuge der Bildungsexpansion und der leicht positiven Alterskorrelation (Hartmann 1999: 187, 228; Höffling 1997: 94) ist das Hochkulturschema in der Abbildung durch eine Diagonale abgegrenzt. Die drei gekennzeichneten Flächen markieren die Alters-Bildungs-Gruppen, die einem Schema besonders zuneigen.

Die Alters- und Bildungsstrukturierung der drei Schemata ist mehrfach als relativ stabil nachgewiesen worden (Müller-Schneider 2000; Hermann 2004: 160).

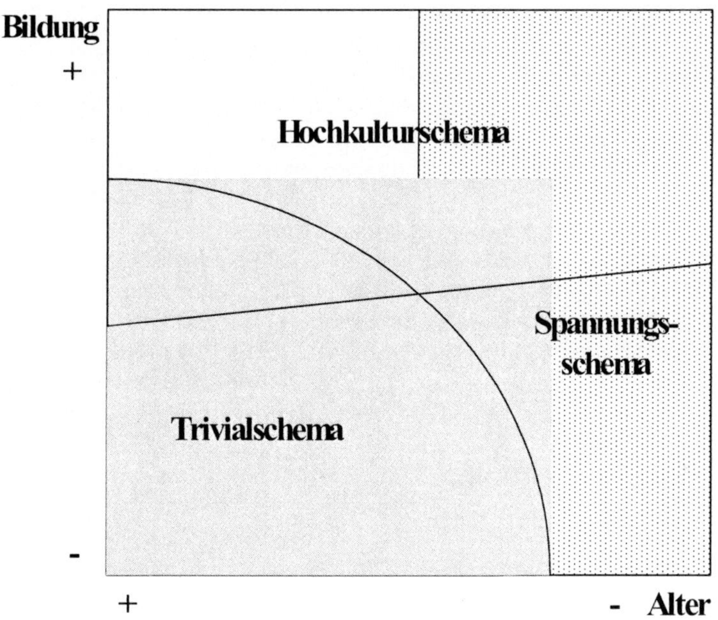

Abbildung 1: Alltagsästhetische Schemata nach Alter und Bildung

Die Ansätze Bourdieus und Schulzes stimmen in der Hochkulturneigung höherer Bildungsschichten überein. Dass der Kontrast hochkultureller und volkstümlichen Geschmacks durch den Aufstieg der Unterhaltungsindustrie und die Vermarktung jugendkultureller Rock-, Pop- und Dance-Moden zunehmend durch ein „Spannungsschema" überlagert wird, bringt Schulzes Modell deutlicher zum Ausdruck (vgl. zur historischen Entwicklung Müller-Schneider 1994). Schwierig zu beantworten ist die Frage, ob die Spannungsorientierung ein genuines *Altersphänomen* ist, das sich mit voranschreitendem Lebenslauf verflüchtigt, oder ob sie ein *Generationsphänomen* ist, das dauerhaft beibehalten wird. Auf der Basis einer Bevölkerungsstichprobe in Köln separiert Hartmann (1999: Kap. 6.4) Alters- und Generationseinflüsse mittels einer Retrospektiverfassung geschmacklicher Veränderungen der Befragten. Er ermittelt eine leicht sinkende Neigung zum Spannungsschema im Lebenslauf, im Wesentlichen aber generationale Prägungen:

Vorlieben für Pop und Rock sind, verglichen mit den ältesten Geburtsjahrgängen, für die Jahrgänge 1936 bis 1955 leicht und für die ab 1956 erheblich größer. Auch die Nähe zum Trivialschema ist generationsspezifisch: Die Jahrgänge von 1936 aufwärts stehen volkstümlicher Musik distanzierter gegenüber als die älteren Generationen. Die Hochkulturpräferenz nimmt hingegen generationsübergreifend im Laufe des Erwachsenenalters leicht zu, d. h. früher wie heute scheint ein „Hineinwachsen“ in die klassische Musik verbreitet zu sein.

Die Ergebnisse Hartmanns basieren auf einer kleinen Regionalstichprobe und müssten weiter überprüft werden.[3] Sie sind brisant, weil sie eine *fortschreitende Schrumpfung* des Segments volkstümlicher Kultur, eine *Ausbreitung* des Spannungsschemas und eine lebenszyklusgestützte *Bestandssicherung* der Hochkulturrezeption implizieren. Unklar ist jedoch, inwieweit sich Musikpräferenzen in *Besuchsverhalten* übersetzen: Das Durchschnittsalter des Publikums von „Fidelio“ im Kölner Opernhaus ist zwischen 1980 und 2004 von 38 auf 55 Jahre gestiegen (Reuband 2005: 127). Andere Untersuchungen bestätigen die Zunahme des mittleren Alters bei Opern von rund 40 auf über 50 Jahre in den vergangenen zwei Dekaden (Reuband 2005: 134ff.). Das Durchschnittsalter in klassischen Konzerten des Leipziger Gewandhauses beträgt derzeit sogar 58 Jahre (Schroeckh und Poppitz 2005: 12). Zudem gibt es bei klassischen Konzerten rückläufige Besuchsfrequenzen jüngerer und mittlerer Altersgruppen (Keuchel 2006: 25f.). Im Einklang mit Hartmanns Befunden steht der Altersanstieg bei Schlager- und Volksmusikkonzerten (Neuhoff 2001b: 79f.). Hinsichtlich der Ausbreitung des Spannungsschemas ist zu beachten, dass dieses nach Maßgabe „kognitiver Differenziertheit“ *bildungsspezifisch* ausgeformt ist (Schulze 1992): Junge Erwachsene höherer Bildung („Selbstverwirklichungsmilieu“) kombinieren die Spannungsorientierung mit hochkulturellen Vorlieben und äußern Vorlieben für Jazz, Folk und Formen der „Alternativkultur“; diejenigen niedrigerer Bildung („Unterhaltungsmilieu“) konsumieren populäre Musik in einem weniger reflexiv-intellektuellen Modus.

Entgegen mancher Behauptungen ist kein Abschmelzen der Bildungshierarchie des Hochkulturkonsums zu beobachten. Neuere Analysen deuten sogar auf eine „Elitisierung“ hin (vgl. für Deutschland Rössel et al. 2005: 229; für die USA

[3] Höfflings (1997: 93f.) Vergleich generationsspezifischer Musikpräferenzen anhand kommerzieller Umfragen der Jahre 1966, 1980 und 1995 untermauert Hartmanns Interpretationen.

DiMaggio und Mukhtar 2004: 183).[4] Nach Richard Peterson (1992, 2005) unterliegt der Hochkulturkonsum zwar noch immer dieser sozialen Selektivität, doch seien *hochkulturelle* Genres heute nur *ein* Element im Geschmacksrepertoire der oberen Schichten. Genauso verfügten sie über Kulturkompetenz in *populären* Genres, so dass sie den Charakter von „*Omnivores*" – oder von „Allesfressern" (Hartmann 1999: 128ff.) – aufwiesen. Da kulturelles Wissen zur Gewinnung sozialer Anerkennung in Interaktionssituationen beitrage, erlaube eine *große Geschmacksbreite* ein kompetentes Auftreten in unterschiedlichen Kontexten. Peterson illustriert dies am Bild einer auf dem Kopf stehenden Pyramide (Abbildung 2). Die Angehörigen der oberen sozialen Schicht S1, die Omnivores, haben den vielfältigsten Geschmack. Sie sind diejenigen mit der stärksten Hochkulturneigung, die aber nur einen Teil ihres Geschmacksrepertoires ausmacht (grau schraffierte Fläche). Die Hochkulturteilhabe der Schicht S2 ist bereits geringer – genauso wie ihre Geschmacksbreite. Die Angehörigen der unteren Schicht S3 bezeichnet Peterson als „Univores": Sie seien geschmacklich nicht homogen, sondern setzten sich aus verschiedenen Gruppen zusammen, die je nach regionaler, ethnischer, religiöser, beruflicher oder anderer Tradition sehr verschiedene, jeweils stark spezialisierte Kulturpräferenzen aufwiesen.[5]

Peterson erklärt den Wandel vom Snobismus zur Omnivorizität mit Veränderungen von Sozialstruktur und Kultur nach dem Zweiten Weltkrieg (Peterson/Kern 1996). Durch die Bildungsexpansion und die gestiegene geographische und soziale Mobilität seien die oberen Schichten heterogener geworden. Die Erfahrungsvielfalt unterschiedlicher biographischer Lebenskontexte erzeuge und verlange eine geschmackliche Offenheit. Auch habe der Wertewandel in Richtung größerer Toleranz und Gleichberechtigung das Interesse geweckt, sich gegenüber Stilen marginalisierter Gruppen zu öffnen und vormals Fremdes wertzuschätzen. Die erhöhte Präsenz verschiedenster Kulturtraditionen in Radio und Fernsehen erleichtere den Erwerb vielfältiger Kulturkompetenzen zusätzlich.

[4] Dabei ist zu berücksichtigen, dass der *Umfang* der Gruppe der Höhergebildeten durch die Bildungsexpansion der Nachkriegsjahrzehnte erheblich gewachsen ist.

[5] Müller (1990: Kap. 3) argumentiert mit Blick auf die Musiksozialisation Jugendlicher konzeptuell ähnlich, indem sie Bedingungen für musikalische „Flexibilität" vs. „Restringiertheit" untersucht.

Empirisch weisen Peterson und seine Mitarbeiter für die USA nach, dass Angehörige höherer Schichten nicht nur hochkulturell interessierter sind, sondern auch außerhalb dieses Spektrums eine größere Anzahl von Musikgenres wertschätzen. Die Neigung zu einer größeren Breite populärer Genres – Country, Bluegrass, Gospel, Rock und Blues – unter jüngeren im Vergleich zu älteren Befragten interpretieren sie als Generationseffekt. Anhand musikalischer und anderer kultureller Präferenzen ist die Omnivores-These in mehreren Ländern untersucht worden (vgl. im Überblick Peterson 2005).

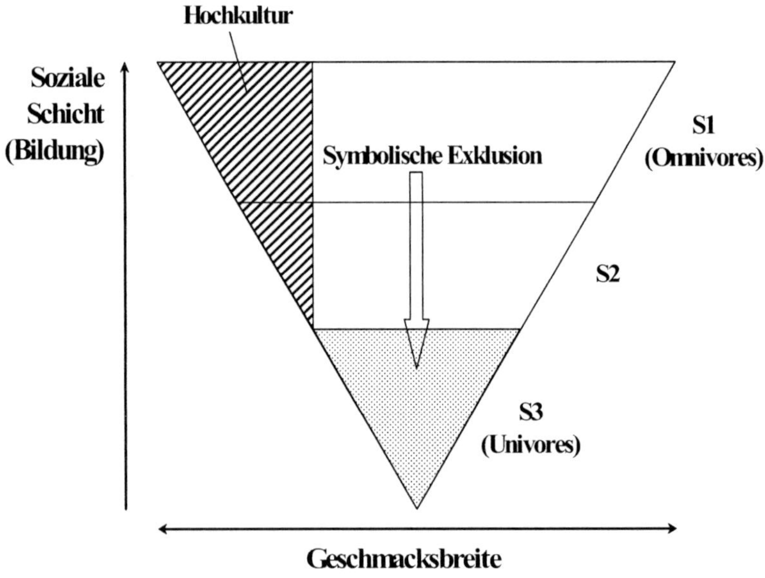

Abbildung 2: Omnivorizität und symbolische Exklusion nach Peterson und Bryson

Die Befundlage zu bilanzieren fällt schwer, weil mangels Daten kaum Zeitvergleiche möglich sind, weil unterschiedliche Musikspektra zugrunde liegen und weil die Messung von Omnivorizität variabel konzipiert wird. Insgesamt ist der Geschmack bei höheren Schichten *allenfalls moderat* vielfältiger als bei niedrigen Schichten. Noch skeptischer fällt das Ergebnis aus, das Neuhoff

(2001a) auf der Basis kumulierter Befragungen von zwanzig Konzertpublika in Berlin erzielt. Für „Highbrows" – Personen mit großem Gefallen an klassischer Musik – lässt sich eine mit dem Alter und dem Berufsstatus *sinkende* Geschmacksbreite nachweisen. Angesichts der schmalen Genrezusammenstellung, der nichtrepräsentativen Stichprobe und der nicht systematisch schichtbezogenen Auswertung ist die Aussagekraft der Studie aber begrenzt. Auf der Grundlage des Allbus 1998 ermittelt Gebesmair (2004: 195) in einer mehrere Lebensbereiche übergreifenden Analyse eine geringfügig größere Interessenbreite gehobener Berufsgruppen.

Die Forschung hat gezeigt, dass es wenig sinnvoll ist, alle erhobenen Musikgenres schlicht zu einem Index der Geschmacksbreite zu addieren. Qualifiziert werden sollte, *welche konkreten Genres* zum Geschmacksrepertoire bestimmter Sozialgruppen gehören. So demonstriert Bethany Bryson (1996), dass die kulturelle Offenheit der Höhergebildeten Grenzen hat und dass sich ihre Abneigungen vornehmlich gegen Genres richten, die von den Niedrigstgebildeten am stärksten präferiert werden – in den USA Anfang der 90er Jahre: Gospel, Country, Heavy Metal und Rap. Bryson bezeichnet diesen Vorgang als „symbolische Exklusion" kultureller Formen mitsamt ihrer Anhängerschaften. Schematisch dargestellt, nimmt die bildungsprivilegierte und kulturell toleranteste Schicht S1 in ihr Geschmacksrepertoire die Stile *nicht* auf, die in der untersten Bildungsschicht S3 am beliebtesten sind (hellgrau unterlegte Fläche in Abbildung 2). Die Linie zwischen S2 und S3 markiert eine Toleranzgrenze, die von den Omnivores mit einer Haltung von Kultiviertheit und Weltläufigkeit nicht überschritten wird. Übertragen wir die These auf den Raum alltagsästhetischer Schemata (vgl. nochmals Abbildung 1), lässt sich im „Selbstverwirklichungsmilieu" – unter jungen, höher gebildeten Menschen – eine überdurchschnittliche Geschmacksbreite mit Ausschlusstendenzen gegenüber den Genres des Trivialschemas erwarten.

Die angeführten Studien machen deutlich, dass Musikpräferenzen in umfassende Muster der Lebensführung eingebettet sind und dass diese wiederum nach Maßgabe der Schichtungshierarchie – insbesondere der Teildimension der Bildung –, der Generationszugehörigkeit und des Lebenslaufes variieren. Resümiert man die empirische Forschung, können diese Variablen als die zentralen sozialstrukturellen Determinanten der Lebensführung gelten (Otte 2005). Mit Blick auf die Fragestellung Max Webers sind Variationen des „Güterkonsums" sicher nicht auf die Klassen- und Schichtzugehörigkeit zu reduzieren, weisen aber auch heute deutliche Bezüge dazu auf. Ein weiterer Faktor ist die *Geschlechtszugehörigkeit* (Spellerberg 1996: 96ff., 186ff.). Hochkulturelle und musische Aktivitäten stellen sich als von Frauen bevorzugte Domäne heraus, während sich Männer in höherem Maß für Technik und Sport begeistern (Rössel 2005: 314ff.). Zwar haben sich Geschlechterdifferenzen genauso wie Schicht- und Altersunterschiede im Verlauf des 20. Jahrhunderts verringert (Buchmann und Eisner 1999, 2001), doch ist die Einbeziehung dieser Merkmale nach wie vor unverzichtbar. Eine ebenso zentrale Kategorie ist die *ethnische Gruppenzugehörigkeit*. Zu Kulturkonsum und Musikrezeption liegen jedoch für den deutschsprachigen Raum kaum systematische Gruppenvergleiche auf repräsentativer Basis vor (vgl. für Jugendliche unterschiedlicher ethnischer Herkunft in Deutschland Keuchel 2006: 61ff.; für Israel Katz-Gerro et al. 2007; für Großbritannien Savage 2006).

2 Eine empirische Analyse musikalischer Genrepräferenzen

Im deutschsprachigen Raum gibt es erstaunlich wenige Studien zur sozialen Strukturierung des Musikgeschmacks.[6] In wissenschaftlichen Umfragen sind Genrepräferenzen kaum bzw. wenig differenziert erhoben worden. Detailliertere Daten liegen der Marktforschung vor, werden aber für Sekundäranalysen selten verfügbar gemacht. Eine derartige Studie, nämlich die im Auftrag des Spiegel-Verlages 1997 in Deutschland durchgeführte Untersuchung *Outfit 4*, bildet die Grundlage für die Untersuchung eines breiten Genrespektrums nach alters-, bildungs- und geschlechtsspezifischen Vorlieben.[7] In Tabelle 1 wird der in Abbildung 1 dargestellte Alters-Bildungs-Raum nachgebildet, indem drei Altersgruppen (14-29, 30-49 und 50-64 Jahre) und zwei Bildungsgruppen (Abitur [+] vs. weniger als Abitur [-]) kreuztabelliert werden und innerhalb der sechs Gruppen nochmals eine Geschlechterunterscheidung erfolgt. Die Musikgenres konnten mit den Antworten „höre ich sehr gern", „auch noch gern", „weniger gern", „überhaupt nicht gern" und „unbekannt" beurteilt werden. In der Tabelle ist der Anteil derer ausgewiesen, die das jeweilige Genre „sehr gern" oder „auch noch gern" hören.[8] Fett gedruckt sind gruppenspezifische Werte, die den Durchschnitt aller Befragten um mindestens zehn Prozentpunkte überschreiten.

Das *Hochkulturschema*, im Kern durch klassische Musik und Oper repräsentiert, hat seine Hauptanhänger unter Höhergebildeten höheren Alters – beson-

---

[6] In der Literatur werden die Begriffe „Musikgeschmack" und „Musikpräferenz" uneinheitlich definiert. Im vorliegenden Beitrag meint „Musikgeschmack" die *Gesamtheit* musikbezogener Bewertungen, während sich „Musikpräferenzen" auf Bewertungen *einzelner Elemente*, z. B. Genres, beziehen. Nicht impliziert ist eine unterschiedliche Zeitstabilität der Bewertungen (vgl. Gembris 2005: 279f.).

[7] Die Daten sind beim Zentralarchiv für empirische Sozialforschung, Universität zu Köln, zugänglich (Studiennummer 2992). Primärforscher sind der Spiegel-Verlag sowie die Institute Sinus, Marplan, IFAK und ISBA. Die Grundgesamtheit umfasst die deutsche Wohnbevölkerung im Alter von 14 bis 64 Jahren in Privathaushalten. Die Stichprobe wurde nach einem Zufallsverfahren gezogen, die Befragung von April bis Juni 1997 in mündlicher und schriftlicher Form durchgeführt (Spiegel-Verlag 1997: 175f.). Realisiert wurden 8359 Interviews.

[8] Die „unbekannt"-Antworten werden nicht als „fehlende Werte", sondern als Ablehnungen definiert. Dieser Entscheidung liegt die Annahme zugrunde, dass Personen, die ein Genre mögen, in der Regel dessen Namen kennen.

ders unter Frauen. Die Anteilswerte der mittleren und jüngeren Jahrgänge auf Abiturniveau sind deutlich niedriger. In der jüngsten Gruppe haben Frauen im Vergleich zu Männern nahezu doppelt so starke Hochkulturneigungen. Die Bildungsbasiertheit reduziert sich, verschwindet aber nicht, wenn wir uns den – mit Bourdieu – „minderbewerteten" Gattungen der „legitimen Künste" zuwenden: Operette und Musical. Interessanterweise genießt das Musical auch bei mittleren und jüngeren Altersgruppen starken Rückhalt, vor allem bei weiblichen Befragten (vgl. auch Keuchel 2006: 35). Ein anderes Muster ergibt sich für Jazz und die – uneindeutig formulierte – Kategorie Weltmusik/Avantgarde: Während Alters- und Geschlechtereinflüsse gering sind, hat die hohe Bildungsgruppe ein etwa doppelt so hohes Präferenzniveau wie die niedrige. Die gehobene Schichtzugehörigkeit, die Dollase et al. (1978) in den 70er Jahren für das deutsche Jazzpublikum nachweisen, besteht also fort. Der Jazz unterliegt einer bemerkenswerten Entwicklung von einer afroamerikanischen Kulturpraxis zu kunstmusikalischer Anerkennung (Lopes 2002). Damit verbunden ist eine Alterung seiner Anhängerschaft im Zeitverlauf, die sich in ähnlicher Form beim Publikum von „Liedermachern" andeutet (vgl. auch Neuhoff 2001b: 74ff.; Schmücker 1993).

Im Einklang mit Schulzes Modell ist der Kern des *Trivialschemas* – deutsche Volksmusik und Schlager – in höheren Altersgruppen mit geringer Bildung verankert. Gleichwohl fällt die Differenz zwischen den Bildungsgruppen nicht so gravierend aus, wie man erwarten könnte, denn auch Höhergebildete artikulieren beträchtliche Zuneigungen. Die Kategorie Schlager/Evergreens findet auch unter jungen Befragten ein Ausmaß an Zuspruch, das sich auf dem Niveau von klassischer Musik und Oper bewegt. Das im Anschluss an Hartmann (1999) formulierte Szenario eines Verschwindens des Trivialschemas ist für den Schlager weniger evident als für die Volksmusik. Der sozialen Verortung des Trivialschemas nähern sich die Präferenzmuster für Country/Western sowie Tanz- und Unterhaltungsmusik, wenngleich der Bildungseffekt hier geringer ist.

Die Betrachtung der Genres, die dem *Spannungsschema* zuzurechnen sind und ihren Ursprung großteils in Jugendkulturen der zweiten Hälfte des 20. Jahrhunderts haben, bringt Generationenlagerungen zum Ausdruck und legt die Unterteilung in eine etablierte und eine neuere Form des Spannungsschemas nahe. Die *etablierte* Ästhetik des Rock erreicht zusammen mit internationalem Pop bis in die Gruppe der 30- bis 49-Jährigen Zustimmungswerte zwischen 45% und 60%. Es handelt sich um die Geburtskohorten seit 1948, d. h. diejenigen, die in ihrer Jugend mit Rock'n'Roll, Beat und Rock sozialisiert wurden. Bei den älteren Jahrgängen fällt das Rock- und Pop-Interesse deutlich ab. Dass innerhalb des Rock-Paradigmas historisch verankerte Subgenre- bzw. Künstlerpräferenzen bestehen (Holbrook und Schindler 1989), wird an den Altersgruppenschwerpunkten im Hinblick auf „älteren" und „neueren Rock" erkennbar. Wenngleich

Geschlechter- und Bildungsunterschiede relativ gering sind, zeichnen sich Höhergebildete als Hauptträger des Rock ab – jedoch bei weitem nicht so klar wie in den Publikumsanalysen von Dollase et al. (1974) und in einer britischen Umfrage (Savage 2006: 168). Ebenfalls als etablierte Gattungen sind Reggae/Ska und Blues/Soul/Funk zu werten. Die Präferenzvorsprünge der Höhergebildeten sind dabei in der mittleren Altersgruppe ausgeprägter als in der jüngeren.

Das *neuere* Spannungsschema konstituiert sich primär durch die in den 80er und 90er Jahren popularisierten Ästhetiken der elektronischen Musik (Techno, House) und des Hip Hop. Eindeutig findet sich deren Kernanhängerschaft in der jüngsten Altersgruppe. Die gitarrenbasierten, historisch weiter als die neueren DJ- und clubbasierten Stile zurückreichenden Genres Hard Rock/Heavy Metal und Punk/Independent unterliegen trotz ihrer „Reife" einer ähnlichen Altersstruktur. Vielleicht ist die Empfänglichkeit jüngerer Menschen für den Aggressionsgehalt dieser Genres dafür verantwortlich, dass Alters- hier stärker als Generationseinflüsse wirken. Während im neueren Spannungsschema Bildungsunterschiede noch weniger ins Auge stechen als im etablierten, zeigen sich pointiertere Geschlechterdifferenzen: Hard Rock und Heavy Metal, Techno und House sowie tendenziell auch Punk und Independent haben männlich dominierte Anhängerschaften. Hier manifestiert sich der in der Musiksoziologie etablierte Befund, dass männliche Jugendliche in besonderer Weise zu aggressiven und unkonventionellen Popularmusikästhetiken neigen (Russell 1997: 147). Damit finden sich – abgesehen von Country/Western – ausschließlich im Spannungsschema die von Männern bevorzugten Genres, während Frauen überproportional solche des Hochkultur-, aber auch des Trivialschemas favorisieren.

Tabelle 1: Genrepräferenzen nach Alter, Bildung und Geschlecht (in %)

		50-64		30-49		14-29	
	Abi	männl.	weibl.	männl.	weibl.	männl.	weibl.
klassische Musik (bis 1900)	+	61	67	44	49	28	43
(Gesamt: 24%)	-	21	30	15	19	8	14
neuere klass. Musik (seit 1900)	+	46	56	31	43	21	35
(Gesamt: 21%)	-	16	26	13	19	8	13
Oper	+	53	64	22	30	13	24
(Gesamt: 17%)	-	14	27	8	14	4	9
Operette	+	60	69	21	35	8	18
(Gesamt: 27%)	-	33	50	15	30	5	10
Musical	+	57	73	40	60	34	57
(Gesamt: 44%)	-	37	54	32	53	22	43
älterer Jazz (bis 1970)	+	39	38	33	32	27	22
(Gesamt: 17%)	-	15	15	16	14	11	12

		50-64		30-49		14-29	
	Abi	männl.	weibl.	männl.	weibl.	männl.	weibl.
neuerer Jazz (ab 1970)	+	19	28	25	25	23	21
(Gesamt: 14%)	-	10	9	13	12	12	13
Weltmusik / Avantgarde	+	12	14	17	15	13	16
(Gesamt: 10%)	-	7	8	8	12	9	11
internat. Folklore / Folkmusik	+	37	43	30	33	16	19
(Gesamt: 27%)	-	34	38	24	30	10	14
Chansons / Liedermacher	+	43	52	39	53	23	34
(Gesamt: 35%)	-	37	42	30	42	15	20
Country & Western	+	45	37	35	32	20	17
(Gesamt: 36%)	-	45	38	45	41	26	22
deutsche Volksmusik	+	49	43	16	20	3	8
(Gesamt: 39%)	-	77	76	35	35	9	11
(deutsche) Schlager / Evergreens	+	65	64	38	45	21	20
(Gesamt: 60%)	-	84	86	59	68	27	38
Tanz- / Unterhaltungsmusik	+	73	66	39	48	25	35
(Gesamt: 55%)	-	70	77	50	63	22	41
Pop International (Hitparade)	+	23	28	62	61	62	72
(Gesamt: 53%)	-	23	25	64	67	72	73
älterer Rock (bis 1980)	+	26	35	63	62	55	52
(Gesamt: 41%)	-	18	17	51	49	47	46
neuerer Rock (ab 1980)	+	13	14	52	52	66	61
(Gesamt: 37%)	-	9	10	45	41	61	55
Deutsch-Rock	+	11	12	44	45	47	46
(Gesamt: 34%)	-	11	10	42	41	54	49
Hard Rock / Heavy Metal	+	1	2	19	10	38	20
(Gesamt: 14%)	-	2	2	17	9	42	24
Punk / Independent	+	1	2	10	7	25	25
(Gesamt: 9%)	-	1	1	6	3	31	18
Reggae / Ska	+	5	10	30	32	41	45
(Gesamt: 21%)	-	6	4	22	21	37	35
Soul / Blues / Black Music / Funk	+	15	27	50	44	49	55
(Gesamt: 29%)	-	13	12	31	27	41	41
Rap / Hip Hop	+	1	6	19	18	37	42
(Gesamt: 18%)	-	2	2	15	14	46	42
Techno / House Music	+	3	6	15	14	45	36
(Gesamt: 17%)	-	2	2	13	10	50	39

Nachdem auf der für Deutschland repräsentativen Datenbasis zentrale Überlegungen Bourdieus und Schulzes bestätigt werden konnten, wenden wir uns der Omnivores-These zu. Tabelle 2 zeigt im oberen Teil, wie viel Prozent der vierundzwanzig in Tabelle 1 aufgeführten Genres die Befragten „sehr gern“ oder „auch noch gern“ mögen. Durchschnittlich äußern sie Vorlieben für knapp jedes dritte Genre (29%). Einen breiteren Geschmack haben – wie von Peterson behauptet – die Höhergebildeten. Allerdings fallen die Bildungsunterschiede nicht allzu groß aus. Zudem zeichnet sich kein Trend zu einem breiteren Repertoire von den älteren zu den jüngeren Befragten ab. Stattdessen beurteilen Frauen im Vergleich zu Männern ein etwas größeres Stilspektrum positiv. Betrachtet man im Sinne Brysons die durchschnittlichen Anteile der Genres, die „überhaupt nicht" gemocht bzw. symbolisch ausgeschlossen werden, gelangt man zu einem ähnlichen Resultat (unterer Teil der Tabelle): Am tolerantesten sind weibliche Befragte mit höherer Bildung.[9] Demzufolge kann die Omnivores-These zwar nicht so scharf zurückgewiesen werden, wie Neuhoff (2001a) es tut, doch sind die höheren Schichten weit davon entfernt, sämtliche Musikstile zu mögen. Dies signalisieren schon die hohen Anteile rigoros abgelehnter Genres. Entscheidend sind die Überlegungen Schulzes und Brysons: Je nach Position im Alters-Bildungs-Raum werden *spezifische Grenzziehungen* vollzogen. So schließen jüngere, hochgebildete Personen primär Genres des Trivialschemas aus ihrem Geschmacksrepertoire aus. Wie von Bryson behauptet, handelt es sich um die Musikformen, deren Anhängerschaft über geringe Formalbildung verfügt.[10]

Tabelle 2: Omnivorizität nach Alter, Bildung und Geschlecht

		50-64		30-49		14-29	
	Abi	männl.	weibl.	männl.	weibl.	männl.	weibl.
% „(sehr) gern", 24 Genres (∅)	+	32	36	33	36	31	34
(Gesamt: 29%)	-	24	27	28	30	28	29
% „überh. nicht", 24 Genres (∅)	+	41	35	39	34	43	38
(Gesamt: 43%)	-	48	44	44	42	47	45

Vier Zusatzbemerkungen scheinen angebracht. Da sich die Grundgesamtheit der Umfrage auf Personen deutscher Nationalität bezieht und Migrationshintergründe nicht erfragt wurden, fanden Unterschiede zwischen *ethnischen* Gruppen keine Berücksichtigung. Zur ethnischen Differenzierung kultureller Präferenzen besteht im deutschen Sprachraum dringender Forschungsbedarf. Zweitens ist zu betonen, dass Musik *situationsspezifisch* konsumiert wird: Einzelne Stile werden nicht durchgängig gehört, sondern zum „Mood Management" je nach Kontext und Stimmung ausgesucht (Schramm 2005; Gembris 2005: 286f.; Zillman und Gan 1997: 175ff.). Die allgemeine Genrebetrachtung ist aber besonders informa-

[9] Für diese Analyse wird die Antwort „unbekannt" als „fehlender Wert" behandelt. Bei der Berechnung der Anteilswerte werden maximal sechs fehlende Werte pro Person zugelassen; andernfalls wird sie von der Analyse ausgeschlossen. Dadurch verringert sich die Fallzahl auf 6733.

[10] Anhand der *Outfit*-Studie und weiterer Repräsentativumfragen hat Duschinger (2007) vertiefende Analysen der Thesen Petersons und Brysons vorgenommen und ein ähnliches Resümee gezogen.

tiv, weil sie auf die Grundrepertoires verweist, aus denen Rezipienten situativ wählen. Von Interesse wäre drittens eine Einordnung der Befunde im *internationalen Vergleich*, doch liegen komparative Studien kaum vor (vgl. für eine in Deutschland und den USA vergleichbar durchgeführte Rezeptionsstudie Lehmann 1994). Auf der Basis einer Eurobarometer-Umfrage des Jahres 2001 ermittelt Reuband (2003: 160), dass Deutschland und Österreich im europäischen Vergleich der Präferenzen für klassische Musik im Mittelfeld liegen. Deutlich höhere Zuneigungen bekunden Befragte aus Dänemark, Schweden, Holland und Luxemburg, deutlich geringere die aus Griechenland, Spanien, Portugal, Irland und Nordirland. Viertens ist methodisch anzumerken, dass die Abfrage abstrakter Genrebezeichnungen *Interpretationsspielräume* zulässt: Je nachdem woran man bei „neuerem Rock" denkt, kann das Gefallensurteil unterschiedlich ausfallen.[11] Dass stilistische Nuancen innerhalb solcher Grobkategorien spezifische Publika haben können, zeigt die Szeneforschung, der wir uns nun zuwenden.

3 Soziale Strukturen von Musikszenen

Die bisherige Darstellung hat vom Kontext abstrahiert, in dem Musik rezipiert wird. Neben der Nutzung von Tonträgern und Radio ist der Konsum in Konzerten, Clubs und bei öffentlichen Veranstaltungen von besonderer Relevanz, weil hierbei nicht nur das Interesse für die jeweilige Musik bekundet wird, sondern eine Teilnahme an kollektiven Rezeptionsritualen stattfindet. Unter einer *Szene* versteht man im Anschluss an Schulze (1992: 463) und Hitzler et al. (2001: 20) eine thematisch fokussierte Vernetzung von Personen, die an typischen Orten ähnliche Formen kollektiver Stilisierung betreiben. Der Themenfokus wird in unserem Fall durch Musik und kulturelle Ästhetiken hergestellt, die oft mit Ethiken des „guten Lebens" (z.B. dem „do it yourself"-Prinzip in der Punk- und Hardcore-Szene) und Etiketten des „richtigen Umgangs" (z.B. der Vermeidung spontanen Applauses in einem Sinfoniekonzert) gekoppelt sind. Wichtig ist die soziale Vernetzung: Eine Stilvorliebe allein reicht nicht aus, um zu einer Szene zu gehören; dazu bedarf es Kontakt und Interaktion mit Gleichgesinnten. Die Vernetzung kann sowohl in physischen Lokalitäten (z.B. in Konzertsälen) als auch in virtuellen Foren (z.B. im Internet) erfolgen (Bennett und Peterson 2004). Wenn sich Szeneangehörige an einem Ort treffen, konstituieren sie ein *Publikum*,

[11] Bei der Erhebung von Präferenzen wird alternativ zur *verbalen* Vorgabe von Genrekategorien auf die *akustische* Präsentation von Musikbeispielen zurückgegriffen (Gembris 2005: 283f.; Gebesmair 2001: 92ff.). Da meist keine Urteile über Einzeltitel, sondern über breite Stilklassen von Interesse sind, werden kurze Ausschnitte („Hooks") mehrerer Titel zusammengeschnitten und übergreifend bewertet (Neuwöhner 1998). Dem Problem der semantischen Mehrdeutigkeit verbaler Vorgaben steht das Problem der unklaren Genrerepräsentanz akustischer Einspielungen gegenüber (Höffling 1997: 88f.). Zumindest auf der Ebene von Metagenres („Hauptkomponenten") lassen sich hohe Korrelationen der Ergebnisse beider Erhebungsarten nachweisen (Hartmann und Höhne 2007: 236f.).

d.h. ein Personenkollektiv, das durch den gleichzeitigen Konsum eines themenspezifischen Angebots abgegrenzt ist (Schulze 1992: 460). Alle Personen, die an einem konkreten Abend einen bestimmten Club besuchen, aggregieren sich zum raum-zeitlich fixierten Publikum dieser Einrichtung. Diejenigen, die dort regelmäßig verkehren, stellen das Stammpublikum.

Zur Untersuchung von *Publikumsstrukturen* gibt es viele Studien, von denen aber nur ein Teil in publizierter Form zugänglich ist (vgl. im Überblick Dollase 1998a). Besonders aufschlussreich sind Arbeiten, die Publika *verschiedener* Musikrichtungen im zeitlichen Querschnitt (Dollase et al. 1986; Neuhoff 2001b) oder Publika *einer* Musikrichtung im zeitlichen Wandel vergleichen (Rössel et al. 2005; Reuband 2005; Schmücker 1993). Interessant sind auch Studien, die die Mikroorganisation von Publika ethnographisch untersuchen. So arbeitet Fonarow (1997) heraus, dass Besucher von Indie-Rock-Konzerten sich mit zunehmendem Alter und szenebezogener Professionalität vom Bühnenbereich an die Ränder von Konzertsälen zurückziehen. Andere Studien richten sich weniger auf konkrete Publika, sondern auf musikalische Umgangsweisen und symbolische Grenzziehungen in *Musikszenen*. Sie stammen großteils aus der Jugendforschung (vgl. im Überblick Hitzler et al. 2001; Bennett und Peterson 2004).

Besonderer Erwähnung bedarf die von Sarah Thornton (1996) vorgelegte Ethnographie der britischen Clubkultur. In Anlehnung an Bourdieu prägt Thornton den Begriff des „subkulturellen Kapitals", den wir aus Gründen terminologischer Konsistenz in *szenespezifisches Kapital* modifizieren. Dieses kann objektivierte wie inkorporierte Form annehmen, genießt soziale Anerkennung aber lediglich in der jeweiligen Szene und stellt keine „Währung" mit gesamtgesellschaftlicher Reichweite dar, wie Bourdieu sie für das (hoch-) kulturelle Kapital annimmt. Thornton untersucht die Funktion szenespezifischen Kapitals für *Hierarchiebildungsprozesse* in der – vornehmlich durch elektronische Musik geprägten – Clubkultur. Sie zeigt, dass die Verfügung über umfangreiche szenespezifische Kenntnisse, Kompetenzen und Objektausstattungen zum einen mit hohen Statuspositionen verbunden ist, zum anderen diskursiv vollzogenen Distinktionsbemühungen dient. Zum Ausdruck kommen diese in der Selbstzuschreibung von „Authentizität", „Hipness" und „Kennerschaft" und in der Abgrenzung gegenüber dem „Mainstream" von „Mitläufern", die „kommerziellen Moden" folgten. Durch die symbolischen Grenzziehungen der Szenegänger werde der Clubmarkt doppelt stratifiziert: Zum einen würden Publika *im Aggregat* hierarchisiert; zum anderen bildeten sich *innerhalb einzelner Publika* Hierarchien entlang der individuellen Verfügung über Szenekapital heraus.[12]

[12] Solche Prozesse laufen – trotz der „anyone can do it"-Ethik – selbst in Karaoke-Bars ab. Wie Drew (2004) darlegt, avancieren in jeder Bar einzelne Karaoke-Sänger zu „crowd favorites", und zwar nach

Thorntons Überlegungen sind kompatibel mit einem Modell, das Hitzler et al. (2001) vorschlagen, um die innere Struktur von Szenen zu beschreiben. Auf einem Kontinuum ließen sich drei Gruppen von Szeneteilnehmern unterscheiden: Zum Szenekern gehörten die Angehörigen der Organisationselite (z.B. Clubbetreiber, DJs, Mitarbeiter in Szenemagazinen), deren Engagement häufig einer ganzheitlichen, szeneverwurzelten Lebensführung entspringe. Mit dem Szenekern ideell und sozial eng verbunden seien aktive, regelmäßige Szenegänger. Eher lose Bindungen weise die Peripherie der Gelegenheitspartizipanten auf. Begründet lässt sich annehmen, dass in Richtung des Szenekerns das szenespezifische Kapital der Teilnehmer steigt, da Zeit und Geld in höherem Umfang investiert und soziale Kontakte in der Szene intensiver gepflegt werden (vgl. ähnlich auch Becker 1982: 46ff.). Umgekehrt vollziehen sich soziale Grenzziehungen typischerweise von innen nach außen, indem Gelegenheitspartizipanten als kenntnisarm und unauthentisch abgewertet werden (vgl. Abbildung 3).

In einer Studie von Leipziger Club- und Diskothekenpublika, die das gesamte Spektrum aktuell relevanter, jugendkultureller Musikszenen abdeckt, hat Otte (2006) versucht, Thorntons Überlegungen quantitativ zu prüfen. Er bildet einen Index szenespezifischen Kapitals, der *Szeneaktivitäten* (Erfahrungen als Bandmitglied, DJ, Producer, Cluborganisator, -mitarbeiter und Plattenrezensent), *Szenewissen* (Lektüre von Musikzeitschriften) und *Szeneobjekte* (umfangreiche Plattensammlung) umfasst. Im Einklang mit Thornton stellt sich heraus, dass männliche Jugendliche im Vergleich mit weiblichen über deutlich mehr – etwa doppelt so viel – szenespezifisches (Musik-) Kapital verfügen. Da die Kultivierung Zeit erfordert, steigt das Szenekapital im Laufe des Jugendalters an: Ab einem Alter von etwa zwanzig Jahren werden deutlich höhere Werte erzielt als von Teenagern. Der Grad schulischer Bildung ist von geringem Einfluss. Allerdings setzen sich Studierende überdurchschnittlich stark mit Musik auseinander. Auch Jugendliche aus bildungsprivilegierten Elternhäusern verfügen über höheres Szenekapital: Die Neigung höher gebildeter Eltern zur Hoch- und Alternativkultur übersetzt sich sozialisatorisch in ein generalisiertes Musikinteresse der Kinder. Gleichwohl ist der Einfluss der sozialen Herkunft auf den Erwerb *hochkulturellen* Kapitals erheblich größer. Darüber hinaus zeigt die Studie, dass die intensive Kultivierung von Musik in Jugendszenen in übergreifende Lebensführungsmuster eingebettet ist: Mit hohem Szenekapital steigen die Besuchshäufigkeit von Clubs und Live-Konzerten, die Nutzungshäufigkeit von Einrichtungen der Alternativkultur- und Kunstszene, die Erfahrungen mit Drogen sowie die Selbstzurechnung zum politisch linken Spektrum. Calmbach (2007: 195ff.), der in seiner Untersuchung der Hardcore-Szene einen vergleichbaren Index kon-

Maßstäben ihrer Beherrschung der Tonarten von Karaokemusik, eines breiten Songrepertoires und einer spezifischen Etikette, zu der die Fähigkeit zur Selbstironie gehört.

struiert, stellt ebenfalls für ältere, männliche, politisch links stehende – und zudem höher gebildete – Jugendliche den ausgeprägtesten Szeneaktivismus fest. Auch in seiner Studie sind eine Reihe szenespezifischer Wertorientierungen und Lebensstilmerkmale mit hohem Szenekapital verknüpft.[13]

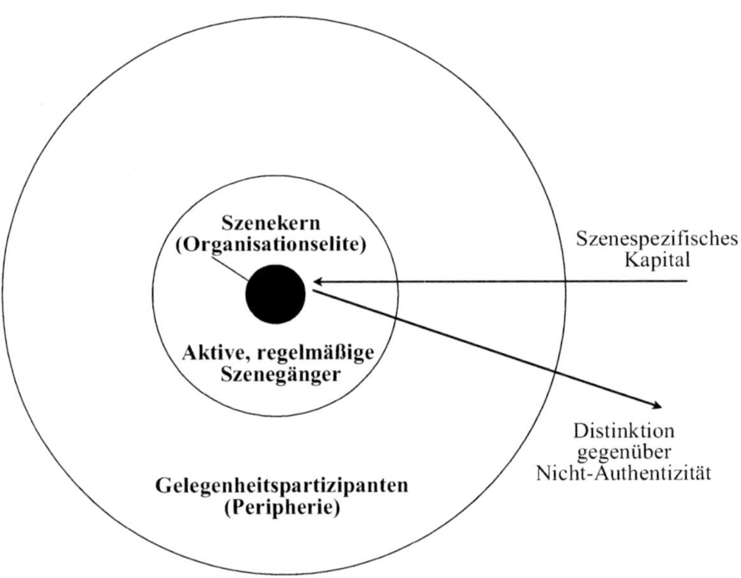

Abbildung 3: Szeneinterne Hierarchiebildung nach szenespezifischem Kapital

Musikpräferenzen sind in Ottes Studie anhand von Genrekategorien erfragt worden, können aber auch an den typischerweise besuchten Clubs und Diskotheken abgelesen werden. Dabei zeigt sich, dass Jugendliche, die ihrer verbalen Präferenzbekundung zufolge Genres elektronischer Musik nahe stehen, zum Teil sehr unterschiedliche Rezeptionskontexte aufsuchen und ästhetisch sehr unterschiedliche Ausformungen elektronischer Musik wertschätzen: Techno und House

[13] Der Szenekapitalansatz ist nicht auf Jugendkulturen beschränkt. Am Publikum des Gewandhauses zu Leipzig zeigt sich beispielsweise, dass Abonnenten ein geringeres hochkulturelles Musikkapital aufweisen als Personen mit selektivem Besuchsverhalten (Schroeckh und Poppitz 2005: 27f.).

lassen sich in der Großraumdiskothek genauso wie im Subkulturclub konsumieren. Während Tabelle 1 oben die Nichtexistenz bildungsbasierter Präferenzunterschiede im Hinblick auf diese Genres suggerierte, offenbart die disaggregierte Betrachtung einzelner Publika die *fortwirkende Relevanz von Bildung und Klassenlage*: Im Leipziger Club „Distillery“, der sich als Plattform für Subkulturen versteht, eine „Underground“-Ästhetik pflegt, innovative Musik präsentiert und von den Leitmedien der elektronischen Musikszene goutierte DJs bucht, verkehren Besucher mit höherem szenespezifischen Kapital und höherem Bildungsniveau als in der Großraumdiskothek „Sax“, die schon aufgrund der erforderlichen Kapazitätsauslastung auf elektronische Musik mit höherem Popularitätsgrad und eine massenkompatible Einrichtungsästhetik setzt. Ähnlich manifestieren sich in der Publikumssegmentierung eines der größten Festivals elektronischer Musik, *SonneMondSterne*, bildungsspezifische DJ-Präferenzen: Der extrem harte, schnelle, im Szenejargon als „Schranz“ titulierte Techno von DJ Rush und Chris Liebing findet seine Anhänger unter den weniger gebildeten Festivalbesuchern, während im studentisch-akademischen Segment eher Neigungen zum Crossover mit gitarrenorientierter Musik bestehen (Otte 2004b). Eine Analyse des Symbolgehalts der in Publika und Szenen anzutreffenden kulturellen Ästhetiken verweist auf historische Kontinuitätslinien klassenspezifischer Jugendkulturen, die bis zu Studien der 70er Jahre – etwa Willis’ (1981) Untersuchung von Rocker- und Hippie-Cliquen – zurückreichen (Otte 2007). Die Befunde unterstreichen die Notwendigkeit, Anhänger des Spannungsschemas *vertikal* zu gliedern, da mit der sozialen Lage des „Selbstverwirklichungs-“ und „Unterhaltungsmilieus“ *genre-interne Binnendifferenzierungen* musikalischer Ästhetiken verbunden sind.

4 Theoretische Erklärungen des Musikgeschmacks

Nachdem zahlreiche Befunde zum Zusammenhang zwischen sozialer Ungleichheitsstruktur, Lebensstil und Musikgeschmack angeführt worden sind, stellt sich die Frage nach *Erklärungen* für die beobachteten Systematiken. In der Literatur finden sich mindestens vier grundlegende Perspektiven: Theorien der Sozialisation, der Informationsverarbeitung, des Statusgewinns und des Berufsinteresses. Sie werden nun vorgestellt und auf zentrale empirische Befunde zurückbezogen. Dabei wird sich zeigen, dass sie einander logisch nicht ausschließen, sondern in einem Ergänzungsverhältnis stehen.

Die Bedeutung *sozialisationstheoretischer* Überlegungen ist anhand der generationsspezifischen Verankerung des Trivial- und Spannungsschemas abzulesen. Sozialisationstheorien zufolge setzen sich Heranwachsende mit kulturellen Anregungen ihrer sozialen Umwelt auseinander und entwickeln mit erhöhter Wahrscheinlichkeit Präferenzen für die Kulturformen, denen sie primär ausgesetzt sind (vgl. Dollase 2005). Als Sozialisationsagenten sind in der Kindheit zunächst die Eltern, später Lehrer, Mitschüler, Freunde, Vereins- und Szenemitglieder sowie die Massenmedien von Bedeutung. Die Formierung *hochkultureller* Präferenzen wird besonders in Elternhäusern begünstigt, die – in Bourdieus Raummodell – ein hohes Kapitalvolumen und einen Überhang an kulturellem Kapital haben, also in Elternhäusern, deren Nachwuchs zugleich – so zeigt die Empirie – besonders gute Bildungschancen hat. Die intergenerationale Weitergabe hochkulturellen Kapitals ist mehrfach belegt worden (Sullivan 2001; Rössel und Beckert-Zieglschmid 2002; Georg 2004; Keuchel 2006; im Überblick Rössel 2005: 309ff.). Der Zusammenhang zwischen Bildung und Hochkulturkonsum wird durch den verlängerten Unterricht musischer Fächer an weiterführenden Schulen noch verstärkt (Keuchel 2006: 75ff.). Da kunstmusikalische Erziehung in hohem Maß von elterlicher Förderung abhängt (Anmeldung an einer Musikschule; Erwerb von Instrumenten) und gehobene Elternhäuser solche Förderung stärker leisten, kann die Schule Differenzen zwischen den Herkunftsklassen offenbar nicht ausgleichen (Bourdieu 1982; Rössel 2005: 327; Zinnecker et al. 1999: 438ff.). Zur Bestimmung der *relativen* Einflüsse von sozialer Herkunft und Schule auf hochkulturelle Präferenzen ist aber weitere Forschung nötig.

Dass tradierte Kulturformen nicht uneingeschränkt vererbt werden, macht die weniger ausgeprägte Weitergabe *volkstümlicher* Musikpräferenzen deutlich. Immerhin berichten Rössel und Beckert-Zieglschmid (2002: 508) einen moderat positiven Effekt der elterlichen Nähe zum Trivialschema auf die Schlagerpräferenz 14- bis 16jähriger Schüler. Anders als Musik des hochkulturellen Kanons genießen diese Stile aber kaum zusätzliche schulische Förderung. Für die Sozialisation von Musikstilen des *Spannungsschemas* ist die Einbettung in soziale Netzwerke Gleichaltriger während der Jugendphase entscheidend, deren Musikkonsum sich an aktuellen Jugendmoden orientiert.

Die Jugendphase ist folglich durch *konfligierende* Einflüsse verschiedener Sozialisationsagenten gekennzeichnet. Empirisch nicht befriedigend geklärt ist die Frage, wovon es abhängt, *welche* dieser Anregungen im konkreten Fall fruchten bzw. fehlschlagen. Belegt ist ein *typischer biographischer Verlauf* der Musiksozialisation (Behne 1996; Strzoda et al. 1996; Dollase 1998b; Gembris 2005: 291ff.). Kindern kann eine „Offenohrigkeit" attestiert werden, d. h. sie sind für eine Vielzahl musikalischer Formen empfänglich – zunächst für die im elterlich geprägten Umfeld zu hörende Musik. Mit zunehmendem Einfluss gleichaltriger Bezugspersonen sinkt das Gefallen an tradierten, von der Erwachsenengeneration vermittelten Musikstilen hochkultureller genauso wie volkstümlicher Art. Der Musikgeschmack verengt sich, aktuelle Moden der Jugendmusik dominieren. Innerhalb dieses Spektrums werden im Alter von etwa zehn bis dreizehn Jahren eingängige, melodiöse Chart-Hits bevorzugt, oftmals verbunden mit einem Star-Kult um charismatische Musikerpersönlichkeiten. Rund 40% bis

45% bezeichnen sich in diesem Alter als Fan einer Musikgruppe (Strzoda et al. 1996: 67). Mit der Pubertät verstärkt sich die Geschlechterdifferenz: Jungen bevorzugen Musik mit größerem „Härtegrad" als Mädchen. Im Laufe des Teenager-Alters spezialisieren sich viele Jugendliche auf einzelne Musikstile, die in Jugendszenen körperorientiert kultiviert, inszeniert und ausgelebt werden und nicht selten politisch-ethisch aufgeladen sind. Radikale Präferenzwechsel werden im Laufe dieser Jahre seltener, der Musikgeschmack stabilisiert und verfeinert sich mit der Akkumulation szenespezifischen Kapitals. Postmoderne Thesen eines ungezügelten „Style-Switching" finden wenig Unterstützung:

Der Musikgeschmack entwickelt sich *graduell*, eine Selbstzurechnung erfolgt zu einem *begrenzten Ausschnitt* des Szenespektrums – nicht zuletzt deshalb, weil nur ein *ernsthaftes* Szenebekenntnis die in Jugendkulturen wichtige Authentizität garantiert (Muggleton 2000). Nach Umfragen unter Hardcore- bzw. Heavy Metal-Anhängern erfolgt der Szeneeinstieg durchschnittlich im Alter zwischen 14 und 16 Jahren (Calmbach 2007: 187; Laganowski 2004: 118). Dabei vermag offenbar eine einzelne Musikszene maximal 10% bis 12% der Jugendlichen als harten Kern anzuziehen, typischerweise nur wenige Prozent (Strzoda et al. 1996; Fritzsche 1997). Ungeklärt ist die Frage, welcher *konkreten* Szene sich Jugendliche aus welchen Gründen anschließen, wenn in ihren Bezugsgruppen in Schule, Nachbarschaft und Verein *diverse* Szeneaffiliationen existieren (Zillman und Gan 1997: 165). Die Frage beschäftigte schon die „Cultural Studies" (Clarke et al. 1976), ohne eine schlüssige Antwort zu erfahren. Die dort betonte Klassenzugehörigkeit reicht als Erklärungsfaktor jedenfalls nicht aus.

Ausgehend von einem spezialisierten „Kerngeschmack" öffnet sich im Zuge der Postadoleszenz der Interessenhorizont wieder: Stilistische Neuentdeckungen werden gemacht, wenn auch bei reduziertem Stellenwert von Musik, weniger emotionalisiert als in der Jugendzeit und oft ohne intensive Teilnahme an Szenekontexten. Empirisch zu prüfen ist, ob bevorzugt solche Musik in das Geschmacksrepertoire reintegriert wird, mit der man in der Kindheit sozialisiert wurde und von der man sich als Jugendlicher distanziert hatte, etwa klassische Musik. Von der Kindheit bis ins hohe Alter ist ein Präferenzwandel in Richtung weniger temporeicher Musik feststellbar. Mit der biographischen Schließung verfestigt sich ein „*ästhetischer Rigorismus*" (Dollase 1998b: 362).

Die skizzierten Sozialisationsvorgänge werfen die Frage nach den *Mechanismen* auf, die hinter den konstatierten Einflüssen stehen. Dazu kommen Erklärungen des Statusgewinns und der Informationsverarbeitung – oder mit Gebesmair (2001): „soziale Strategien" und „Hörstrategien" – in Betracht (Ganzeboom 1982; Dollase 2005: 164ff.; Rössel 2005: 323ff.). Theorien des *Statusgewinns* basieren auf der Annahme, dass Menschen nach sozialer Anerkennung streben.

Diese wird von Bezugspersonen vergeben, wenn ein Akteur im Einklang mit deren Präferenzen handelt. Wenn er sich im Rahmen des geteilten Geschmacks besonders hervorhebt – z. B. durch umfangreiches kulturelles Kapital –, erfährt er einen Statusgewinn unter Gleichgesinnten. Die eigenen Musikpräferenzen hängen demnach von den Musikpräferenzen ab, die im sozialen Netzwerk besonders verbreitet sind. Im Einklang damit lässt sich nachweisen, dass zentrale Bezugspersonen Ähnlichkeiten nach Lebensstilmerkmalen – und dabei in besonderer Weise nach Musikpräferenzen – aufweisen (Otte 2004a: 239ff.) und dass die Übereinstimmung des Musikgeschmacks Freundeswahlen unter Jugendlichen beeinflusst (Knobloch et al. 2000). Müller (1990: 157ff.) belegt, dass im Fall einer homogenen Präferenzstruktur der Bezugsgruppe und in Situationen mit hohem Gruppendruck Neigungen zu musikalischer Flexibilität und Toleranz abnehmen. Vereinbar mit der Theorie sind auch die Ergebnisse van Eijcks (1999): Personen, die in der Hierarchie sozialer Klassen relativ zur Position ihrer Eltern auf- oder abgestiegen sind, konsumieren Hochkultur in einem Umfang, der *zwischen* dem der sozial *immobilen* Angehörigen ihrer Herkunfts- und ihrer Zielklasse liegt. Geht man davon aus, dass die mobilen Personen ihre Kontakte zur Herkunftsfamilie pflegen, gleichzeitig aber den kulturellen Erwartungen ihres – statusbezogen davon abweichenden – beruflichen Umfeldes entsprechen wollen, erklärt sich die moderate Hochkulturteilhabe als eine Strategie, in *beiden* Kontexten kompetent aufzutreten. Der strategische Charakter der Kulturnutzung mit der Absicht von Statusgewinnen wird besonders von amerikanischen Kultursoziologen betont: Petersons Omnivores-These beruht auf dieser Annahme. Bei einigen Autoren findet sie sich in *gesteigerter* Form: Bourdieu (1982) und Bryson (1996) behaupten, dass Angehörige höherer Klassen ihre Kulturpraxis nicht nur zum Statusgewinn unter Gleichgesinnten, sondern darüber hinaus zur „Distinktion" bzw. „Exklusion" mit Blick auf niedrigere Klassen einsetzen. Die Abgrenzungspraxis erfolgt nicht notwendigerweise bewusst, sondern weil sie ein positives Selbstwertgefühl vermittelt.

Die motivational argumentierende Theorie des Statusgewinns trägt einigen der beobachtbaren Regelmäßigkeiten Rechnung, anderen weniger gut: Warum Jugendliche stärker empfänglich für neue Musikstile sind als Erwachsene, ist durch Verweis auf gruppenspezifische Statusnormen nicht hinreichend erklärbar. Dafür sind *Theorien der Informationsverarbeitung* besser geeignet. Besonders interessant ist das von Berlyne (1971, 1974) initiierte Forschungsprogramm der experimentellen Ästhetik. Ausgangspunkt ist die Überlegung, dass ästhetische Stimulusobjekte – z. B. Musikstücke oder Gemälde – inhaltlich auf mehreren Merkmalsdimensionen variieren können. Bei diesen „kollativen" Variablen handelt es sich um Gegensatzpaare wie Komplexität vs. Einfachheit, Variabilität vs. Stabilität, Mehrdeutigkeit vs. Klarheit, Neuheit vs. Vertrautheit und Überraschung vs. Erwartbarkeit. Musikbezogen schlagen sie sich etwa in Tempo, Harmonie, Melodie und Formbildung nieder. Anhand realer und artifizieller Stimulusobjekte untersuchte Berlynes Forschungsgruppe in zahlreichen Experimenten, welche Gefallens- und Interessenbekundungen Probanden solchen Objekten entgegenbringen. Auffällig oft zeigten sich *umgekehrt u-förmige* Zusammenhänge: Den Probanden gefielen Objekte *mittlerer Komplexität, mittlerer Vertrautheit*, usw. am besten, während sehr einfache oder sehr komplexe bzw. sehr ungewohnte oder sehr bekannte Objekte weniger positiv bewertet wurden. Zwar beruhen die Befunde auf Laborsituationen mit kurzen Beobachtungszeiträumen, doch lassen sie sich auf viele Realweltphänomene übertragen. Sie implizieren beispielsweise, dass ein Musikstück die größten Erfolgschancen beim Breitenpublikum nicht dann hat, wenn es ausgesprochen innovativ ist, sondern wenn es gängige Konventionen moderat abwandelt. Die Ergebnisse implizieren auch, dass sich Präferenzen mit dem Ausmaß zeitlicher Zuwendung zu einem Stimulusobjekt ändern: Sehr komplexe oder innovative musikalische Werke gewinnen an Zustimmung, wenn man sich intensiver mit ihnen auseinandersetzt.

Für die Musiksozialisation werden die Befunde relevant, wenn man annimmt, dass die individuellen Informationsverarbeitungsneigungen durch den eigenen Kulturkonsum in der Vergangenheit *längerfristig vorgeprägt* sind: Wer bereits in der Kindheit Musikunterricht genossen und sich hochkulturelle ästhetische Bewertungsmaßstäbe angeeignet hat, wird Werken hoher Komplexität in der Gegenwart aufgeschlossener begegnen. Eine solche Argumentation entwickelt Bourdieu (1974) am Beispiel der bildenden Kunst.[14] Kunstwerke trügen mehrere Bedeutungsebenen in sich, deren Decodierung kulturelles Kapital unterschiedlichen Ausmaßes bedürfe. Die „primäre Sinnschicht" unmittelbar wahrnehmbarer Werkeigenschaften sei auf der Basis allgemeiner Alltagserfahrungen entschlüsselbar. Hingegen erschließe sich die „sekundäre Sinnschicht" nur aufgrund fundierten Hintergrundwissens: Die formalen Arrangements und technischen Verfahren, die Einordnung in die Künstlerbiographie und in eine stilistische Epoche sowie die Interpretation des Dargestellten gelängen umso besser, je ausgeprägter das kulturelle Kapital sei. Rezipienten mit hohem Kulturkapital seien daher aufgeschlossener für „formale Experimente". Mit dieser Theorie lässt sich – neben der generellen Hochkulturneigung Höhergebildeter – die *Hierarchie der Sparten* innerhalb der Hochkultur erklären: Nach der von Rössel et al. (2005) durchgeführten Metaanalyse zahlreicher Besucherumfragen setzen sich Publika klassischer Konzerte im Schnitt zu 60% aus Hochschulabsolventen zusammen, Publika von Opern- und Theateraufführungen nur zu rund 40% (ohne volkstümliche und Boulevardtheater, die den Anteil nochmals senken). Die Rangfolge

[14] Der informationstheoretische Erklärungsansatz, den Bourdieu in seinem Frühwerk favorisiert, wird in seinem Hauptwerk (Bourdieu 1982) durch die Statustheorie ergänzt bzw. überlagert.

ergibt sich aus der Decodierungsschwierigkeit: Klassischen Konzerten fehlt das visuelle Element und die dargestellte Handlung, die die Entschlüsselung von Opern und Theaterstücken erleichtern und breiteren Publikumsschichten ästhetischen Genuss ermöglichen.

Hebt man auf die biographische Offenheit ab, erklären sich mit der Informationsverarbeitungstheorie die größere Aufgeschlossenheit Jugendlicher gegenüber neuen Musikstilen und die Entstehung musikalischer Generationen. Während neuartige Musikelemente – etwa der Sprechgesang im Hip Hop – Hörgewohnheiten älterer Rezipienten irritieren, ist die Vertrautheitsdifferenz zwischen neuen und gesellschaftlich etablierten Sounds für Jugendliche geringer, die Aufnahmebereitschaft folglich größer. Diesen Mechanismus hat bereits Karl Mannheim (1964: 529ff.) in seiner Theorie der „Erlebnisschichtung" erkannt: Die „*ersten Eindrücke*" hätten die Tendenz, sich „*als natürliches Weltbild festzusetzen*" und als Orientierungsmaßstab für spätere Erfahrungen zu dienen.

Als vierte Erklärungsperspektive ist die *Theorie des Berufsinteresses* anzuführen. Im Kern besagt sie, dass Intensität und Ausrichtung des Kulturkonsums durch die *berufliche Verwertbarkeit* dieser Aktivitäten bedingt sind. Wenn Bourdieu feststellt, dass die „beherrschte Fraktion der herrschenden Klasse" die umfangreichsten kulturellen Kenntnisse hat und für ästhetische Experimente besonders offen ist, kann dies schlicht damit zu tun haben, dass sich die zugehörigen Berufsgruppen – u. a. Künstler und Lehrer – berufsbedingt besonders stark für Kultur interessieren. Welchen Anteil berufsbezogene Gründe an der Publikumszusammensetzung bei Konzerten ausmachen und inwieweit statistische Klassen- und Bildungseffekte darauf zurückgehen, ist kaum untersucht worden.

Diesen Ansatz zieht aber Lizardo (2006) heran, um die vielfach belegte *Geschlechterdifferenz* im Hochkulturkonsum zu erklären: Da Frauen überproportional in Kulturberufen tätig seien, legten sie ein höheres Kulturinteresse an den Tag. Für die USA weist Lizardo nach, dass die Geschlechterdifferenz vorrangig unter Erwerbstätigen anzutreffen ist und sich deutlich reduziert, wenn die unterschiedliche Geschlechterverteilung auf der Kapitalstrukturachse in Bourdieus sozialem Raum in Rechnung gestellt wird. Vergleicht man Männer und Frauen mit *identischer* Kapitalstruktur, besteht die Geschlechterdifferenz vorwiegend im Bereich der Berufssegmente mit hohem Überschuss ökonomischen Kapitals fort. Lizardo erklärt dies unter Rückgriff auf Collins (1992) damit, dass Männer dort eine hochkulturferne „Business Culture" pflegten, Frauen dagegen im Einklang mit traditionellen Geschlechterrollen „Repräsentationsarbeit" leisteten, die kulturelle Bildung erfordere. Anhand schwedischer Daten weisen Bihagen und Katz-Gerro (2000) dagegen eine von Erwerbsstatus und Klassenposition weitgehend *unabhängige* Geschlechterdifferenz nach und verwerfen die Theorie des Berufsinteresses. Da Frauen eher kulturelle als technische Berufe ergreifen, geisteswissenschaftliche gegenüber ingenieurwissenschaftlichen Studiengängen vorziehen und sprachlich-musische Schulfächer dominieren, scheint der Ursprung der Geschlechterdifferenzen in der Tat biographisch weiter zurückzureichen.

So zeigt die Sozialisationsforschung, dass Mädchen mehr lesen, sich stärker für Kunst, Theater und klassische Konzerte interessieren und häufiger Musikinstrumente erlernen – mit Ausnahme von Instrumenten, die mit Kraft assoziiert werden, etwa Schlagzeug, Posaune und Trompete (O'Neill 1997; Zinnecker et al. 1999; Keuchel 2006: 45ff.). Jungen erzielen gegenüber Mädchen Vorsprünge im computergestützten Umgang mit Musik. Viele der musikbezogenen Verhaltensweisen werden von Eltern genauso wie Kindern als „feminin" bzw. „maskulin" stereotypisiert – mit der Folge einer Reproduktion der Geschlechterdifferenzen. Einzelne Befunde deuten darauf hin, dass geschlechtsspezifische Grenzziehungen im Kindesalter relativ schwach ausgeprägt sind und sich in der Pubertät intensivieren. Da in diesem Alter die sexuelle Identitätsfindung eine zentrale Entwicklungsaufgabe ist und Freundescliquen zu erhöhter Geschlechtshomogenität tendieren, lässt sich die Verstärkung geschlechtsspezifischer Musikpräferenzen im Sinne der Statusgewinntheorie erklären: Während in Jungencliquen Härte honoriert wird und Szenen „harter" Musikstile wie Metal, Punk, Hardcore und Techno von männlichen Anhängern dominiert werden, ist schwärmerisches Fantum in Mädchencliquen verbreiteter (McRobbie und Garber 1976; Fritzsche 2003). Da männliche Jugendliche sich stärker mit außerschulischen, „illegitimen" Kultur- und Musikformen beschäftigen, größeres Technikinteresse haben – Bandmitglied oder DJ zu sein, impliziert Technikumgang – und der innere Kern von Jugendmusikszenen einer Steigerungslogik derartiger Szenekompetenzen folgt, sind zentrale Szenepositionen männerdominiert. Da Szenekapital wiederum in Berufslaufbahnen – als Musiker, DJ, Club- und Labelbetreiber, Musikredakteur, usw. – umgemünzt werden kann, schreibt sich die Geschlechterdifferenz in der Positionsstruktur der Musikwirtschaft fort. Geht man von Präferenzformation und Kompetenzerwerb in Kindheit, Jugend und Bildungssystem aus und sieht von anderen Zuweisungsmechanismen ab, dürften Frauen in Zukunft mehr Leitungsfunktionen im Hochkultur- als im Populärmusiksektor einnehmen.

5 Ausblick

Der Beitrag hat versucht, soziale Ungleichheit, Lebensstil und Musikgeschmack theoretisch und empirisch in ihrer Verzahnung zu beleuchten. Dargestellt wurde die Einbettung von Musikpräferenzen in ganzheitliche Muster der Lebensführung, die wiederum nach Klassenlage, Bildung, Alter, Geschlecht und anderen Kategorien variieren. Über die Heranziehung vier theoretischer Erklärungsansätze, der räumlichen Modelle von Bourdieu und Schulze sowie neuerer kultursoziologischer Konzepte – Omnivorizität und szenespezifisches Kapital – wurden die beobachtbaren Variationen zumindest teilweise erklärbar. Gleichwohl blieben einige Fragen ungeklärt, etwa die nach der Entstehung von Vorlieben für konkrete jugendkulturelle Szenen, nach Stabilität und Wandel von Musikpräferenzen im Lebenslauf und nach den Ursachen von Geschlechterdifferenzen.

Um weitere Erkenntnisse zu derartigen Fragen zu gewinnen, bedarf es *umfangreicherer und qualitativ besserer Daten*. Da weite Teile der Kultur- und Musiksoziologie empiriefern arbeiten oder ihr Erkenntnisinteresse auf Hochkulturphänomene beschränken, liegen weit weniger wissenschaftliche Daten vor als wünschenswert (vgl. im Überblick Inhetveen 1997; Gebesmair 2001; Rösing 2002). Dringend erforderlich sind Repräsentativumfragen, die neben der aktuellen Lebensführung und Kulturnutzung den biographischen Wandel des Kulturkonsums retrospektiv thematisieren, Kulturpräferenzen zentraler Netzwerkpersonen erfassen und Indikatoren zentraler Theoriekonzepte enthalten. Auch Panel-Studien, wie sie Behne (1996) im kleinen Rahmen durchgeführt hat, sind unerlässlich für die Analyse der Stabilität von Musikpräferenzen. Zu bedauern ist, dass Daten kommerzieller Erhebungen – ähnlich der *Outfit*-Studie – oder der öffentlich-rechtlichen Medienforschung der Wissenschaft nicht zahlreicher zur Verfügung stehen. Für Zeitvergleiche von Präferenzmustern ist auch die Verfügbarmachung *älterer* Daten von großem Interesse. Daneben sind für manche Fragen andere Erhebungsmethoden notwendig, etwa qualitative und experimentelle Untersuchungsdesigns. Anzustreben sind intensivere *interdisziplinäre Forschungskooperationen*. Besonders die Sozial- und Musikpsychologie haben für den vorliegenden Beitrag sehr wichtige Erkenntnisse beigesteuert. Hinsichtlich der Wahrnehmung und Verarbeitung musikalischer Information und der Veränderung der Kognition im Lebenslauf sind auch die Fortschritte der Neurowissenschaften von großer Relevanz.

Bewusst wurde hier auf *theoretische* Konzepte der Lebensstil- und Musikforschung Wert gelegt. In der anwendungsnahen Forschung und Beratung begnügt man sich oft damit, Märkte zu segmentieren und Zielgruppen zu konstruieren, indem Vorlieben und Nutzungsmuster nach soziodemographischen Variablen oder Lebensstiltypen *empirisch* klassifiziert werden (vgl. im Überblick Hartmann 1999: Kap. 3). Unter den Lebensstilansätzen haben das Modell sozialer Milieus von *Sinus Sociovision* (Flaig et al. 1993; www.sinus-sociovision.de) und die *MedienNutzerTypologie* (Oehmichen und Ridder 2003; Hartmann und Höhne 2007) große Bedeutung gewonnen (vgl. zu einer integrativen Typologie Otte 2004a, 2005). Die facettenreich beschriebenen Typen erlauben es, Hörfunkprogramme auf Zielgruppen zuzuschneiden und letztere passgenau mit Werbemaßnahmen anzusprechen. Derartige Querschnittsbetrachtungen lassen jedoch wichtige Fragen offen: Wer wissen will, was und wie die heutigen Rezipienten morgen konsumieren, benötigt Einsichten in die kausalen Wirkungszusammenhänge der in den Typologien verdichteten Variablen – und das heißt: grundlagenwissenschaftliche Erkenntnisse zu Prozessen der Formation und des Wandels von Präferenzen.

6 Literatur

Becker, Howard S., 1982, Art Worlds. Berkeley: University of California Press.

Behne, Klaus-Ernst, 1996, „Musikgeschmack in den 90er Jahren.“ *Musikforum* 84(32): 25-41.

Bennett, Andy und Richard A. Peterson (Hrsg.), 2004, Music Scenes. Local, Translocal, and Virtual. Nashville: Vanderbilt University Press.

Berlyne, Daniel E., 1971, Aesthetics and Psychobiology. New York: Appleton-Century-Crofts.

Berlyne, Daniel E., 1974, „The New Experimental Aesthetics.“ In: ders. (Hrsg.), Studies in the New Experimental Aesthetics: Steps toward an Objective Psychology of Aesthetic Appreciation: 1-25. Washington: Hemisphere.

Bihagen, Erik und Tally Katz-Gerro, 2000, „Culture Consumption in Sweden: The Stability of Gender Differences.“ *Poetics* 27: 327-349.

Bourdieu, Pierre, 1974, „Elemente zu einer soziologischen Theorie der Kunstwahrnehmung.“ In: ders., Zur Soziologie der symbolischen Formen: 159-201. Frankfurt/Main: Suhrkamp.

Bourdieu, Pierre, 1982, Die feinen Unterschiede. Kritik der gesellschaftlichen Urteilskraft. Frankfurt/Main: Suhrkamp.

Bourdieu, Pierre, 1983, „Ökonomisches Kapital, kulturelles Kapital, soziales Kapital.“ In: Kreckel, Reinhard (Hrsg.), Soziale Ungleichheiten: 183-198. (Soziale Welt, Sonderband 2) Göttingen: Schwartz.

Bryson, Bethany, 1996, „‚Anything but Heavy Metal‘: Symbolic Exclusion and Musical Dislikes.“ *American Sociological Review* 61: 884-899.

Buchmann, Marlis und Manuel Eisner, 1999, „Freizeit als Element des Lebensstils und Mittel kultureller Distinktion, 1900-1996“. In: Honegger, Claudia et al. (Hrsg.), Grenzenlose Gesellschaft?: 590-608. Opladen: Leske + Budrich.

Buchmann, Marlis und Manuel Eisner, 2001, „Geschlechterdifferenzen in der gesellschaftlichen Präsentation des Selbst. Heiratsinserate von 1900 bis 2000.“ In: Heintz, Bettina (Hrsg.), Geschlechtersoziologie: 75-107. (Sonderheft 41 der Kölner Zeitschrift für Soziologie und Sozialpsychologie) Wiesbaden: Westdeutscher Verlag.

Calmbach, Marc, 2007, More than Music. Einblicke in die Jugendkultur Hardcore. Bielefeld: Transcript.

Clarke, John, Stuart Hall, Tony Jefferson und Brian Roberts, 1976, „Subcultures, Cultures and Class: A Theoretical Overview.“ In: Hall, Stuart und Tony Jefferson (Hrsg.), Resistance through Rituals. Youth Subcultures in Post-war Britain: 9-74. London: Routledge.

Collins, Randall, 1992, „Women and the Production of Status Cultures.“ In: Lamont, Michèle und Marcel Fournier (Hrsg.), Cultivating Differences. Symbolic Boundaries and the Making of Inequality: 213-231. Chicago: University of Chicago Press.

DiMaggio, Paul und Toqir Mukhtar, 2004, „Arts Participation as Cultural Capital in the United States, 1982-2002: Signs of Decline?“ *Poetics* 32: 169-194.

Dollase, Rainer, 1998a, „Das Publikum in Konzerten, Theatervorstellungen und Filmvorführungen.“ In: Strauß, Bernd (Hrsg.), Zuschauer: 139-174 Göttingen: Hogrefe.

Dollase, Rainer, 1998b, „Musikpräferenzen und Musikgeschmack Jugendlicher.“ In: Baacke, Dieter (Hrsg.), Handbuch Jugend und Musik: 341-368. Opladen: Leske + Budrich.

Dollase, Rainer, 2005, „Musikalische Sozialisation.“ In: Oerter, Rolf und Thomas H. Stoffer (Hrsg.), Spezielle Musikpsychologie: 153-204. (Enzyklopädie der Psychologie. Themenbereich D, Serie VII: Musikpsychologie, Band 2.) Göttingen: Hogrefe.

Dollase, Rainer et al., 1974, Rock People oder Die befragte Szene. Frankfurt/Main: Fischer.

Dollase, Rainer et al., 1978, Das Jazzpublikum. Zur Sozialpsychologie einer kulturellen Minderheit. Mainz: Schott.

Dollase, Rainer et al., 1986, Demoskopie im Konzertsaal. Mainz: Schott.

Drew, Rob, 2004, „‚Scenes' Dimensions of Karaoke in the United States.“ In: Bennett, Andy und Richard A. Peterson (Hrsg.), Music Scenes. Local, Transnational, and Virtual: 64-79. Nashville: Vanderbilt University Press.

Duschinger, Kathrin, 2007, Kulturelle Geschmacksbreite als neues Distinktionsmerkmal? Eine empirische Überprüfung der Omnivores-These mit bundesdeutschen Daten der 1990er Jahre. (Magisterarbeit) Leipzig: Universität Leipzig, Institut für Kulturwissenschaften.

Flaig, Berthold Bodo, Thomas Meyer und Jörg Ueltzhöffer, 1993, Alltagsästhetik und politische Kultur. Zur ästhetischen Dimension politischer Bildung und politischer Kommunikation. Bonn: Dietz.

Fonarow, Wendy, 1997, „The Spatial Organization of the Indie Music Gig.“ In: Gelder, Ken und Sarah Thornton (Hrsg.), The Subcultures Reader: 360-369 London: Routledge.

Fritzsche, Bettina, 2003, Pop-Fans. Studie einer Mädchenkultur. Opladen: Leske + Budrich.

Fritzsche, Yvonne, 1997, „Jugendkulturen und Freizeitpräferenzen: Rückzug vom Politischen?“ In: Jugendwerk der Deutschen Shell (Hrsg.), Jugend '97. Zukunftsperspektiven, Gesellschaftliches Engagement, Politische Orientierungen: 343-377. Opladen: Leske + Budrich.

Gans, Herbert J., 1974, Popular Culture and High Culture. An Analysis and Evaluation of Taste. New York: Basic Books.

Ganzeboom, Harry B.G., 1982, „Explaining Differential Participation in High-Cultural Activities. A Confrontation of Information-Processing and Status-Seeking Theories.“ In: Raub, Werner (Hrsg.), Theoretical Models and Empirical Analyses. Contributions to the Explanation of Individual Actions and Collective Phenomena: 186-205. Utrecht: E.S. Publications.

Gebesmair, Andreas, 2001, Grundzüge einer Soziologie des Musikgeschmacks. Wiesbaden: Westdeutscher Verlag.

Gebesmair, Andreas, 2004, „Renditen der Grenzüberschreitung. Zur Relevanz der Bourdieuschen Kapitaltheorie für die Analyse sozialer Ungleichheiten.“ *Soziale Welt* 55: 181-204.

Gembris, Heiner, 2005, „Musikalische Präferenzen.“ In: Oerter, Rolf und Thomas H. Stoffer (Hrsg.), Spezielle Musikpsychologie: 279-342. (Enzyklopädie der Psychologie. Themenbereich D, Serie VII: Musikpsychologie, Band 2.) Göttingen: Hogrefe.

Georg, Werner, 2004, „Cultural Capital and Social Inequality in the Life Course.“ *European Sociological Review* 20(4): 333-344.

Hartmann, Peter H., 1999, Lebensstilforschung. Darstellung, Kritik und Weiterentwicklung. Opladen: Leske + Budrich.

Hartmann, Peter H. und Inga Höhne, 2007, „MNT 2.0 – Zur Weiterentwicklung der MedienNutzerTypologie.“ *Media Perspektiven* 5/2007: 235-241.

Hermann, Dieter, 2004, „Bilanz der empirischen Lebensstilforschung.“ *Kölner Zeitschrift für Soziologie und Sozialpsychologie* 56: 153-179.

Hitzler, Ronald et al., 2001, Leben in Szenen. Formen jugendlicher Vergemeinschaftung heute. Opladen: Leske + Budrich.

Höffling, Christian, 1997, „Musik und Sozialstruktur. Musikalische Rezeptionsmuster und Teilkulturen in der Bundesrepublik Deutschland.“ In: Frevel, Bernhard (Hrsg.), Musik und Politik. Dimensionen einer undefinierten Beziehung: 83-107 Regensburg: ConBrio.

Holbrook, Morris B. und Robert M. Schindler, 1989, „Some Exploratory Findings on the Development of Musical Tastes.“ *Journal of Consumer Research* 16: 119-124.

Inhetveen, Katharina, 1997, Musiksoziologie in der Bundesrepublik Deutschland. Eine kritische Bestandsaufnahme. Opladen: Westdeutscher Verlag.

Katz-Gerro, Tally et al. 2007, „Class, Status, and the Intergenerational Transmission of Musical Tastes in Israel.“ *Poetics* 35: 152-167.

Keuchel, Susanne, 2006, „Das 1. Jugend-KulturBarometer – Zwischen Eminem und Picasso.“ In: Keuchel, Susanne und Andreas Johannes Wiesand / Zentrum für Kulturforschung (Hrsg.), Das 1. Jugend-KulturBarometer. ‚Zwischen Eminem und Picasso...‘: 19-168. Bonn: ARCult Media.

Knobloch, S., P. Vorderer und D. Zillmann, 2000, „Der Einfluß des Musikgeschmacks auf die Wahrnehmung möglicher Freunde im Jugendalter.“ *Zeitschrift für Sozialpsychologie* 31: 18-30.

Laganowski, Elke, 2004, Soziologie von Jugendkulturen: Heavy Metal. Eine empirische Studie zum Musikgeschmack Leipziger und Dresdner Metalfans. (Magisterarbeit). Leipzig: Universität Leipzig, Institut für Kulturwissenschaften.

Lehmann, Andreas C., 1994, Habituelle und situative Rezeptionsweisen beim Musikhören. Eine einstellungstheoretische Untersuchung. Frankfurt/Main: Peter Lang.

Lizardo, Omar, 2006, „The Puzzle of Women's ‚Highbrow‘ Culture Consumption: Integrating Gender and Work into Bourdieu's Class Theory of Taste.“ *Poetics* 34: 1-23.

Lopes, Paul, 2002, The Rise of a Jazz Art World. Cambridge: Cambridge University Press.

Mannheim, Karl, 1964, „Das Problem der Generationen.“ In: ders.: Wissenssoziologie. Auswahl aus dem Werk: 509-565. Eingeleitet und herausgegeben von Kurt H. Wolff. Berlin: Luchterhand.

McRobbie, Angela und Jenny Garber, 1976, „Girls and Subcultures: An Exploration." In: Hall, Stuart und Tony Jefferson (Hrsg.), Resistance through Rituals. Youth Subcultures in Post-war Britain: 209-222. London: Routledge.

Muggleton, David, 2000, Inside Subculture. The Postmodern Meaning of Style. Oxford: Berg.

Müller, Renate, 1990, Soziale Bedingungen der Umgehensweisen Jugendlicher mit Musik. Theoretische und empirisch-statistische Untersuchung zur Musikpädagogik. Essen: Die Blaue Eule.

Müller-Schneider, Thomas, 1994, Schichten und Erlebnismilieus. Der Wandel der Milieustruktur in der Bundesrepublik Deutschland. Wiesbaden: Deutscher Universitätsverlag.

Müller-Schneider, Thomas, 2000, „Stabilität subjektzentrierter Strukturen. Das Lebensstilmodell von Schulze im Zeitvergleich." *Zeitschrift für Soziologie* 29: 361-374.

Neuhoff, Hans, 2001a, „Wandlungsprozesse elitärer und populärer Geschmackskultur? Die ‚Allesfresser-Hypothese' im Ländervergleich USA/Deutschland." *Kölner Zeitschrift für Soziologie und Sozialpsychologie* 53: 751-772.

Neuhoff, Hans, 2001b, „Die Altersstruktur von Konzertpublika. Querschnitte und Längsschnitte von Klassik bis Pop in kultursoziologischer Analyse." *Musikforum* 95(37): 64-83.

Neuwöhner, Ulrich, 1998, „Musikstudie oder Titeltest: Methoden der Musikforschung." In: Lindner-Braun, Christa (Hrsg.), Radioforschung. Konzepte, Instrumente und Ergebnisse aus der Praxis: 153-173. Opladen: Westdeutscher Verlag.

Oehmichen, Ekkehardt und Christa-Maria Ridder (Hrsg.), 2003, Die MedienNutzerTypologie. Ein neuer Ansatz der Publikumsanalyse. Baden-Baden: Nomos.

O'Neill, Susan A., 1997, „Gender and Music." In: David J. Hargreaves und Adrian C. North (Hrsg.), The Social Psychology of Music: 46-63. Oxford: Oxford University Press.

Otte, Gunnar, 2004a, Sozialstrukturanalysen mit Lebensstilen. Eine Studie zur theoretischen und methodischen Neuorientierung der Lebensstilforschung. Wiesbaden: VS.

Otte, Gunnar, 2004b, Publikumsanalyse des Musikfestivals ‚SonneMondSterne 2004'. (Forschungsbericht). Leipzig: Universität Leipzig, Institut für Kulturwissenschaften.

Otte, Gunnar, 2005, „Entwicklung und Test einer integrativen Typologie der Lebensführung für die Bundesrepublik Deutschland." *Zeitschrift für Soziologie* 34: 442-467.

Otte, Gunnar, 2006, „Jugendkulturen in Clubs und Diskotheken – Empirische Publikumsanalysen aus Leipzig." In: Keuchel, Susanne und Andreas Johannes Wiesand / Zentrum für Kulturforschung (Hrsg.), Das 1. Jugend-KulturBarometer. ‚Zwischen Eminem und Picasso...': 222-229. Bonn: ARCult Media.

Otte, Gunnar, 2007, „Jugendkulturen zwischen Klassenästhetik und freier Geschmackswahl – das Beispiel der Leipziger Clubszene." In: Göttlich, Udo et al. (Hrsg.), Arbeit, Politik und Religion in Jugendkulturen. Engagement und Vergnügen: 161-177. Weinheim: Juventa.

Peterson, Richard A., 1992, „Understanding Audience Segmentation. From Elite and Mass to Omnivore and Univore." *Poetics* 21: 243-258.

Peterson, Richard A., 2005, „Problems in Comparative Research: The Example of Omnivorousness." *Poetics* 33: 257-282.

Peterson, Richard A. und Roger M. Kern, 1996, „Changing Highbrow Taste: From Snob to Omnivore." *American Sociological Review* 61: 900-907.

Reuband, Karl-Heinz, 2003, „Musikalische Geschmacksbildung und Generationszugehörigkeit. Klassik-Präferenzen im europäischen Vergleich." In: Klein, Armin (Hrsg.): Deutsches Jahrbuch für Kulturmanagement 2002: 152-164. Baden-Baden: Nomos.

Reuband, Karl-Heinz, 2005, „Sterben die Opernbesucher aus? Eine Untersuchung zur sozialen Zusammensetzung des Opernpublikums im Zeitvergleich." In: Klein, Armin und Thomas Knubben (Hrsg.), Deutsches Jahrbuch für Kulturmanagement 2003/2004: 123-138. Baden-Baden: Nomos.

Rösing, Helmut, 2002, „‚Popularmusikforschung' in Deutschland – von den Anfängen bis zu den 1990er Jahren." In: Rösing, Helmut et al. (Hrsg.), Musikwissenschaft und populäre Musik. Versuch einer Bestandsaufnahme: 13-35. Frankfurt/Main: Peter Lang.

Rössel, Jörg, 2005, Plurale Sozialstrukturanalyse. Eine handlungstheoretische Rekonstruktion der Grundbegriffe der Sozialstrukturanalyse. Wiesbaden: VS.

Rössel, Jörg und Claudia Beckert-Zieglschmid, 2002, „Die Reproduktion kulturellen Kapitals." *Zeitschrift für Soziologie* 31: 497-513.

Rössel, Jörg, Rolf Hackenbroch und Angela Göllnitz, 2005, „Soziale Differenzierung und Strukturwandel des Hochkulturpublikums." In: Institut für Kulturpolitik der Kulturpolitischen Gesellschaft (Hrsg.), Jahrbuch für Kulturpolitik 2005: 225-234. Essen: Klartext.

Russell, Philip A., 1997, „Musical Tastes and Society." In: Hargreaves, David J. und Adrian C. North (Hrsg.), The Social Psychology of Music: 141-158. Oxford: Oxford University Press.

Savage, Mike, 2006, „The Musical Field." *Cultural Trends* 15: 159-174.

Schmücker, Fritz, 1983, Das Jazzkonzertpublikum. Das Profil einer kulturellen Minderheit im Zeitvergleich. Münster: Lit.

Schramm, Holger, 2005, Mood Management durch Musik. Die alltägliche Nutzung von Musik zur Regulierung von Stimmungen. Köln: Halem.

Schroeckh, Jürgen, unter Mitarbeit von Helen Poppitz, 2005, Gewandhaus zu Leipzig. Besucheranalyse 2005. (Forschungsbericht). Leipzig: Universität Leipzig, Institut für Kulturwissenschaften.

Schulze, Gerhard, 1992, Die Erlebnisgesellschaft. Kultursoziologie der Gegenwart. Frankfurt/Main und New York: Campus.

Spellerberg, Annette, 1996, Soziale Differenzierung durch Lebensstile. Eine empirische Untersuchung zur Lebensqualität in West- und Ostdeutschland. Berlin: Sigma.

Spiegel-Verlag (Hrsg.), 1997, Outfit 4. Kleidung, Accessoires, Duftwässer. Codeplan. Hamburg: Spiegel-Verlag.

Strzoda, Christiane, Jürgen Zinnecker und Christine Pfeffer, 1996, „Szenen, Gruppen, Stile. Kulturelle Orientierungen im Jugendraum." In: Silbereisen, Rainer K. et al. (Hrsg.), Jungsein in Deutschland. Jugendliche und junge Erwachsene 1991 und 1996: 57-83. Opladen: Leske + Budrich.

Sullivan, Alice, 2001, „Cultural Capital and Educational Attainment." *Sociology* 35: 893-912.

Thornton, Sarah, 1996, Club Cultures. Music, Media and Subcultural Capital. Hanover/London: Wesleyan University Press.

Van Eijck, Koen, 1999, „Socialization, Education, and Lifestyle: How Social Mobility Increases the Cultural Heterogeneity of Status Groups." *Poetics* 26: 309-328.

Weber, Max ,1972 (1922), Wirtschaft und Gesellschaft. Grundriß der verstehenden Soziologie. 5. revidierte Auflage. Tübingen: Mohr.

Willis, Paul, 1981, Profane Culture. Rocker, Hippies: Subversive Stile der Jugendkultur. Frankfurt/Main: Syndikat.

Zillmann, Dolf und Su-lin Gan, 1997, „Musical Taste in Adolescence." In: Hargreaves, David J. und Adrian C. North (Hrsg.), The Social Psychology of Music: 161-187. Oxford: Oxford University Press.

Zinnecker, Jürgen, Ralph Hasenberg und Catarina Eickhoff, 1999, „Musikalische Kompetenzen: Selbstsozialisation oder musikalisches Erbe der Familie?" In: Silbereisen, Rainer K. und Jürgen Zinnecker (Hrsg.), Entwicklung im sozialen Wandel: 429-444. Weinheim: Psychologie Verlags Union.

Musikrezeption aus der Sicht der Musikwirkungsforschung

Herbert Bruhn

1 Zusammenfassung

Im folgenden Beitrag wird ein Paradigma entworfen, das die Wirkungsforschung eine Zeitlang bestimmt hatte und zur Zeit nur selten beachtet wird:

Musik ist eine physikalische Erscheinung und gleichzeitig ein Objekt der Wahrnehmung. Erst in der Vorstellung des Menschen entfaltet Musik ihre Wirkung, sodass man immer den individuellen Aneignungsprozess einbeziehen muss, wenn man Rezeptionsforschung betreiben will.

Diese Perspektive schließt an die Arbeiten der Gestalttheoretiker der ersten Hälfte des 20. Jahrhunderts an, die sich auf die Gestaltprinzipien von Christian von Ehrenfels berufen: Ganzheitlichkeit, Übersummenhaftigkeit und Transponierbarkeit.

Aus der Perspektive der Gestaltpsychologie gewinnt die Neuropsychologie an Bedeutung, da mit den neuen Forschungsmethoden erstmals Aspekte wie Spannung, psychische Energie oder der musikalische Raum dargestellt werden können. Bestes Beispiel für die Bestätigung gestaltpsychologischer Theorien durch moderne Forschung ist die Konsonanztheorie von Langner und Ebeling, durch die deutlich wird, dass die besondere Wirkung von konsonanten Akkorden und Intervallen aus der Physiologie des Gehirns erklärbar ist und nur zum geringen Teil durch die Musikkultur geprägt ist. Die emotionale Wirkung von mitteleuropäischen Musikstücken wird jedoch aus der Handlung abgeleitet, mit der die Musik hergestellt wird.

2 Einleitung

Jeder kennt Musik, die meisten Menschen hören Musik und alle bestätigen, dass Musik Wirkungen entfaltet. Mit diesen Wirkungen beschäftigen sich viele Wissenschaftler – in der Therapieforschung, in der Entwicklungspsychologie, in der Begabungsforschung und in der Handlungsforschung. Über eine genaue Definition für den Forschungsgegenstand Musik ist man sich jedoch wenig einig: Die Menschen scheinen alle etwas Unterschiedliches unter Musik zu verstehen – und alle erheben den Anspruch, die richtige, die wahre Musik zu hören. Musik ist ein Wahrnehmungsgegenstand, den jeder kennt und erlebt, den aber kaum jemand vollständig beschreiben kann.

3 Musik als Gegenstand der Rezeption

Der Wahrnehmungsgegenstand Musik entsteht aus physikalischen Wellen. Bevor aber der Mensch die aufgenommenen Wellen als Musik bezeichnet, müssen einige Bedingungen erfüllt sein. Vor allem die Ansprüche an die Ordnung in der Musik ist hoch: In Mitteleuropa wird nach strengen Regeln für Rhythmus, Melodie und Harmonie musiziert, Musikstilrichtungen, die hiervon abweichen, werden selten oder nur von wenigen Menschen gehört.

Regelsysteme für Musik sind allerdings im Allgemeinen nicht weit verbreitet. So hat jede Nation ihren eigenen Musiktypus, der ganz besondere Merkmale aus diesem Kulturbereich besitzt. Die Merkmale sind an das tägliche Leben gebunden, wie man an den historisch entstandenen Musikinstrumenten ablesen kann: Nomadenvölker haben keine Flügel oder Orgeln. Ihre Instrumente sind leicht und transportabel wie zum Beispiel Geige oder Gitarre, deren Vorläufer vom 10. bis 12. Jahrhundert nach Mitteleuropa kamen. Gerade Geige und Gitarre sind allerdings in Landstrichen mit hoher Feuchtigkeit nicht gut zu gebrauchen: In Äquatornähe sind deshalb die Stabinstrumente aus Messing bzw. Bronze oder aber aus Bambus entstanden. In den kaltfeuchten Gebieten dagegen griffen die Instrumentenbauer auf Knochen und Felle zurück, Materialien, die im Leben verfügbar waren: Trommel und Flöte sind dort die maßgeblichen Musikinstrumente.

Für die Rezeptionsforschung ist sicherlich wichtig, dass die Musikinstrumente gut funktionieren – das ist die physikalische Seite der Rezeptionsforschung. Die andere Seite der Rezeptionsforschung wird vom Menschen bestimmt: Der Hörer erschließt sich den Umweltklang, in dem er hinhört, sich etwas anhört, zuhört, in etwas hineinhorcht oder (bei Profis) Musik abhört. Damit wird die Musik Teil der Erlebniswelt des Menschen, sie wird in ihm wahrgenommen bzw. „wirklich" erlebt.

Die Aneignung von physikalischen Ereignissen ist ein Übersetzungsprozess, an dem der Wahrnehmungsapparat des Menschen eine aktive Rolle spielt. In der Psychologie wird dieser Prozess meist als *Ausleseprozess* beschrieben: Die Informationen der Umwelt werden zunächst vollständig verarbeitet. Dann gelangt die Verarbeitung aber immer wieder an Engpässe, bei denen einige geeignete Informationen für die weitere Verarbeitung ausgewählt werden (Anderson 2001). Dies sind Informationen, die unsere Aufmerksamkeit erregen, denen wir „Aufmerksamkeit schenken". Alle anderen Informationen gehen aufgrund des Engpasses in der Informationsverarbeitung verloren (bottle-neck theory bzw. Nadelöhr-Theorie). Diese Theorie ist weit verbreitet, aber wahrscheinlich nicht zutreffend:

- Zum einen werden die physikalischen Informationen unverzüglich in einen anderen Code (Nervensignale) überführt – so ist eigentlich nicht mehr möglich darüber zu urteilen, ob etwas fehlt oder nicht.
- Zum zweiten deutet vieles darauf hin, dass der neuronale Code nicht darauf ausgelegt ist, physikalische Werte oder Zustände zu übermitteln. Die Nervensignale vermitteln in erster Linie, welche Veränderungen von einem Moment zum anderen vor sich gehen.

Die Umwandlung physikalischer Informationen in erlebbare Ereignisse erfolgt in mehreren aufeinanderfolgenden Stufen:

1. Die erste Stufe ist die *Umsetzung der Nervensignale* in der Cochlea – hier entsteht aus der Schallwelle eine Folge von elektrischen Impulsen. Obwohl sich die Form der Kodierung deutlich von der physikalischen Welle unterscheidet, ist es dennoch möglich, alle physikalischen Parameter aus dem neuronalen Code herauszulesen.
2. Die zweite Stufe der Verarbeitung besteht aus der *Kombination* der am rechten und linken Ohr eintreffenden Signale, die zur Lokalisation des Hörereignisses und zur Extraktion einer Tonhöheninformation führen (Steinberg 2005).
3. Auf der dritten Stufe werden nacheinander erklingende Ereignisse *in Beziehung gesetzt* bzw. mit sich selbst korreliert (siehe Konsonanztheorien). Dabei entsteht vermutlich das Wahrnehmungsobjekt (auditory image, Mc-Adams 1993), die Vorstellung von einem Musikinstrument oder einem Sänger, von dem der Klang produziert wird (vgl. Bruhn 2005 für das Funktionsmodell).

Die Aufmerksamkeit des Musikhörers, seine bewusste Hinwendung auf ein Schallereignis wird erst erregt, wenn der Input bereits mehrfach vorverarbeitet wurde und die Informationen sich zu einem Klangobjekt zusammengeschlossen haben. Dabei richtet sich das Bewusstsein direkt auf das Ganze eines Objekts und auf seine Veränderungen innerhalb einer Umwelt – die Details sind in der Gesamtdefinition aufgegangen.

Dies ist eine Gestalttheorie im Sinne von Wertheimer, Werner, Metzger oder Wellek (Ertel 1975: #11089), die davon ausgehen, dass dem Menschen alle Informationen aus der Umwelt zur Verfügung stehen, sobald er seine Aufmerksamkeit darauf richtet oder die Informationen für ihn Bedeutung erlangen. Aus der physikalischen Wirklichkeit werden musikalische Einheiten (Gestalten) wie Akkorde, Motive oder Melodien. Die Wirklichkeit wird wirklich oder auch wirksam, wenn sie erlebt oder – wie die Gestaltpsychologen des letzten Jahrhunderts sagten – anschaulich wird (visuelle Wahrnehmung Metzger 1975a).

Christian von Ehrenfels (1890) leitet ab, dass ein Wahrnehmungsobjekt sogar meist mehr Informationen beinhaltet, sobald es bewusst erlebt wird. Er formuliert dies in Form von drei „Gestaltprinzipien", die er anhand eines Musikbeispiels veranschaulicht:

- *Ganzheitlichkeit:* Die Anzahl von aufeinander folgenden Tönen schließt sich zu einer neuen Einheit zusammen. Sie bilden eine neue Gestalt, die den Namen „Melodie" erhält.
- *Übersummenhaftigkeit:* Diese Gestalt „Melodie" beinhaltet über die physikalischen Beziehungen (Frequenzen, Zeitabstände) hinaus Sinnzusammenhänge wie die Gliederung in Motive, die Ausbildung eines Halbschlusses oder das Gefühl einer Spannungsentwicklung.
- *Transponierbarkeit:* Eine Gestalt wie die Melodie kann mit vollständig anderen physikalischen Phänomenen identisch entstehen, wenn nur die Beziehungen zwischen den Elementen identisch bleiben – so ist ein Kinderlied sofort zu erkennen, egal ob es auf einer Geige gespielt oder gesungen wird. Die Tonart kann sich verändern und man kann sogar extrem unsauber singen, ohne dass der Charakter der Melodie verloren geht.

Diese nun seit mehr als 100 Jahren bekannten Gestaltprinzipien (vgl. Ehrenfels 1890) und die wesentliche Unterscheidung zwischen physikalischer und erlebter/erlebbarer Wirklichkeit werden von wissenschaftlicher Wirkungsforschung nur unzulänglich beachtet. So wird seit zwei Jahrtausenden versucht, den besonderen Eindruck konsonanter Intervalle gegenüber Dissonanzen mit der pythagoräischen Teiltonreihe zu erklären: Kleine ganzzahlige Relationen zwischen zwei Frequenzen sollen konsonant = angenehm wirken – je größer die Zahlen in Zähler und Nenner, desto schlechter der Konsonanzgrad. Dies ist eine Erklärung, die alleine aus der physikalischen Wirklichkeit abgeleitet wurde und deshalb auf das psychische Erleben nicht zutreffen kann: Menschen akzeptieren Unschärfen, Unsauberkeiten bzw. systematische Abweichungen von der pythagoräischen Stimmungsweise – das ist ausreichend Evidenz für die Unzulänglichkeit der Theorie (zur Lösung des Problems siehe Konsonanztheorien).

4 Musik und Emotion

Musik beeinflusst nicht nur die Stimmung, auch die Beurteilung der Musik ist von Stimmungen abhängig. Subjektiv wird Musik außerhalb des Kopfes angesiedelt, obwohl sie Teil des neuronalen Zustands des Kopfes ist. Die angeeignete Umwelt trifft auf die Qualitäten des Stimmungszustands und die Musik vermischt sich mit der Stimmung.

Interessant ist dabei, dass man sowohl Kontrasteffekte als auch Kongruenzeffekte findet: So wird ein trauriges Musikstück noch düsterer wahrgenommen, wenn die Stimmung schlecht ist (Kongruenzprinzip). Aber auch eine besonders ausgelassene heitere Stimmung kann die Wahrnehmung von tieferer Düsternheit bewirken, wenn die eigene Stimmung in sehr hohem Kontrast zur Musik steht. Dagegen bewirkt Unruhe oder Gehetztsein, dass ein an sich heiteres schnelles Stück als zu langsam empfunden wird (vgl. Pekrun 1985).

In der Musiktherapie findet diese Erkenntnis ihre Anwendung: Ein Klient muss in seiner aktuellen Stimmung abgeholt werden (Kongruenz, in der Musiktherapie das Iso-Prinzip) und wird dann mit kontrastierender Musik langsam weitergeführt (Kontrast, Level-Prinzip, dazu Abbildung 1).

Die Effekte von Musik auf die Emotionen lassen sich aus der Erforschung der Physik von Obertönen, der Tonrelationen nach Pythagoras oder der Helmholtzschen Konsonanztheorie nicht erklären. In der Nachfolge von Carl Stumpf (1883, 1890) waren es der bereits erwähnte Christian von Ehrenfels (1890) und Ernst Kurth (1931), die von einer klaren Trennung zwischen physikalischer Erscheinung und psychischer Wahrnehmung ausgehen.

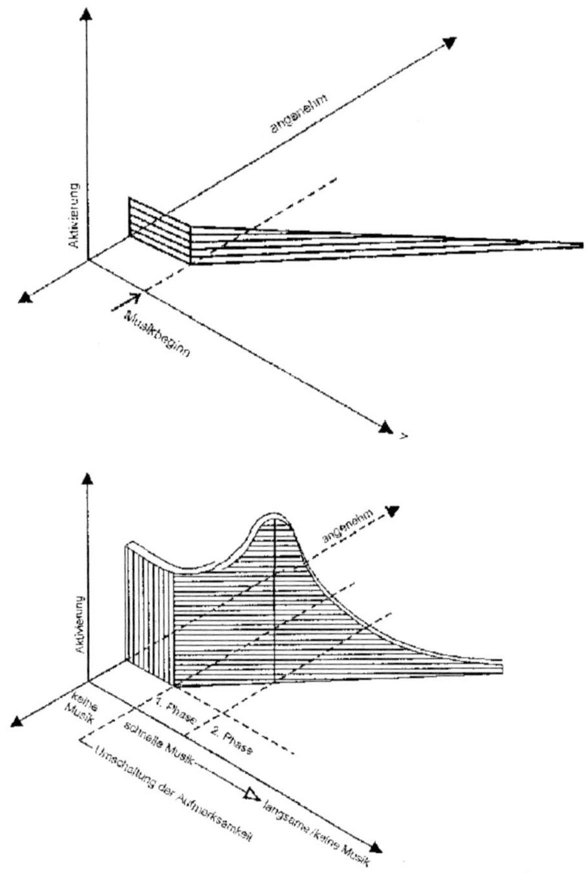

Abbildung 1: Bei geringer Aktiviertheit wirkt ruhige Musik sofort entspannend. Bei hoher Erregtheit würde dieselbe Musik zu starken Kontrasteffekten führen. Die Erfahrung zeigt, dass als unerwünschter Effekt die Erregung weiter steigt, wenn eine zu hohe Diskrepanz zur Ausgangsstimmung besteht. Deshalb scheint es sinnvoll, zunächst mit belebter Musik zu beginnen (Kongruenz) und dann nach dem Level-Prinzip die beruhigende Musik folgen lassen (nach Gembris, 1985).

Die Grundidee dieser Richtung der Musikwissenschaft war, den Wert von Musik nicht aus physikalischen Kriterien, sondern aus psychischen Variablen zu erklären. Diese Denkweise konnte sich in einem Jahrhundert zunehmend rationalistischer Denkweise nicht durchsetzen, so dass insbesondere der energetische Ansatz von Ernst Kurth oft vollständig missinterpretiert wurde (Kurth 1931: 114 in der Entgegnung auf Schole). Angeeignete Musik führt im Erleben zu Spannung, die Kurth mit Energiezuständen erklärt. Kurth verwendet den aus der Physik entlehnten Begriff als Metapher für einen anders nicht erklärbaren Zustand des „Gespanntseins" auf Etwas oder als Folge von Etwas. Erst jetzt, im digitalen Zeitalter kann man dieses „Gespanntsein" oder „unter Strom stehen" messen (z. B. mit dem Messgerät von Madsen 1993).

Auch die Beschreibung eines psychischen Raums, in dem sich die Musik entfaltet, lässt sich erst mit modernen Rechenmethoden anschaulich machen – zum Beispiel durch die Anwendung von mehrdimensionalen grafischen Darstellungen von Beziehungen und Ähnlichkeiten von Tönen und Akkorden (siehe Abbildung 2 und 3).

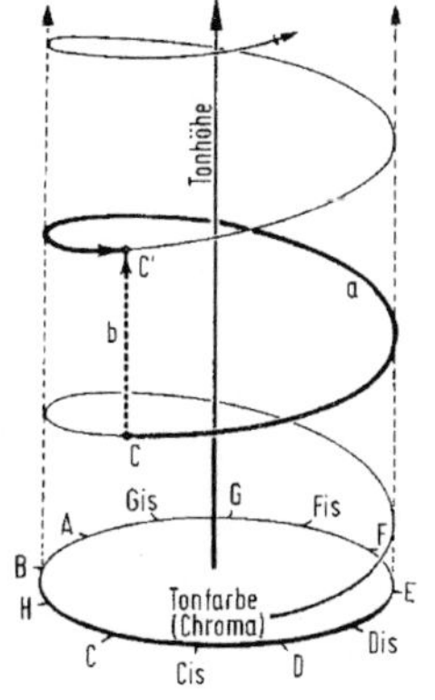

Abbildung 2: Bereits im 19. Jahrhunderts entstand die Vorstellung, dass es sich bei der Tonalität um ein dreidimensionales Beziehungsgeflecht handeln könnte – Der süddeutsche Komponist Carl Ludwig Drobisch beschrieb 1852, was Krumhansl in den 1980er Jahren empirisch nachweisen konnte (Drobisch 1852; Krumhansl und Shepard 1979). Hierbei handelt es sich um eine räumliche Darstellung von psychischen Beziehungen.

Bedeutenden Anteil an den Rückschritten der ersten Hälfte des 20. Jahrhunderts hatten die Musiktheorie-Fachleute wie zum Beispiel Hugo Riemann. Seine Harmonielehre vermittelte den Eindruck, dass man für die Erklärung der romantischen Akkordbeziehungen nur wenige quasi-mathematische Formeln bräuchte. Dies verstärkte eine Tendenz, die Musiktheoretikern zueigen ist: Sie neigen dazu, aus abgeleiteten Beobachtungen Vorschriften werden zu lassen – aus Deskription wird Präskription (Covach 2002: 625). So wurde die Kontrapunktlehre erstmals vollständig aufgeschrieben, als kaum noch jemand kontrapunktische Musik komponierte (Fux 1742). Und selbst zu Beginn des 21. Jahrhunderts gilt es an Musikhochschulen als wichtig, dass Dirigenten und Komponisten dreistimmige Fugenköpfe in Fuxschem Kontrapunkt schreiben können.

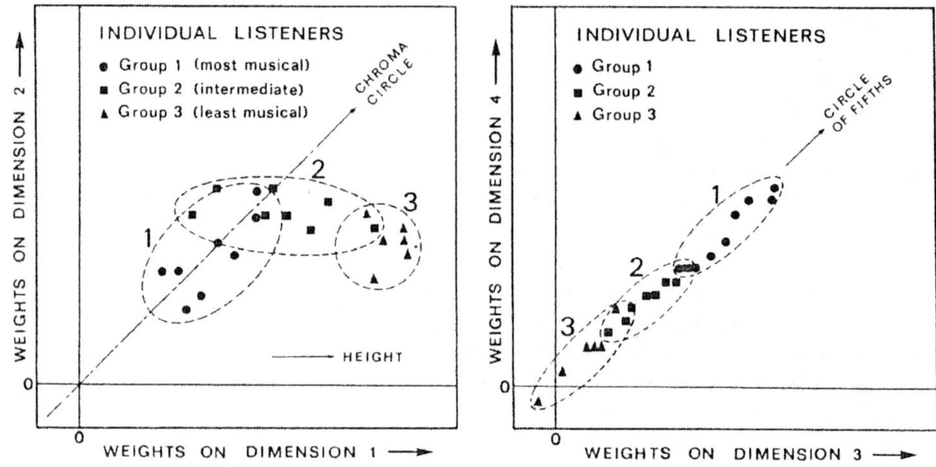

Abbildung 3: Beziehungen zwischen den Dimensionen der repräsentierten Tonalität und des musikalischen Expertentums. Je erfahrener die Musikhörer waren, desto deutlicher entfaltet sich eine dritte Dimension im Datenmaterial, nämlich die Dimension der Quintabstände (Shepard 1982; Krumhansl und Shepard 1979).

Für die moderne Wirkungsforschung wird empfohlen, die phänomenologische Denkweise wieder zu beleben, wie dies der rumänische Dirigent Sergiu Celibidache (1912-1996) tat. Er bezeichnete es als falsch, Musiktheorie als übergeordnetes Konstrukt zu sehen, nach denen ein Musikstück zu beurteilen sei, weil man deren Regeln zu folgen habe. Das Musikstück selbst teilt uns die Regeln mit, nach denen es gebaut ist. Richard Wagner vermittelt uns dieselbe Idee auf dem Weg über die Hauptfigur seiner Oper „Die Meistersinger". Auf die Frage von Stolzing, wie man denn ein Preislied „nach der Regel" beginnen sollte, antwortet Hans Sachs: „*Du stellst sie selbst und folgst ihr dann*" (3. Akt 1. Szene, die Schusterstube).

Ihren Wert erhält Musik ohnehin nicht auf Grund abstrakter Regeln, sondern aus ihrem Verwendungszusammenhang heraus (vgl. Eggebrecht 1987). Dies scheint in besonderem Ausmaß in den USA zu gelingen, wo es die Trennung zwischen Hochkultur und Unterhaltung, zwischen ernster und unterhaltender Musik nicht in deutschem Ausmaß gibt. So kann man sich hier in der Wirkungsforschung leichter auf die wesentlichen übergreifenden Aspekte konzentrieren.

5 Hemisphärenteilung des Gehirns und Transfer-Effekte

Ein wichtiges Thema war vor ca. 20 Jahren der Einfluss der Verteilung der kognitiven Aufgaben auf die rechte und linke Hirnhälfte. Eine amerikanische Gruppe von Neurochirurgen hatte festgestellt, dass einigen Epilepsie-Patienten mit besonders heftigen Krampfanfällen durch eine gravierende Operation Erleichterung verschafft werden konnte: Man durchtrennte die Verbindung zwischen der rechten und linken Kortexhälfte, den sogenannten „Balken" (Gazzaniga 1986). In den Tests mit den betroffenen Patienten wurden neue Erkenntnisse über bewusste und vorbewusste Informationsverarbeitung gewonnen. So fand man für einige Wahrnehmungsreize, dass die Verarbeitung von Tonfolgen vom Ohr abhängt, mit dem man zuhört: Konsonanten wurden mit dem rechten Ohr genauer erkannt als mit dem linken, Vokale genau umgekehrt. Melodien wurden mit dem rechten Ohr schneller erkannt, Rhythmen mit dem linken (vgl. 1989; Altenmüller et al. 2001).

Tabelle 1: An der Wahrnehmung und der Weiterverarbeitung von Umweltreizen ist immer das ganze Gehirn beteiligt. Für einzelne Parameter hat man jedoch nachgewiesen, dass die Zeit für eine Beurteilung davon abhängt, an welchem Ohr der Reiz zu hören war (Bruhn 1989).

	Linke Hirnhälfte Rechtes Ohr	Rechte Hirnhälfte Linkes Ohr
Dominante Hirnhälfte	Bei Rechtshändern	Bei Linkshändern
Schnelles Erkennen und Unterscheiden von	Melodie, Intervalle und Vokale	Rhythmus, Silben und Konsonanten
Kontrolle von Emotionen	Kontrolle von überschießender Euphorie	Kontrolle von negativen Stimmungen

Die insgesamt spannenden Erkenntnisse (siehe dazu Springer und Deutsch 1987) wurden jedoch überinterpretiert: Zusammen mit den Erkenntnissen über Ausfälle bei Verletzungen von Cortexbereichen schien deutlich zu werden, dass Sprache wohl in der linken Hirnhälfte verarbeitet wird. Was aber überhaupt nicht zutreffend war, ist die Annahme, dass Musik als emotionales Gegenstück zur Sprache nun in der rechten Hirnhälfte verarbeitet wird.

Und noch abenteuerlicher war der scheinbar logische Schluss, dass das Lernen sprachbezogener Inhalte eine ungleichgewichtige Auslastung des Gehirns bewirke. Es wurde empfohlen, Lernen mit Musikhören auszugleichen. Die dominante Hirnhälfte wurde als bedeutsam für das Sprachverstehen und die Schriftsprache erkannt - Sprache und Schrift stehen stellvertretend für die Rationalität der Gesellschaft. Deshalb muss Musik als Inbegriff des Emotionalen und Nichtrationalen nun dazu dienen, die nichtdominante rechte Hirnhälfte anzusprechen und den Ausgleich herbeizuführen. Dies, so kann man ganz klar sagen, ist nicht zutreffend.

Zum einen muss deutlich herausgestellt werden, dass an jedem Wahrnehmungsvorgang immer das ganze Gehirn beteiligt ist. Ausfälle einzelner Bereiche haben meisten gleichzeitig Auswirkungen auf alle anderen Funktionen des Gehirns. Zum zweiten handelt es sich bei den Aufgaben, die das Gehirn in der Musik zu bewältigen hat, um aufeinander aufbauende Teilaufgaben. So muss erst die Tonhöhe analysiert sein (cochlearis-Kern), bevor ein Intervall auf der nächsten Stufe (inferior colliculus) bearbeitet werden kann (Langner und Ochse 2005). Ebenso muss die Analyse der Melodiekontur (wahrscheinlich eine Aufgabe der rechten Hemisphäre) möglich sein, da sonst Einzelintervalle (Aufgabe der linken Hemisphäre) nicht erkannt und benannt werden (Schuppert 2008: 627).

Trotzdem erhält die Theorie der Hemisphärendichotomie von Seiten der Pädagogen immer noch Zulauf – unter dem Begriff „Suggestopädie“ oder auch „Super-Learning“ wurden Lern-Programme entwickelt, die mit wenig Mühe hohe Erfolge versprachen. Wie auch bei dem Konzept des hirngerechten Lernens (Spitzer 2007) finden sich bei aller Kritik am Gesamtkonzept des Super-Learning immer wieder Effekte, die für den Einsatz von Musik als Lernhilfe sprechen. Man kann aber davon ausgehen, dass die erkannten Wirkungen nicht direkt auf das Musikhören, sondern indirekt auf andere Variablen zurückzuführen sind. So finden sich deutliche Hinweise darauf, dass das Klassenklima einen großen Einfluss auf die Lernleistung hat (Bastian 2000; Hortien 2007), ein motiviertes Lehrerkollegium viel durch konzentrierte Unterrichtsvorbereitung bewirkt (Spychiger 1992) und ein Netzwerk unter den Schülern zu geringeren Drop-out-Zahlen führt (Bruhn et al. 2007).

Dennoch ist erstaunlich, wie leichtgläubig Menschen sind, wenn es um die Wirkungen von Musik geht. Klaus-Ernst Behne (1994) registriert, dass die meisten Menschen „begeistert und bedingungslos“ akzeptieren, wenn Musik wundersame Wirkungen zugeschrieben wird. Nur so ist zu erklären, dass der sogenannte „Mozart-Effekt“ über fast zwei Jahrzehnte in wissenschaftlichen Tagungen und in den Medien ausführlich diskutiert wurde. Dabei gilt die Theorie unter Wissenschaftlern lange als widerlegt: Francis Rauscher und ihr Team veröffentlichten im Jahr 1993 in der Zeitschrift *Nature*, dass es gelänge, mit dem Anhören einer der vierhändigen Klaviersonaten von Mozart den Quotienten für räumliche Intelligenz signifikant zu erhöhen (Rauscher et al. 1993).

Die Veröffentlichungen zum Mozart-Effekt nehmen immer noch breiten Raum ein, obwohl sich die positiven Ergebnisse nicht replizieren lassen. Mehrfach wurde in Reviews festgestellt, dass auf der Basis der bisherigen Arbeiten kein Grund mehr dafür bestehe, die Diskussion weiter zu führen. Der Mozart-Effekt könne nur ein Methodenartefact sein. Jetzt sind es überwiegend die Medien, die die Theorie weiter verbreiten, sodass Francis Rauscher sich 2006 öffentlich folgendermaßen äußerte: „*My colleagues and I do not claim that listening to classical music will improve children`s mathematical or spatial scores*“ (Rauscher 2006: 451).

Generell sollte man kritisch gegenüber Transfertheorien sein: Die Übertragung von in der Musik erworbenen Fähigkeiten auf Wissensinhalte setzt voraus, dass zwischen den Aufgaben Strukturähnlichkeiten bestehen. Diese müssten zunächst nachgewiesen werden, bevor man weitere Hypothesen entwickelt.

Grundsätzlich bleibt Musiklernen immer noch aufwändig und zeitraubend. Jeder Spitzenmusiker hat bis zu 13.000 Stunden geübt, gespielt und musiziert, bevor er mit dem 18. bis 20. Lebensjahr für eine Förderung in der Musikhochschule in Frage kommt. Im Prinzip zeigt sich bei der Suche nach „Lerntricks“

immer noch das Bedürfnis, den „Nürnberger Trichter" zu finden – das Werkzeug, mit dem mühelos Wissen in den Menschen eingefüllt werden kann (nach einer Geschichte von Philipp Harsdörffer 1647). Deutlichere Unterstützung erhält das Lernen von der Musik, wenn man den emotionalen Bereich betrachtet. Musik machen und hören hat einen erheblichen Anteil an der Ausbildung einer persönlichen Identität während der Jugendzeit (Müller et al. 2007) und schafft hohe Selbstaufmerksamkeit für die eigene Leistung (Spahn und Zschocke 2002).

6 Neuropsychologie

Im ersten Abschnitt wurde es bereits gesagt: Die Physik und die Psychologie eröffnen zwei Welten von Musik, wie Sergiu Celibidache sagte – zwei Seiten einer einzigen Wirklichkeit, die letztlich nur im Menschen entsteht. Das Bindeglied zwischen den beiden Erscheinungsformen von Wirklichkeit ist die Physiologie. Sie trägt auf der elementaren Ebene der Antwort auf auditive Einzelereignisse neue Informationen zusammen.

Die Neuropsychologische Forschung hat in den letzten 20 Jahren enorme Fortschritte gemacht: Viele Experimente sind seit der Erfindung schneller, handlicher Hochleistungsrechner möglich. Meist wird die kortikale Reaktion auf einen Wahrnehmungsreiz gemessen – das evozierte Potenzial als ein scheinbar unbedeutendes Merkmal des EEG. Wer jedoch schon einmal eine EEG-Messung am Bildschirm gesehen und die Vielzahl der fortwährend ablaufenden elektrischen Aktivitäten des Gehirns verfolgt hat, ist erstaunt darüber, wie klar die Reaktionen im Kortex auf einen Ton oder Klang erkennbar gemacht werden können: Nach 100 msek. wird durch ein positives elektrisches Potenzial im auditiven Kortex signalisiert, dass der Ton angekommen ist. Nach ca. 350 msek. zeigt ein weiterer Impuls die bewusste Ebene an: Der Hörer hat gemerkt, dass ein Ton klingt. Und wenn dieser Ton von den Erwartungen des Hörers abweicht (zu tief, zu laut, unsinnige Abfolge), dann setzt offensichtlich 600 msek. nach dem Beginn des Tones Nachdenken ein (N1, N400, P600; Koelsch und Schroeger 2008).

Neuropsychologen konnten nachweisen, dass bestimmte musikalische Wendungen immer wieder dieselben Reaktionen im Kortex hervorrufen. Der sogenannte „neapolitanische Sextakkord" etwa führt zu einer Asynchronie zwischen zwei rechts und links angesiedelten Strukturen des vorderen Hirnbereichs (ERAN, Koelsch et al. 2001) – möglicherweise die neuronale Antwort auf das Verlassen bzw. Erweitern einer vorher etablierten Tonalität als Bezugsrahmen. Versieht man ein bekanntes Lied mit einem anderen Text oder verändert man einzelne Textstellen in auffälliger Weise, so stellt sich typischerweise ein Potenzial bei 600 msek. ein (p600).

Mit Sicherheit ist die Neuropsychologie als Zukunft der Musikforschung anzusehen. Es fehlt zur Zeit die Theorie, an der sich die hochentwickelte Messtechnologie beweisen könnte. Unbeantwortet ist zum Beispiel immer noch, inwieweit extrem kurze Klangeinblendungen in Film oder Video einen Einfluss auf kognitive Prozesse ausüben. Immer wieder wird berichtet, dass die kurze Einblendung einer Coca Cola-Flasche in einer Filmaufführung den Umsatz von Cola im Kino vervielfachte (Überblick über subliminal messages: Rösing 2000). Lange galt es als unmöglich, dass vorbewusste, nicht ins Bewusstsein gelangte Information Einfluss auf Entscheidungen gewinnen könne. Nach den Veröffentlichungen von Gerhard Roth (z.B. Roth 2001) muss dies noch einmal in Angriff genommen werden, denn Roth stellt fest, dass der überwiegende Teil der Entscheidungen für auszuführende Handlungen schneller getroffen wird, als es das relativ langsame Bewusstsein ermöglicht. Seiner Ansicht nach dient das Bewusstsein in erster Linie dazu, bereits getroffene Entscheidungen im Nachhinein mit einer Begründung zu versehen (Roth 2000).

7 Konsonanztheorien

Besonders beeindruckend ist der direkte Genuss, den unreflektiertes Musikhören bereiten kann. Die tiefgehende Freude an konsonanten Akkorden und Intervallen beschäftigte deshalb die Musikforschung seit Jahrhunderten. Im 19. Jahrhundert fanden der Physiker Helmholtz (1863) und der Psychologe Stumpf (1883, 1890) zu zwei einander widersprechenden Theorien. Helmholtz sah die Rauhigkeit im Vordergrund, die beim Spielen von leicht unsauberen Intervallen eigentlich immer auftritt und erklärte daraus das Dissonanzempfinden. Stumpf dagegen leitet ein Konsonanzempfinden davon ab, wie sehr zwei Töne beim Hörer miteinander verschmelzen.

Die Theorie von Helmholtz konnte sich nicht als wahr erweisen – schon alleine deshalb nicht, weil die Musiken der Welt in den wenigsten Fällen mit Intervallen arbeiten, die pythagoräisch sauber gestimmt und somit frei von Rauigkeit sind. Ganz im Gegenteil:

- Selbst in der ziemlich präzisen mitteleuropäischen Kunstmusik variieren konsonante Intervalle erheblich in ihrer Größe, wenn sie in unterschiedlichem funktionalen Zusammenhang erklingen (empirische Daten Enders 1981; Überblick Bruhn 1994).
- Alle Musikinstrumente mit festgelegten Tonhöhen wie Klavier, Orgel oder Akkordeon werden nach einem künstlichen, mathematisch gemittelten System gestimmt. Zusätzlich wird dieses mathematische System bisher wissenschaftlich unbefriedigend bearbeiteten Wahrnehmungsphänomenen angepasst: Im oberen Hörbereich muss die Oktave weiter gestimmt werden, da-

mit sie als sauber akzeptiert wird (Oktavspreizung, vgl. Winkler 1988). Das „wohltemperierte" System entstand um 1700 und kalkuliert eine gewisse Rauigkeit selbst bei den konsonanten Terzen ein.

- Insgesamt gesehen werden die Töne und Akkorde weitgehend „zurechtgehört" (Fricke 2005) und trotz auftretender Unsauberkeiten als konsonant empfunden („Schulorchester-Effekt").

Carl Stumpf näherte sich der Definition von Konsonanz und Dissonanz von der Seite der Wahrnehmung: Für ihn war besonders kennzeichnend, dass konsonante Intervalle für musikalische Laien zu einem Ganzheitserlebnis verschmolzen. Sie berichten, dass sie die Töne eines Dur- oder Mollakkords nicht einzeln heraushören können. Wie stark die Töne eines Intervalls miteinander verschmelzen, hat Stumpf in einem Diagramm aufgezeigt (siehe Abbildung 4).

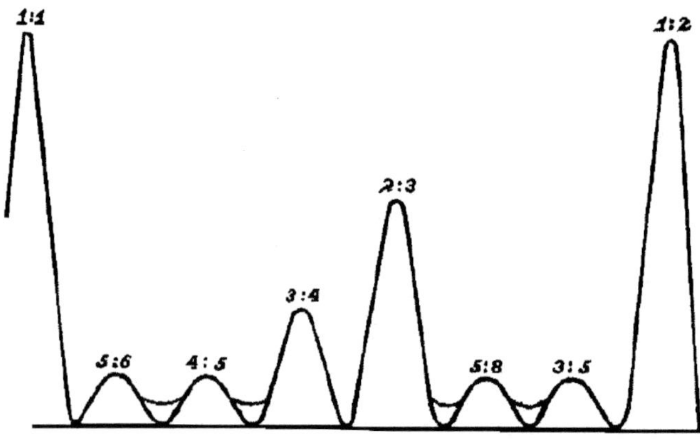

Abbildung 4: Grafische Auswertung der Daten von Stumpf – die Versuchspersonen sollten angeben, ob sie einen Ton oder ein Intervall wahrnehmen. Die Wellenberge bilden ungefähr die Wahrscheinlichkeit ab, dass ein Intervall von den Versuchspersonen als einheitlicher Klang angesehen wurde (Stumpf 1890).

Da man im 19. Jahrhundert weder für Stumpf noch für Helmholtz neue Argumente finden konnte, wurde der Aspekt der Kulturgebundenheit ins Zentrum der Konsonanztheorien gerückt: Danach lernt der Mensch bereits in den ersten Lebensmonaten oder vielleicht sogar schon im Mutterleib ein musikalisches Idiom, das seine weitere Entwicklung und seine Hörgewohnheiten prägt (dazu Hannon und Schellenberg 2008). Der Soziologe Max Weber ordnete Melodie und Harmonie in einer Schrift von 1921 sogar Wesenszügen der Gesellschaft zu: Melodie als das Bedürfnis nach Regeln und Harmonie als der immer vorhandene Trend, die Regeln zu durchbrechen (vgl. Weber 1972).

Historisch gesehen fällt die Suche nach einer Erklärung der Konsonanz in eine Phase mitteleuropäischer Musikgeschichte, die von der Auflösung der tonalen Beziehungen geprägt ist. Die Komponisten des 20. Jahrhunderts führten die Harmoniefolgen ins unendlich Komplexe oder lösten sich vollständig von Kadenz und Tonalität. In der Folge verliert die Kunstmusik ihr Publikum oder – so könnte man es auch ausdrücken – die Musikszene konzentriert sich auf ein Zielpublikum von nur wenigen Experten, die der Komplexität der Musik noch folgen mögen.

In den ersten Jahrzehnten des 20. Jahrhunderts konnten Komponisten „harmonisch klingender Musik" neben den „Neutönern" und „Modernen" ihre Musik aufführen und veröffentlichen. Dazu gehörten die englischen Spätromantiker (William Walton, Walter Delius), die deutschen Spätromantiker (Pfitzner, Reger oder Richard Strauss) ebenso wie die Komponisten der aktuellen populären Bühnenwerke (Berliner Operette: Paul Linke, Walter Kollo, Eduard Künnecke) parallel zu den Komponisten Paul Hindemith, Igor Strawinsky, Bela Bartok oder Arnold Schönberg schreiben.

Eine bittere Wende ist während der Zeit des Totalitarismus in Europa zu verzeichnen: In Deutschland wurde in den 30er und 40er Jahren alles „entartete Musik" genannt, was nicht tonalen Standards entsprach. Die Komponisten wurden geächtet und ausgegrenzt. Viele von ihnen sahen sich vom Tod bedroht und flohen ins Ausland (Paul Hindemith, Paul Dessau, Kurt Weill). Ähnliche Tendenzen gab es auch in anderen europäischen Staaten – am härtesten traf es wahrscheinlich Komponisten in der damaligen Sowjetunion. Nur von wenigen Komponisten wie z.B. Dmitri Schostakowitsch oder Sergei Prokofiew weiß man, welchen Repressalien sie ausgesetzt waren, damit sie zu konformen konsonanten Kompositionsstilen gelangen.

Spätestens nach 1950 kehrte sich in Mitteleuropa die Stimmung um: Die Liebhaber harmonisch klingender Musik wurden nun vom kleinen Kreis der Liebhaber moderner Kunstmusik unter Druck gesetzt. Großen Anteil daran hatte Theodor W. Adorno, der Ende der 1940er Jahre aus der Emigration nach Deutschland zurückkehrte. Er definierte in seinen Veröffentlichungen eine allgemeine Ästhetik, in der ein Hörer von populärer harmonischer Musik als unkultiviert abgetan wurde. Dabei hat Adorno die von ihm verurteilten Hörergruppen nicht differenziert. Wenn er vom „*vorkünstlerisch Barbarischen*" spricht, meint er zum einen die Jazzexperten, aber auch gleichzeitig die „*grölende Gefolgschaft Elvis Presleys*" (Adorno 1962: 24 - 25).

Musikwissenschaft und Musikpädagogik kapselten sich nach dieser Kritik von populären Musikstilrichtungen ab: Künstlerisch wertvoll war die mehr und mehr atonale Musik, die experimentelle Neue Musik, die einen Höhepunkt in den 1970er und 1980er Jahren mit den Komponisten Hans Werner Henze, Bernd Alois Zimmermann, Karlheinz Stockhausen, Mauricio Kagel und György Ligeti fand. Das Hören dieser Musik und die Präferenz für die modernen Komponisten wurden nicht als selbstverständlich vorausgesetzt – eine Ablehnung von experimenteller Kunstmusik wurde jedoch als mangelnde Kultur und Bildung sowie als Ausdruck fehlender Ästhetikmaßstäbe angesehen. Moderne Kunstmusik entwickelte ein elitäres Selbstverständnis und wurde im musischen Elfenbeinturm belassen.

Eine wichtige wissenschaftliche Erkenntnis über die Verarbeitung auditiver Reize könnte diese Einstellung wieder in Frage stellen. Es scheint tatsächlich eine neurophysiologische Grundlage für die Präferenz von konsonanten Klängen im traditionellen, durmoll-tonalen Sinn zu geben. Auf einer vorbewussten Ebene (colliculus inferior) verbinden sich die auditiven Signale bei den Tonhöhenrelationen der bekannten Konsonanzen Oktave, Quinte, Quarte und der Terzen so miteinander, dass sie vom neuronalen Verarbeitungssystem als klar identifizierbare, informationsarme Einheiten weitergeleitet werden (physiologische Daten von Langner und Ochse 2005). Der Strom der auditiven Nervensignale nimmt eine Struktur an, die direkt vergleichbar ist mit den Experimentaldaten von Stumpf aus dem 19. Jahrhundert (vgl. Abbildung 4). Martin Ebeling entwickelte anhand der Daten von Langner einen mathematischen Algorithmus, der den Prozess der Konsonanzwahrnehmung unter Annahme eines bestimmten Zeitfensters perfekt abbildet (siehe Ebeling 2007: #18915).

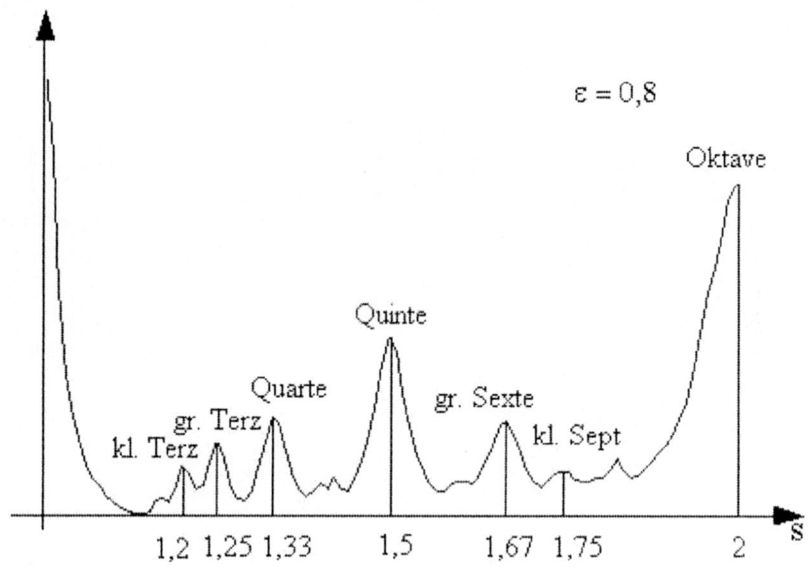

Abbildung 5: Bereits seit den 1970er Jahren wird es vermutet, aber erst 2005/06 konnte es gelingen: Martin Ebeling entwickelte den Algorithmus aus der Autokorrelation der neuronalen Ableitungen aus dem Colliculus inferior (Langner und Ochse 2005). Bei einem Zeitfenster von 0,8 msek. entsteht eine Kurve (Bild unten), die mit den Aussagen der Versuchspersonen in den Experimenten von Carl Stumpf zum Verschmelzungsgrad nahezu identisch ist (Abb. 4, dazu Stumpf 1883, 1890; Schneider 1997; Fricke 2005; Ebeling 2006).

Die *Konsonanztheorie von Langner und Ebeling* erklärt, warum auch Intervalle als konsonant angesehen werden, die etwas größer oder kleiner als die physikalisch idealen Tonabstände sind, da die physiologischen Daten auf eine relativ breite Streuung hinweisen. Ebelings Modell bildet diese Streubreite mit der Annahme eines Zeitfensters ab, das genau der Hälfte der Zeit entspricht, die das menschliche Ohr braucht, um zwei Schallreize aufzulösen. Außerdem gibt es erstmals eine Erklärung dafür, warum sich die Bevorzugung von Konsonanzen phylogenetisch entwickeln konnte: In den Berechnungen von Ebeling zeigt sich, dass Konsonanzen zu „informationsarmen" Zuständen führen, schneller weitergeleitet werden können und klare Entscheidungen ermöglichen. Diese informationsarmen Zustände sind die phylogenetische Grundlage für schnelle Reaktionen in der Gefahr. Die Analyse der Umwelt (Bregman 1990: auditory scene analysis) führt zur Entstehung des auditory image, der Vorstellung von einem Objekt der Wahrnehmung (McAdams 1984).

Der Algorithmus von Ebeling stellt sich somit als das bisher fehlende Bindeglied zwischen Physik und Psychologie heraus. Da es sich bei den physiologischen Vorgängen um etwas handelt, was bei allen Menschen, wahrscheinlich sogar allen Säugetieren vor sich geht, muss man wohl in der Wirkungsforschung ebenso wie in der Musikethnologie wieder an Carl Stumpf anknüpfen. Stumpf hatte die Musik ursprünglich als Forschungsgegenstand verwendet, um universellen Verarbeitungsmechanismen des Gehirns auf die Spur zu kommen. Auf der Jahrestagung der Deutschen Gesellschaft für Musikforschung 2007 wurde bereits die Forderung erhoben, Musikethnologie und kognitive Musikforschung zusammenzuführen und die Suche nach musikalischen Universalien wieder aufzunehmen (Will 2007).

8 Ausdrucksmodelle

Die grundlegenden Erkenntnisse zur Konsonanzwahrnehmung erklären, warum auf der ganzen Welt die eigentlich einzigartige Mehrstimmigkeit mitteleuropäischer Musik verstanden werden kann: Auch wenn die Musikkulturen zum Beispiel in China oder Indien keine Mehrstimmigkeit entwickelt haben, sondern sich mehr auf Klangunterschiede oder besonders fein differenzierte Melodiestrukturen konzentriert haben, so ist doch auf der Grundlage der Kommunikation miteinander die Neigung zur bevorzugten Verarbeitung von Konsonanzen vorhanden. Diese Erkenntnis reicht allerdings nicht aus, um die Wirkungen von Musik auf die Emotionen und Gefühle der Menschen zu erklären.

Zeitweilig wurde behauptet, im Barockzeitalter hätten Komponisten genau gewusst, wie sie mit Läufen, Akkorden oder Verzierungen beliebig Emotionen hervorrufen könnten. Eine Art von Geheimkodex wurde dahinter vermutet, der mit dem Ende des 18. Jahrhunderts verloren gegangen sein soll. Dieses vermeintliche Geheimwissen wurde vom Musikwissenschaftler Heinrich Kretzschmar um 1900 herum erstmals mit dem Ausdruck *Barocke Affektenlehre* versehen (Serauky 1949).

Erst knapp 100 Jahre nach dem Aufsatz von Kretzschmar stellte sich heraus, dass es die barocke Affektenlehre nie gab. Werner Braun beschreibt, dass Kretzschmar offensichtlich verschiedene Schriften aus dem 18. Jahrhundert sammelte, deren Autoren sich zu Emotionen in der Musik geäußert haben. Belege für eine umfassende Affektenlehre aus dem Barock habe es nie gegeben (Braun 1994).

Tatsächlich gibt es auch heute eine Vielzahl von neuen Einzelveröffentlichungen, die den Nachweis zu führen versuchen, dass Strukturmerkmale der Musik eine direkte Beziehung zu Emotionen herstellen. Einige empirische Studien aus den USA haben ernst zu nehmende Einflüsse nachgewiesen, von denen die Studie von Balkwill und Thompson (1999) besonders aussagekräftig ist:

Tabelle 2: Beziehungen zwischen der musiktheoretisch beschriebenen Struktur einer Komposition und der emotionalen Aussage von Musikstücken (Balkwill und Thompson 1999)

Melodie:

Beurteilung	Tempo	Rhythmus	Klang	Tonumfang	Komplexität
traurig	-.92 **	.75	.00	-.53 **	.64
fröhlich	.85 **	-.76 **	.13	.44	-.66**

Den stärksten Einfluss auf den Ausdruck eines Musikstücks üben demnach das Tempo und die Komplexität des Rhythmus aus. Die Korrelationen sind so hoch, dass man sagen kann: schnell = fröhlich, langsam = traurig.

Die Zuordnung von Dur und Moll zu den emotionalen Grundfärbungen gelingt mäßig gut: Wenn man in einem Experiment die Tonart (Dur oder Moll) eines Originalstücks ändert, so ändert sich für fast 30% der erwachsenen Versuchspersonen der ursprünglich fröhliche oder traurige Charakter nicht (im Überblick siehe dazu Bruhn, 2007).

In den letzten Jahrzehnten entwickelte Helmut Rösing die Theorie der Ausdrucksmodelle: Die Menschen lernen in einer Kultur, dass bestimmte musikalische Parameter üblicherweise mit bestimmten Emotionen verbunden sind: laute Musik mit herrischem Auftreten, tiefe Blechbläser mit Trauer, Trompeten mit Aggressionen (siehe dazu Rösing 1993, 2005). Die Studie von Balkwill und Thompson (1999) zeigt, dass die Lösung nicht so einfach sein kann (Tabelle 2): Klang hat nach der Höhe der dort berichteten Korrelationen keine systematische Beziehung zur emotionalen Aussage eines Musikstücks. Die Korrelation ist jedoch vermutlich deshalb so niedrig, weil Trauer und Freude unterschiedlich ausgedrückt werden können. Deutlich unterscheidet sich die dumpfe, in sich zurückgezogene Trauer z.B. im 2. Satz der 3. Sinfonie von Ludwig van Beethoven vom lauten nach außen gekehrten Schmerz bei Thybalds Tod in Romeo und Julia, der Ballettmusik von Sergei Prokofiew.

Sinnvoll ist es, die Theorie von Helmut Rösing zu erweitern: Ausdrucksmodelle sind Handlungsmodelle. In der Musik erklingt eine Handlung des Musikers. Wenn der Musiker ein Musikstück spielt, dann versucht er, dem Hörer oder

Konzertbesucher sein persönliches Empfinden zu vermitteln: Er spielt das Musikstück sanft, dramatisch, auftrumpfend oder lustig und erzeugt durch eine bestimmte Art, sich zu bewegen, auch bestimmte Klänge. Bei Streichinstrumenten ist die Beziehung zwischen der Bewegung und dem erzeugten Klang besonders deutlich: Ein hart geführter Bogen erzeugt aggressive Klänge – eine sanft geführte Bewegung erzeugt zarte Klänge. Die Absicht des Musikers, die Handlung des Streichers, ist selbst bei schlechter Übertragungsqualität mit elektroakustischen Medien zu erkennen.

Musik entfaltet im Hörer also ihre Wirkung weniger aufgrund von strukturellen Merkmalen von Tempo und Klang, sondern eher aufgrund von repräsentierten Verbindungen zwischen dem gehörten realen Klang und den vorgestellten Handlungen des Musikers. Veronika Busch (2005) spricht vom Tempo-Erleben aufgrund einer musikalisch-körperlichen Bewegungsanalogie. Nach Linda Scott (1990, 1991) sind es musikalische Handlungen, in denen Menschen kulturelle, rhetorische und symbolische Aktionen mit Emotionen verbinden.

Für eine emotional beeindruckende Aufführung ist also wichtig, dass sich der Musiker so gut wie möglich in den Komponisten hineinversetzen und dessen Absicht in der Aufführung in geeignete Bewegungen übersetzen kann. Gelingt ihm das, so empfindet der Konzertbesucher dieselben Emotionen wie der Komponist. Musik wird dadurch zum Medium für soziale und konzeptionelle Wirkungen (Attali 1985) und kann als Analogon bzw. Paradigma für Kognition und Handlung bezeichnet werden (deNora 2008: 76). Im Sinne der „new musicology" in den USA (dazu Brinkmann 2001) und der Richtung der „cultural studies" in der Musiksoziologie bietet die Musik als Teil einer jeweiligen Kultur gleichzeitig ein Abbild von kommunikativen Handlungen, die aufgrund von neuropsychologisch einheitlichen Verarbeitungsprozeduren weltweit verstanden werden können.

9 Ausblick

Die Wirkung von Musik wird von vielen Seiten her untersucht: von der Psychologie, der Musikwissenschaft, der Musikpädagogik und der Physiologie/Medizin. Gerade in den letzten Jahren scheint es bahnbrechende Neuerungen sowohl in der Forschung (mit den neuen bildgebenden Verfahren) als auch in der Theorieentwicklung (wie in der Erklärung von Konsonanz und Dissonanz) zu geben. Die Erkenntnisse in den Neurowissenschaften werden begleitet von neuen Forschungsparadigmen in der Kulturforschung und der Musiksoziologie und geben erstmals Begründungen für die Beobachtung, dass mitteleuropäische harmonische Musik tatsächlich weltweit verstanden werden kann, auch wenn es in vielen Kulturbereichen noch nicht einmal mehrstimmige Musik gibt.

Dennoch bleibt ein Unbehagen über die derzeitige Forschungssituation: Es wird viel zu selbstverständlich angenommen, dass es Auswirkungen des Musikhörens und Musikmachens gibt. Darauf weist Klaus-Ernst Behne in einer Reanalyse von 153 Arbeiten zu Hintergrundsmusik hin (Behne 1998). Er stellt fest, dass es immer Veröffentlichungen gibt, die von nur minimalen Wirkungen bis hin zur Wirkungslosigkeit der Musik berichten (siehe Abbildung 6). Man könnte dies als besorgniserregendes Zeichen dafür sehen, dass Musik eine immer geringere Rolle im Leben des Menschen spielt.

Tatsächlich muss man die Ergebnisse sehr differenziert analysieren. Behne bemerkt, dass wahrscheinlich in früheren Jahren Studien nicht veröffentlicht wurden, wenn Wirkungen nicht erkennbar waren. Möglicherweise ist dies noch nicht einmal auf die strenge Beurteilung durch die Zeitschriften zurückzuführen: Wissenschaftler legen eine Untersuchung daraufhin an, dass Effekte nachgewiesen werden. Zeigt sich der Effekt nicht, könnte seiner Ansicht nach so etwas wie eine H-0-Beschämung eingetreten sein: Man schämt sich wegen des mageren Ergebnisses und reicht die Arbeit gar nicht erst ein.

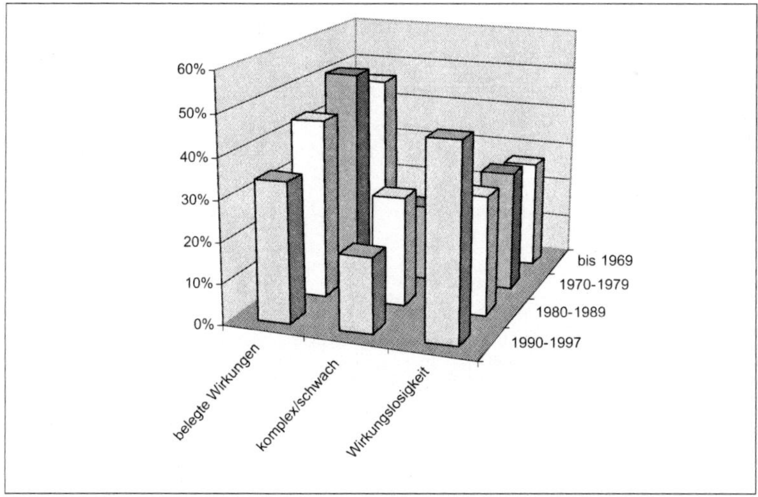

Abbildung 6: Ergebnisse von 153 Studien zur Wirkung von Hintergrundmusik. Die Zahl der eindeutig positiven oder negativen Ergebnisse ist über die vier Zeiträume wenig unterschiedlich. Deutlich steigt allerdings die Anzahl der Studien, die keine der intendierten Wirkungen finden und dies auch veröffentlichen (Abb. nach Behne 1998: 10).

Auf der anderen Seite könnte es sein, dass die tatsächlich oft vorhandene Wirkungslosigkeit mancher Musikeinsätze unterschätzt wird. Kulturkritisch könnte man beipflichten: Musik ist im letzten Jahrhundert so allgegenwärtig geworden, dass tatsächlich eine Abstumpfung eingetreten sein könnte – Musik wird nicht mehr richtig wahrgenommen, da man überall davon überflutet wird.

Behne warnt vor beiden Einstellungen und entwirft eine „Theorie der Wirkungslosigkeit“. Vier Aspekte sind dabei zu berücksichtigen, die generell auf Wirkungsforschung angewandt werden müssten (Behne 1998: 20f.). Behne formuliert sie als Hypothesen, die vorhersagen, wann Musik Wirkung entfalten müsste:

- *Verhaltensrelevanz:* Wenn die Variablen eher weniger relevant für das Leben der Menschen sind, hat Musik einen größeren Effekt.
- *Kontextintegration:* Je stärker die Musik in den Kontext integriert ist, desto deutlicher sind die Wirkungen.
- *Einstellung:* Ein positive Einstellung zur Musik erhöht die Wirksamkeit.
- *Kognitive Belastung:* Monotone Umwelten fördern die Wirkung von Musik, kognitiv komplexe Situationen führen zu Negativwirkungen.

Damit ist auf den Punkt gebracht, was bereits zu Beginn des Beitrags thematisiert wurde: Musik ist ein Phänomen des menschlichen Bewusstseins. Es kann keine Wirkungsforschung durchgeführt werden, ohne den wahrnehmenden Menschen zum Zentrum der Untersuchungen zu machen. Wenn man sich darüber einig ist, dass Musik erst im Erleben des Menschen entsteht, so kann ihre Wirkung auch nur untersucht werden, wenn man das Erleben der Menschen verdeutlicht und beschreibt, wie Kontext, Einstellungen, Belastung vom Musikhörer subjektiv wahrgenommen werden. Von geringem Erkenntniswert ist die traditionelle Suche nach einem ästhetischen Wert, der aus den strukturellen physikalischen Erscheinungen dauerhaft und in Form von Gesetzen abgeleitet wird. Die Wirkung von Musik geht nicht vom physikalischen Objekt aus, sondern entsteht ausschließlich aus der Interaktion zwischen angeeigneten Klängen und erlebten, wahrgenommenen Umwelten.

10 Literatur

Adorno, Theodor W., 1962, Einleitung in die Musiksoziologie. 2. erweiterte Auflage 1968. Frankfurt/Main: Suhrkamp.

Anderson, John R., 2001, Kognitive Psychologie. 3. Auflage, original englisch: 5. Auflage, 2000. Heidelberg: Spektrum der Wissenschaft.

Attali, Jaques, 1985, Noise: A political economy of sound. Minneapolis: University of Minnesota Press.

Balkwill, Laura-Lee und William F. Thompson, 1999, "A cross-cultural investigation of the perception of emotion in music: Psychophysical and cultural cues". *Music Perception,* 17 (1): 43-64.

Bastian, Hans-Günther, 2000, Musik(-erziehung) und ihre Wirkung. Eine Langzeitstudie an Berliner Grundschulen (unter Mitarbeit von Adam Kormann, Roland Hafen und Manfred Koch). Mainz: Schott.

Behne, Klaus-Ernst, 1994, „Kann Musik heilen? Heilshoffnungen als Teil des musikalischen Bewusstseins". In: Behne, Klaus-Ernst (Hrsg.), Gehört – Gedacht – Gesehen Zehn Aufsätze zum visuellen, kreativen und theoretischen Umgang mit Musik: 141-148, Regensburg: ConBrio.

Behne, Klaus-Ernst, 1998, „Zu einer Theorie der Wirkungslosigkeit von (Hintergrund)-Musik". *Musikpsychologie. Jahrbuch der Deutschen Gesellschaft für Musikpsychologie,* 14: 7-23.

Braun, Werner, 1994, „Affekt". In: Finscher, Ludwig (Hrsg.), Musik in Geschichte und Gegenwart, Sachteil Band 1: 31-41. Kassel: Bärenreiter.

Bregman, Albert S., 1990, Auditory scene analysis: The perceptual organization of sound. (2. Auflage 1994). Cambridge, Massachusetts: MIT-Press.

Brinkmann, Rolf, 2001, Dankesworte zur Verleihung des Musikpreises. München: Ernst von Siemens Musikstiftung.

Bruhn, Herbert, 1989, „Musik, Emotion und Sprache. Unterschiedliche Aspekte der neuronalen Informationsverarbeitung im Gehirn?" *Psychologie in Erziehung und Unterricht*, 36: 91-101.

Bruhn, Herbert, 1994, Wahrnehmung von Musik. Eine Allgemeine Musiklehre aus der Sicht von Psychologie und Musikgeschichte. 6. Auflage 2007. Universität Flensburg: Institut für Musik.

Bruhn, Herbert, 2005, „Gedächtnis". In: Stoffer, Thomas H. und Rolf Oerter (Hrsg.), Allgemeine Musikpsychologie. Enzyklopädie der Psychologie, Musikpsychologie Band 1: 537-590. Göttingen: Hogrefe.

Bruhn, Herbert, 2007, „Musik als Repräsentation von vorgestellten Handlungen – Ausdrucksmodelle als Erklärung für die Wirkungen von Musik". In: Bronner, Kai und Rainer Hirt (Hrsg.), Audio-Branding: 20-31. München: Reinhard Fischer.

Bruhn, Herbert et al. (Hrsg.), 2008, Musikpsychologie. Das neue Handbuch. Reinbek: Rowohlt.

Bruhn, Herbert et al. 2007, „Über den Einfluss musikalischer Aktivitäten auf den erfolgreichen Abschluss der Schullaufbahn in einer Waldorf-Schule". *Musikpsychologie. Jahrbuch der Deutschen Gesellschaft für Musikpsychologie,* 19: 93-104.

Busch, Veronika, 2005, Tempoperformance und Expressivität. Eine Studie zwischen Musikpsychologie und Musiktherapie. Frankfurt/Main: Peter Lang.

Covach, John, 2002, "Twelve-tone theory". In: Christensen, Thomas (Hrsg.), The Cambridge history of western music theory, 603-627. Cambridge/UK: Cambridge University Press.

deNora, Tia, 2008, „Kulturforschung und Musiksoziologie". In: Bruhn, Herbert, et al. (Hrsg.), Musikpsychologie. Das neue Handbuch: 67-87. Reinbek: Rowohlt.

Drobisch, Moritz Wilhelm, 1852, Über musikalische Tonbestimmung und Temperatur. Leipzig: Hirzel.

Ebeling, Martin, 2006, Verschmelzung und neuronale Autokorrelation als Grundlage einer Konsonanztheorie. Frankfurt/Main: Peter Lang.

Eggebrecht, Hans Heinrich, 1987, „Schlechte Musik?" *kontrapunkt* 1(1): 8-9.

Ehrenfels, Christian von, 1890, „Über Gestaltqualitäten". Nachdruck von 1960. In: Weinhandl, Ferdinand (Hrsg.), Gestalthaftes Sehen: 13-46. Darmstadt: Wissenschaftliche Buchgesellschaft.

Enders, Bernd, 1981, Studien zur Durchhörbarkeit und Intonationsbeurteilung von Akkorden. Regensburg: Bosse.

Fricke, Jobst P., 2005, „Psychoakustik des Hörens. Was man von der Musik hört und wie man sie hört". In: Motte-Haber, Helga de la und Günther Rötter (Hrsg.), Musikpsychologie. Handbuch der Systematischen Musikwissenschaft, Bd. 3: 101-154. Laaber: Laaber.

Fux, Johann Josef, 1742, Gradus ad Parnassum oder Anführung zur regelmäßigen Composition. Band 1 und 2. ohne Ort und Verlag.

Gazzaniga, Michael S., 1986, Brain modularity: Towards a philosophy of conscious experience. New York: Cornell University Medical College.

Gembris, Heiner, 1985, Musikhören und Entspannung. Hamburg: Wagner.

Helmholtz, Hermann von, 1863, Die Lehre von den Tonempfindungen als physiologische Grundlage für die Theorie der Musik. Braunschweig, 1863; Nachdruck 1968, Darmstadt: Wissenschaftliche Buchgesellschaft.

Hortien, Richard, 2007, Musiktherapie und Klassenklima. Augsburg: Wissner.

Kleinen, Günter, 2008, „Musikalische Sozialisation". In: Bruhn, Herbert et al., Musikpsychologie. Das neue Handbuch: 37-66. Reinbek: Rowohlt.

Koelsch, Stefan et al., 2001, "Neapolitan chords activate the area of Broca". In: Zatorre, Robert J. P.und Isabelle (Hrsg.), The biological foundations of music – Annals of the New York Academy of Sciences, vol 930: 420-421. New York: New York Academy of Sciences.

Koelsch, Stefan und Erich Schroeger, 2008, „Neurowissenschaftliche Grundlagen der Musikverarbeitung". In: Bruhn, Herbert et al. (Hrsg.), Musikpsychologie. Das neue Handbuch: 393-412. Reinbek: Rowohlt.

Krumhansl, Carol L. und Roger N. Shepard, 1979, "Quantification of the hierarchy of tonal functions within a diatonic". *Journal of Experimental Psychology: Human Perception and Performance, 5:* 579-594.

Kurth, Ernst, 1931, Musikpsychologie. Nachdruck Bern: Krompholz 1947. Berlin: Hesse.

Langner, Gerald, und Michael Ochse, 2005, "The neural basis of pitch and harmony in the auditory system". *Musicae scientiae, Special Issue 2005/06:* 185-208.

Madsen, C. K. und E. E. Fredericksen, 1993, „The experience of musical tension: A replication of Nielsen's research using the continuous response digital interface". *Journal of Music Therapy, 30(1):* 46-63.

McAdams, Stephen, 1984, "The auditory image: A metaphor for musical and psychological research on auditory organization". In: Crozier, W. Ray und Anthony J. Chapman (Hrsg.), Cognitive processes in the perception of art: 289-323. North-Holland: Elsevier.

McAdams, Stephen, 1993, "Recognition of sound sources and events". In: McAdams, Stephen und Emmanuel Bigand (Hrsg.), Thinking in sound. The cognitive psychology of human audition: 146-198. Oxford: Claredon Press.

Metzger, Wolfgang, 1975a, „Der Geltungsbereich gestalttheoretischer Ansätze". In: Ertel, Suitbert et al. (Hrsg.), Gestalttheorie in der modernen Psychologie: 2-7. Darmstadt: Steinkopff.

Metzger, Wolfgang, 1975b, Psychologie. (5. Aufl.) Darmstadt: Steinkopff.

Müller, Renate et al., 2007, „Die Theorie der musikalischen Selbstsozialisation: Elf Jahre ... und ein bisschen weiser?" *Musikpsychologie. Jahrbuch der Deutschen Gesellschaft für Musikpsychologie,* 19: 11-30.

Pekrun, Reinhard, 1985, „Musik und Emotion". In: Bruhn, Herbert et al. (Hrsg.), Musikpsychologie. Ein Handbuch in Schlüsselbegriffen: 180-188. München: Urban Schwarzenberg.

Rauscher, Frances H., 2006, „The Mozart effect in rats: Response to Steele". *Music Perception, 23(5):* 447-453.

Rauscher, Frances H. et al., 1993, Music and spatial task performance. *Nature*, 365: 611.

Rösing, Helmut, 1993, "Musikalische Ausdrucksmodelle". In: Bruhn, Herbert et al. (Hrsg.), Musikpsychologie. Ein Handbuch. 4. Auflage 2002: 579-588. Reinbek: Rowohlt.

Rösing, Helmut, 2000, „Geheime Botschaften in Rockmusik: Ästhetisches Spiel mit neuen Sounds oder "teuflische" Verhaltensmanipulation?" In: Kabus, Wolfgang (Hrsg.), Popularmusik, Jugendkultur und Kirche: 101-114. Frankfurt/Main: Peter Lang.

Rösing, Helmut, 2005, „Die Bedeutung musikalischer Ausdrucksmodelle für das Musikverständnis". In: Rösing, Helmut (Hrsg.), Das klingt so schön hässlich. Gedanken zum Bezugssystem Musik: 73-88. Bielefeld: Transcript.

Roth, Gerhard, 2000, „Die Vernunft spielt immer eine Nebenrolle: Die Dominanz der Emotionen sorgt dafür, dass wir tun, was sich in unserer gesamten Erfahrung bewährt hat". *Süddeutsche Zeitung*, 11. April 2000: V2/17.

Roth, Gerhard, 2001, Fühlen, Denken, Handeln. Wie das Gehirn unser Verhalten steuert. Frankfurt/Main: Suhrkamp.

Schleske, Martin, 1998, „Klangpraxis Geigenbau. Zur Anwendung neuer akustischer Forschungsmethoden in der Werkstatt des Geigenbauers". *Das Orchester*, 41(4): 5-11.

Schneider, Albrecht, 1997, "Verschmelzung", tonal fusion and consonance: Carl Stumpf revisited. Heidelberg: Springer.

Schuppert, Maria, 2008, „Störungen der Musikalität". In: Bruhn, Herbert et al. (Hrsg.), Musikpsychologie. Das neue Handbuch: 613-629. Reinbek: Rowohlt.

Scott, Linda M., 1990, "Understanding jingles and needledrop: A rhetorical approach to music in advertising". *Journal of Consumer Research*, 17(2): 223-236.

Scott, Linda M., 1991, „Musik ist Trumpf..." *Vierteljahreshefte für Media und Werbewirkung,* 3: 2-5.

Serauky, Walter, 1949, „Affektenlehre". In: Blume, Friedrich (Hrsg.), Musik in Geschichte und Gegenwart, Band 1: 113-121. Kassel: Bärenreiter.

Shepard, Roger N., 1982, "Geometrical approximation to the structure of musical pitch". *Psychological Review*, 89: 305-333.

Spahn, Claudia, Zschocke, Ina, 2002, „Selbstaufmerksamkeit als Persönlichkeitsmerkmal von Musikern". *Musikpsychologie. Jahrbuch der Deutschen Gesellschaft für Musikpsychologie, Band 16: Wirkungen und kognitive Verarbeitung in der Musik:* 30-44.

Spitzer, Manfred, 2007, Lernen. Gehirnforschung und die Schule des Lebens. Heidelberg: Spektrum der Wissenschaft.

Springer, Sally P. und Georg Deutsch, 1987, Linkes – Rechtes Gehirn: Funktionelle Asymmetrien. 4. Aufl. 1998. Heidelberg: Spektrum der Wissenschaft Verlagsgesellschaft.

Spychiger, Maria, 1992, „Zwischen Mythos und Realität: Außermusikalische Wirkungen von Musikunterricht". *Psychologie in Erziehung und Unterricht*, 39: 243-252.

Steinberg, Rudolf, 2005, „Musikhören: Beteiligte neuronale Strukturen und deren Pathologie". In: Stoffer, Thomas und Rolf Oerter (Hrsg.), Musikpsychologie Band 1: Allgemeine Musikpsychologie (Enzyklopädie der Psychologie D VII/1): 149-202. Göttingen: Hogrefe.

Stumpf, Carl, 1883, 1890, Tonpsychologie (2 Bände). Leipzig: Hirzel.

Weber, Max, 1972, Die rationalen und soziologischen Grundlagen der Musik. 5. Auflage, Original 1921. München: Drei Masken Verlag.

Will, Udo, 2007, „Perspektiven einer Neuorientierung in der kognitiven Musikethnologie". In: Gesellschaft für Musikforschung (Hrsg.), Jahrestagung 26. bis 29. September 2007 in Köln, Sektion Cultural Anthropology and Science of Music (S. Universität Köln: Institut für Musikwissenschaft).

Winkler, Klaus, 1988, Die Physik der Musikinstrumente. Heidelberg: Spektrum der Wissenschaft.

Live-Veranstaltungen von populärer Musik und ihre Rezeption

Martin Pfleiderer

Im Herbst 2007 sorgte die Wiedervereinigung der legendären Rock-Band Led Zeppelin für Schlagzeilen. Angeblich 20 Millionen Interessenten meldeten sich für die im Internet angebotenen Eintrittskarten zum Reunion-Konzert in der O2-Arena in London. Der Veranstalter ließ schließlich die 20.000 verfügbaren Konzertkarten, deren Preis bei 125 £ (rund 175€) lag, verlosen. Wenig später wurden die Karten bei Ebay für weit höhere Summen gehandelt.[1] Dieses Ereignis ist symptomatisch für das große und weiter wachsende Interesse an Live-Events, am Erleben von Musik im Konzert. Zwar wird die Rezeption von populärer Musik heute weitgehend durch Konservenmusik, also Musik im Radio und Fernsehen, auf Tonträgern und im Internet bestimmt. Gegenüber dem medial vermittelten Musikkonsum ist die Hördauer von live gespielter Musik vergleichsweise gering. Das darf jedoch nicht darüber hinwegtäuschen, dass Live-Auftritte seit jeher untrennbar mit Musik verbunden sind und dass das Erleben von Musikern auf der Konzert- oder Club-Bühne auch heute für die Hörer populärer Musik sehr große Bedeutung hat, sodass sie mitunter die Strapazen einer weiten Anreise auf sich nehmen, um ein Konzert besuchen zu können, und Preise für Eintrittskarten bezahlen, die in der Regel deutlich höher liegen als der Preis einer CD.

Angesichts dieser anhaltend großen Bedeutung des Live-Erlebens von populärer Musik stellen sich eine Reihe von Fragen: Wer besucht welche Musik-Veranstaltungen? Was sind die genauen Gründe für den Besuch? Welche Funktionen erfüllt das Live-Musik-Erlebnis für die Besucher? Diese Fragen stehen im Zentrum des zweiten Teils des Beitrags (Abschnitt 4). Neben einer repräsentativen Umfrage, die im Juli 2007 im Auftrag des Bundesverband der Veranstaltungswirtschaft (idkv) und des Tonträger-Branchen-Organs „Der Musikmarkt“ von der Gesellschaft für Konsumforschung (GfK) durchgeführt worden ist,[2] sollen dabei vor allem die Ergebnisse einer groß angelegten Publikumsbefragung von über 6.443 Konzertbesuchern bei zwanzig Konzerten in Berlin herangezogen werden, die der Musiksoziologe Hans Neuhoff in den 1990er Jahren durchgeführt hat.[3] Diese Studie knüpft an die mittlerweile klassischen Publikumsbefra-

[1] vgl. http://www.spiegel.de/kultur/musik/0,1518,522666,00.html (URL vom 19.2.2008).

[2] GfK 2007; befragt wurden 4.000 Personen über 10 Jahren.

[3] Neuhoff 2004, 2006. Außerdem wird auf Ergebnisse einer Befragung von über 800 jugendlichen Besuchern bei 30 Rockkonzerten in Nordrhein-Westfalen verwiesen (Hafen 1992, 1998).

gungen des Autorenteams Rainer Dollase, Michael Rüsenberg und Hans J. Stollenwerk[4] aus den 1970er Jahren an, bestätigt zum Teil deren Ergebnisse, fügt ihnen jedoch auch neue Erkenntnisse hinzu. Neben diesen repräsentativen Befragungen mit standardisierten Fragebögen gibt es inzwischen auch einige Fallstudien zu Live-Konzerten mit unterschiedlichen Genres populärer Musik, bei denen jeweils das genrespezifische Rezeptionsverhalten beschrieben wird.[5] Eine Diskussion dieser qualitativen Studien würde allerdings den Rahmen des Beitrags sprengen. Es soll jedoch im Zuge eines knappen Überblicks über die wichtigsten Typen von Musikveranstaltungen (Abschnitt 3) zumindest auf einige dieser Verhaltensweisen und -rituale hingewiesen werden. Zudem werden in diesem Zusammenhang einige Wechselwirkungen zwischen live gespielter und medial vermittelter populärer Musik erwähnt. Zuvor erscheint es jedoch sinnvoll, eine kurze Einführung in das Feld der populären Musik und deren Geschichte zu geben (Abschnitte 1 und 2).

1 Was ist populäre Musik?

Eine eindeutige und in sich schlüssigen Definition des Ausdrucks populäre Musik (von engl.: popular music) ist schwierig, wenn nicht unmöglich (vgl. Tagg 1982: 37ff., Middleton 1990: 3ff., Wicke 1997: 1694ff.). Oftmals dient populäre Musik als Sammelbezeichnung für alle neueren Musikstile, die sich weder der europäischen Kunstmusiktradition noch der Volksmusik eindeutig zuordnen lassen. Doch selbst eine Abgrenzung von populärer Musik gegenüber Kunstmusik und Volksmusik ist in vielen Fällen problematisch. Gerade das Kriterium der Popularität, der Beliebtheit bei großen Teilen der Bevölkerung, erscheint mitunter wenig hilfreich zu sein, denn einerseits sind viele Stücke aus Volksmusik und Kunstmusik ebenfalls beliebt und damit populär, andererseits gibt es auch im Bereich der so genannten populären Musik viele Stücke, Künstler und ganze Stilrichtungen, die weitgehend unbekannt bleiben und somit keine bzw. nur eine potentielle Popularität besitzen. Viele Bestimmungsversuche von populärer Musik betonen daher vor allem deren Verknüpfung mit modernen Medientechnologien, durch die eine massenhafte Produktion und Rezeption von Musik möglich wird, sowie die hieraus resultierende Allgegenwart populärer Musik und ihre funktionale Einbindung in den Alltag der Menschen. So definieren etwa Peter Wicke und Wieland Ziegenrücker im seit 1987 in mehreren Neuauflagen er-

[4] Dollase et al. 1974, 1978, 1986. Auf eine Zusammenfassung der Ergebnisse dieser älteren Studien wird im vorliegenden Zusammenhang verzichtet (vgl. Dollase 2006).

[5] Vgl. etwa Berger 1999, Inhetveen 1997, Vogt 2005, Werner 2001; weitere Hinweise finden sich bei Rösing und Barber-Kersovan 1993. Zahlreich singuläre Konzertereignisse, die für die Geschichte der populären Musik von Bedeutung sind, werden in den Beiträgen des Sammelbands von Inglis (2006) dargestellt.

schienenen Lexikon Popular-Musik populäre Musik als „*Ensemble sehr verschiedenartiger Genres und Gattungen der Musik, denen gemeinsam ist, dass sie massenhaft produziert, verbreitet und angeeignet werden (und) im Alltag wohl fast aller Menschen, wenn auch im einzelnen auf unterschiedliche Weise, eine bedeutende Rolle spielen*" (Ziegenrücker und Wicke 1989: 288). Dieser Definitionsversuch zeichnet allerdings in zweierlei Hinsicht ein schiefes oder zumindest unvollständiges Bild von populärer Musik: hinsichtlich ihrer angeblich massenhaften Produktion und hinsichtlich ihrer Alltäglichkeit.

Unbestreitbar sind für die Verbreitung von populärer Musik Technologien und Medien von zentraler Bedeutung. Die Erfindung von Notendruck, Grammophon und Phonograph, Radio und Musikfilm, Schallplatte und Musikkassette, Fernsehen und Video, digitalen Tonträgern und Internet haben eine massenhafte Vervielfältigung, Verbreitung und Rezeption von Musik ermöglicht und forciert. Bei der Herstellung der Musik, d. h. dem Erfinden und Arrangieren der Songs und Stücke, dominiert allerdings weiterhin eine künstlerisch-handwerkliche Vorgehensweise von Musikern und Musikgruppen. Daher ist es – abgesehen von einigen wenigen Ausnahmen – nicht zutreffend, von einer industriellen oder Massenproduktion populärer Musik zu sprechen. Denn in der Regel ist nicht das Musikschaffen selbst industriell organisiert, sondern vielmehr die sich hieran anschließende Vervielfältigung und Verbreitung mit Hilfe von Tonträgern und Massenmedien – wobei natürlich nicht zu leugnen ist, dass der wirtschaftliche und technologische Verwertungsapparat auch indirekt Rückwirkungen auf das Musikschaffen selbst hat. Fragwürdig ist zudem, ob die Musik tatsächlich von einem passiven, amorphen Massenpublikum rezipiert wird, oder ob nicht vielmehr die Rezeption der Musik nach wie vor in einem differenzierten Aneignungsprozess in Kleingruppen oder alleine erfolgt.

Auch die oftmals postulierte funktionelle Einbindung in den Alltag verkürzt das vielgestaltige Phänomen populäre Musik. Denn populäre Musik spielt eine wichtige Rolle auch und gerade bei nicht-alltäglichen Ereignissen, so bei Festen und Feiern. Der Besuch einer Konzertveranstaltung oder einer Club-Party ist in der Regel gerade *nicht* alltäglich, sondern vielmehr ein außergewöhnliches Ereignis, das ein Gegengewicht zum Alltagsleben der Menschen darstellt und es in gewisser Weise transzendiert. Zwar spielen bei vielen Konzertbesuchern auch Bedürfnisse nach Unterhaltung, Entspannung und Erholung eine Rolle. Doch nicht selten geht es beim Erleben populärer Musik um ein ästhetisches Erleben und um die hiermit verknüpften existentiellen Erfahrungen, die von den Hörern gerade bei Konzerten gezielt gesucht werden. In dieser Hinsicht unterscheidet sich populäre Musik nicht grundsätzlich von den so genannten ernsten Musikformen, mit denen sie ja in ihren Anfängen eng verwoben war. Allerdings steht eine Anerkennung und Würdigung der Tatsache, dass auch populäre Musik ästhetische Erfahrungsmöglichkeiten bereit stellt, die für den Einzelnen existentielle Bedeutsamkeit erlangen können, weiterhin aus.[6] Eine Trennungslinie zwischen den Aufführungsstätten von populärer Musik und klassischer Musik besteht weiterhin und wird nur von einzelnen populären Musiksparten wie etwa dem modernen Jazz oder dem Musical bisweilen überschritten.

2 Zur Geschichte populärer Musik und deren Veranstaltungsformen

Die Anfänge von dem, was heute populäre Musik genannt wird, sind eng mit tief greifenden sozialgeschichtlichen Veränderungen verknüpft. Im Zuge der Industrialisierung und Urbanisierung entstand im 19. Jahrhundert eine neue städtische Bevölkerung mit Bedürfnissen nach Unterhaltung, Erholung und sozialem Kontakt. Zwar wurden in den größer werdenden Städten in Wirtshäusern und Kneipen weiterhin auch umgangsmäßige Musikpraktiken gepflegt, die nahtlos an Traditionen der Volksmusik anknüpften. Vor dem Hintergrund einer wachsenden Musiknachfrage entwickelten sich jedoch auch neuartige Formen der Musikdarbietung, und es kam zu einer zunehmenden Professionalisierung von Tanz- und Unterhaltungsmusik. Zuvor nur regional tradierte populäre Lieder und Tänze fanden zudem durch den modernen Notendruck schnell in ganz Europa und bald auch in den Vereinigten Staaten von Amerika Verbreitung. Professionelle Tanz- und Unterhaltungsorchester wie das des österreichischen Walzerkönigs Johann Strauß (Sohn) oder des amerikanischen Marschkomponisten John Philip Sousa unternahmen bereits Ende des 19. Jahrhunderts Tourneen nach Übersee. Komponisten wie Louis Jullien in London, Philipe Musard in Paris oder Joseph Lanner und Johann Strauß in Wien spezialisierten sich auf die neue populäre Unterhaltungsmusik. Für die neue Musik und für das neue städtische Publikum wurden neue Aufführungsstätten geschaffen. In Wien eröffneten nach 1800 große Tanzhallen; Hallen in anderen Großstädten folgten (vgl. Lamb und Hamm 1980: 89ff.).

Marschmusik wurde im Laufe des 19. Jahrhunderts zu einem weiteren wichtigen Genre populärer Musik, das sowohl die Tanzmusik als auch populäre Lieder stark beeinflusste. Öffentliche Militärkonzerte wurden populär und Schulen für Militärmusik wurden gegründet. Militärkapellen bestanden nun nicht mehr aus nur einer Handvoll Musiker, sondern hatten eine Besetzung von bis zu fünfzig Musikern und mehr. Sie spielten bei Paraden und Freiluftkonzerten. Viele Tanzkomponisten begannen, neben Walzern, Polkas und Galopps auch populäre Märsche zu komponieren. So entstand in der zweiten Hälfte des 19. Jahrhunderts ein großes Repertoire an Marschmusik, das von Militärkapellen und Unterhaltungsorchestern bis heute gepflegt wird.

[6] Richtungsweisende Überlegungen zur ästhetischen Dimension von Rock- und Pop-Musik finden sich bei Frith 1996, Gracyk 1996, Fuhr 2007 und von Appen 2007.

Neben Musik in Tanzhallen und bei Paraden nimmt in der Geschichte der populären Musik des 19. und frühen 20. Jahrhunderts die musikalische Bühnenunterhaltung in Music Halls, Varietés, Revuen sowie Operette und Musical eine zentrale Stellung ein. In den englischen Variety Theatres und in Music Halls wie der Canterbury Hall, die 1852 eröffnet und 1856 auf ein Fassungsvermögen von 1500 Gästen erweitert wurde, sowie der 1861 eröffneten Oxford Hall, beide in London, wurden zur Bewirtung mit Speise und Trank populäre Songs und Tänze aufgeführt, aber auch akrobatische Darbietungen, Zauberkunststücke und Sketche (vgl. Lamb 1980). Die Aufführungen knüpften an Burlesken und Satiren an oder, wie in den USA, an die Tradition des Blackface Minstrelsy. In Paris wurden zur selben Zeit so genannte „Revuen" aufgeführt, die aus einer Aneinanderreihung von satirischen Dialogen und Liedern bestanden. In den Folies-Bergère in Paris wurde 1886 die erste Ausstattungs-Revue inszeniert, in der extravagante Kleidung, großzügige Bühneneffekte und elaborierte Bühnenmusik und -tänze ins Zentrum der Aufführungen rückten (vgl. Lamb und Root 1980). Nach dem Vorbild der spektakulären Pariser Revuen entstanden in der Folgezeit auch in anderen Metropolen Revuetheater, unter anderem das Metropoltheater in Berlin. Allerdings wurden die Revuen seit den 1920er Jahren in der Publikumsgunst zunehmend von Musical Comedies oder Musical Plays abgelöst, in denen nicht mehr nur einzelne Lieder und Attraktionen in loser Folge aneinander gereiht wurden, sondern denen eine durchgehende Handlung zu Grunde lag. Entscheidend für den weltweiten Durchbruch der Gattung des Musicals – und zugleich ein wichtiges Unterscheidungsmerkmal zur europäischen Operette – wurde das Einbeziehen von Gestaltungsmitteln aus afroamerikanischer Musik, vor allem der im Ragtime und Jazz üblichen Synkopierungen.

Mit Ragtime und Jazz sowie lateinamerikanischen Tänzen (Tango, Rumba usw.) machte sich im frühen 20. Jahrhundert zunehmend ein afroamerikanischer Einfluss in der populären Musik insgesamt bemerkbar. Ein weiterer wichtiger Einschnitt in der Geschichte der populären Musik vollzog sich dabei in den 1930er Jahren: Der Swing, damals das wichtigste populäre Musikgenre in den USA, eroberte die Hallen der etablierten US-amerikanischen Konzertkultur. Am 16. Januar 1938 spielte Benny Goodman, der „King of Swing", mit seiner Bigband erstmals in der New Yorker Carnegie Hall. Zwar hatte der Schöpfer des „Symphonic Jazz", Paul Whiteman, mit seinem Orchester bereits im Jahre 1925 in der Carnegie Hall gastiert, und Duke Ellington spielte mit seinem Orchester seit Anfang der 1930er Jahre in verschiedenen Konzerthallen in den USA und Europa. Das Neuartige des Goodman-Konzerts bestand allerdings darin, dass nicht nur die Jazzmusiker, sondern mit ihnen ein junges, jazzbegeistertes Publikum Besitz von der bürgerlichen Konzerthalle nahm – mitsamt der für Jazz und Swing typischen Verhaltensweisen. Bei den musikalischen Höhepunkten gab es frenetische Beifallsbekundungen, und die jungen Zuhörer begannen, sich von der Musik animiert zu bewegen: *„(...) one kid after another commenced to create a new dance: trucking and shagging while sitting down", schrieb damals ein zeitgenössischer Kommentator. „Older, penguin-looking men in traditional boxes on the sides went them one better and proceeded to shag standing up.*" (zitiert nach Erenberg 1998: 68). Unter dem Titel „From Spiritual to Swing" wurde wenig später, am 23. Dezember 1938, dem Publikum der Carnegie Hall ein Konzert-Programm präsentiert, das einen Überblick über die afroamerikanische Musik gab – vom Blues (Big Joe Turner) und dem damals sehr populären Boogie Woogie (Albert Ammons, Meade Lux Lewis, Pete Johnson) bis hin zum avancierten Swing-Jazz des Count Basie Orchestras und des Benny Goodman Sextetts, in dem sich zudem weiße und schwarze Musiker die Bühne teilten. Im Programmheft stand damals zu lesen, Jazz habe *„(...) the same qualities you expect in the classics: expert instrumentation, a musical structure (...) and a quality that we must call sincerity.*" (zitiert nach Erenberg 1998: 121).

Diese Aufsehen erregenden Konzertereignisse mögen zunächst Ausnahmen gewesen sein. Doch der Swing und kurze Zeit darauf auch der Bebop wurden nun zunehmend als eine Musik rezipiert, bei der die Hörer nicht (nur) unterhalten werden wollten, sondern in erster Linie dem künstlerischen Ausdruck der Musiker folgten. Ab dem Jahr 1944 organisierte der Jazz-Impresario Norman Granz regelmäßig Tourneen mit namhaften Jazzmusikern, die er unter dem Motto „Jazz at the Philharmonics" durch die amerikanischen und bald auch durch die europäischen Konzertsäle schickte. Ein weiterer Einschnitt in der Geschichte des Jazz und der populären Musik insgesamt war in den 1950er Jahren die Gründung von verschiedenen Festivals mit populärer Musik. Im Jahre 1954 fand zum ersten Mal das Newport Jazz Festival statt, eine mehrtägige Veranstaltung in Newport, Rhode Island, die später nach New York verlegt wurde. Bereits ein Jahr zuvor war in Frankfurt erstmals das Deutsche Jazzfestival veranstaltet worden, und als wahrscheinlich erstes Jazzfestival überhaupt gilt der 1948/49 in Paris veranstaltete Salon du Jazz. (vgl. Huesmann 1988). Das Jazzfestival knüpft sowohl an die Tradition des europäischen Musikfestes als auch an die des Volksfestes an und ist daher, wie Günther Huesmann schreibt, *„(...) ein im höchsten Maße paradoxer Veranstaltungstypus*" (Huesmann 1988: 669). Einerseits ist das Festival eine Veranstaltung, in dem musikalische Projekte mit hohem künstlerischen Anspruch verwirklicht werden können, die in der Club-Szene undenkbar sind, andererseits ist es eine wichtige Institution der kommerziellen Musikvermarktung – wovon man sich durch den Besuch einer Mammut-Veranstaltung wie etwa des Northsea Festivals in Den Haag leicht einen Eindruck verschaffen kann.

In den 1950er und 1960er Jahren wurden zahlreiche weitere Festivals in unterschiedlichen populären Musiksparten gegründet. 1959 wurde das erste Newport Folk Festival veranstaltet, auf dem zahlreiche Folk- und Blues-Musiker auftraten. Zum legendären Monterey International Pop Festival kamen im Juni 1967 bereits 200.000 Zuschauer; zwei Jahre später waren es in Woodstock knapp eine halbe Million.[7]

Bereits in der Mitte des 20. Jahrhunderts waren somit die Grundlagen für die verschiedenen Typen von Konzertveranstaltungen gelegt, die seither die Live-Rezeption von populärer Musik bestimmen. Als Mitte der 1950er Jahre eine neue Jugendkultur entstand, in deren Mittelpunkt der Rock'n'Roll stand, konnte nicht nur auf Vinyl-Schallplatten, Juke-Boxes, Transistorradios und Musikfilme, sondern ebenfalls auf eine Reihe von Veranstaltungsorten und Veranstaltungsformen zurückgegriffen werden, in denen die neue Jugendmusik und deren Stars gefeiert wurden.

3 Live-Veranstaltungen mit populärer Musik heute – eine Übersicht

Jede Musikveranstaltung ist die einzigartige Kombination einer Reihe von Faktoren. Will man sich einen systematischen Überblick über die heute verbreiteten Live-Veranstaltungstypen mit populärer Musik verschaffen, so sollten zumindest die folgenden Kriterien berücksichtigt werden:

- Art des Veranstaltungsortes (Kneipe, Club, Musikhalle, Stadion, Mehrzweckhalle etc.)
- Fassungsvermögen des Veranstaltungsortes
- Zusammensetzung des Publikums
- Höhe der Eintrittspreise
- Bekanntheitsgrad der auftretenden Musiker
- Musikgenre und damit verbunden die Präsentationsweise auf der Bühne
- Verhaltensweisen des Publikums sowie Interaktion zwischen Musikern und Publikum.

Diese Kriterien stehen zum Teil in enger Wechselbeziehung zueinander. So hängt die gewählte Lokalität einer Musikveranstaltung nicht nur mit der Größe des erwarteten Publikums, sondern oftmals auch mit dem präsentierten Musikstil und dem Bekanntheitsgrad der Musiker zusammen. Hiervon hängt auch die Höhe des Eintrittspreises ab, die wiederum Rückwirkungen auf die Zusammensetzung des Publikums hat. Abhängig von Musikstil und Lokalität gibt es unterschiedliche Arten des Publikumsverhaltens vor, während und nach der eigentlichen Musikdarbietung: verschiedene Arten und Intensitäten der Kommunikation zwischen Musikern und Publikum sowie unterschiedliche Verhaltensrituale, die im Verlauf eines Konzertabends zum Tragen kommen. Aufgrund der zahlreichen genannten Kriterien fällt es schwer, eine umfassende Typologie von Live-

---

[7] Einen umfassenden Überblick über die Geschichte der Festivals im Zeitraum von 1969-1994, in dem auch Großkonzerte erwähnt werden, gibt Graf 1995: 59-248.

Veranstaltungen zu entwerfen. Es lassen sich jedoch mehrere Veranstaltungsbereiche unterscheiden, deren Eigenheiten im Folgenden skizziert werden sollen: das Musical als populäre Form des Musiktheaters, Konzertveranstaltungen und Festivals in großen Hallen und Open Air sowie Konzerte in Musik-Clubs und Musikkneipen.

Im Frühjahr 1986 wurde im Hamburger Operettenhaus das Musical „Cats" von Andrew Lloyd Webber auf den Spielplan gesetzt. Man rechnete damals mit einer Laufzeit von höchsten fünf Monaten. Tatsächlich wurde das Musical bis Anfang 2001 jedoch über 6.000 mal aufgeführt und von über sechs Millionen Zuschauern besucht (vgl. Vatterodt und Brieler 2002: 235). Während zuvor Musicals in Deutschland vorwiegend in Schauspiel- und Opernhäusern inszeniert worden waren, kam es nun zu einem Musical-Boom mit Großproduktionen, für die oftmals neue Spielstätten geschaffen wurden. Auf „Cats" folgte 1988 in Bochum „Starlight Express" und 1990 „Das Phantom der Oper" wiederum in Hamburg, beides Musical-Produktionen von Andrew Lloyd Webber, zahlreiche weitere Musical-Produktionen folgten in den 1990er und 2000er Jahren. Charakteristisch für diese neuen Musicals ist eine lange, meist mehrjährige Laufzeit der Stücke, die nur durch die Mobilisierung einer großen Besucherzahl aus dem In- und Ausland getragen werden kann. Der Musical-Abend ist dabei nicht selten in ein touristisches und gastronomisches Besuchsprogramm integriert. Um die Jahrtausendwende erwirtschafteten allein die Hamburger Musicals einen Jahresumsatz von 200 Millionen Euro und zogen jährlich rund zwei Millionen Besucher an. Die Hälfte der Besucher kam von außerhalb und bildete damit einen bedeutenden Anteil des gesamten Hamburger Tourismusaufkommens (Vatterodt und Brieler 2002: 242).

Das Interesse an Musicals umfasst heute alle Altersgruppen. Das Publikumsverhalten ähnelt im Grunde demjenigen von Operette, Oper und klassischer Musik. Es wird Wert auf ein gepflegtes, semi-klassisches Ambiente gelegt, ohne jedoch auf die Inszenierungsmöglichkeiten von modernen Shows zu verzichten.

Größere Hallen mit einem Fassungsvermögen von zirka 800 bis zu mehreren Tausend Besuchern sind heute die zentralen Orte für Musikveranstaltungen mit bekannteren populären Musikern und Bands. Während nur in größeren Städten spezialisierte Musikhallen existieren, gibt es auch in kleineren Städten in der Regel Mehrzweckhallen, in denen neben Live-Konzerten auch andere Veranstaltungen (Theater-Gastspiele, Dia-Vorträge, Informationsveranstaltungen usw.) durchgeführt werden. Ab einer gewissen Publikumsgröße muss von Hallen auf Arenen, Sportstadien oder Parks und andere Freiflächen („Open Air") ausgewichen werden. Christof Graf zählte im Jahre 1993 allein in Deutschland 183 Open Air-Konzerte und Festivals (vgl. Graf 1995: 245).

Großkonzerte und Festivals werden mit ganz unterschiedlichen Genres populärer Musik veranstaltet. Entsprechend vielfältig ist ihre Hörerstruktur. Generell neigen vor allem jüngere Hörer (unter 30 Jahren) zu einem Konzerbesuch in größeren Hallen und Open Air (vgl. GfK 2007: 23). Eine Besonderheit von vielen Großkonzerten und Festivals ist, abhängig vom Genre, ihr hoher Inszenierungsaufwand. Bühnen-Shows mit einer ausgefeilten Licht- und Nebel-Dramaturgie, mit Tanzeinlagen und Kostümen stehen heute der Inszenierung von Musik-Filmen und Video-Clips kaum nach.

Zwar orientieren sich gerade die perfekt inszenierten Großveranstaltungen mitunter an der klanglichen und visuellen Gestaltung von Tonträgern und Musikvideos. In der Regel geht es bei den Konzertauftritten jedoch nicht um eine bloße Reproduktion der bereits auf Tonträgern verfügbaren Klangdokumente, sondern um den gewissen Mehrwert der Live-Atmosphäre. Es zählt die Live-Stimmung, das Gruppenerlebnis, die Kommunikation zwischen Künstlern und Publikum. Aus diesem Grund werden Live-Mitschnitte veröffentlicht und gekauft, die hinsichtlich des Repertoires gegenüber entsprechenden Tonträger-Veröffentlichungen oft keine Neuerungen beinhalten, jedoch den Hörern einen Eindruck von den Live-Qualitäten eines Musikers oder Sängers und ein Gefühl des Dabei-Seins bei einem einmaligen Ereignis vermitteln. In den meisten populären Musikgenres sind Konzerte und Konzerttourneen nach wie vor die zentrale Instanz, an der sich überprüfen lässt, ob das im Proberaum und Studio erarbeitete Repertoire und das Zusammenspiel der Musiker auch unter den Bedingungen eines Konzertauftrittes „funktioniert". Das Konzert dient somit der Vervollständigung und Umsetzung des im Proberaum begonnenen und im Aufnahmestudio fortgeführten künstlerischen Schaffensprozesses eines Musikers oder einer Musikband.[8]

Die Kommunikationsmöglichkeiten zwischen Musikern auf der Bühne und den Konzertbesuchern im Auditorium sind vielfältig. Je nach Stilrichtung und Künstler kommt es zu mehr oder weniger umfangreichen Ansagen, zu kurzen rhetorischen Frage-Antwort-Interaktionen zwischen Musikern und Zuhörern oder zu Animationen des Publikums (Mitsingen, Mitklatschen, Mittanzen). Viele Hallen bieten den Zuhörern Platz zum Tanzen, da auf eine Bestuhlung komplett oder zumindest im Bereich vor der Bühne verzichtet wird. Das Publikum verfügt über ein Repertoire von zum Teil ritualisierten Verhaltensweisen, mit denen es die Zustimmung (oder Ablehnung) gegenüber den Musikern bzw. dem gesamten Event bekunden kann: vom Klatschen, Trampeln, Schreien, Kreischen, Pfeifen

[8] Der Kultursoziologe Rainer Diaz-Bone beschreibt in seiner Rekonstruktion der Kulturwelt Heavy Metal, die er anhand einer Diskursanalyse der Zeitschrift „Metal Hammer" vorgenommen hat, detailliert diesen hohen Stellenwert von Live-Auftritten für das Schaffen einer Metal-Band (vgl. Diaz-Bone 2002: 308).

bis zum Schwenken von Feuerzeugen. Viele dieser Verhaltensweisen dienen zugleich der bewussten Intensivierung des gemeinsamen Konzerterlebnisses. Sprechchöre sind vor allem als ein lautstarkes Einfordern von Zugaben verbreitet, erklingen aber auch vor Beginn des Konzerts, um den Star auf die Bühne zu zitieren. Typisch für die Dramaturgie eines Konzertabends sind zudem Vorgruppen und ein stark ritualisierter Veranstaltungsbeginn.[9]

Für ein großes Medienecho sorgen seit den späten 1950er Jahren immer wieder einerseits die stereotypen Bilder von euphorisch kreischenden Teenagern, andererseits jugendlicher Vandalismus und der Konsum von Alkohol und Drogen vor allem während Großkonzerten und Open-Air-Veranstaltungen. Ein Konzert der Rolling Stones im Dezember 1969 in Altamont, wo es zu schweren Unfällen und zum Tod eines 18-jährigen Besuchers kam, führte das Gewaltpotenzial bei Großveranstaltungen vor Augen. Allerdings wird Gewalt innerhalb von Jugendszenen vielfach ritualisiert und damit sozial kontrolliert, so etwa im Punk und Hardcore durch die Tanzrituale des Pogo und Slamdancing.[10]

Alle genannten Kommunikationsformen und Verhaltensrituale lassen sich, abhängig vom Musikgenre, natürlich auch bei kleineren Auftritten in Musik-Clubs und Musikkneipen, in Kommunikationszentren und anderen Spielstätten, bei denen Live-Musik fester Bestandteil des soziokulturellen Programms ist, beobachten. Diese Veranstaltungsorte zeichnen sich aufgrund der geringeren Raumgröße und der niedrigeren Besucherzahlen jedoch in der Regel durch eine engere Interaktion zwischen Musikern und Publikum aus. Viele Musikkneipen und kleinere Clubs verfügen über keinen Backstage-Bereich, sodass der Kontakt zwischen Zuhörern und Musikern nicht nur während, sondern auch vor und nach dem Auftritt fast hautnah erfolgen kann. Allerdings ist in Musikkneipen und Musik-Clubs auch ein beiläufiges Hören mit geteilter Aufmerksamkeit möglich und durchaus nicht unüblich, wobei sich Club-Besucher etwa an der Theke unterhalten und eher nebenbei dem Geschehen auf der Bühne folgen.[11]

In Großstädten wie Berlin, Hamburg oder Wien gibt es heutzutage eine vielgestaltige Club-Szene. So wurden in Hamburg im Jahre 2000 pro Monat zirka 400 Live-Veranstaltungen in den zahlreichen Clubs der Stadt gezählt, zuzüglich weiterer 50 DJ-Veranstaltungen (vgl. Schneider et al. 2001: 290).[12] Bei diesen Musikveranstaltungen lässt sich inzwischen eine große Stilvielfalt und

[9] Vgl. die Schilderung der Dramaturgie von Rockkonzerten bei Hafen 1998: 374.

[10] Zu Gewaltritualen in der Jugendkultur Hardcore, die in den 1980er Jahren aus dem Punk entstanden ist, vgl. Inhetween 1997.

[11] Harris M. Berger (1999) schildert detailliert und einfühlsam die Rezeptionsweisen und die Arten der Aufmerksamkeit der Besucher einer Heavy Metal-Musikkneipe und eines Jazz-Clubs im US-Bundesstaat Ohio.

[12] Zahlreiche Informationen zur Club-Szene in Berlin finden sich bei Vogt 2005 und Werner 2001; neuere Informationen zur Hamburger Club-Szene bietet die Studie von Damann 2006.

Diversifikation der Publika feststellen. Zunehmend besuchen auch ältere Musikhörer weiterhin jene Clubs, in denen sie die Musik ihrer Jugend hören können. Dagegen ist für viele Jugendliche ein regelmäßiger Club-Besuch nicht selten zu teuer.

Die kleinen und mittelgroßen Clubs und Spielstätten sind für die Nachwuchsförderung von zentraler Bedeutung, da hier junge, noch wenig bekannte Musiker und Bands sowie auswärtige Gruppen auftreten können, die sich in der betreffenden Stadt erst ein Publikum erspielen müssen. Allerdings herrscht bei den Club-Betreibern vielfach eine prekäre finanzielle Situation. Denn neben den laufenden Kosten für Miete, Personal usw. müssen die Clubs z. T. hohe Abgaben an die GEMA zahlen.[13] Um diese Kosten aufzufangen, sind in den Großstädten Auftritte ohne Gagen verbreitet. Statt einer Festgage wird zwischen Veranstaltern und Musikern eine von den zahlenden Besuchern abhängige Einnahmebeteiligung ausgehandelt oder sogar eine Finanzierung nach dem sogenannten „pay-to-play"-Prinzip, bei dem sich die Nachwuchs-Bands für ihre Auftritte in den Clubs quasi einkaufen, indem sie die Grundkosten vorstrecken. Ab einer bestimmten Zahl von Besuchern werden dann die Einnahmen zwischen Club-Betreibern und Musikern geteilt (vgl. Schneider et al. 2001: 281ff.). Eine zusätzliche Einnahmequelle der Clubs ist die regelmäßige Durchführung von Tanzabenden, bei denen Platten aufgelegt werden. Dennoch sind viele Clubs inzwischen auf öffentliche Subventionierung durch die Kommunen angewiesen; in Hamburg erfolgt sie nach bestimmten inhaltlichen Kriterien der Programmgestaltung.

In vielen Musik-Clubs und Musikkneipen vollzieht sich während eines Veranstaltungsabends ein fließender Übergang zwischen Live-Musik und Musik von Tonträgern vor und nach dem Auftritt. Manche Clubs haben sich jedoch nicht zuletzt aus Kostengründen bereits in der Mitte des 20. Jahrhunderts auf das Abspielen von Schallplatten spezialisiert – eine Entwicklung, die von den Musikern und ihren Interessenvertretungen mitunter erbittert bekämpft wurde.[14] War der Plattenaufleger oder DJ zunächst nur Dienstleister für ein tanzwilliges Publikum, so ist er seit den späten 1960er und 1970er Jahren allmählich zu einer Kultfigur mit künstlerischem Anspruch geworden. Nicht zuletzt aufgrund der Dramaturgie, die ein DJ durch seine Auswahl von Schallplatten erzeugen kann, sind DJ-Auftritte inzwischen den Konzerten von Instrumentalisten und Vokalisten durch-

[13] Nicht wenige semi-professionell arbeitende Kleinveranstalter mussten bereits aufgrund der hohen GEMA-Abgaben ihre Veranstaltungsreihen wieder abbrechen – ein paradoxer Zustand, da sich die GEMA ja in ihren Statuten zur Nachwuchsförderung, die sie mit diesen Praktiken unterminiert, ausdrücklich verpflichtet hat.

[14] Zu der Geschichte von Club-Kultur und DJs siehe Brewster und Broughton 2000, Thornton 1995 und Poschardt 1995.

aus vergleichbar. Seit den späten 1970er Jahren sind DJs dazu übergegangen, selbst in die künstlerische Gestaltung einzugreifen, indem sie die Musik zweier oder mehrerer Schallplatten übereinander legen, Schlagzeug-Breaks aus Platten isolieren und zu neuen Stücken kombinieren oder den Schallplatten mit Rhythmus-Patterns aus Drum-Computern eine zusätzliche Groove-Komponente hinzufügen. Spätestens seit den 1990er Jahren sind DJs anerkannte Musikkünstler, die zu teilweise hohen Gagen bei Raves, Paraden und in Clubs auftreten und zudem Schallplatten produzieren oder bearbeiten (sogenannte Remix).

Während sich DJs der Tonträgermedien bedienen, die sie bei ihren Live-Auftritten zu neuen musikalischen Ereignissen kombinieren, so hat umgekehrt die mediale Verbreitung von live im Radio- oder Fernseh-Studio gespielter Musik eine lange Tradition. Bei den frühen Radio-Shows spielten die Orchester in der Regel die Musik während der Sendung live ein. Ziel war die Illusion eines Live-Konzertes, das per Radio in die Wohnzimmer übertragen wurde – so etwa bereits in den 1930er Jahren im „Make Believe Ballroom" des New Yorker Radio-DJs Martin Block (vgl. Poschardt 1995: 45f.). Auch die Musikshows im Fernsehen inszenierten und inszenieren Live-Auftritte – in der Regel vor einem Publikum im Fernsehstudio, durch das – ungeachtet der oftmals kaum zu übersehenden Playback-Musik – eine Live-Atmosphäre erzeugt und in die Wohnzimmer der Fernsehzuschauer transferiert werden soll. Erfolgreiche Auftritte bei Fernsehshows wurden zu einem entscheidenden Faktor in den Karrieren vieler Rock- und Pop-Bands. In dieser Hinsicht berühmt wurde etwa der Auftritt der Beatles in der Ed Sullivan-Show im Februar 1964, durch den der Durchbruch der Band in den USA entscheidend forciert wurde (vgl. hierzu ausführlich Sercombe 2006). Anderthalb Jahre später, im September 1965, startete im deutschen Fernsehen der von Radio Bremen produzierte „Beat Club", der für die Beat- und Rock-Sozialisation vieler Jugendlicher in Deutschland zu einer wichtigen Institution wurde.

Eine Alternative zu Studio-Auftritten ist die mediale Übertragung von „wirklichen" Konzerten. Der Mitschnitt und die zeitgleich oder zeitlich verschobene Sendung von Konzertauftritten hat ebenfalls eine lange Geschichte. Bereits in den 1930er Jahren wurden in den USA Auftritte von namhaften Jazz-Orchestern aus Hotelhallen und Tanzsälen durch die nationalen Radionetzwerke ins ganze Land übertragen. In Deutschland wurden ab Mitte der 1970er Jahre die Konzertaufzeichnungen des „Rockpalastes" zu einer wichtigen Institution der populären Musikszene. Neuerdings wird verstärkt über den Ausbau der Live-Übertragung von Konzerten via Internet-Streaming nachgedacht. Etwa 10% der Konzertbesucher in Deutschland unter 20 Jahren schauen sich heute bereits regelmäßig Konzertübertragungen im Internet an und knapp drei Prozent der Konzertbesucher aller Altersklassen wären bereit, für diese Übertragungen auch zu bezahlen (vgl. GfK 2007: 17).

Generell sollte die Rolle, die Konzertveranstalter und Künstleragenturen für die Rezeption populärer Musik spielen, nicht unterschätzt werden. Durch ihre Auswahl der Künstler, die sie durch Tourneen und Festivals einem größeren Publikum präsentieren, sind die so genannten „Booking-Agenturen" wichtige Gatekeeper und Meinungsführer. So hat etwa die Konzertagentur (Horst) Lippmann + (Fritz) Rau der Blues- und Rock-Rezeption im Deutschland der 1960er Jahre durch die Organisation des American Folk Blues Festivals und zahlreicher Tourneen von amerikanischen Rockgrößen wichtige Impulse gegeben.[15]

In den letzten Jahren werden nicht nur die medialen Auftritte von bekannteren Pop-Stars, sondern auch deren Live-Events immer stärker in ein Gesamtkonzept des Branded Entertainment eingegliedert, bei dem es um einen positiven Imagetransfer vom Künstler auf bestimmte Markenartikel geht (vgl. hierzu Ringe 2007). Konzertveranstaltungen sind heute zudem ein wichtiger Umschlagplatz für Merchandising-Artikel. Laut GfK-Umfrage wurden 2007 pro Konzertbesucher und Konzertbesuch 17,40 € für Merchandising-Artikel ausgegeben – ein angesichts der relativ teuren Ticket-Preise erstaunlich hoher Betrag.

4 Struktur und Motivation des Publikums populärer Musik

Heute besuchen etwa ein Drittel aller Deutschen über zehn Jahren zumindest eine Musikveranstaltung im Jahr.[16] Von diesem Personenkreis wurden im ersten Halbjahr 2007 im Durchschnitt immerhin zwei Konzerte besucht – was bei einem durchschnittlichen Ticket-Preis von rund 35€ durchaus erstaunlich ist. Innerhalb des Entertainment-Bereichs rangieren die Ausgaben für Musikveranstaltungen mit 1.444 Mio € gleich hinter den Ausgaben für Bücher (1.972 Mio) an zweiter Stelle – weit vor den Ausgaben für Tonträger/Musik-Downloads (756 Mio), Software/Computerspielen (679 Mio) und Kino (361 Mio). Somit geben die musikinteressierten Deutschen im Schnitt doppelt so viel Geld für Live-Musikveranstaltungen aus wie für Tonträger (Musik-Downloads inbegriffen). Überraschend ist die ausgeglichene Altersstruktur der Besucher von Musikveranstaltungen. Während die meisten Entertainment-Angebote entweder vorwiegend von den jüngeren Konsumenten (Software/Computerspiele, Kino, Video) oder vorwiegend von den Älteren (Buch) genutzt werden, geht die Begeisterung für

[15] Weitere einflussreiche Konzertagenturen sind Mama Concerts von Marcel Avram, die 1989 unter Beteiligung von Fritz Rau zu „Mama Concerts & Rau" fusionierte, sowie die in Hamburg ansässige Karsten Jahnke Konzertdirektion. Graf (1995: 241), nennt die wichtigsten Konzertveranstalter populärer Musik der 1990er Jahre.

[16] Die im Folgenden herangezogenen Daten beruhen auf der eingangs erwähnten Befragung der Gesellschaft für Konsumforschung vom Juli 2007 (GfK 2007). DJ-Veranstaltungen, Diskotheken-Auftritte und Diner-Shows wurden in dieser Studie nicht den Musikveranstaltungen zugerechnet.

Live-Musik quer durch alle Altersgruppen: 23% der Entertainment-Ausgaben der 10-19jährigen und 30% der Ausgaben von Hörern über 50 Jahre entfallen auf Eintrittskarten für Musikveranstaltungen. Im Alter zwischen 20 und 50 sinkt der prozentuale Anteil auf rund 18%, was sich wohl auf die geringere Mobilität dieser von Familie und Beruf besonders beanspruchten Altersgruppen zurückführen lässt.

Die verschiedenen Altersgruppen der Konzertbesucher besitzen nach wie vor unterschiedliche stilistische Präferenzen (vgl. Abbildung 1).

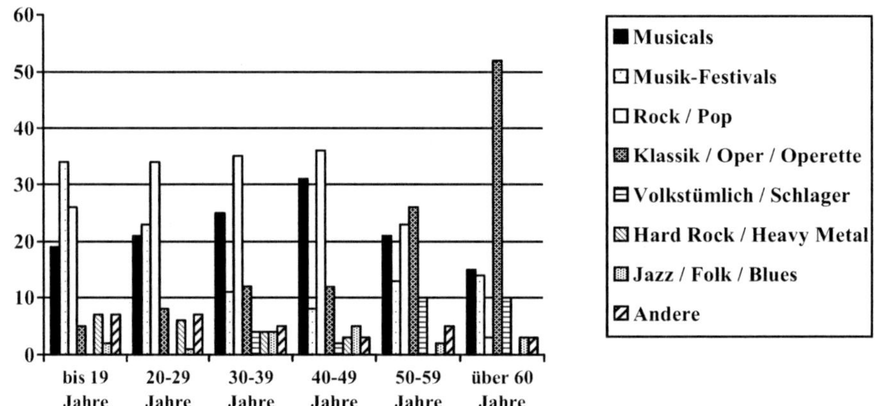

Abbildung 1: Prozentuale Anteile verschiedener Musiksparten des Musik-Veranstaltungsmarkts bei verschiedenen Altersgruppen der Konzertbesucher im 1. Halbjahr 2007 (nach GfK 2007: 8).

Der ausgeprägten Präferenz für klassische Musik und Operette bei den Konzertbesuchern über 60 Jahren steht eine Vorliebe für Rock, Pop und Musik-Festivals bei den Konzertbesuchern unter 20 Jahren gegenüber. Erstaunlich ist, dass die Präferenz für klassische Musik und Operette heute nicht nur bei den Jüngeren, sondern bereits in der Altersgruppe der 50-59jährigen im Schwinden begriffen ist. Nur 26% der Ausgaben für Konzertbesuche entfallen bei dieser Altersgruppe auf Klassik und Operette; bei den 40-49jährigen sind es nur noch 12%. Hier macht sich offensichtlich ein Generationen- oder Kohorteneffekt bemerkbar: Wer mit Rock- und Pop-Musik aufgewachsen ist, wechselt heute im Alter nicht mehr unbedingt zu klassischer Musik, sondern behält die Präferenzen seiner Jugendzeit bei. Die Musiksparte mit dem ausgeglichensten Publikumszuspruch durch alle Altersklassen ist die der Musicals.[17] Abbildung 2 gibt einen Überblick über die Altersstruktur der Konzertbesucher bei verschiedenen Musiksparten.

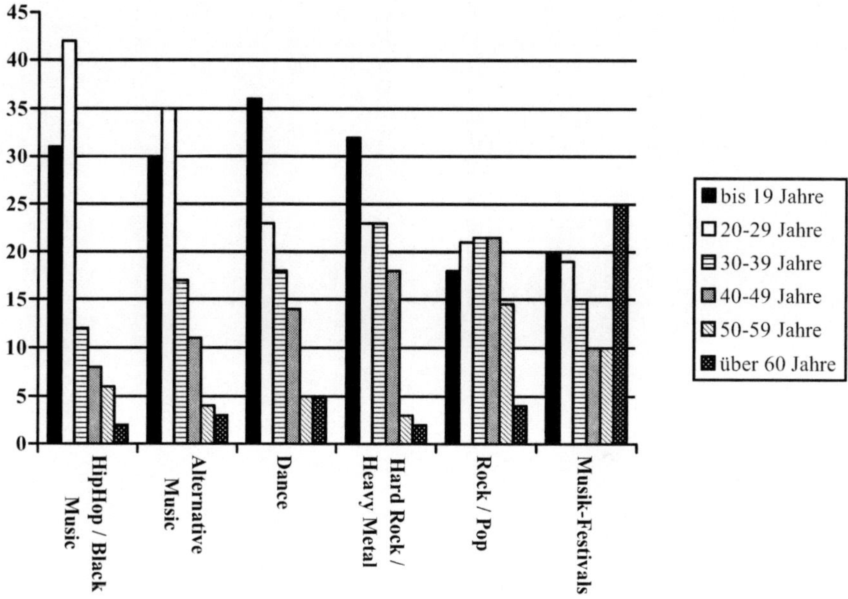

[17] Bastian Holze (2007) hat 303 Besucher der Musical-Aufführung „Rebecca" im Raimund-Theater in Wien befragt und kommt auf dieser Grundlage zu einer detaillierten Beschreibung des österreichischen Musical-Publikums. Demnach scheinen die Musical-Besucher in Wien noch etwas jünger zu sein als in Deutschland und zu ca. zwei Dritteln weiblichen Geschlechts.

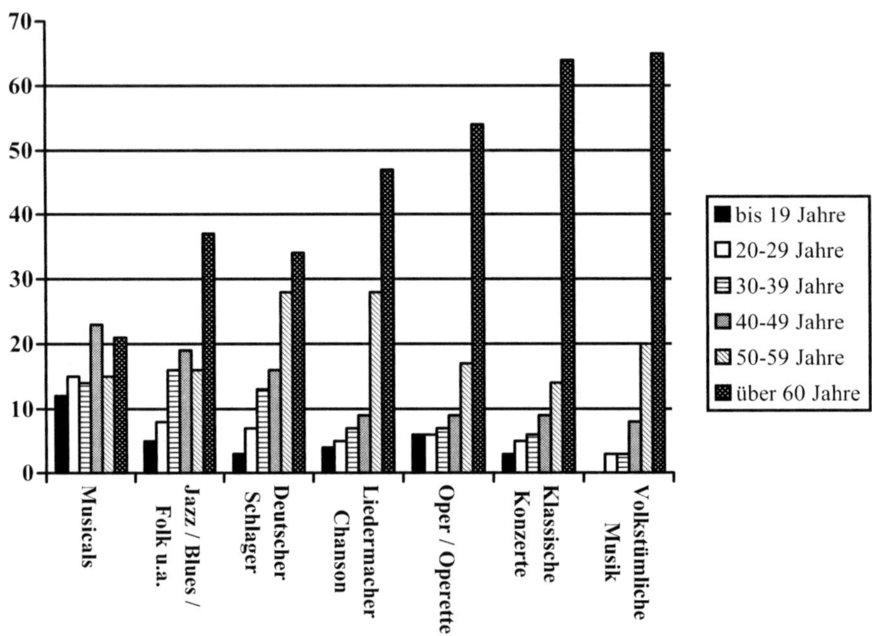

Abbildung 2: Prozentualer Anteil unterschiedlicher Altergruppen bei den verschiedenen Musiksparten im 1. Halbjahr 2007 (nach GfK 2007: 9).

Übrigens haben für die Konzertbesucher aller Altersgruppen die Rahmenbedingungen der Veranstaltung eine große Bedeutung (vgl. GfK20 2007: 23f.). Nicht nur ein guter Sound ist wichtig, sondern ebenso saubere Sanitäranlagen, freundliches Personal, ein pünktlicher Veranstaltungsbeginn sowie gute Parkmöglichkeiten und eine gute Anbindung an öffentliche Verkehrsmittel. Vermutlich liegt der Entscheidung für einen Konzertbesuch eine komplexe Kosten-Nutzen-Analyse zugrunde. Die Konzertbesucher bringen in der Regel dem Musikereignis eine positive Grundeinstellung entgegen – ein erfüllender und bereichernder Musikabend unter Gleichgesinnten ist ja ihr gemeinsames Ziel. Sie lassen sich von ihrem Veranstaltungsbesuch zwar nicht unbedingt durch hohe Eintrittspreise abschrecken, aber vielleicht schon eher durch die genannten Widrigkeiten im Veranstaltungsumfeld (vgl. hierzu Damann 2006).

Aus welchen Gründen werden nun Musikveranstaltungen von großen Teilen der Bevölkerung besucht? Zur Klärung dieser Frage gibt es eine Reihe von Publikumsbefragungen und wissenschaftlichen Studien.[18] Bei der Untersuchung des Musikgeschmacks bestimmter Personengruppen, ihrer musikalischen Verhaltensweisen sowie des Zusammenhangs zwischen Geschmack, Verhalten und sozialen Positionen werden in der musiksoziologischen Forschung schon aus forschungspragmatischen Gründen – wegen ihrer leichten Erreichbarkeit – Gruppen von Konzertbesuchern bevorzugt untersucht. „*Aus handlungstheoretischer Perspektive sind Konzertpublika (...) selbstselektierte, aus gleicher kultureller Zugehörigkeitsentscheidung entstandene Aggregate kognitiv-emotionalen Austauschs (durch die Musik und die Affekte, die sie auslöst) und symbolischer Affirmation (durch Ausstattung, Kleidung, Huldigung bestimmter Aussagen und Künstlertypen usw.).*" (Neuhoff 2006: 476). An unterschiedlichen Gruppen von Konzertbesuchern lässt sich exemplarisch untersuchen, ob und wie sich soziale Ungleichheit (sozioökonomischer Status, Bildung usw.) in kulturellen Verhaltensweisen niederschlägt und welche Funktionen dieses Verhalten für die betreffenden Gruppen besitzt. Anders als die GfK-Studie und vergleichbare Studien der Markt- und Meinungsforschung, bei denen Publika verschiedener Musiksparten unabhängig von der Konzertsituation befragt werden, handelt es sich bei diesen Studien um Befragungen von realen Publika während oder nach dem Besuch eines Live-Auftrittes, wobei in der Regel standardisierte Fragebögen an einen Teil der Konzertbesucher ausgeteilt und später wieder eingesammelt werden. Dabei muss man natürlich je nach auftretenden Künstlern sowie nach Zeitpunkt und Ort der Erhebung mit einer unterschiedlichen Zusammensetzung der Publika rechnen, die nicht unbedingt repräsentativ für alle Konzertbesucher oder auch nur für die Konzertbesucher einer bestimmten Musikrichtung sein muss. Die im Folgenden herangezogenen Studien beziehen sich auf Konzertpublika in zwei städtischen Regionen der Bundesrepublik Deutschland (Berlin, Ruhrgebiet). Eine mögliche Übertragbarkeit auf andere Regionen mit anderen Strukturen des Musiklebens müsste im Einzelfall geprüft werden.

In der Publikumsforschung hat man sich längst von einem Wirkungsmodell verabschiedet, bei dem die Ursachen für die erfahrenen Wirkungen von Musik einseitig in der Musikdarbietung gesucht werden. Vielmehr begreift man heute die einzelne Person, deren soziales Umfeld, die Rezeptionssituation sowie weitere psychologische und soziale Bedingungen als wichtige intervenierende Faktoren, mit denen die erlebten Wirkungen der Musik mindestens ebenso stark zusammenhängen wie mit den Eigenheiten der musikalischen Aufführung. Es hat sich zudem herausgestellt, dass die erfahrenen Wirkungen und Funktionen eines Konzertbesuchs eng an demographische Variable wie Alter, Bildung und Milieuzugehörigkeit gekoppelt sind.

[18] Vgl. Dollase et al. 1974, 1978, 1986, Hafen 1992, 1998, Schmücker 1993, Schneider et al. 2001, Neuhoff 2004, 2006, Dollase 2006.

Klassische Musik, aber auch Jazz- und Blues-Konzerte werden heutzutage in der Regel von Personen mit höherem Bildungsgrad bevorzugt. Dagegen besuchen Personen mit niedrigerer Bildung eher Konzerte mit volkstümlicher Musik und Pop. In der Berliner Befragung konnten kaum Geschlechtseffekte festgestellt werden – auch „härtere" Musikstile wie etwa Rock werden inzwischen von Frauen gehört. Geschlechterunterschiede sind höchstens noch innerhalb von Milieus mit niederem sozialen Status festzustellen (vgl. Neuhoff 2006: 480). Dagegen gibt es einen Zusammenhang zwischen Musikgeschmack und grundlegenden Lebenseinstellungen und Zielorientierungen. *„Eine materiell-sicherheitsorientierte Grundhaltung", so konnte Neuhoff nachweisen, „geht – unabhängig von Alter, Geschlecht, Bildung und sozioökonomischem Status – einher mit einer Besserbewertung von Schlager, Volksmusik, Musical und Country und der Ablehnung vor allem von Jazz, aber auch klassischer Musik, Liedermachern, Tango und moderner Musik*" (Neuhoff 2006: 491). Dabei ist eine Bevorzugung anspruchsvoller Musik nicht, wie bisweilen angenommen wurde, mit einer Labilität und sozialer Desorientierung der betreffenden Personengruppen verknüpft. Vielmehr lassen sich in den Publika sowohl von Jazz-, Folk- und Blues- als auch von Klassik-Konzerten eher psychisch stabile und selbstbewusste Persönlichkeiten ausmachen. Dagegen zeigten Schlager-Hörer und die Besucher eines Konzerts der Pop-Gruppe Modern Talking weit eher Symptome von Labilität und Instabilität und tendierten zum Rigorismus und Konformismus (Neuhoff 2006: 492).

Insgesamt zeichnet sich in der Berliner Publikumsbefragung eine Polarisierung zwischen hochkultureller und populärer Musik sowie zwischen jung und alt ab – mit Ausnahme der besonders offenen Publika von Jazz und Liedermachern. Neuhoff kommt zu dem Schluss, dass die Präferenzen für bestimmte musikalische Stilistiken vor allem durch Alter und Bildungsgrad geprägt werden. Der Bildungsfaktor äußert sich dabei in unterschiedlichen Denkstilen: Reflexivität und Komplexität bei den eher Gebildeten, Unterhaltung und Einfachheit bei den eher Ungebildeten. Das Alter hat dagegen Einfluss auf unterschiedliche Handlungsstile: narzisstisch-hedonistische Expressivität und Spontaneität bei den Jüngeren, ordnungs- und normorientierte Zurückhaltung bei den Älteren. Abbildung 3 bringt diese Basisdimensionen mit den verschiedenen Publika bei Konzerten mit den einzelnen Künstlern in Verbindung.

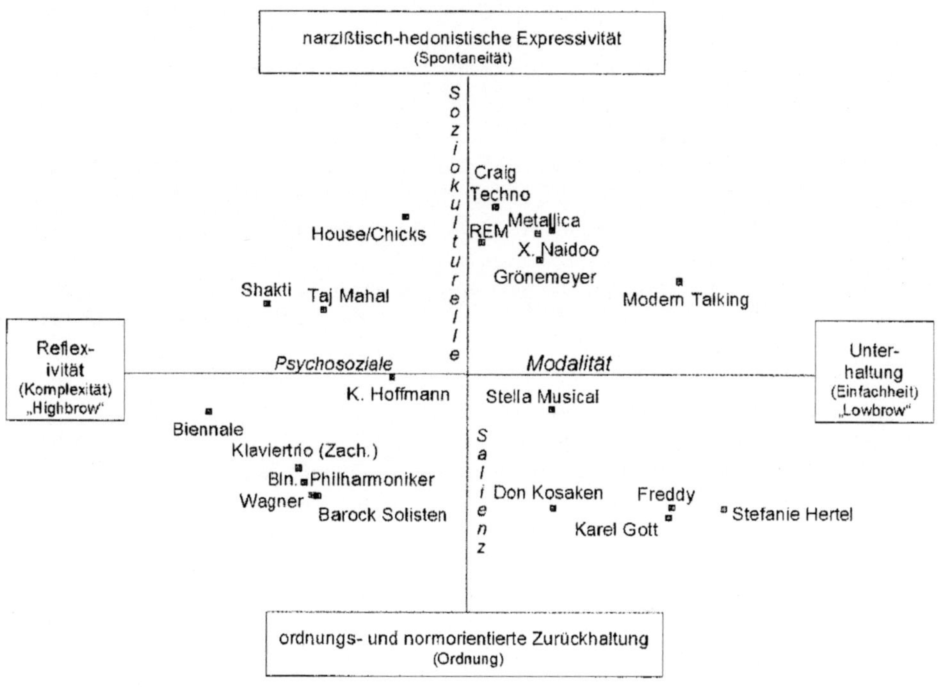

Abbildung 3: Basisdimensionen des Konzertbesucherraums im zeitgenössischen Musikleben, ermittelt durch eine faktorenanalytische Auswertung der Angaben von 6.443 Besuchern von 20 Konzerten in Berlin in den 1990er Jahren (nach Neuhoff 2006: 502).

Die Ergebnisse der Berliner Publikumsbefragung decken sich weitgehend mit der von Gerhard Schulze ermittelten fundamentalen Semantik der Milieustruktur in der BRD der 1980er Jahre, betonen jedoch zugleich das Fortbestehen der von Bourdieu in den 1970er Jahren für die französische Gesellschaft postulierten Zusammenhänge von Schichtzugehörigkeit, Bildungsgrad und kulturellen Ausdrucksweisen und Präferenzen (siehe Schulze 1992, Bourdieu 1982). Die Teilnahme am Konzertleben der Gegenwart, so Neuhoffs Fazit, unterliegt somit weiterhin strukturierter sozialer Ungleichheit, wobei vor allem durch den Faktor Bildung, der wiederum die Einkommensverhältnisse prägt, die Wahl der Lebensstile und kulturellen bzw. musikalischen Präferenzen beeinflusst wird.

Ähnlich wie die musikalischen Präferenzen hängen auch die meisten Funktionen, die Live-Musik-Erlebnisse für die Hörer haben, eng mit deren Alter und Bildungsgrad zusammen. Die wichtigste Funktion des Besuchs von Musikveranstaltungen ist durch alle Hörergruppen hindurch Unterhaltung und Entspannung, gefolgt von einer allgemein verbreiteten Trostfunktion der Musik. Die Funktion der motorischen Stimulation spielt vor allem bei Tanzmusik und einem jungen Publikum, erstaunlicherweise aber auch bei einem älteren Jazzpublikum (zwischen 45-59 Jahren) eine wichtige Rolle. *„Jazz als Musikrichtung gewinnt damit einen gleichsam autonomen Symbolwert: Er erweist sich als Indikator für eine Haltung, die (musikinduzierte) körperliche Anregung auch dann noch zu schätzen weiß, wenn Entwicklungspsychologen bereits ein psycho-physisches Appeasement erwarten*" (Neuhoff 2006: 493). Anregungen zum Nachdenken suchen eher die jüngeren Musikhörer in der Musik, vor allem in deren Songtexten. Eine „transzendente" Funktion der Musik, die sich bei der Berliner Befragung in einer starken Zustimmung zum Item „Musik entführt mich in eine andere Welt" äußerte, betrifft gleichermaßen das Klassik-, Jazz- wie auch das junge Dance-Publikum. Bei einigen der untersuchten Rock- und Pop-Publika ist diese Funktion dagegen vergleichsweise gering ausgeprägt.

Dass beim Prozess der sozialen Distinktion, der Abgrenzung des eigenen Lebensstils gegenüber anderen sozialen Gruppen, auch musikalische Präferenzen und Verhaltensweisen eine bedeutende Rolle spielen, wurde immer wieder in Studien belegt. Der öffentliche Handlungs- und Symbolkomplex Konzert bietet, anders als der private Musikkonsum zuhause, zahlreiche Möglichkeiten, Unterschiede im Lebensstil und im sozialen Status zum Ausdruck zu bringen. Dies zeigt sich sowohl in der Wahl unterschiedlicher Aufführungsorte (von Opernhaus und Philharmonie über Musik-Clubs bis zu Mehrzweckhallen, Fabriketagen oder Fußballstadien), in der Kleidung und äußeren Erscheinung des Publikums, im Zelebrieren von bestimmten Semantiken und Symbolen, die von den Künstlern und ihrem Auftreten verkörpert werden, in den Interaktionsweisen zwischen Künstlern und Publikum sowie in den Verhaltensregeln für den Konzertbesuch, die von motorischer und affektiver Kontrolle bei klassischer Musik bis zum hemmungslosen Ausleben von Körperlichkeit bei manchen populären Musikgenres reicht. Die Tatsache, dass sich bei Konzerten vor allem Personengruppen mit ähnlichem Geschmack und ähnlichem Lebensstil zusammenfinden, lässt jedoch vermuten, dass hier weniger die Funktion der Distinktion als die der Konjunktion, des Gemeinschaftserlebnisses im Vordergrund stehen – also Prozesse der Vergewisserung über die eigene Zugehörigkeit zu einem bestimmten Milieu und Lebensstil, die natürlich indirekt zugleich auch mit einer Distanzierung gegenüber anderen gesellschaftlichen Gruppen einhergehen.

Auch Roland Hafen kommt aufgrund seiner Befragung von jugendlichen Rock-Musik-Fans zu einer Relativierung der angeblichen Distinktionsfunktion von Konzertbesuchen. „*Das Rockkonzert*", so Hafen, „*fungiert (...) weniger als Identitätshelfer denn als Aufführungsraum repressions- und enttäuschungsfreien Verhaltens in alternativen, authentisch erlebtem, musikalisch/synästhetisch gestaltetem Rahmen*" (Hafen 1998: 378). Der Rockkonzert-Besuch ist dabei durchaus zielgerichtet: gesucht wird Intensität und Interpersonalität – das Gefühl also, dass auch die anderen Konzertbesucher vergleichbare Erlebnisse und Gefühle haben wie man selbst. Rockmusik-Hörer stammen laut Hafen aus einem jungen, spontan orientierten, hedonistisch-narzisstischen Milieu. Das Konzerterlebnis von Rock steht im Kontext einer hedonistischen Wertorientierung der Jugendlichen, einem Bedürfnis nach Involvement, Intensität und Gruppengefühl, nach sinnlicher Erregung und synästhetischer Erfahrung sowie nach einer Entlastung vom „Denkzwang" des Alltags. Die meisten Rockfans machen nach dem Konzertbesuch Aussagen wie „Es war geil/cool/korrekt" oder „Ich bin fix und fertig". 92% der Befragten in Hafens Studie sind „ziemlich" oder „sehr begeistert"; 85% sehen ihre Erwartungen überdurchschnittlich erfüllt. Aufgrund der Angaben von Rock-Konzertbesuchern lassen sich vier Besucher-Cluster unterscheiden: Vergleichsweise ältere Besucher, die sich erst im Laufe des Konzerts involvieren, stellen rund die Hälfte des Publikums. Knapp ein Drittel des Publikums besteht aus „jüngeren Eskapisten", die träumen, der Realität entfliehen und das „Gehirn entlasten" wollen. Bei den „Enthusiasten" steht dagegen Involvement ganz im Vordergrund. Nur zirka 5% der Rock-Konzertbesucher sind laut Hafen „Chaoten", d. h. junge Männer, für die Konzert wie Leben harte Realität und Kampf ist; zu zwei Dritteln sind diese „Chaoten" gewaltbereit. Wie hier deutlich wird, sind Konzertpublika nicht unbedingt einheitlich strukturiert, sondern vereinen mitunter recht unterschiedliche Personengruppen.

5 Fazit und Ausblick

Der Veranstaltungssektor wächst und gedeiht – vor allem bei den so genannten „Events", den etwas größeren und aufwändig inszenierten Veranstaltungen, bei Festivals oder Musical-Aufführungen. Angesichts der zahlreichen Kulturangebote im Medien- und Entertainment-Sektor ist dies keine Selbstverständlichkeit, sondern zeugt davon, dass Musikveranstaltungen weiterhin Bedürfnisse befriedigen und Funktionen erfüllen, die durch andere Angebote nicht abgedeckt werden können. Live-Erlebnisse mit populärer Musik scheinen demnach trotz – oder wegen? – der immensen medialen Musikverbreitung durch Radio, Fernsehen, Internet und verschiedene analoge und digitale Speichermedien nach wie vor wichtig für Hörer zu sein, vermutlich weil sie eine Unmittelbarkeit, Direktheit und Authentizität der ästhetischen Erfahrung vermitteln, die beim Konsum von

Medienmusik und Musikkonserven kaum gegeben sein dürfte. Nur bei Live-Musik, bei der gemeinsamen Musikerfahrung von Musikern und Hörern, kann ein Gemeinschaftserlebnis entstehen, das heute etwa in Internetgemeinschaften zwar angestrebt, aber nur noch „virtuell" erlebt wird und nicht mehr sinnlich greifbar ist. Konzerterlebnisse dienen zugleich der Vergewisserung von Gruppenzugehörigkeiten und von alle Sinne umfassenden Erlebnismöglichkeiten. Live-Konzerte bieten darüber hinaus nach wie vor Möglichkeiten einer tiefen, ja bisweilen ins Spirituelle reichenden Erfahrung der persönlichen Teilhabe an der Musik, einer Erfahrung von Authentizität und Transzendenz, die von anderen Formen der Musikrezeption nicht in gleichem Maße bereitgestellt werden (vgl. Inglis 2006: xivff.).

Die Ausgaben privater Haushalte für Musikveranstaltungen steigen kontinuierlich an. Seit einigen Jahren wird in Deutschland mehr Geld für Eintrittskarten von Konzerten ausgegeben als für den Kauf von Tonträgern (GfK 2007: 27). Die Tonträger-Branche erlebte dagegen in den vergangenen Jahren einschneidende Umsatzrückgänge und entwickelt Strategien für eine stärkere Zusammenarbeit mit den Konzertveranstaltern. So ist es in den USA inzwischen nichts Ungewöhnliches mehr, den Konzertbesuchern Live-Mitschnitte eines gerade besuchten Konzertes direkt im Anschluss als Erinnerung auf CD gebrannt zu verkaufen. Auch deutsche Musikliebhaber, die von einem gerade besuchten Konzert begeistert sind, äußern eine hohe Bereitschaft, einen Tonträger von der gerade gehörten Musikveranstaltung zu erwerben (GfK 2007: 29). Zwar sind auch hierzulande Synergien zwischen Live-Musik und Medien seit langem in Form von Live-Übertragungen und Live-Mitschnitten verbreitet. Erstaunlich ist jedoch, dass bislang nur rund ein Viertel aller deutschen Musikhörer sowohl Musikveranstaltungen besucht als auch Tonträger kauft – ein Drittel kaufen dagegen ausschließlich Tonträger und 44% besuchen ausschließlich Konzerte (vgl. GfK 2007: 27ff.).

Aufgrund der Rückgänge von Plattenverkäufen wird der hohe Stellenwert, den der Veranstaltungssektor für die Künstler bereits heute besitzt, vermutlich weiter wachsen. Während ihre Einnahmen aus Plattenverkäufen immer weiter zurückgehen, steigen die Einkünfte aus Konzertauftritten kontinuierlich an – zumindest bei den Stars wie U2 oder Prince. Daher ist es im Grunde nicht überraschend, dass führende Konzertveranstaltungsunternehmen wie der in Kalifornien ansässige Konzertveranstalter Live Nation sich selbst als „*die Zukunft des Musikgeschäfts*" präsentieren und dazu übergehen, neben der Organisation von Konzerten und Tourneen bekannte Künstler fest unter Vertrag zu nehmen und umfassend zu vermarkten.[19] Im Herbst 2007 verließ die Pop-Diva Madonna den

[19] Vgl. http://money.cnn.com/2007/11/30/news/companies/live_nation.fortune/index.htm?source=yahoo_quote (URL vom 19.2.2008).

Tonträger-Major Warner Music und wechselte mit einem 10-Jahresvertrag zum Konzertveranstalter Live Nation, der nun abgesehen vom Publishing das komplette Management für die Sängerin übernimmt. In einer Pressemitteilung erklärte Madonna, dass sie mit dieser Entscheidung den Veränderungen im Musikbusiness Rechnung trage: „*The paradigm in the music business has shifted and as an artist and a business woman, I have to move with that shift. For the first time in my career, the way that my music can reach my fans is unlimited. I've never wanted to think in a limited way and with this new partnership, the possibilities are endless. Who knows how my albums will be distributed in the future? That's what's exciting about this deal – everything is possible.*“[20]

6 Literatur

Appen, Ralf von, 2007, Der Wert der Musik. Zur Ästhetik des Populären, Bielefeld: Transcript.

Berger, Harris M., 1999, Metal, Rock and Jazz. Perception and the Phenomenology of Musical Experience, Hanover/London: Wesleyan University Press.

Bourdieu, Pierre, 1982, Die feinen Unterschiede. Kritik der gesellschaftlichen Urteilskraft, Frankfurt/Main: Suhrkamp.

Brewster, Bill und Frank Broughton, 2000, Last Night a DJ Saved My Life. The History of the Disc Jockey, New York: Grove Press.

Damann, Lars, 2006, Motivation von KonzertbesucherInnen. Eine empirische Untersuchung in Hamburger live-Musik-Clubs, unveröffentl. Magisterarbeit Hamburg.

Diaz-Bone, Rainer, 2002, Kulturwelt, Diskurs und Lebensstil. Eine diskurstheoretische Erweiterung der bourdieuschen Distinktionstheorie, Opladen: Leske + Budrich.

Dollase, Rainer, 2006, „Das Musikpublikum“. In: Jacobshagen, Arnold und Frieder Reinighaus (Hrsg.), Musik und Kulturbetrieb. Medien, Märkte, Institutionen. Handbuch der Musik im 20. Jahrhundert, Band 10. Laaber: Laaber.

Dollase, Rainer et al., 1974, Rock People oder Die befragte Szene, Frankfurt/Main: Fischer.

Dollase, Rainer et al., 1978, Das Jazzpublikum. Zur Sozialpsychologie einer kulturellen Minderheit, Mainz: Schott.

Dollase, Rainer et al., 1986, Demoskopie im Konzertsaal, Mainz: Schott.

Erenberg, Lewis A., 1998, Swingin' the Dream. Bigband Jazz and the Rebirth of American Culture, Chicago: University of Chicago Press.

Frith, Simon, 1996, Performing Rites. Evaluating Popular Music, Oxford: Oxford University Press.

[20] Zit. nach http://www.prnewswire.co.uk/cgi/news/release?id=210072 (URL vom 19.2.2008).

Fuhr, Michael, 2007, Populäre Musik und Ästhetik. Die historisch-philosophische Rekonstruktion einer Geringschätzung, Bielefeld: Transcript.
GfK-Studie zum Konsumverhalten der Konzert- und Veranstaltungsbesucher in Deutschland, 2007, herausgegeben vom Bundesverband der Veranstaltungswirtschaft (idkv) und dem Branchenmagazin Musikmarkt & Musikmarkt LIVE!, Hamburg.
Gracyk, Theodore, 1996, Rhythm and Noise. An Aesthetics of Rock, Durham/London: Duke University Press.
Graf, Christof, 1995, Kulturmarketing. Open Air und populäre Musik, Wiesbaden: Deutscher Universitäts-Verlag.
Graf, Christof, 1998, Event-Marketing. Konzeption und Organisation in der Pop-Musik, Wiesbaden: Deutscher Universitäts-Verlag.
Hafen, Roland, 1992, Hedonismus und Rockmusik. Eine empirische Studie zum Live-Erlebnis Jugendlicher, Diss. Universität Paderborn.
Hafen, Roland, 1998, „Rockmusik – Rezeption in Live-Konzerten." In: Baacke, Dieter (Hrsg.), Handbuch Jugend und Musik: 369-380. Opladen: Leske+ Budrich.
Holze, Bastian, 2007, Das Publikum hat die Auswahl und trifft sie! Gnadenlos...! Eine Empirische Untersuchung zu Motivationsfaktoren von Musicalbesuchern in Abgrenzung zur Oper, unveröffentl. Masterthese, Donau-Universität Krems.
Huesmann, Günther, 1988, „Geburt und Werdegang der Jazzfestivals". In: Hauber, Anette et al. (Hrsg.), That's Jazz. Der Sound des 20. Jahrhunderts. 667-673. Darmstadt.
Inglis, Ian (Hrsg.), 2006, Performance and Popular Music. History, Place and Time, Aldershot: Ashgate.
Inhetveen, Katharina, 1997, „Gesellige Gewalt. Ritual, Spiel und Vergemeinschaftung bei Hardcore-Konzerten". In: Trotha, Trutz, Soziologie der Gewalt: 324-334. Opladen: Westdeutscher Verlag.
Lamb, Andrew, 1980, "Music Hall". In: Sadie, Stanley (Hrsg.), The New Grove Dictionary of Music and Musicians, Band 12: 831-834. London: Macmillan Publishers Limited.
Lamb, Andrew und Dean L. Root, 1980, "Revue". In: Sadie, Stanley (Hrsg.), The New Grove Dictionary of Music and Musicians, Band 15: 778-780. London: Macmillan Publishers Limited.
Lamb, Andrew und Charles Hamm, 1980, "Popular Music". In: Sadie, Stanley (Hrsg.), The New Grove Dictionary of Music and Musicians, Band 15: 87-121. London: Macmillan Publishers Limited.
Middleton, Richard, 1990, Studying Popular Music, Milton Keynes: Open University Press.
Neuhoff, Hans, 2004, Konzertbesuch und Sozialstruktur, Habilitationsschrift TU Berlin.
Neuhoff, Hans, 2006, „Die Konzertpublika der deutschen Gegenwartskultur. Empirische Publikumsforschung in der Musiksoziologie". In: de la Motte-Haber, Helga und Hans Neuhoff (Hrsg.), Musiksoziologie: 473-509. Laaber: Laaber.
Poschardt, Ulf, 1995, DJ Culture, Hamburg: Rogner und Bernhard bei Zweitausendeins.
Ringe, Cornelius, 2007, „Popstars für Marken". In: Bronner, Kai und Rainer Hirt (Hrsg.), Audio-Branding. Entwicklungen, Anwendung, Wirkung akustischer Identitäten in Werbung, Medien und Gesellschaft (= Praxisforum Medienmanagement, Band 5): 172-184. München: Fischer.

Rösing, Helmut und Alenka Barber-Kersovan, 1993, „Konzertbezogene Verhaltensrituale". In: Bruhn, Herbert et al. (Hrsg.), Musikpsychologie. Ein Handbuch: 136-147. Reinbek: Rowohlt.

Schmücker, Fritz, 1993, Das Jazzkonzertpublikum. Das Profil einer kulturellen Minderheit im Zeitvergleich, Münster. Lit.

Schneider, Albrecht et al. (Hrsg.), 2001, MusikerInnen – Übungsbunker – Szene-Clubs. Zur Infrastruktur der Popularmusik in Hamburg, Münster. Lit.

Schulze, Gerhard, 1992, Die Erlebnisgesellschaft. Kultursoziologie der Gegenwart, Frankfurt/Main und New York: Campus-Verlag.

Sercombe, Laurel, 2006, "‚Ladies and Gentlemen ...' The Beatles: The Ed Sullivan Show", CBS TV, February 9, 1964, *Inglis 2006:* 1-15.

Tagg, Philip, 1982, "Analysing Popular Music. Theory, Method, and Practice". *Popular Music,* 2: 37-67.

Thornton, Sarah, 1995, Club Cultures. Music, Media and Subcultural Capital, Oxford: Polity Press.

Vogt, Sabine, 2005, Clubräume – Freiräume. Musikalische Lebensentwürfe in den Jugendkulturen Berlins, Kassel: Bärenreiter.

Vatterodt, Nikola und Philipp Brieler, 2002, „Musical in Hamburg". In: Rösing Helmut et al. (Hrsg.), Musikwissenschaft und populäre Musik. Versuch einer Bestandsaufnahme. Hamburger Jahrbuch für Musikwissenschaft, Band 19: 235-244. Frankfurt/Main:

Werner, Julia, 2001, „Die Club-Party. Eine Ethnographie der Berliner Techno-Szene". In: Hitzler, Ronald und Michaela Pfadenhausen (Hrsg.), Techno-Soziologie. Erkundungen einer Jugendkultur: 31-50. Opladen: Leske + Budrich.

Wicke, Peter, 1997, „Populäre Musik". In: Finscher, Ludwig (Hrsg.), Die Musik in Geschichte und Gegenwart, 2. Ausg., Band 7: 1694-1704. Kassel: Bärenreiter.

Ziegenrücker, Wieland und Peter Wicke, 1989, Sach-Lexikon Popularmusik, erweiterte Neuauflage, Mainz: Schott.

Neue Live-Kulturen der westlich[…] Für eine Rezeption musikalische[…] mit Körper und Ort

Simone Heilgendorff

Im Folgenden geht es um aktuelle Bedingunger[…] musikalischen Live-Aufführungen „klassischer Musik“. Wiewohl die Besucherzahlen solcher Aufführungen in unseren Breiten über einige Zeit zusehends geringer wurden, belegen entsprechende Erhebungen immer wieder die generell sehr hohe Wertschätzung leibhaftiger Konzerte. In jüngerer Zeit wandte sich auch die musikwissenschaftliche Forschung erneut dem leibhaftigen Anteil von Musik zu. Beides dürfte für die Belange der Musikwirtschaft insofern relevant sein, als die nicht ersetzbaren Qualitäten von „Live-Acts“ auch im Bereich westlicher Kunstmusik artikuliert werden und durchaus ein Wiederaufleben einer entsprechenden Musikkultur zu konstatieren ist.[1] Diese Entwicklung unterscheidet sich auf Grund der musikalischen und interpretatorischen Prämissen in einiger Hinsicht von der in den anderen Musik-Sparten. Letzteres geschieht schon allein dadurch, dass nicht jede Musik ausnotiert und mit Notentext erfasst wird, sondern gerade in der Popmusik vieles gänzlich ohne Noten vonstatten geht.

Die vielfältigen Wirkungen und Abhängigkeiten leibhaftiger Konzerte galten aus musikwissenschaftlicher Sicht lange Zeit als irrelevant bzw. als zweifelhaft. Und auch aus musikwirtschaftlicher Sicht wurde angenommen, dass die Live-Erfahrung von Musik angesichts von Audio- und Video-Konserven immer unerheblicher wird bzw. zu werden droht. Für die Erforschung der Musikrezeption bedeutete dies a) die rein statistische und soziologische Erfassung von Aufführungen und b) die Negation des eigentlichen Bühnengeschehens als Bestandteil musikalischer Interpretation und Rezeption. Erst der performative „Turn“ unter den „Cultural Turns“ der letzten Jahrzehnte, der inzwischen auch in der Musikforschung angekommen ist, belebte das musikwissenschaftliche Interesse an der Relevanz leibhaftiger Konzerte für das menschliche Erleben von Musik (vgl. Bachmann-Medick 2007: 104-143). Die Forschungsergebnisse und Beobachtungen stellen auch für die musikwirtschaftliche und musikpädagogische Diskussion Aussagen über Inhalte und Wirkungsformen musikalischen Gesche-

[1] Vgl. GfK-Studie 2007: „Wie bereits die letzte Studie zeigte, entwickelt sich die Veranstaltungswirtschaft immer mehr zu einem der bedeutendsten und vor allem stabilsten Faktoren der Musikwirtschaft.“ www.idkv.com (14.6.2008)

…ch der in den letzten zehn Jahren erheblich gewachsene Bereich …pädagogik und beispielsweise die Einrichtung von Stellen für die …mittlung in zahlreichen Büros großer Chöre und Orchester indiziert hier …rendwende. Der performative „Turn“ holt in der Musik die leibhaftigen …d prozesshaften, also tendenziell die „flüchtigen“ Aspekte zurück ins Blickfeld. Dies führt derzeit zu einem neuen Verstehen von musikalischer Interpretation als einer Kategorie, die mehr als bislang angenommen abhängig ist von der klanglichen Live-Umsetzung der notierten Musik. In bestimmten Bereichen der westlichen Kunstmusik – vor allem der „Alten“ und der „Neuen“ Musik – ist ohnehin eine steigende Teilnahme an leibhaftigen Aufführungen zu konstatieren, so dass die folgenden Ausführungen auch für musikwirtschaftliche Überlegungen zu Chancen und Möglichkeiten des Konzertwesens Relevanz haben dürften. Der Text bietet im Rahmen seiner Bestandsaufnahme Literaturhinweise sowie Beobachtungen zu den gegenwärtig im Live-Geschäft (wieder) wachsenden Bereichen.

Ich erfasse nach einer kurzen Bestandsaufnahme dessen, was westliche Kunstmusik ist, die für diese Musik relevanten Teilaspekte ihrer Interpretation, die ich dann in einer Tabelle zusammengefasst anbiete. Was zunächst verwundern mag, nämlich dass es in einem Text zur Kategorie der Musikrezeption so ausführlich um musikalische Interpretation geht, erklärt sich durch die zu der Tabelle führenden Ausführungen von selbst. Des Weiteren stelle ich die derzeitigen musikwissenschaftlichen Forschungsansätze sowie einzelne ihrer Ergebnisse dar und komme auf einige Fallbeispiele aus der gegenwärtigen musikalischen Praxis zu sprechen. Als Fazit kommt – flankiert von Erläuterungen zur Anwendung des „Cultural Turns“ – nur eine positive Evaluierung der wieder zunehmenden Entwicklung hin zu Live-Performances in Frage.

1 Was ist westliche Kunstmusik?

Noch vor ca. zehn Jahren konnte man ohne Probleme über die Musikgeschichte und Konzerte schlechthin schreiben, ohne dass explizit hinzugefügt werden musste, dass es sich um Repertoire aus der europäischen Kunstmusik bzw. nunmehr der westlichen Kunstmusik handelt. Die europäische Kunstmusik galt ohne Zweifel als die „angesehene“ etablierte Musik, deren Geschichte das Zentrum aller Musik der Welt bildete. Diese Position konnte auch die nach dem zweiten Weltkrieg in Radio und Fernsehen eingeführte problematische Teilung von E- und U-Musik nicht gefährden. Allerdings erweiterte sich der Einzugsbereich der europäischen Kunstmusik auch kompositorisch weltweit, insbesondere Richtung

USA, so dass man heute oft von westlicher Kunstmusik (Western Art Music)[2] spricht. Inzwischen wurde ihre Position in der Gesamtmusikgeschichte jedoch stark relativiert, da sie nunmehr neben der noch vergleichsweise jungen Geschichte der Popularmusik[3] und den teilweise sehr weit zurückreichenden stark ethnisch verwurzelten Musikgeschichten der anderen Erdteile steht. Zwar wurde die europäische Kunstmusik weltweit seit Jahrhunderten durch Eroberungen und Kolonialisierungen verbreitet und ist somit fast überall auf der Welt anzutreffen. Sie drohte zeitweilig sogar die ursprüngliche Musik ganzer Kontinente (etwa in Asien[4]) nachhaltig zu verdrängen, dennoch wird ihre Position heute, zum Teil berechtigt, relativiert. Ein vielschichtiges Ursachengemisch gesellschaftlicher und damit einhergehender musikalischer Entwicklungen, das hier nicht en détail erklärt werden soll und kann, liegt dieser Neupositionierung zu Grunde. Fest steht, dass sich mit dieser Umorientierung auch diverse bis dahin „eherne" Koordinaten der Musikforschung erheblich veränderten und vor allem die systematischen Teildisziplinen der Musikwissenschaft auf den Plan riefen. Wir können sogar so weit gehen zu konstatieren, dass die Auffassung der westlichen Kunstmusik als der eigentlichen hohen Kunst nunmehr meines Erachtens als überholt anzusehen ist, auch wenn sie unbestreitbar weiterhin eine weltweite Bedeutung hat.[5] Entsprechend bietet die neue Verortung der westlichen Kunstmusik bereits einen ersten Themenkomplex für den Topos leibhaftiger musikalischer Interpretation (in der spezifischen Terminologie der Musikwirtschaft bzw. der Popmusik für den „Live-Act"). Um den Duktus des Textes zu vereinfachen, werde ich im Folgenden alternativ zum Begriff der „westlichen Kunstmusik" auch den der „klassischen Musik" verwenden. In diese beziehe ich die Neue (Kunst-)Musik explizit ein.

[2] Auch die englischsprachigen Forscher sind des nunmehr erforderlichen langen Begriffes überdrüssig. Nicholas Cook kürzt den Begriff der „Western Art Music" daher kurzerhand in einem Nebensatz mit „WAM"ab. Schön oder gar elegant ist die Abkürzung allerdings nicht, dafür klangvoll. (Cook (2001: 2).

[3] Hier soll der Begriff „Popularmusik" sehr breit alle ihre möglichen Erscheinungsformen vom Jazz über Rock, Punk bis hin zu den jüngsten Tendenzen bezeichnen, auch wenn zumindest der Jazz oftmals separat „geführt" wird.

[4] Ein Beispiel für die Neuorientierung an den eigenen kulturellen Traditionen ist beispielsweise die offizielle Tour eines traditionellen chinesischen Orchesters bzw. Ensembles (Guangdong Chinese Traditional Orchestra) Anfang 2008 anlässlich der Austragung der Olympischen Spiele in China im Sommer 2008. Es ist Botin Chinas, um sich auch als Kulturnation zu präsentieren und Sympathien zu gewinnen. Vgl. http://news.xinhuanet.com/english/2008-02/06/content_7576402.htm (22. 6. 2008)

[5] Die Relevanz solcher Kategorisierungs-Verschiebungen für die Musikvermittlung und für die Musikwirtschaft ist offenkundig.

2 Anker der musikalischen Interpretation: Musik-Notate, musikalische Aufführungen, Worte über Musik

Die klassische Musik ist diejenige Musik, die (seit etwa 1600 in der bis heute genutzten fünflinigen Notations-Systematik) in besonderer Weise auf detaillierten Notentexten als den eigentlichen musikalischen „Werken" basiert, die umzusetzen und erlebbar zu machen die Aufgabe von musikalischer Interpretation ist. Dabei setzte sich die Nutzung des Begriffs „Interpretation" bezüglich der Musik erst nach dem zweiten Weltkrieg allmählich durch.[6] Hermann Danuser unterscheidet in seinem Artikel „Interpretation" für die Neuausgabe der Enzyklopädie „Musik in Geschichte und Gegenwart" die „hermeneutische" und die „performative" Interpretation (Danuser 1996: 1054). Als hermeneutische Interpretation von Musik, die Äußerungen über Musik eine kritisch reflektierende Metaebene eröffnet, wird das Schreiben bzw. Sprechen über Musik (im englischsprachigen Raum hat sich hier der Begriff des Music Criticism etabliert (vgl. Treitler 1989) aufgefasst. Die Interpretation klassischer Musik kann demnach prinzipiell sowohl in ihrer Beschreibung via Wortsprache als auch in ihrer musikalischen Umsetzung, etwa in einem Konzert, bestehen. Diese Auffassung verweist vor allem auf die eigentliche Bedeutung des vom lateinischen „interpretatio" bzw. „interpretare" abgeleiteten Wortes „Interpretation" als „Auslegung, Übersetzung oder Erklärung", dessen „Inter"-Aktivität bereits im Begriff enthalten ist. Der Begriff ist demnach bereits selbst reflexiv und bringt eine interaktive Ebene ins Spiel, die jedoch etwa von der musikalischen Partitur, also vom Gegenstand der musikalischen Interpretation, nicht zwingend gefordert wird, die ihrer aber zur Vervollständigung der Erfahrung des Notierten bedarf.

Hier schließen immer wieder kontrovers geführte Diskussionen darüber an, ob eine Partitur, bereits selbst eine Interpretation von inneren Vorstellungen auf der Folie des eigenen Erlebens seitens ihres Schöpfers, für die klingende Auslegung (die musikalische Interpretation) oder nur für die Vorstellung von Klang seitens eines Lesekundigen niedergeschrieben wird. Diese Diskussion ist insofern müßig, als die Notenschrift (ab ca. 1050 mit Guido von Arezzo) ursprünglich primär als Gedächtnisstütze für Aufführungen der immer komplexer werdenden mehrstimmigen Musik entwickelt wurde. Das westliche System der Notenschrift ist also ursprünglich Vehikel und Behelf zur klanglichen Umsetzung und nicht Selbstzweck.[7] Es ist aber unbestreitbar, dass die Funktion musikalischer Interpretation klassischer Musik die Gefahr birgt, etwas nicht Angemesse-

[6] Zuvor wurde die Thematik zumeist über den Begriff des „Vortrags" erfasst (Danuser 1996: 1053).

[7] Ähnliches lässt sich von Stücken für das Theater sagen, deren Aufführungen wie in der Musik als flüchtig erlebt werden. Seltsamerweise ist es für das Theater selbstverständlich, dass ein Stück erst mit der Realisierung auf der Bühne vollständig ist und der reine „Plot" nicht alleine bestehen kann. Über die Nichtfasslichkeit von Theater und Tanz siehe Wortelkamp 2006.

nes zu kolportieren, denn das musikalische Notat ist ja unbestreitbar der Ausgangspunkt jeglichen musikalischen Umgangs mit der darin enthaltenen Musik. Indem eine musikalische Interpretation die Partitur klingend vervollständigt, fügt sie zugleich unausweichlich etwas Eigenes hinzu, das in dieser nicht unmittelbar enthalten ist, sondern das Notierte mittels interaktiver Prozesse auslegt. Diese Auslegungsprozesse beruhen als Interpretationen bezüglich des musikalisch Notierten auf Rezeptionsprozessen und sind zudem an individuelle, kulturelle und historische Kontexte bzw. Entwicklungen gebunden, insgesamt also vielfältigen Veränderungsprozessen unterworfen. Die musikalischen Notate sind daher wie Anker im Sinn von Momentaufnahmen in der Gesamtheit sich dauernd bewegender Aktivitäten musikalischer Interpretation.

Ähnliches ist sowohl hinsichtlich der ohnehin an vergehende Zeitabläufe gebundenen leibhaftigen Aufführungen als auch bezüglich Tonbilddokumenten zu konstatieren. Letztere bringen eine zusätzliche Ebene ins Spiel, indem sie erstens die Komponenten leibhaftiger Aufführungssituationen um die physische Präsenz von Menschen, Instrumenten, Raum und deren im Rahmen einer Aufführung gemeinsam verbrachten Zeit reduzieren. Zweitens optimieren sie die vor allem technisch-interpretatorischen Ansprüche an die Klanglichkeit durch die Möglichkeiten der Studioproduktion bis hin zu technisch perfekten Dokumenten. Drittens beeinflussen sie die Aufnahmetechnik mit einer möglichen eigenen Klangästhetik. Auch Ton- und Tonbilddokumente spiegeln somit auf der Basis der aufnahmetechnischen Entwicklungen zeitgenössische Tendenzen wider, etwa zu einem eher analytischen Klangbild, einer Aufnahme mit Originalakustik (ohne künstlichen Hall), digitaler oder analoger Wandlung etc. Durch diese Faktoren, kombiniert mit ihrer alltäglichen leichten Verfügbarkeit und vor allem immer größer werdenden Ortsunabhängigkeit, um Musik hören zu können, ist der Einfluss von Ton- und Tonbildaufnahmen auf die Musikrezeption sehr hoch.

Keiner dieser „Anker" musikalischer Interpretation kann Anspruch auf dauerhafte (zeitlose im Sinn von unveränderlicher Bedeutung) Interpretation erheben, auch wenn dies immer wieder versucht wird, wie seitens der Musikwissenschaft, wenn sie entsprechende Ansprüche an das zeitlos Regelhafte und Schulbildende der gewonnenen Erkenntnisse erhebt.

Die beigefügte Übersicht möglicher Modi musikalischer Interpretation in der westlichen Kunstmusik bietet Orientierung im komplexen Geflecht der Ansätze und teilt die Aktivitäten auf in vorbereitende und resultierende Prozesse bei Nennung der möglichen Rezipienten (1. Komponierende, 2. Musiker, 3. hörendes und sehendes Publikum). Sie enthält neben genuin musikalischen Zugriffen auch die wortsprachlichen.

Tabelle 1: Übersicht: Modi musikalischer Interpretation in der westlichen Kunstmusik[8]

(Vorbereitende) Prozesse	Resultate, resultierende Prozesse	Potentielle Rezipierende
Komposition (Konzepte, Skizzen, Formpläne, Reinschriften etc.)	Notate, musikalische Partituren, verbale und/oder graphische Vorgaben	Des (Noten-)Lesens Kundige
Musikalische Umsetzung (Studium und Erarbeitung bzw. Proben musikalischer Notate)	Aufführungen	Alle Anwesenden (die ausführenden Musiker, Publikum (darunter evtl. die Komponisten selbst, Musikkollegen etc.), evtl. Bühnen- und Veranstaltungspersonal
Aufnahmen (Live-Mitschnitte und Studioproduktionen) musikalischer Umsetzungen	Speicherung auf Ton- und Tonbildträgern	Alle, die die Medien abspielen können
Wortsprachliche Erfassung/Kommentierung musikalischer Prozesse bzw. von Prozessen mit Bezug zur Musik	Gesprochenes und geschriebenes Wort verschiedensten künstlerischen bis wissenschaftlichen Anspruchs wie Aphorismen, Gedichte, Briefe, Musikanalysen (hier evtl. mit musikalischen Notaten), musikhistorische Abhandlungen, Monographien etc.	An Reflexionen über Musik Interessierte, die des Lesens kundig sind bzw. hören können

Der in dieser Übersicht angegebene vierte Bereich wortsprachlicher Interpretation von Musik kann sich als ganz eigene Reflexionsebene im Geflecht interpretatorischer Möglichkeiten von Musik allein auf das notierte Werk und/oder auf dessen klangliche Umsetzung in Aufführungen und auf Ton- bzw. Tonbildträgern beziehen. Das durch wortsprachliche Texte über musikalische Interpretation

[8] Die Übersicht bedürfte eigentlich einer dynamischen Darstellung, um die in fast alle Richtungen gehenden interaktiven Prozesse der Aktivitäten wiederzugeben. Versuche, diesem Bedarf zu entsprechen, scheiterten aber letztlich an der Unmöglichkeit, alle Dimensionen zu erfassen.

und über Musik im Allgemeinen (kurz: das Schreiben über Musik) Leistbare ist längst Gegenstand einer eigenen Debatte, die ich hier nicht weiter aufgreifen will. Es liegt nahe, sich auf die musikalische Interpretation zu konzentrieren, was im Folgenden geschehen soll. Es gilt allerdings festzuhalten, dass jegliche Art musikalischer Interpretation bereits ein interaktiver Prozess ist und daher bei allen vier Formen (Komposition, musikalische Umsetzung, Ton- und Tonbildaufnahmen, wortsprachliche Erfassung) unterschiedliche Interaktionsformen im Umgang mit dem leibhaftig oder in der Vorstellung Gehörten existieren, wodurch die Idee, das zumindest die musikalische Notation ein Fixum darstelle, ausgehebelt wird. Am ehesten ist eine Fixierung noch für die wortsprachliche Interaktion mit Musik selbst möglich, da sie nicht wie einzig die Musik auf der doppelten Weite zwischen nicht mehr und noch nicht Sagbarem als essentieller Wirkungsebene basiert.[9]

3 Das vermeintliche Primat der Partitur für die musikalische Interpretation

Entgegen den soeben dargelegten Beobachtungen galt für die musikalische Interpretation, seit dem frühen 19. Jahrhundert, als sie überhaupt als solche diskutiert wird, bis in die 1960er Jahre hinein nahezu uneingeschränkt – auch hinsichtlich der mit der Interpretation verknüpften Rezeption – das Primat der so genannten „Produktionsästhetik" (Danuser 1992: 63), d. h. eine musikalische Partitur darf und soll im Rezeptionsprozess die Autorität bezüglich der darin festgehaltenen Musik beanspruchen.[10] Da sie in der westlichen Kunstmusik spätestens seit der Mensuralnotation die Basis dafür ist, dass überhaupt etwas erklingt, ist eine gewisse Autorität unstreitig. Mittels des absoluten Anspruchs an die Produktion, d.h. die Partitur, meinten sich die Schöpfer der „Werke" vor Missbrauch und Mängeln leibhaftiger musikalischer Interpretation schützen zu können. Direkt damit verknüpft ist die Frage danach, um welche Partitur es denn jeweils geht, die Handschrift des Komponisten, den Erstdruck (ist dieser von ihm autorisiert?), eine kritische Neuausgabe auf der Basis aller vorhandenen Quellen wie

[9] Lorenzer (1984: 157): „*Die doppelte Weite der präsentativen Symbole als „Begriffe" für*
- *Unsagbares, weil* niemals *verbal Faßbares (das Raumerlebnis z. B.) und*
- *Unsagbares, weil* noch nicht *verbal Konsensfähiges (die Inhalte der Traumbilder z.B.) wird nun plausibel: Gegenstandserfahrungen sind basal. Daher rührt auch die dritte Qualität:*
- *daß sie den Emotionen, also dem Unbewußten näherstehen als die Sprachfiguren.*
Was heißt das für die Persönlichkeitsstruktur? Die über Gegenstände, Bilder (also gegenständliche Szenen) eingebrachten Bedeutungen sind in einer tieferen Schicht verankert als die sprachvermittelten Bedeutungen.".

[10] Daher hat sich eine Untersuchung zur Rezeption westlicher Kunstmusik maßgeblich mit der „Produktionsästhetik" zu befassen.

etwa den Urtext oder noch eine andere Ausgabe? Das Gebiet musikalischer Editionen und der damit verbundenen Richtlinien ist hiermit direkt verknüpft und reicht von den Handschriften und veröffentlichen Skizzen über Erstdrucke, Urtexte etc. bis hin zu den umstrittenen, reichlich mit Spielanweisungen ihrer Herausgeber ergänzten „praktischen" Ausgaben, die insbesondere im ausgehenden 19. Jahrhundert florierten. Noch heute ist es alles andere als selbstverständlich, dass sich Musiker oder Musikwissenschaftler den bestmöglichen Notentext besorgen, sondern irgendeine in der Bibliothek, im Handel oder im eigenen Notenschrank befindliche Ausgabe benutzen.

Die heute geltenden strengen Editionsrichtlinien etwa für Gesamtausgaben wurden nach dem zweiten Weltkrieg erheblich weiter entwickelt und machten schon viele Neuausgaben notwendig (vgl. Schmidt 1995: 1656-1680). Sie tragen dem Umstand Rechnung, dass ein den Intentionen ihres jeweiligen Schöpfers gemäßer verbindlicher Notentext, also eine kritische Edition (Neudruck und/oder Faksimile der Handschrift bzw. vom Komponisten autorisierten Erstausgabe) auch für den rein lesenden Umgang mit Partituren (also deren Studium ohne klangliche Umsetzung) unabdingbar ist.

Die Idee einer die Partitur still lesenden musikalischen Interpretation hat zudem den Nachteil, dass sie sich jederzeit aus dem imaginären Hörprozess ausklinken kann und die Sätze nicht unbedingt als Ganzes (vom ersten bis zum letzten Takt) nachvollzieht. Dass diese oftmals ganz selbstverständlich unterteilt und Abschnitte zum besseren Verständnis der musikalischen Abläufe gewissermaßen willkürlich wiederholt und analytisch in ihre Einzelteile zerlegt werden, wird seitens der Vertreter der Produktionsästhetik zumeist außer Acht gelassen. Eine Erfahrung der Partitur ist auf diese Weise offensichtlich nur sehr eingeschränkt möglich. Man befindet sich also beim Studium der Partituren in einer Situation etwa vergleichbar zu Aneignungsprozessen, wie sie zum musikpraktischen Studieren eines Stückes für dessen leibhaftige Aufführung charakteristisch sind, und schafft es in der Regel nicht bis zu einer Erfahrung wie sie eine (stille) Aufführung bietet. Dass Ensemble-, Orchester- und Opernpartituren bei solchen „Studierenden" zuweilen auch zwei- bis vierhändig auf dem Klavier bei Reduktion der Stimmenzahl etc. interpretiert werden, bringt die klangliche Umsetzung doch noch, und zwar als unvollkommenes Hilfsmittel, ins Spiel. Sie wird nicht bühnen- d. h. aufführungsreif, ist allenfalls einer sehr unvollkommenen Aufführung vergleichbar, verbleibt also gemäß der beigefügten Übersicht im Bereich der vorbereitenden Prozesse.

Andererseits störte es offenbar schon früher erheblich, wenn sich bei leibhaftigen Aufführungen die Beurteilungen vornehmlich nach diesen richteten und kaum noch nach dem eigentlichen Gehalt der aufgeführten Werke gefragt wurde.

Der allmähliche Wandel der Musikkultur von einer Kompositionskultur zeitgenössischer Musik zu einer Interpretationskultur überwiegend früher entstandener Musik in den letzten beiden Jahrhunderten erfolgte nicht ohne tiefgreifende Spannungen. Der entscheidende Prozess spielte sich im 19. Jahrhundert ab. Im 20. Jahrhundert wurde nur vertieft und durch technische Reproduzierbarkeit von Musik qualitativ verschärft, was um die Jahrhundertwende bereits besiegelt war: Zu Anfang des 19. Jahrhunderts, als noch eine intakte Kompositionskultur bestand, bezog sich die Musikkritik primär auf die Komposition und nahm von der Qualität der Aufführung eher beiläufig Notiz; am Ende des Jahrhunderts dagegen, als ein Mann wie George Bernhard Shaw die Interpretationskritik maßgeblich förderte, sah sich Hugo Riemann zu der Klage veranlasst, das Publikum habe *„(...) sich so an das Kritisieren gewöhnt, dass es auch die Aufführung einer Beethovenschen Symphonie nicht mehr anhören kann, ohne sich in erster Linie immer die Frage, ob die Aufführung eine gute, eine mustergültige oder eine mäßige ist, zu beantworten. An das Werk selbst denkt es kaum mehr.*“ (Danuser 1992: 61)[11]

4 Gewinn für die musikalische Rezeption: Das leibhaftige Klangerlebnis

Nach Riemann sowie im Sinn der Produktionsästhetik ist die in der Partitur enthaltene Musik als Resultat der eigentlichen schöpferischen Arbeit anzusehen und gilt als Werk, welches zu Recht Autonomie beansprucht. Die leibhaftige Aufführung hingegen ist so gesehen lediglich von „reproduzierender“ Qualität, eine bis heute weit verbreitete problematische Auffassung, die das „Eigene“ musikalischer Aufführungen als Interpretationen unterschätzt. Eine leibhaftige Aufführung, d. h. eine klingende musikalische Interpretation, konnte als Terrain menschlicher Fehlleistungen dem mit diesem Primat verbundenen vermeintlichen Absolutheitsanspruch nicht genügen, wiewohl die oben bereits dargestellte Alternative einer die Partitur still lesenden Rezeption ebenso gewaltige Mängel aufweist, wenn sie bei Aussparung einer womöglich verfälschten Aufführung als ideale musikalische Interpretation bemüht wird. Diese Auffassung musikalischer Aufführungen als rein Nachschöpferischer wurde vormals seitens der Komponisten vertreten, die sich als erste Rezipientengruppe um eine angemessene Darstellung ihrer Musik sorgten. Mit Riemann sollten leibhaftige Aufführungen für das Publikum (die dritte an der musikalischen Interpretation beteiligte Gruppe keine große Bedeutung haben, denn die primäre Bedeutung kommt den musikalischen Notaten zu und dessen sollte sich das Publikum bewusst sein. Mit diesen Beobachtungen verknüpft sind rege Diskussionen darüber, was denn mit Blick auf

[11] Das Zitat von Riemann entnahm Danuser dem Text: „Das Überhandnehmen des musikalischen Virtuosentums“ (Riemann 1895: 8)

die erforderlichen Kompetenzen seitens der Musiker eine adäquate Umsetzung musikalischer Partituren sei, übrigens auch schon zu Zeiten, als Komponisten häufig noch gleichzeitig als Interpreten ihrer eigenen Werke auftraten. Sie ist belegbar u. a. mit um 1750 getätigten Äußerungen, die beispielsweise Joachim Quantz und Leopold Mozart in ihren Instrumentalschulen[12] über die leidigen Musici tätigten, die „*immer nur Solo spielen wollen*", (Mozart 1756: XII. Hauptstück § 5) in Wahrheit aber weit weniger von der Musik verstünden, als ihre Kollegen, die sich als Ensemble-Mitglieder im „ripieno"-Spiel zu allen relevanten Fragen der musikalischen Umsetzung Kompetenzen erarbeiten konnten.

„Man schliesse nun selbst, ob nicht ein guter Orchestergeiger weit höher zu schätzen sey, als ein purer Solospieler? Dieser kann alles nach seiner Willkühr spielen, und den Vortrag[13] *nach seinem Sinn, ja nach seiner Hand einrichten: da der erste die Fertigkeit besitzen muß den Geschmack verschiedener Componisten, ihre Gedanken und Ausdrücke alsogleich einzusehen und richtig vorzutragen (...) Schlechte Accompagnisten giebt es freylich genug; gute hingegen sehr wenig: denn heute zu Tage will alles Solo spielen (...) Man muß also nicht Solospielen, bevor man nicht recht gut accompagnieren kann (...)."* (Mozart 1756: XII. Hauptstück §§ 4 und 5).

Diese Kenntnisse, „*(Musik) nach ihrem erforderlichen eigenen Geschmacke vor(zu)tragen*" (Mozart 1756: XII. Hauptstück § 5) im praktischen Umgang musikalischer Interpretation erlernen zu können, war seinerzeit essentiell, denn die musikalischen Texte bieten bis mindestens zu Beethovens Werken wesentliche Aspekte der musikalischen Umsetzung wie etwa Artikulation, Verzierungen, Tempo und Dynamik allenfalls rudimentär an. Sie wurden also nur durch Praxis und Lehre vermittelt. Dies geschah einerseits aus einem noch nicht vorhandenen historischen Bewusstsein für den Verständnisbedarf der Nachwelt und andererseits wegen der damals regen Tradition mündlicher Überlieferung. Erst zur Zeit der Aufklärung kam hier ein Umdenken und zeitigte daher neben einer deutlichen Tendenz zu immer genauerer Notation, die um 1900 etwa in den akribischen Partituren von Gustav Mahler einen ersten Höhepunkt erreichte, die Publikation zahlreicher umfassender und weit über das rein Instrumentaltechnische hinausgehender Schulen bzw. Traktate. Um 1790 beispielsweise bringt der Musiktheoretiker und Musiker Heinrich Christoph Koch in seiner Kompositionslehre zum Ausdruck, dass, was sich wenig später als Produktionsästhetik etablierte, nicht funktioniert, denn er sieht die Komponisten in einer unausweichlichen und

[12] Leopold Mozart, Gründliche Violinschule, Augsburg 1756 sowie Johann Joachim Quantz, Versuch einer Anweisung die Flöte traversiere zu spielen, Berlin 1752.

[13] Der „Vortrag" ist der Vorgängerterminus für die musikalische Interpretation, welche sich erst im 20. Jahrhundert als Terminus etabliert. Entsprechend sind die Lexikon-Einträge bei Johann G. Walter oder Heinrich Ch. Koch.

teilweise unangenehmen Abhängigkeit von Musikern (zweite Rezipientengruppe) befangen:

„*Hat ein Tonstück alle die Eigenschaften, die erforderlich sind um seinen Endzweck zu erreichen, so muß es, wenn es diesen Endzweck auch wirklich erreichen soll, von allen Ausführern zugleich seinem Charakter gemäß vorgetragen werden. Hier zeigt sich für den Komponisten bei der eigentlichen Darstellung seiner Werke eine Schwierigkeit, die vielleicht in den schönen Künsten die einzige seiner Art ist. Der Poet, der Maler und der Bildhauer braucht zur wahren Darstellung seiner Werke, oder zu der Würkung die sie äußern sollen, keine Mittelsperson; er kann mit seinen Producten unmittelbar auf die Empfindungen der Menschen würken. Bey den Werken des Tonsetzers muß diese mittelbar geschehen; er muß sein Werk der Discretion der Ausführer überlassen, von denen schon ein einziger Mangel an Geschmack, aus unrichtiger Beurtheilung dieses oder jenes Gedankens, zuweilen auch wohl Bosheit den Geist des Stücks verscheuchen kann, der doch zur wahren Darstellung desselben unumgänglich nothwendig ist. Es ist hier nicht der Ort von dem Vortrage oder von der Ausführung der Tonstücke überhaupt zu reden; es wäre aber doch zu wünschen, dass solche Liebhaber der Tonkunst, die gewohnt sind den Werth der Tonstücke allzu geschwind zu bestimmen, auf diesen so wichtigen Umstand mehr Rücksicht nehmen möchten. Der Tonsetzer kann also nur alsdann erst den Endzweck seiner Kunst erreichen, wenn bey der Ausführung seiner Werke auch der Geist derselben dargestellet wird.*“ (Koch 1969: 26-27).

Wie wohl keine andere Kunst[14], bringt Koch hier zum Ausdruck, ist die klassische Musik zweifach verankert: in den – hoffentlich (für den „Endzweck“) genau genug – notierten Partituren und in deren leibhaftigen Aufführungen. Die eine ist ohne die andere unvollständig, wiewohl sie zugleich auch unabhängig voneinander sind, und wiewohl sie zum jeweils Anderen etwas dazu geben, die Partitur die notierte Darstellung und die Aufführung klangliche Gestaltung, die über das Notierte hinausgeht. Die Aufmerksamkeit auf die musikalische Interpretation im Moment der Aufführung teilt Koch übrigens mit seinen Musiker-Zeitgenossen, die sich in ihren Schulen und Traktaten alle gezielt zu Fragen des musikalischen „Vortrags“ befassen, selbstverständlich voraussetzend, dass dieser zum Verständnis der notierten Musik und als auslegende Ergänzung derselben vonnöten ist. Dabei ist der leibhaftigen Aufführung aufgrund ihres zeitlichen Ablaufs eine Flüchtigkeit eigen, die auch die heutigen Reproduktionsmedien nicht gänzlich auffangen können, allenfalls auf Kosten auratischer Einbußen und physischer Erlebnisqualität.

[14] Vielleicht noch am ehesten wie der Tanz.

Als dritte Rezipienten-Gruppe sollte das Publikum bei musikalischen Aufführungen nicht vergessen werden, über dessen musikalisches Interesse und Aufmerksamkeitsspanne allerdings oft nicht eben Gutes zu berichten ist. Paul Hindemith schrieb am 2. 10. 1929 aus London an seine Frau:

„*Der Walton dirigiert sein Konzert selbst. Gescheits wird's nicht. Eine Probe hat er bis jetzt gehabt, in der er den ersten Satz gerade einmal durchspielen konnte. Das Orchester ist schlecht, besteht zum guten Teil aus Damen, englischen dazu. Lauer Über-temi-Giesekings. Und in den Konzerten gibt es noch nicht mal Stühle. Das Publikum steht herum – smoking permitted – und kann machen, was es will. Überall Schilder: Please don't strike matches während der Musik. Man kann wirklich Sehnsucht nach Zwickau oder Bielefeld bekommen. Hier kann man wirklich nur spielen, um so und soviel Pfund zu bekommen. Mit Musik hat das gar nichts mehr zu tun.*" (Hindemith 1995: 50).

Was Hindemith hier über die mangelhaften Aufführungsbedingungen (probentechnisch, musikalisch, saaltechnisch, seitens des Publikums) in der Hauptstadt Englands vor dem zweiten Weltkrieg notiert, ist verblüffend. Doch dürften diese Umstände leider weiter verbreitet gewesen sein, als wir uns das heute vorstellen mögen, in einer Zeit, in der der Besuch eines Konzerts mit „klassischer Musik" eher mit einer vergleichsweise streng durchorganisierten, ja steifen Struktur verbunden ist. Aufführungsbedingungen wie die von Hindemith beschriebenen machen das Unbehagen vieler Komponisten aller Epochen an leibhaftigen Aufführungen ihrer Musik verständlich. Richard Taruskin fasste 1982 zusammen: „*All three composers (Brahms, Strawinsky, Babbitt) share a view of performers as undesirable middle men, whose disappearance would enhance communication between composer and audience.*" (Taruskin 1982: 103). Sie hängen zugleich einer utopischen Vorstellung von musikalischer Interpretation an, die auch seitens der (philologisch orientierten) Musikforschung vertreten wurde bzw. noch wird. Entsprechend wurde bis zum Aufkommen der Alte-Musik-Bewegung im frühen 20. Jahrhundert eine wissenschaftliche Diskussion musikalischer Aufführungen als Bindeglied zwischen der Person des Komponisten und dem Publikum bei der Kritik musikalischer Werke ausgespart. Dass der Notentext selbst die Musik in bestimmten Hinsichten mangelhaft darstellt und gemäß einer nicht mehr lebendigen aber damals gepflegten Tradition mündlicher Überlieferung beim „Vortrag" zu ergänzen ist, wurde erst im Kontext dieser revolutionsartigen Bewegung realisiert, die sich bekanntlich mit den historischen Bedingungen der älteren Musik, vor allem jener vor 1750, für die gegenwärtige musikalische Umsetzung und die musikwissenschaftliche Erforschung zu befassen begann. Erst jetzt setzte mit Vorreitern wie Willibald Gurlitt, Alfred Deller, August Wenzinger und Hermann Kretzschmar ein Nachdenken über die „Authentizität“[15] von Aufführungen als Qualitätsmerkmal ein. Da[s] Umsetzung und die (teilweise historisierende) Aufführungsprax[is] teilung und für die Erfahrung von Musik von entscheidender und n[...] pherer Bedeutung sind, wurde erst dann artikuliert und ist seitdem, a[...] der damals etwa zeitgleich einsetzenden technischen Reproduktion vo[n] für die Musikforschung und für den Musikbetrieb essentiell geworden. „Au[then]tizität“ hat sich zu einem Qualitätsmerkmal lebendiger und (historisch) in[for]mierter, durchdachter und anspruchsvoller musikalischer Interpretation entwi[-] ckelt, die in den 1980er Jahren einen Gründungsboom von Ensembles in den Bereichen der „Alten“ und der „Neuen“ Musik auslöste und auf deren Existenz sich längst auch Festivals, Konzertreihen und Konzertveranstalter eingestellt haben.

5 Neue Live-Kulturen versus Konserven, Beispiel Neue Kunstmusik

Allerdings ist durch die für unsere Zeit zu konstatierende Dominanz technisch reproduzierter Rezeptionsprozesse von Musik mittels Ton- und Tonbildträgern nunmehr leibhaftigen Aufführungen von klassischer Musik überraschend eine neue Exklusivität zuzuschreiben, die sie zuletzt vor etlichen Dekaden beanspruchen konnten[16]. Verschiedene Studien konnten einen generellen Rückgang von Konzertbesuchen (aller Sparten, also auch der klassischen Musik) konstatieren. Sie werden über alternative Musik-Rezeption via elektronische Medien teilweise ersetzt, die zudem den Vorteil permanenter Verfügbarkeit haben, auch wenn sie die festlichen Aspekte und die Aura des Zaubers von leibhaftigen Aufführungen vermissen lassen. Dies scheint dem Publikum aber bewusst zu sein, denn dem seltenen Besuch von Konzerten steht eine allgemein sehr hohe Einschätzung seitens des – derzeit noch mehrheitlich wegbleibenden – Publikums reziprok gegenüber:

„Der Musikkonsum in Live-Situationen ist heutzutage rein quantitativ von nur noch untergeordneter Bedeutung. Der Durchschnittswert für Live-Konzert-Besuche liegt ebenso wie für Diskothekenbesuche (auch Techno-Partys u. ä.) bei nur 1 %, mit deutlich altersabhängigen und sozialisationsbedingten Unterschieden. (...) Obwohl Lautsprechermusik quantitativ in der Nutzungsstatistik domi-

[15] Der Begriff der „Authentizität“ wird heute, wo bekannt ist, dass sich bezüglich älterer Musik keine aufführungspraktische Schule wird bilden können, kaum noch ungebrochen benutzt. Wohl aber dient er noch Diskussionen zur Echtheit und von authentischen Gefühlen durchdrungenen musikalischen Interpretationen. Im englischen Sprachraum ist das Wort zudem Standard für die Beschreibung einer glaubwürdigen, zuverlässigen und echten Äußerung/Erscheinung.

[16] Dies bezieht sich auf die Zeit vor dem Abo-Boom klassischer Konzertreihen mit ihrer Tendenz zur Wiederholung weniger Meisterwerke, die heute in einer Flut von Aufnahmen dieser Meisterwerke fortgesetzt wird.

lenz der unterschiedlichen Darbietungsfor- proportional zu ihrer Nutzung. Die selbst- ngiert vor dem Konzertereignis und diese (Bruhn 1997: 1576).[17]

lizierten Lebensumständen unserer Zeit er- e dieses „Ausfalls“ indizieren in überra- t des Publikums unbewusst) die große, ja tiven Kommunikation bei musikalischen keit bzw. auch die Wandelbarkeit solcher fügbarkeit von Musik hat Rückwirkungen erformances, insofern als die bei Studioproduk- tionen mögliche Perfektion inzwischen auch bei den Live-Aufführungen erwartet wird. Die musikalische Gestaltung muss teilweise dahinter zurücktreten. Der nichtleibhaftigen Rezeption von Musik ist auch, nicht zuletzt durch reduzierte Aufmerksamkeit, aber auch schlicht durch die unbeteiligte Distanz, die das Medium eines Bildschirms per se erzeugt, eine Art Fremdheit oder besser Ferne eigen, durch die Musik in ein merkwürdiges Abseits gerät, zum Nebenschauplatz wird. Dennoch scheint Musik durch den zeitintensiven und wiederholten Konsum stärker zu wirken und in dieser Form hochgradig identitätsstiftend und unverzichtbar zu sein; sie ist noch mehr als ehedem mit bestimmten persönlichen Erinnerungen verknüpft, an Ereignisse, die sich teilweise unmittelbar im Kontext bestimmter Musik zugetragen haben. Westliche Kunstmusik ist heute Teil des Alltags, nicht mehr vornehmlich Zentrum besonderer Konzert-Ereignisse.[18]

Veränderungen in der Neuen Musik (also der neuen Kunst-Musik) seit dem zweiten Weltkrieg kongruieren damit. Die Aufführungsbedingungen bzw. vor allem die Aufführungsanforderungen

- beanspruchen teilweise neue unkonventionelle Spielorte,
- haben eine Vorliebe für ans Kompositorische grenzende Verantwortung von Interpreten gegenüber Partituren in offener Form,
- halten umfassende improvisatorische Aufgaben bereit,

[17] Der dort erwähnte Text stammt von Helmut Rösing (1992: 311-331).

[18] Dazu zählen auch die Massen-Veranstaltungen klassischer Konzerte auf großen Freilichtbühnen in den Sommermonaten, die etwa in den USA eine lange Tradition haben (beispielsweise in der Hollywood Bowl in Beverly Hills/Kalifornien für ca. 18.000 Zuschauer) und auf der wie die Hollywood Bowl seit 1922 existierenden Waldbühne in Berlin, die für rund 22.000 Personen ausgelegt ist und ebenfalls immensen Publikumszuspruch erfährt. Diese sind allerdings auf ein elektrisches Verstärkersystem angewiesen und präsentieren in der Regel die Stars der Branche (Interpreten oder/und zumindest bestimmte extrem bekannte Kompositionen). Somit ist auf Grund der enormen Größe und der indirekten Schallerfahrung der Live-Effekt dieser Konzerte um einige Aspekte ihrer unmittelbaren audiovisuellen Erfahrung reduziert. Andere Elemente, vor allem gemeinschaftliche Erlebnisqualitäten, treten stattdessen durch den Reiz der naturnahen Freilicht-Szenarios und die beliebte Picknick-Selbstversorgung vor, nach und während der Konzerte hinzu.

- führ(t)en zu neuen auch genreübergreifenden Spielformationen (Ensemblebesetzungen),
- integrier(t)en visuelle und auditive mediale Komponenten (Elektronik, Bild und Film) und neue, Szenisch-Theatralisches einbeziehende Spielsituationen.[19]

Kurzum: Sie halten Abstand vom traditionellen Setup des klassischen Konzerts, gehen inzwischen überraschend selbstverständlich alternativ vor und konnten somit auch neues Publikum gewinnen, das mehrheitlich nicht aus dem Publikum herkömmlicher klassischer Konzerte gewonnen wird. Dies zeigt, dass nicht nur Publikum für leibhaftige Aufführungen westlicher Kunstmusik verloren geht, sondern bei entsprechender Präsentation, ästhetisch wie werbetechnisch in jüngster Zeit auch wieder gewonnen werden kann.

Darüber hinaus ist heute die seit etwa einer Dekade produktive Auseinandersetzung zwischen der westlichen bzw. westlichen Neuen Musik mit den Musiken und Kulturen der Welt zu nennen, welche sich in der vergangenen Dekade stark entwickeln konnte, etwa in interkulturellen Projekten des Ensemble Modern oder des European Music Project. Es fällt jedoch auf, dass die entsprechenden interaktiven Prozesse, vor allem bei der musikalischen Interpretation selbst, oft auf einem ziemlich einseitigen Engagement seitens der europäischen Musiker bzw. Ensembles oder auch Komponisten fußten, obwohl man guten Willen von allen Seiten voraussetzen kann.[20]

Interessanterweise stellte sich die Neue Musik mit vielen Projekten, ohnehin in interdisziplinären Prozessen mit den benachbarten Künsten und mit dem Alltagsleben, gegenüber ihrer hundertprozentigen Reproduzierbarkeit quer. Oder sie nutzt die audiovisuellen Medien umso ausdrücklicher gezielt wegen deren spezifischen ästhetischen Möglichkeiten. Für die Neue Musik sind zudem auch Neuverortungen der Funktion von musikalischer Notation zu konstatieren von hoch komplexen Partituren mit langen Legenden über teilweise offene und lediglich graphisch notierte Passagen und Improvisation bis hin zum völligen Wegfall einer herkömmlichen musikalischen Notation etwa bei rein elektronischer Musik.

---

[19] Als Beispiel könnte hier die multimediale und auch stilistisch transkulturelle Produktion der „Opernsaga" [sic!] „Kommander Kobayashi" der alternativen Opern-Kompagnie *Novoflot* in Berlin angeführt werden: Vgl. http://www.novoflot.de: *„Für die dreiteilige Opernsaga Kommander Kobayashi entwickelte NOVOFLOT ein neues Format, mit dem neue Produktionswege und Konzepte für die zeitgenössische Oper gesucht und getestet wurden: In einer Serie von Auftragswerken verschiedener internationaler Komponisten entfaltet sich die Odyssee des Kommander Kobayashi durch unbekannte wie nahe liegende Welten – zugleich eine Reise in das hybride Universum zeitgenössischer Oper."*

[20] Vgl. http://archiv.hkw.de/de/programm/programm2004/transonic.04/c_index.html. Auf den Seiten des Ensemble Modern sind diverse Interviews und Reiseberichte zur Reise des Ensembles nach Indien 2003 zu finden: http://www.ensemble-modern.com.

Die skizzierten Entwicklungen korrelieren teilweise verblüffend mit markttechnischen Überlegungen und Strategien zur Wiedergewinnung potentiellen Publikums für die klassische Musik (vgl. Tröndle 2003: 34-45).

6 Perspektiven der Musikforschung: „Verisimiletude“[21] oder was kann und soll musikalische Interpretation?

Die offensichtliche Bedeutung des Live-Acts für die Beurteilung musikalischer Interpretation(en) hat in jüngerer Zeit auch die Forschungsansätze auf diesem Gebiet erreicht. Insofern sind auch das Konzertwesen bzw. der veranstaltungsbezogene Teil der Musikwirtschaft in ihrer Eigenschaft als Einflussfaktoren für die Musikentwicklung beteiligt an der Entwicklung einer Geschichtsschreibung der musikalischen Interpretation westlicher Kunstmusik. Dennoch: Seitens der musikwissenschaftlichen Forschung wird, was heute als selbstverständlich erscheint, nämlich dass die Parameter zur Beurteilung einer musikalischen Interpretation westlicher Kunstmusik nur dann vollständig sind, wenn sie die interaktiven Aspekte leibhaftiger Aufführungssituationen erfassen,[22] bislang nur teilweise anerkannt.[23] Entsprechend weit gefächert sind auch die Ansätze und Interessenlagen in der musikwissenschaftlichen Interpretationsforschung, die sich inzwischen fast als eigenständige Teildisziplin etabliert hat. Derart breit aufgefasst, entstanden in der Interpretationsforschung neben dem Kernbereich der Beurteilung musikalischer Interpretationen, der sich allerdings bislang vornehmlich auf Ton- und Tonbildträgern und kaum auf Aufführungen bezieht, diverse weitere kulturwissenschaftlich, neurologisch, musikpsychologisch, musiksoziologisch und musikpädagogisch verankerte Forschungsbereiche, etwa zur musikalischen Wahrnehmung der an musikalischen Aufführungen beteiligten Personen-

---

[21] Dieser Begriff entstammt Taruskins Text „The Pastness of the Present…“ (1988). „Verisimilitude“ ist eines jener englischen Worte, die sich eigentlich nicht ins Deutsche übersetzen lassen. Es bedeutet u. a. Echtheit, Evidenz, Wahrheit, aber auch, und darum dürfte es Taruskin hier insbesondere gehen, Wirklichkeitsnähe. Verisimilitude wäre also im Kontext musikalischer Interpretation als Signum aller Versuche, eine authentische Interpretation leibhaftig auf die Bühne zu bringen, zu verstehen und somit eine Alternative zum Begriff der Authentizität.

[22] Daran beteiligt sind im gegebenen örtlichen Aufführungsrahmen die Komponisten, ihre Kompositionen (in Abhängigkeit von Verlagen und Ausgaben), die Interpreten und das Publikum.

[23] Das ist um so verblüffender, als es eine eigenständige musikwissenschaftliche Hermeneutik gibt, welche die Aufführungssituation selbstverständlich in ihre Überlegungen einbezieht, und sich auch in der philosophischen Hermeneutik diverse Darlegungen zur Frage nach dem, was ein Kunstwerk ausmacht, befinden, die eine breite Aufstellung der Thematik gebieten. Die Abhängigkeit der Kunst von ihrer Rezeption thematisierten zuletzt beispielsweise Hans-Georg Gadamer und Lugi Pareyson. „*Zum Kunstwerk gehört also wesentlich seine ‚Interpretation' bzw. seine konkrete ‚Aufführung'. Der Vollzug des Kunstwerks ist also nichts Akzidentielles, sondern wesentlicher Bestandteil des Werkes selbst.*“ Weiß (2000: 116).

gruppen (vornehmlich seitens des Publikums, weit weniger seitens der Ausführenden oder der Komponierenden), zur emotionalen Beeinflussung bis hin zu Studien über Lampenfieber, zu musikalischen Präferenzen bestimmter Personengruppen, zur Verortung musikalischer Aufführungen in kulturellen Kontexten und Ähnlichem.

Ein wesentlicher Bereich der Interpretationsforschung arbeitet empirisch musikpsychologisch und basiert zu einem großen Teil auf der Beurteilung experimenteller Laborsituationen beim passiven Rezipieren von Musik – mittels Musikkonserven – mit ausgewählten Probanden (diese wiederum vornehmlich musikalische Laien). Zumeist dienen diese Konserven lediglich dem Hören, weit seltener auch dem Sehen. Darüber hinaus sind neurologische und physiologische Messungen von beispielsweise Gehirn- und Muskelaktivitäten bei Musikern (seltener bei Laien), während diese musizieren, inzwischen Teil dieser Forschung. Diese Forschung eruiert Daten für markttechnische Belange und für neurophysiologische und neuropsychologische Erkundungen des menschlichen Umgangs mit Musik, entbehrt aber bislang überwiegend schon bei den Experimenten einiger Parameter musikalischer Interpretation, die sich nur in Aufführungssituationen entfalten, vor allem Interaktionsformen zwischen Publikum und Musikern, körperliche Bewegung und deren Einfluss auf die Hörerfahrung sowie die akustisch-atmosphärischen Aspekte von Räumen und Zeiten, in/zu denen musiziert wird.[24] An deren Stelle treten (ersatzweise) die Eigenheiten der einerseits mobileren, andererseits auratisch verarmten oder zumindest auratisch neu determinierten Konserven-Medien bzw. der Laborsituation oder sie werden zumindest hingenommen. Entsprechende Forschungsergebnisse sind daher in der Regel nur bedingt für die Entwicklung eines Gesamtbildes aller möglichen genuinen Komponenten der musikalischen Interpretation relevant und bei eher musikanalytischer oder ästhetisch-kulturwissenschaftlicher Orientierung selten befriedigend. Brücken in diese Richtung schlagen seitens der Musikpsychologie etwa Wolfgang Auhagen oder Richard Parncutt, der kürzlich einen Vortrag mit den Sätzen abschloss, die sich wie ein Plädoyer für produktive interdisziplinäre Arbeit lesen:

"*Scholars in the humanities stress that musical actors (performers, composers, improvisers, listeners, consumers) are constantly learning and developing, and that everything they learn depends on the cultural context of which they themselves are part. At the same time, scientists stress that the auditory system is also constantly 'learning' – within the same cultural context. The concepts of learning, context, ambiguity and multiplicity link together the apparently incompatible disciplines of psychoacoustics and cultural studies. This combination*

[24] Vgl. hierzu die Forschung von Jane W. Davidson 2002.

appears to have considerable potential for productive exploitation in future research." (Parncutt 2004: 45).

Ein weiterer großer Bereich der Interpretationsforschung bezieht sich auf die musikwissenschaftliche Auswertung von Tonaufnahmen. An der Universität „Royal Holloway, University of London“ wurde 2004 sogar ein eigenes Institut dafür gegründet: CHARM (Research Centre for the History and Analysis of Recorded Music), dessen Leiter Nicholas Cook, einer der weltweit führenden Interpretationsforscher ist. Auch er wirft inzwischen kritische Blicke auf teilweise einerseits[25] kaum mehr als Daten sammelnde und andererseits wild spekulierende Forschungsaktivitäten in seinem Spezialgebiet. Diese Entwicklungen verfolgt er in seinem Text „Between Process and Product: Music and/as Performance“, in dem er etliche relevante Veröffentlichungen zur englischsprachigen Debatte zitiert und diskutiert (Cook 2001).[26] Die Erforschung der Musikrezeption über Medien spielt im Übrigen auch für Fragen der Interpretationsforschung eine wesentliche Rolle, indem die den Ton- und Tonbildträgern eigene klangliche Ästhetik (Aufnahmeverfahren, Raumakustik etc.) technisch, historisch und ästhetisch untersucht und der Einfluss der Geschichte der Musikmedien auf die Geschichte der musikalischen Interpretation untersucht wird.[27]

7 Rehabilitierung leibhaftiger Aufführungen, Beispiel Alte Musik

In Nicolas Cooks Text „Between Process and Product: Music and/as Performance“ (Elste 2000) wie in denen anderer kulturwissenschaftlich orientierter Forscher zur musikalischen Interpretation wie Richard Taruskin, John Rink, Jonathan Dunsby und Hermann Danuser spielt die Debatte um die „historisierende Aufführungspraxis“[28] eine wichtige Rolle. Die etwa Ende der 1950er Jahre nach der Zwangspause während des zweiten Weltkriegs wieder aktiv werdende Alte-

[25] via Software-Tools, die den Verlauf von Musikaufnahmen digital nachvollziehen und somit am Bildschirm vergleichbar machen können.

[26] Ein Austausch unter den englischsprachigen und deutschsprachigen Forschungen zur musikalischen Interpretation ist bislang kaum zu konstatieren.

[27] In diesem Kontext konnte sich die musikwissenschaftliche Teildisziplin der Diskologie etablieren. Einer ihrer Vorreiter, Martin Elste, hat beispielsweise eine Monographie zur Musik Johann Sebastian Bachs auf Tonträgern herausgebracht und die Rezeption Bachs über diese Medien mit besonderem Augenmerk auf der von ihm so genannten „historisierenden Aufführungspraxis“ nachvollzogen (Elste 2000).

[28] Der hier gewählte Begriff wurde von Martin Elste eingeführt und ist ein Kompromiss. Der Begriff der historischen Aufführungspraxis greift zu kurz und suggeriert die Möglichkeit einer an sich unmöglichen historischen Rekonstruktion. Der Begriff „historisch informierte Aufführungspraxis“ ist etwas umständlich.

Musik-Bewegung[29] gab der Interpretationsforschung bei aller Uneinigkeit und Diversifizierung in den eigenen Reihen entscheidende Impulse, vor allem aus zwei Gründen: 1) Ihre Vertreter schätzten viele Aufführungen älterer Musik als den Notaten oder schon die Noten-Ausgaben selbst als den historischen Quellen unangemessen ein und stellten zudem Ermüdungserscheinungen im Konzertwesen fest, die sie mit den genannten Umständen teilweise erklärten. 2) Sie wiesen der leibhaftigen, historisch weitest möglich informierten Aufführung mit angemessenem Instrumentarium einen hohen Stellenwert zu, unterstellten gar (zu Recht), dass eine innere Vorstellung der klanglichen Abläufe bei älteren Partituren (vor allem vor 1800) nur höchst eingeschränkt möglich ist, wenn sie nicht sogar das Notierte gründlich missverstehen dürfte. Bekanntlich hatten die ersten Vertreter dieser neuen Aufführungspraxis starke Anfeindungen, vor allem seitens der eigenen Kollegen, zu verkraften, nicht zuletzt, weil musikalische Interpretation vielfach abgelöst von Kenntnissen der historischen Gegebenheiten und über das Spieltechnische und Emotionale hinausgehender Auseinandersetzung mit der Musik angesehen wurde (diese Haltung hält sich weiterhin hartnäckig auch an höheren Ausbildungsinstitutionen). Die Anfeindungen gingen (und gehen teilweise bis heute) so weit, Musikern, die sich beispielsweise auf die Barockmusik mit historischem Instrumentarium spezialisierten, handwerkliche Kompetenz abzusprechen. Nikolaus Harnoncourt liefert ein recht lebendiges Stimmungsbild jener Zeit, wenn er unter dem Titel „Alte Instrumente – ja oder nein?" Anfang der 1980er Jahre schreibt:

„*Natürlich, alte Instrumente ja oder nein, je nachdem! Das Musizieren auf alten Instrumenten, also auf solchen, die aus irgendwelchen Gründen außer Gebrauch gekommen sind, hat leider eine derart anrüchige Geschichte, daß kaum jemand entspannt und ohne falsche Leidenschaft darüber diskutieren kann. (...) Kaum hat man ein sogenanntes altes Instrument in der Hand, wird man auch schon als Purist, Historist, stilistischer Asket oder als einer bezeichnet, der vor jeder Note – in Ermangelung von Intuition – unablässig nachdenkt.*" (Harnoncourt 1984: 91).

Wenn ein Mitglied dieser „Bewegung" wie Harnoncourt (einer ihrer „Anführer" nach dem zweiten Weltkrieg) dann auch noch den Begriff der „Werktreue" verwendet, wird es dauerhaft als „Purist" (Harnoncourt 1984: 91) diffamiert und ruft doch zugleich eine weitere Musik erforschende Disziplin auf den Plan, die Musiktheorie.

Die Musiktheorie, die sich – übrigens als älteste Disziplin der Musikforschung – bekanntlich schwerpunktmäßig mit der musikalischen Analyse notierter Kompositionen befasst, fordert einen gewissen Wahrheitsanspruch ihrer For-

[29] Weiterführende Informationen zur Geschichte der Alte-Musik-Bewegung liefert Dieter Gutknechts Artikel „Aufführungspraxis" (1994: 954-986).

schungsergebnisse in Anwendung auf musikalische Aufführungen ein. Entsprechend gerne (teilweise auch berechtigt) verlangt sie, dass ihre Beobachtungen bei musikalischen Interpretationen und bei neuen Noteneditionen berücksichtigt werden und misst diese – durchaus im Sinn einer „Werktreue“ – daran. Die Musiktheorie hat sich, vor allem in der Nachfolge der Theorie Heinrich Schenkers in den USA, inzwischen in einigen Bereichen mit musikpsychologischen Methoden vereint und beispielsweise mit der *Generative Theory of Tonal Music* (Lehrdahl, Jackendoff 1983) ein Regelwerk zur hörenden Rezeption tonaler Musik gezeitigt, das allerdings leider kaum auf die verschiedenen Qualitäten einzelner musikalischer Umsetzungen eingeht.

Andererseits relativiert die Musiktheorie inzwischen mit Vertretern wie William Rothstein ihren Anspruch an die musikalische Interpretation, wenn dieser schreibt: „*The performer's task is to provide the listener with a vivid experience of the work, not an analytical understanding of it. But experience – the more vivid the better – will give the listener an avenue towards understanding.*" (Rothstein 1995: 239). Wenn man bedenkt, dass klassische Musiker gerne betonen, sie würden nichts tun als die Noten zu spielen,[30] dass aber auch die gegenüber strukturellen Aspekten der Werke Ignorantesten in der Regel Probenzeit mit der Gestaltung der Musik verbringen, bevor sie diese letztlich auf die Bühne bringen, geht es Rothstein offenbar um einen Aspekt, den er schon öfter bei Aufführungen, aber auch bei Aufnahmen, vermisst hat, und der wohl mit der lebendigen Interaktion zwischen Ausführenden und Publikum umrissen werden kann.[31] Rothstein bestätigt hier am Ende eines längeren analytischen Texts, noch etwas Wesentliches: Das Mittel der musikalischen Interpretation ist nicht mit dem der verbalen Deutung in eins zu setzen, sondern ist als solches der Musik adäquat, während die musikalische Analyse die Interaktion mit der erklungenen Musik im Sinne eines weiter reichenden (aber nicht eines überhaupt erst einsetzenden) Verstehens erweitert.[32] Er hält aber zu Recht fest: Das Erlebnis der Aufführung oder der Aufnahme kann auch per se ohne Abstriche und ohne Rechtfertigungsdruck einer musikalischen Analyse bestehen, mehr noch, es kann sogar seinerseits die Analyse beeinflussen.

---

[30] Mit diesem Umstand war offenbar auch Jonathan Dunsby konfrontiert, als er für seinen Vortrag „Performers on Performance“ recherchierte. (Dunsby 2002: 16-17).

[31] Dass andere Musiktheoretiker hier weit nachdrücklicher auf eine Verbindung achten, zeigt folgende Äußerung von Joel Lester (1995: 197-198): *"(...) Performers and performances are largely irrelevant to both the analytical process and the analysis itself. If a given performance articulated the points made in an analysis, that would not validate the analysis; rather, the analysis would validate the performance (...). If a given performance failed to articulate the points made in analysis, the performance, not the analysis, would be deemed somehow inadequate (...)"*.

[32] Rothstein bestätigt hier die oben zitierte Sicht Lorenzers auf die doppelte Weite der Musik.

Rothstein bezieht hier allerdings die Erfordernisse das Publikums nicht mit ein, eine gelungene Aufführung einmal vorausgesetzt. Ohne eine respektvolle und empathische Haltung des Publikums gegenüber der erlebten Musik wird es eine Klang gewordene Partitur nicht erreichen. Dieses „Ethos" zielt in der klassischen Musik traditionell auf hohe Aufmerksamkeit und Vertiefung im Prozess der Hör- und Seherfahrung. Genau dieses geriet aber zusehends außer Kontrolle, wurde unbeliebt und hält potentielles Publikum davon ab, sich den herkömmlichen, relativ stark reglementierten Strukturen des Konzerts auszusetzen.[33] Harnoncourt beklagt dies um 1980:

„Heute ist die Musik zu einem bloßen Ornament geworden, um leere Abende durch Opern- und Konzertbesuche zu garnieren, um öffentliche Festlichkeit herzustellen oder auch um mittels des Radios die Stille der häuslichen Einsamkeit zu vertreiben oder zu beleben. So ist der paradoxe Fall eingetreten, dass wir heute viel mehr Musik haben als je zuvor – ja nahezu pausenlos –, dass sie aber für unser Leben fast nichts mehr bedeutet: eine nette Verzierung!" (Harnoncourt 1984: 9)

Harnoncourt konstatiert zu Recht Prozesse der Entfremdung des Publikums vom Eigentlichen der Musik und beklagt im weiteren Verlauf seines Texts, dass die Musik nicht mehr „*wesentlicher Bestandteil*" des Lebens sei. Damit trifft er ein paradoxes Faktum unserer Zeit: Quantitativ ist die Musik – weitgehend depraviert zum Konsumgut – weiterhin wesentlich, qualitativ dürfte Harnoncourt angesichts der geringen Rezeption leibhaftig aufgeführter Musik Recht haben. Aus Harnoncourts Sicht ist mit dieser Entfremdung auch die Abwendung der Zeitgenossen von der gegenwärtigen, von der Neuen Musik zu erklären.

Ein besonders schwieriger Bereich ist die Oper, deren Publikum als überdurchschnittlich konservativ einzustufen ist. Zwar werden auch auf den Bühnen der großen Opernhäuser inzwischen öfter historisierende Barockopern-Projekte mit Originalinstrumenten oder zumindest an die vermeintlich originalen Spielweisen angeglichenem Orchesterklang etc. auf den Spielplan gesetzt. Eine erfolgreiche Amalgamierung historischer und zeitgenössischer Aspekte, und sei's nur über die Inszenierung, bleibt in den Opernhäusern aber die Ausnahme. Die Inszenierung des Opernbesuchs auf der Seite des Parketts scheint hier (ganz im Sinn Harnoncourts) für das Publikum leider wesentlich zu sein. Als geglückter Ausnahmefall wäre das Projekt *Dido und Aeneas* zu nennen, das 2005 am Theater Basel uraufgeführt wurde. Hier wurde Christopher Marlowes Theaterstück mit Henry Purcells Oper spartenübergreifend (Schauspieler und Sänger spielen zusammen) mit unglaublicher Verisimiletude verschmolzen, eine irrwitzige und

[33] Nicht zufällig wurden diese mit als erstes in Projekten des experimentellen Musiktheaters der 1960er Jahre bei Dieter Schnebel, Karlheinz Stockhausen, Mauricio Kagel u. a. humorvoll demontiert.

intensive Mischung aus den historischen Elementen von Musik und Szene mit Elementen heutigen Stadtlebens, aus dem Innersten des Küchenalltags bis zum höchsten Schwur der Liebe, vom abgenutzten Ohrwurm eines Popsongs aus der Konserve bis zum live gespielten barocken Festtanz – eine wahre Fundgrube für gelungene Bezüge zwischen Altem und Neuem, Alltäglichem und Außergewöhnlichem. Angelpunkt ist die Figur der Dido, die parallel von einer Schauspielerin und einer Sängerin dargestellt wird.[34]

Kehren wir zu Harnoncourt zurück: Seit dem Erscheinen von „Musik als Klangrede" 1982 konnten sich die Alte Musik wie die Neue Musik in erstaunlicher Weise rehabilitieren. In den 1980er Jahren lässt sich hier ein enormer Aufschwung konstatieren. Um 1985 entstanden viele der heute noch wichtigsten Ensembles für Alte bzw. für Neue Musik und behaupten seitdem einen unbestrittenen hohen Status im heutigen Musikleben, der sich inzwischen zum größten Teil auch in besetzungs- und finanztechnisch stabilisierten Arbeits-Bedingungen (stellenartige und nicht zufällig oft basisdemokratische Strukturen in den vormals freien Ensembles) und guten Auftragslagen niederschlägt. Sie sind wesentlich daran beteiligt, den leibhaftigen Aufführungen von Musik durch unverhofft spannende und durchdacht dargebotene Programme wieder mehr Gewicht zu geben. Zu nennen wären hier in Europa für die „Alte Musik" u. a. das Freiburger Barockorchester (1987), das Concerto Köln (1985) und Il Giardino Armonico (1985), und für die Neue Musik beispielsweise das Ensemble Modern (1980), das Ensemble Recherche (1985) und das Klangforum Wien (1985). Damit einher gingen Veränderungen in der Festivallandschaft, neue Festivals für Alte Musik wie die *Tage Alter Musik* in Regensburg (1984) und für Neue Musik wie die Tage für neue Musik in Zürich (1986), *Musica* in Straßburg (1982), *Ars Musica* in Brüssel (1989) und *Ultima* in Oslo (1991) entstanden, bestehende Festivals wie die Salzburger Festspiele erweiterten oder veränderten seither ihr Profil erheblich.

8 Rehabilitierung leibhaftiger Aufführungen, Beispiel Neue Musikalische Interpreten in der „Alten" und in der „Neuen" Musik

Im Kontext der Aktivitäten in den Bereichen der Alten und der Neuen Musik entwickelte sich eine neue Spezies hoch gebildeter und gut informierter Musiker, die auf die Frage nach ihren interpretatorischen Ansätzen nicht mehr mit einem „I just play it" antworten müssen und wollen.[35] Diese Musiker legen Wert dar-

[34] Regie hatte Sebastian Nübling. Das Stück wurde für das Theatertreffen in Berlin 2007 ausgewählt, wo es an der Schaubühne gezeigt wurde.

[35] Als einer der Vorläufer und auch als potentielles Vorbild dieser neuen Musiker-„Spezies" kann Rudolf Kolisch genannt werden. Dieser bot beispielsweise 1944 bei der Sommer-Schule des Black

auf, sich für historische, musiktheoretische und aufführungspraktische Zusammenhänge zu interessieren und halten entsprechende Forschung für selbstverständlich. Teilweise hat sie sogar der detektivische Forschergeist erfasst und sie heben so manche vergessene Partitur, Noten-Ausgaben und/oder Informationen in den Bibliotheken sogar selbst.

In der Neuen Musik ist Ähnliches zu verzeichnen, und zuweilen spielen gerade diese Spezialisten der Neuen Musik auch Alte Musik, in den letzten Jahren mehren sich zudem gemeinsame Projekte in diesen beiden Bereichen, oft verbunden mit Kompositionsaufträgen.[36] Sie interessieren sich für die Hintergründe und erstellen umfangreiche und informative begleitende Texte zu ihren Projekten. Es gibt sie wieder, die Musiker, die zugleich musikwissenschaftlich, musiktheoretisch oder kompositorisch aktiv sind und für die diese doppelte Positionierung positiv belegt und identitätsstiftend ist. Darüber hinaus entwickelte sich auch ein zusehends lebendiger Austausch zwischen Musikern aus der Neue-Musik-Szene und solchen aus dem Impro- und dem Jazz-Pop-Bereich[37], der Video-Kunst[38], szenisch-theatralischen Ansätzen[39], aus den Musikszenen nichtwestlicher Provenienz bis hin zu Berührungspunkten im Bereich der Klangkunst[40].

Da die zeitgenössischen Künste über multimediale Aktivitäten ohnehin weit mehr Austausch pflegen als noch vor zehn Jahren, kann für das neue Jahrtausend eine weitere Ausweitung und Neuorientierung musikalischer wie allgemein künstlerischer Aktivitäten hin zu einer globalen und aufs Neue experimentierfreudigen Programmgestaltung konstatiert werden, die sich auch in entsprechenden neuen Konzepten einschlägiger Neue-Musik-Festivals wie Wien Modern und Donaueschinger Musiktage zeigt. Für die Erforschung musikalischer Inter-

Mountain College in North Carolina (USA), wo viel europäische Emigranten an einem basisdemokratischen Modell ähnlich dem Bauhaus-Projekt beteiligt waren, einen auch heute noch höchst ungewöhnlichen Kurs zur musikalischen Interpretation an: „*The course that made the greatest impression was Kolisch's course Democratic Practices of Ensemble Playing. He chose the title, he said, ‚because it is my belief that ensemble playing, whether in large groups or small, should be regarded as cooperative effort, with each musician contributing according to the functions determined by the work being performed.' He especially opposed the ‚dictatorial role' of orchestra conductors, in which the musicians are 'mere puppets'.*" (Harris 2002: 94).

[36] Ein Beispiel ist das Konzert des Freiburger Barockorchesters mit dem Ensemble Recherche bei den Donaueschinger Musiktagen am 22.10.2006 (www.barockorchester.de). Ein weiteres Beispiel ist das fortlaufende Projekt der 2004 in Freiburg i.Br. gegründeten Ensembleakademie für Alte und Neue Musik seitens dieser beiden Ensembles (www.ensemble-akademie.de) mit je einer Woche Kursprogramm pro Jahr für Berufsmusiker.

[37] Beispielsweise Boris d. Hegenbart, das Kronos Quartett, die E-Gitarre bei Helmut Öhring, Olga Neuwirth, Bernhard Gander, John Zorn und Frank Zappa im Elision Ensemble.

[38] Beispielsweise Daniel Kötter (www.labor-musik-theater.de).

[39] Beispielsweise im Ensemble Die Maulwerker (www.maulwerker.de).

[40] Beispielsweise Christina Kubisch (www.christinakubisch.de).

pretation bedeutet dies allerdings eine weitere interdisziplinäre Verkomplizierung der Parameter und Methoden. Ein Festival, das explizit alle Strömungen in Kontakt mit der neuen westlichen Musik reflektiert bzw. sogar zu diesem Zweck gegründet wurde und seinen Vorgänger, das Neue-Musik-Festival Biennale Berlin ab 2003 ersetzt, ist die jährlich im März stattfindende MaerzMusik (Kurator: Matthias Osterwold).[41]

Diese Aktivitäten folgen auf den ersten Blick, mehr als bis vor einigen Jahren vor allem in der eher oasenhaften Neue-Musik-Szene üblich, ökonomische Erwägungen. Beide Szenen, die der Alten und der Neuen Musik, werden in den letzten Jahren zusehends von markttechnischen Maximen beeinflusst. Dennoch sind die, durch wirtschaftliche Gegebenheiten ja auch finanziell oft erst realisierbaren, ästhetisch-interpretatorischen Impulse nicht zu unterschätzen. Man kann von einer neu aufgelebten Aufführungskultur oder „Interpretationskultur" (vgl. Danuser 1992: 61) sprechen, die viele Menschen vor allem im Rahmen von Festivals anzieht, weil sie es möglich macht, bestimmte klangliche Prozesse leibhaftig zu erleben, mit allen auratischen, rituellen, atmosphärischen Erfahrungspotenzialen, inklusive der Übergangsbereiche zwischen autonomer Kunst und Alltag. Welche Orte und Gelegenheiten für die Aufführungen von Musik dann gewählt werden, ist wesentlich. Der konventionelle Konzertsaal wird dazu gerne ersetzt durch flexibel bestuhlbare, beleuchtbare und auch begehbare Räume, auch mit Kontexten der vormaligen Nutzung wie beispielsweise die vormaligen Ballhäuser in Berlin, die Franzensfeste (ehemaliges Munitionsdepot) bei Brixen, Badestege in Viitasaari (Finnland), still gelegte industrielle Gelände, Freiluftorte in Städten und in der Natur etc. Oder es gibt einen zusätzlichen Aspekt, der ein musikalisches Ereignis ungewöhnlich und nicht durch den gewohnten medialen Konsum ersetzbar macht wie etwa die abendfüllende, von einem Streichquartett bei totaler Dunkelheit zu spielenden Konzert-Improvisation *In iij. Noct.* (2001) von Georg Friedrich Haas. Beliebte Rahmen bieten auch bei ganz von der klassischen Tradition kommenden Festivals neuerdings kommunikative und betont entspannte Orte des „Chill-outs", die „Sonic Arts Lounges". Hier handelt es sich um individuell begehbare musikalische Live-Ereignisse[42] ohne die für die westliche Kunstmusik konzerttypischen Beschränkungen der Kommunikation und Mobilität.

---

[41] Das Festival ist eingebunden in die Aktivitäten der Berliner Festspiele GmbH (www.berlinerfestspiele.de/de/aktuell/festivals/02_maerzmusik/mm_start.php).

[42] Weitere Varianten sind beispielsweise durch Bespielung mehrerer Räume gegeben, wie in einem Museum für neue Kunst individuell zusammen gestellt oder z. B. nach der Vorlage der *Museumsstücke* (I 1992/93, II 1994-95) für diverse Ensemblebesetzungen von Dieter Schnebel. Weitere fertige Vorlagen existieren beispielsweise von John Cage (*Apartment House 1776,* 1976) und Karlheinz Stockhausen (*Musik für ein Haus*, 1968).

Das Ineinandergreifen von Experimenten mit Orten und Klängen, auf der Basis der gesamten Farbpalette unserer zeitgenössischen Klangwelt schafft es noch (oder wieder), Publikum verschiedenster Provenienz zum Kommen zu motivieren und für die Ereignisse zu begeistern. Nicht zuletzt deshalb hat die Neue-Musik-Szene in den letzten zehn Jahren etwas von ihrer Defensive aufgeben können, sie eignet sich bestens für solche Grenzbegehungen und Neuverortungen. Inzwischen werden eher schon Bedenken laut, die den Erhalt der konventionellen Konzertform, die für die Rezeption vieler Stücke unabdingbar ist, gefährdet sehen.

9 Rehabilitierung leibhaftiger Aufführungen im Musikbetrieb und in der musikalischen Interpretationsforschung: Ein „Cultural Turn"

Vor allem die eben beschriebenen neueren Entwicklungen der musikalischen Interpretation westlicher Kunstmusik in der Neuen Musik sind allein mit herkömmlichen musikwissenschaftlichen (systematischen wie historischen) Techniken bzw. Methoden schwer zu fassen. Zur Unterstützung eignet sich das Arsenal der neueren Theorien des „Cultural Turns", als dessen Resultat womöglich schon die Auftriebsbewegung dieser Musik selbst aufgefasst werden kann und auf dessen Folie das wieder gewachsene Interesse an Live-Veranstaltungen westlicher Kunstmusik partiell erklärbar ist. In jüngster Zeit interessiert sich daher – nachdem die Theaterwissenschaft und die Kulturwissenschaften diese längst entdeckt hatten – auch die Musikforschung verstärkt für die performativen Qualitäten musikalischer Aufführungen,

a. weil die performativen Qualitäten von Musik ihrer medialen Repräsentanz (Ton und Tonbild) in gewisser Weise fehlen,
b. weil es nun machbarer erscheint, der performativen Qualitäten von Musik auch wissenschaftlich habhaft zu werden,
c. weil die performativen Aspekte von Musik seit dem Abschied vom herkömmlichen Werkbegriff in der Avantgarde-Diskussion ab den 1970er Jahren für die Beurteilung von Kunst „salonfähig" wurden und
d. weil es in der Neuen Musik (und nicht nur da) inzwischen etliche Projekte gibt, die gerade des Performativen, der Einbeziehung körperlicher Aktivität als essentiellem Bestandteil des musikalischen Ereignisses bedürfen, die Körperlichkeit zentral positionieren und die sich daher nicht mehr auf die Dualität von Partitur und deren Umsetzung reduzieren lassen.

Der Ansatz einer Theorie der „Cultural Turns" kommt aus der Kulturanthropologie:

Ausgelöst wurde die Kette der *turns* in erster Linie durch die Kulturanthropologie bzw. Ethnologie, besonders die amerikanische, die sich erheblich unterscheidet von der deutschsprachigen Tradition einer philosophisch begründeten Anthropologie. Die Kulturanthropologie angloamerikanischer Prägung geht bekanntlich nicht von anthropologischen Konstanten und universalisierten Wissenssystemen aus. Ihr Forschungsinteresse erwächst vielmehr aus der Auseinandersetzung mit kulturellen Differenzen (Bachmann-Medick 2007b: 28).

Bachmann-Medick unterscheidet zwischen (jeweils in der englischen Schreibweise) interpretive, performative, reflexive/literary, postcolonial, translational, spatial und iconic turns. Der „performative turn", also die „performative Wende" ist der Bereich, welcher auf die Analyse von Kunst im engeren Sinn anzuwenden wäre, wiewohl sie auch bei Prozessen anderer „Wenden" beteiligt ist.[43]

Der *performative turn* lenkt die Aufmerksamkeit auf die Ausdrucksdimensionen von Handlungen und Handlungsereignissen bis hin zur sozialen Inszenierungskultur. *„(...) Aus Ereignissen, Praktiken, materiellen Verkörperungen und medialen Ausgestaltungen werden die Hervorbringungs- und Veränderungsmomente des Kulturellen erschlossen"* (Bachmann-Medick 2007: 104).

Die entsprechende Theorie einer „Ästhetik des Performativen" wurde wesentlich im deutschsprachigen Raum geprägt, und zwar federführend von der Theaterwissenschaftlerin Erika Fischer-Lichte.[44] Die Musikwissenschaftlerin Christa Brüstle konnte, zusammen mit dem auf Opern spezialisierten Theaterwissenschaftler Clemens Risi und anderen inzwischen Ansätze für die Musikforschung entwickeln, die sowohl bei klassischer Musik der Vergangenheit greifen als auch in besonderer Weise neue Strömungen der Musik aufnehmen. Sie konzentrieren sich dabei auf die Erforschung leibhaftiger musikalischer Interpretation, soweit möglich historisch und in Bezug auf die aktuellsten Entwicklungen in und um Musik. Sie suchen das Nichtfassbare und Flüchtige musikalischer Performanz und dessen ästhetische Relevanz zu fassen. Die experimentellen und offenen Ansätze der neueren Kunst-Musik bieten sich dafür an.

Unter diesem Inszenierungsaspekt kann die Entdeckung des Performativen – besonders aus der Sicht der Theaterwissenschaften – noch an einem Strang anknüpfen, der „Performativierungsschübe" auslöst: an die performative Wende in den Künsten selbst. Die Performance-Kunst der 1960er Jahre, Aktionskunst,

---

[43] etwa der „postcolonial turn" als Auslöser eines seit kurzer Zeit mit Stolz verfolgten Interesses an der vormals als nicht heimisch abgekanzelten kolonialen Barockmusik Brasiliens in Brasilien.

[44] Erika Fischer-Lichte (2004). Auf die Initiative von Fischer-Lichte geht auch die Gründung des von der Deutschen Forschungsgemeinschaft geförderten interdisziplinären Sonderforschungsbereichs 447 „Kulturen des Performativen" zurück. Im Rahmen dieses Projekts arbeitete erstmals auch eine Musikwissenschaftlerin (Christa Brüstle) mit (Thema: „Professionalität im aktuellen Wandel musikalischer Performanz", abgeschlossen 2005). www.sfb-performativ.de/seiten/b2.html (5.1.2008).

Happenings und experimentelles Theater, generiert hier entscheidende Schauplätze einer „Entgrenzung der Künste“, die den Aufführungscharakter des Ästhetischen betont und Ereignisse statt Werke in Szene setzt (Bachmann-Medick 2007a: 108).

Gerechtfertigt als „*performative turn*“ kann auch bei den neueren Entwicklungen den Ursachen der auratischen Anziehung und wechselseitigen Interaktion bei Live-Performances zwischen Musizierenden bzw. Ausführenden und Publikum konkret nachgegangen werden. Vielleicht wird dadurch greifbarer, warum und als Teil welcher kulturellen Entwicklung sie derzeit offenbar Publikum in die Aufführungen zurückholt (Danuser 1996: 1060). Es wäre daher auch Vertretern der Musikwirtschaft zu empfehlen, Arbeiten, die den „*performative turn*“ aus musikwissenschaftlicher Sicht integrieren, aufmerksam zu verfolgen und in eigene Programm- und Veranstaltungskonzepte einzubeziehen.

Die bei Live-Performances westlicher Kunstmusik frei werdende Energie zwischen Publikum und Ausführenden kann durch keine medial vermittelte Art der Begegnung mit dieser Musik erreicht werden. Es wird zusehends greifbarer werden, warum diese Erfahrung nicht ersetzbar ist, warum aber die Interaktion mit dieser Musik aus Speichermedien und Lautsprechern (sowie die Kombination beider) auch ihre eigene Qualität hat. Dies wirkt sich aus auf die Erweiterungsmöglichkeiten von „Live-Acts“ westlicher Kunstmusik, erheblich erweitert durch Elektronik (Bild und Ton als zeitgenössische und zeitgemäße Mittel einer gegenwärtigen Verisimilitude) etwa Räume zu bespielen und Klänge zu erzeugen, ohne dass das herkömmliche Konzertformat in seiner „Reinheit“ ersetzt werden könnte und sollte. Somit ist der vorliegende Abriss zur musikalischen Interpretation westlicher Kunstmusik auch ein Plädoyer für den Erhalt, den Ausbau und die Weiterentwicklung von Aufführungen westlicher Kunstmusik in allen Formaten von ihren Anfängen bis heute.

10 Literatur

Bachmann-Medick, Doris, 2007a, „Performative Turn“. In: dies., Cultural Turns. Neuorientierungen in den Kulturwissenschaften: 104-143. Reinbek: Rowohlt.

Bachmann-Medick, Doris, 2007b, „Cultural Turns. Neuorientierungen in den Kulturwissenschaften“. In: dies., Cultural Turns. Neuorientierungen in den Kulturwissenschaften: 7-57. Reinbek: Rowohlt.

Bruhn, Herbert, 1997, „III. Angewandte Musikpsychologie“. In: Finscher, Ludwig (Hrsg.), Die Musik in Geschichte und Gegenwart. Allgemeine Enzyklopädie der Musik, Sachteil Band 6: 1575-1593. Kassel: Bärenreiter.

GfK-Studie zum Konsumverhalten der Konzert- und Veranstaltungsbesucher in Deutschland, 2007, hrsg. vom Bundesverband der Veranstaltungswirtschaft (idkv) und dem Branchenmagazin Musikmarkt & Musikmarkt LIVE!, Hamburg.

Clarke, Eric, 2004, "Empirical Methods in the Study of Performance". In: Clarke, Eric und Nicholas Cook (Hrsg.), Aims, Methods, Prospects: 77-102. Oxford New York: Oxford University Press.

Cook, Nicholas, 2001, „Between Process and Product: Music and/as Performance", Music *Theory online*, 7(2): (http:/mto.societymusictheory.org, 2.1.2008)

Danuser, Hermann, 1992, Musikalische Interpretation. Neues Handbuch der Musikwissenschaft Bd. 11. Laaber: Laaber.

Danuser, Hermann, 1996, „Interpretation". In: Finscher, Ludwig (Hrsg.), Die Musik in Geschichte und Gegenwart. Allgemeine Enzyklopädie der Musik. Sachteil Bd. 4: 1053-1069. Kassel: Bärenreiter.

Davidson, Jane W. und Jorge Salgado Correia, 2002, "Body movement in performance". In: Parncutt, R. und G. E. McPherson (Hrsg.), The Science and Psychology of Music Performance: Creative Strategies for Teaching and Learning: 237-250, Oxford: Oxford University Press.

Dunsby, Jonathan, 2001, "Performance". In: Sadie, Stanley (Hrsg.), The New Grove Dictionary of Music and Musicians. Online-Edition 2007, www.grovemusic.com (2.1.2008)

Dunsby, Jonathan, 2002, "Performers on performance". In: Rink, John (Hrsg.) Musical Performance. A Guide to Understanding: 225-236. New York: Cambridge University Press.

Elste, Martin, 2000, Meilensteine der Bachinterpretation 1750-2000, Kassel: Bärenreiter.

Fischer-Lichte, Erika, 2004, Ästhetik des Performativen, Frankfurt/Main: Suhrkamp.

Gutknecht, Dieter, 1994, „Aufführungspraxis". In: Finscher, Ludwig (Hrsg.), Die Musik in Geschichte und Gegenwart. Allgemeine Enzyklopädie der Musik. Sachteil Bd. 1: 954-986. Kassel: Bärenreiter.

Harnoncourt, Nikolaus, 1984, Musik als Klangrede. 4. Auflage. Wien: Residenz.

Harris, Mary Emma, 2002, The Arts at Black Mountain College. 3. Auflage. Cambridge, Massachusetts. London: the MIT Press.

Hindemith, Paul, 1995, "Das private Logbuch", Briefe an seine Frau Gertrud. Main, München: Schott, Piper.

Koch, Heinrich Christoph, 1969, Versuch einer Anleitung zur Composition, 2 Bände, Leipzig 1787, Hildesheim: Olms.

Lerdahl, Fred, Ray Jackendoff, 1983, A Generative Theory of Tonal Music. Cambridge und London: The MIT Press.

Lester, Joel, 1995, Performance an Analysis. Interaction and Interpretation, In: The Practice of Performance. Studies in Musical Interpretation, Rink Fohn (Hrsg)., Cambridge, University Press.

Lorenzer, Alfred, 1984, Das Konzil der Buchhalter. Die Zerstörung der Sinnlichkeit. Eine Religionskritik. 1. Auflage 1981, Frankfurt/Main: Fischer.

Mauser, Siegfried, 1996, „Hermeneutik". In: Finscher, Ludwig (Hrsg.), Die Musik in Geschichte und Gegenwart. Allgemeine Enzyklopädie der Musik. Sachteil Bd. 4: 261-270. Kassel: Bärenreiter.

Mozart, Leopold 1756, Gründliche Violinschule. Faksimile Augsburg: Breitkopf und Härtel.

Parncutt, Richard, 2005, "Perception of Musical Patterns: Ambiguity, Emotion, Culture", *Science and Music – The Impact of Music* (Nova Acta Leopoldina Bd. 92: 33–48).

Quantz, Johann Joachim, 1752, Versuch einer Anweisung die Flöte traversiere zu spielen. Faksimile Berlin: dtv.

Riemann, Hugo, 1895, Präludien und Studien. Gesammelte Aufsätze zur Ästhetik, Theorie und Geschichte der Musik, Bd. 1. Leizpig:

Rink, John (Hrsg), 1995, The Practice of Performance. Studies in Musical Interpretation, New York: Cambridge University Press.

Rösing, Helmut, 1992, „Musik als Lebenshilfe? Funktionen und Alltagskontexte". In: Lipp, Wolfgang (Hrsg.), Gesellschaft und Musik. Wege zur Musiksoziologie: 311-331. Berlin:

Rothstein, William, 1995, "Analysis and the act of performance". In: Rink, John (Hrsg.), The Practice of Performance. Studies in Musical Interpretation: 217-240. New York: Cambridge University Press.

Schneidewind, Petra und Martin Tröndle (Hrsg.), 2003, Selbstmanagement im Musikbetrieb. Handbuch für Musikschaffende, Bielefeld: Transcript.

Schmidt, Christian Martin, 1995, „Editionstechnik". In: Finscher, Ludwig (Hrsg.) Musik in Geschichte und Gegenwart. Allgemeine Enzyklopädie der Musik. Sachteil Bd. 2: 1656-1680. Kassel: Bärenreiter.

Stenzl, Jürg, 1995, "In Search of a History of Musical Interpretation" *The Musical Quarterly* 79: 683–699.

Treitler, Leo, 1989, Music and the Historical Imagination, Cambridge, Massachusetts: Harvard University Press.

Taruskin, Richard, 1988, "The Pastness of the Present and the Presence of the Past". In: Kenyon, Nicholas (Hrsg.), Authenticity and Early Music: 137-207. New York: Oxford University Press.

Taruskin, Richard, 1982, "The Musicologist and the Performer". In: Holoman, Kern und Claude V. Palisca (Hrsg.), Musicology in the 1980s. Methods, Goals, Opportunities: 101-118. New York:

Tröndle, Martin, 2003, "Das Publikum". In: Schneidewind, Petra und Martin Tröndle (Hrsg.), Selbstmanagement im Musikbetrieb. Handbuch für Musikschaffende, Bielefeld: Transcript.

Weiß, Martin, 2000, „Luigi Pareysons Theorie der Formativität, In: Franke, Ursula et al. Zeitschrift für Ästhetik und Allgemeine Kunstwissenschaft 45(1): 111-120. Hamburg.

Wortelkamp, Isa, 2006, Sehen mit dem Stift in der Hand. Die Aufführung im Schriftzug der Aufzeichnung (Reihe Scenae Bd. 2), Freiburg i. Br.: Rombach Verlag.

Musikdistribution

Vom Tonträger zur Musikdienstleistung – Der Paradigmenwechsel in der Musikindustrie

Peter Tschmuck

1 Einleitung

Die Entwicklung der Musikindustrie ist seit der Erfindung des Phonographen durch Thomas Alva Edison 1877 untrennbar mit Innovationen bei der Tonträgertechnologie verbunden.[1] Mit der Erfindung der in beliebiger Zahl vervielfältigbaren Schallplatte durch Emile Berliner 1887 wurde die massenhafte Verbreitung von Musik auf Tonträger ermöglicht.[2] Trotz der Verbesserung der Klangqualität durch den Einsatz unterschiedlicher Materialien – zuletzt Schellack – blieb die mit 78 Umdrehungen pro Minute abspielbare Schallplatte mit einer maximalen Speicherkapazität von ca. 4 Minuten pro Seite bis 1948 der Industriestandard. Sie wurde in diesem Jahr von der Vinyl-Langspielplatte bzw. Vinyl-Single vom Markt verdrängt, die als Konkurrenzformate der beiden US-Major Plattenfirmen CBS Columbia und RCA Victor eingeführt worden waren.[3] Mit der Erfindung der Musikkompaktkassette durch den niederländischen Elektronikkonzern Philips im Jahr 1962/63 entstand der Schallplatte zwar ein technisches Substitut, aber etwaige Marktverluste konnten durch Etablierung innovativer Musikgenres Ende der 1960er Jahre problemlos wettgemacht werden. Bis Anfang der 1980er Jahre war die Schallplatte der unangefochtene Standard der industriellen Musikverwertung.

1982/83 wurde dann die gemeinsam von den Elektronikriesen Sony und Philips entwickelte Compact Disk (CD) am Markt eingeführt, womit erstmals die körperliche Vermarktung von Musik in digitaler Form ermöglicht wurde. Der große Erfolg der CD lässt sich schon allein daran ablesen, dass 1988 in den USA bereits mehr CDs als Vinyl-LPs (Sanjek und Sanjek 1991: 256-258) abgesetzt

---

[1] Im Sommer 1877 fertigte Edison erstmals Skizzen von einem Gerät an, das in der Lage sein sollte, Klang zu speichern und wiederzugeben. Auf dieser Basis entwickelte Edisons Chefmechaniker, John Kruesi, einen Prototyp, der am 24. Dezember 1877 unter dem Namen „Phonograph" angemeldet und am 19. Februar 1878 unter der Nummer 200.521 vom US-Patentamt eingetragen wurde (Read und Welch 1976: 11-12). Dieses Gerät war aber für den Bürogebrauch konzipiert und war ursprünglich nicht als Musikaufnahme- und -wiedergabegerät vermarktet worden (Tschmuck 2003: 20-24).

[2] Am 26. September 1887 meldete Emile Berliner ein Gerät zur Klangaufzeichnung unter dem Namen „Gramophone" am Washingtoner Patentamt unter der Nummer 372.786 an (siehe Read und Welch 1976: 122).

[3] Als geistiger Vater der Vinyl-Schallplatte gilt der österreichisch-ungarisch stämmige Peter Goldmark, der für die CBS-Columbia 1948 die Vinyl-Schallplatte mit einer Geschwindigkeit von $33^1/_3$ Umdrehungen pro Minute und einer Speicherkapazität von 20 Minuten pro Seite konzipiert hat (siehe Read und Welch 1976: 339-340).

werden konnten. Das daraufhin einsetzende progressive Marktwachstum lockte Investoren aus verschiedenen Branchen an, um über Firmenakquisitionen und -fusionen in der Musikindustrie aktiv zu werden und die ungewöhnlich hohen Renditen abzuschöpfen. Der kommerzielle Erfolg der CD überdeckte eine Zeitlang einen strukturellen Bruch, der erst mit Verzögerung die Musikindustrie grundlegend revolutionieren sollte.

Mit der Entwicklung der MP3[4] durch das Fraunhofer-Institut für Integrierte Schaltungen (IIS) in Erlangen gelangte eine Datenkomprimierungstechnologie via Betaversion ins Internet, wo das ursprünglich für die Synchronisation des Soundtracks von Filmen gedachte Format sogleich für die Distribution von Musik durch findige Computerfreaks Verwendung fand. So wie es gegenwärtig aussieht, konnte sich die MP3, trotz der Versuche, proprietäre und kontrollierbare Formate seitens der Musikindustrie entgegenzusetzen, als Standard der Verbreitung von Soundfiles durchsetzen. Egal ob nun die MP3 oder andere Datenformate die Hauptrolle der unkörperlichen Verbreitung von Musik in Zukunft spielen werden, es wird dadurch der klassische Tonträger und damit insbesondere auch die CD als Distributionsmedium für Musik herausgefordert. In welcher Form das passiert, wird später noch zu erläutern sein.

2 Die Entwicklung des Tonträgermarktes im historischen Rückblick

Es ist schwierig eine langfristige Analyse des Tonträgermarktes durchzuführen, weil das Datenmaterial meist lückenhaft ist und auch nicht in jener zuverlässigen Form vorliegt, wie es zu wünschen wäre. Zudem ist aufgrund des technologischen Wandels bei den Tonträgerformaten die Datenreihe von Brüchen gekennzeichnet. Zwar können Umsatzwerte angegeben werden, aber diese beziehen sich stets auf die technologischen Möglichkeiten, die in einem bestimmten Zeitabschnitt bestanden. Trotzdem möchte ich an dieser Stelle versuchen, einen historischen Rückblick auf die Umsatzentwicklung des Tonträgers für die wichtigsten geographischen Märkte zu werfen.

Die am weitesten zurückreichende, geschlossene Datenreihe lässt sich für den US-amerikanischen Markt rekonstruieren, für den es seit 1921 Aufzeichnungen gibt.[5] Rechnet man die Inflation auf Basis der Preise von 1921 heraus, so kann die Entwicklung der Tonträgerumsätze trotz der oben gemachten Einschränkungen tendenziell nachvollzogen werden.

---

[4] MP3 steht für Motion Picture Expert Group, Layer 3.

[5] Für die Jahre 1921-1980 siehe Gronow (1983: 63 und 66); für 1981-1990 siehe Burnett (1996: 110) und ab 1991 siehe die diversen Jahresberichte der IFPI-International (The Recording Industry in Numbers).

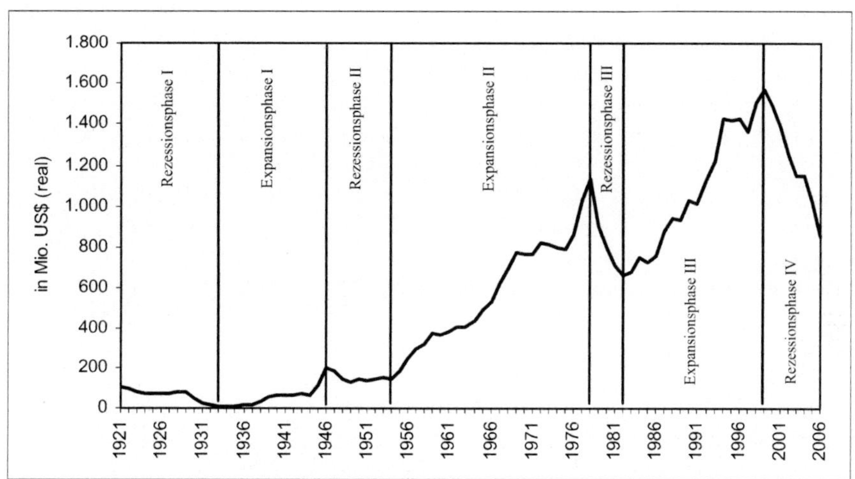

Abbildung 1: Die Entwicklung der realen Tonträgerumsätze (Basis: 1921) für den US-amerikanischen Markt.[6]

Die Entwicklung lässt sich als ein Konjunkturzyklus erklären, in dem sich Rezessions- und Stagnationsphasen mit expansiven Phasen des Marktwachstums abwechseln. Seit 1921 lassen sich für die USA vier Rezessionen und drei Expansionen feststellen, die jeweils unterschiedlich lange dauerten, wobei aber die Hochkonjunktur stets länger anhielt als die rezessiven Perioden.

2.1 Rezessionsphase I (1921-1933)

Die Datenreihe beginnt mit dem Jahr 1921, also zu einem Zeitpunkt als in den USA der kommerzielle Rundfunk seine Tätigkeit aufgenommen hatte.[7] Die Tonträgerindustrie befand sich aufgrund einer Überproduktion von Phonographen und Tonträgern schon in einem Abwärtstrend. Kleinere Label mussten ihren Betrieb einstellen, aber auch der US-Major Columbia Phonograph war aufgrund eines Umsatzeinbruchs von 1920 auf 1921 um mehr als die Hälfte wirtschaftlich stark angeschlagen und musste 1923 Konkurs anmelden (siehe Gelatt 1955: 209). Aber auch der Hauptkonkurrent der Columbia, die Victor Talking Machine, war mit massiven Umsatz- und Gewinneinbrüchen konfrontiert. Der Rundfunk, den die Majors ursprünglich nicht einmal wahrgenommen und dann trotz

[6] Eigene Darstellung und Berechnung nach Gronow (1983: 63 und 66), Burnett (1996: 110) und Jahresberichte der IFPI-International (The Recording Industry in Numbers 1991-2007).

[7] In den USA ging die KDKA in Pittsburgh am 2. November 1920 als erste kommerzielle Radiostation auf Sendung (siehe Steffen 2005: 175).

erster kommerzieller Erfolge nicht Ernst genommen hatten, wurde Mitte der 1920er Jahre zum Sündenbock für die wirtschaftliche Misere der Tonträgerunternehmen erklärt und mit allen Mitteln bekämpft. Die Victor Talking Machine ging sogar soweit, das elektrische Aufnahmeverfahren 1924 abzulehnen, weil dessen Einsatz dem Siegeszug des Rundfunks Vorschub leisten würde, womit ein ganzes Jahr für die Ausweitung der Geschäftstätigkeit verloren ging, als es 1925 über den Umweg von Europa dann doch in den USA eingeführt wurde.[8]

Bevor also die Weltwirtschaftskrise 1929 der Tonträgerindustrie den letzten Rest gab, war sie schon wegen der Ignoranz gegenüber der Innovation des Rundfunks in die Krise geraten. Das Ergebnis war, dass beide US-Tonträgermajors letztendlich von den großen Rundfunknetzwerken aufgekauft und ihrer Produktionslogik untergeordnet wurden.[9] Aus der Musikverlags- und Tonträgerindustrie war eine Rundfunkindustrie geworden.

Da das zentrale Geschäftsmodell des Rundfunks darin bestand, Musik live aus den Ballrooms und Konzerthallen zu senden, wurde der Tonträger lediglich zum Vehikel der Zweitvermarktung erfolgreicher Künstler und Bands. Es verwundert daher nicht, dass der Umsatz der Tonträgerindustrie in den USA 1933 – beschleunigt durch die wirtschaftliche Depression – auf einen historischen Tiefststand von US$ 6,0 Mio. sank (-94,3% gegenüber 1921).

2.2 Expansionsphase I (1933-1947)

Es dauerte dann mehr als ein Jahrzehnt, bis 1945, als der Wert des Jahres 1921 erstmals wieder überschritten werden konnte. Ende der 1930er Jahre konnte der US-Tonträgermarkt sein Umsatztief dank der aufblühenden Jukebox-Industrie überwinden (vgl. Garofalo 1997: 59-60) und auch der 13 Monate lang dauernde Aufnahmeboykott der US-Musikergewerkschaft in den Jahren 1942 und 1943 konnte das Wachstum nur vorübergehend bremsen (siehe Read und Welch 1976: 396-398).

Mit dem Ende des zweiten Weltkrieges und der damit verbundenen Kriegsbewirtschaftung in den USA standen die Vorzeichen der Musikindustrie auf Hochkonjunktur.

---

[8] Zur Markteinführung der elektrischen Aufnahmetechnik siehe Read und Welch (1976: 237-254).

[9] Die Victor Talking Machine wurde 1926 von den beiden New Yorker Bankhäusern Speyer & Co. sowie J. & W. Seligman & Co. erworben und 1928 an die Radio Corporation of America (RCA) weiterverkauft (Sanjek und Sanjek 1991: 23). Die Columbia Phonograph, die im Zuge der Fusion von der Gramophone Co. und der Columbia Graphophone aufgrund der Wettbewerbsauflagen von ihrer britischen Mutter in die wirtschaftliche Unabhängigkeit entlassen werden musste, landete nach mehreren Konkursen 1938 bei der Columbia Broadcasting Systems (CBS) (Martland 1997: 136).

2.3 Rezessionsphase II (1948-1954)

Aber statt explodierender Umsatzzahlen bremst ab 1948 eine leichte Rezession trotz der Markteinführung der Vinyl-Schallplatte die Entwicklung. Der Grund war ein erneuter Strukturbruch, in dem sich die Rundfunkindustrie zur Tonträgerindustrie wandelte. Peterson (1990) beschreibt eindrucksvoll die Voraussetzungen dieses Strukturbruchs, den man auch als Rock'n'Roll-Revolution bezeichnen könnte. Am Anfang stand die Entscheidung der US-Rundfunkregulierungsbehörde (Federal Communications Commission - FCC), dass die bisherige Praxis der restriktiven Lizenzvergabe – drei bis maximal fünf Lizenzen im jeweiligen Bundesstaat – beendet wurde und eine Vielzahl an Lizenzen für das 1945 geöffnete Ultrakurzwellen-Frequenzband an kleine, lokale Radiostationen vergeben werden sollte. Diese meist unterkapitalisierten Unternehmen konnten sich die kostspieligen Live-Übertragungen der großen Networks nicht leisten und mussten auf die Sendung von Schallplatten zurückgreifen, die vor allem von neu sich am Markt etablierenden Independent-Labels produziert wurden. Es handelte sich dabei um Rhythm & Blues sowie Country-Aufnahmen, die von den Major-Tonträgerunternehmen mit Hinweis auf ihre minderwertige Qualität abgelehnt wurden.

In einer Symbiose von Indie-Plattenlabel und Indie-Radiostationen versorgten erstere die zweiteren mit kreativem Input, wofür sich die zweiteren mit entsprechender Radiopromotion „bedankten“. Das alles traf mit der steigenden Nachfrage der Babyboomer-Generation nach neuer, unverbrauchter, abseits des Big Band-Mainstream angesiedelter Musik und einer Reihe von technologischen Innovationen (z.B. Vinyl-Schallplatte und Transistorradio) zusammen. In diesem explosiven Gemisch löste sich das bestehende Oligopol der Tonträgerindustrie auf und eine Vielzahl von Indie-Labels eroberte den Markt (siehe Tschmuck 2003: 134-137). Da sich diese gezwungen sahen, sich im harten Wettbewerb mit ständiger musikalischer Innovation zu positionieren, entstand aus der Verschmelzung verschiedener Musikgenres der Rock'n'Roll, der diesem Strukturbruch den Namen verleiht.

2.4 Expansionsphase II (1955-1978)

Mit dem endgültigen Durchbruch des Rock'n'Roll und dem darauf folgenden Siegeszug der Rockmusik in den 1960er Jahren, begann die längste Konjunkturphase in der Tonträgerindustrie. Von Jahr zu Jahr wurden Umsatzzuwächse gemeldet und neue Tonträgerunternehmen begannen sich am Markt zu etablieren. Neben den „alten“ Majors (CBS-Columbia, RCA-Victor, EMI-Capitol), die in neuem Gewand ihre angestammte Position zurückgewinnen konnten, waren es vor allem Quereinsteiger in die Branche, die das neue, auf dem Tonträger basierenden Geschäftsmodell perfektionierten (Philips, Warner und MCA).

Die gesamte Wertschöpfungskette wurde nunmehr rund um den Tonträger aufgebaut. Über die hauseigenen Musikverlage sicherte man sich den kreativen Input der Textautoren und Komponisten. Mit großzügigen Vorschüssen und weitreichenden, exklusiven Plattenverträgen konnten erfolgreiche Interpreten an das Label gebunden werden. Und über die diversen, in ihrem Eigentum befindlichen Vertriebs- und Distributionsstrukturen wurde der Absatz hin zum Konsumenten kontrolliert. Einige der Majors leisteten sich sogar Einzelhandelsketten (EMI mit den HMV-Shops), um die Wertschöpfungskette vollständig abzudecken. Zudem waren die Majors Teil eines Mediennetzwerks, in dem über diverse Synergien erfolgreich Cross-Marketing und -Promotion sowie Merchandising und Mehrfachverwertung (z.B. Film- und TV-Musik), betrieben werden konnte. Indie-Label, die sich nachhaltig erfolgreich am Markt etablieren konnten, wurden zuerst über Vertriebsverträge gebunden und schließlich samt Backkatalog aufgekauft. Musikgenres wurden als Marketing-Vehikel eingesetzt, um damit den Markt zu segmentieren und nach allen Regeln der Kunst abzuschöpfen.

Ende der 1970er beherrschten die Tonträgermajors so gut wie alle Wertschöpfungsbereiche inklusive Instrumentenbau und Musikeragenturen.

2.5 Rezessionsphase III (1979-1985)

Aber schon im letzten Jahr vor Anbruch eines neuen Jahrzehnts traten in der Tonträgerindustrie erste Risse zutage. Durch die perfektionierte Marktsegmentierung bildeten sich immer kleinere Marktsegmente heraus, die weniger Gewinn abwarfen. Zudem waren die großen Innovationen in der Musik – Heavy Metal, Disco, Reggae, Punk, Hip Hop/Rap, Electronica bereits unter Federführung der Indies gemacht, und von den Majors in breitenwirksame und poptaugliche Formen transformiert worden. Philips-PolyGram, Warner, MCA, CBS-Columbia und RCA-Victor kämpften mit Umsatzeinbußen und rutschten in die Verlustzone. Die EMI stand 1979 sogar vor dem wirtschaftlichen Untergang, vor dem sie sich nur durch eine Fusion mit dem Elektrokonzern THORN retten konnte. In dieser Situation setzten die Majors auf den Superstar-Pop à la Michael Jackson und begannen den Artist-Roster einzuschränken, indem sie viele Plattenverträge auch mit namhaften Künstlern auslaufen ließen.

2.6 Expansionsphase III (1985-1999)

Der Aufschwung ab Mitte der 1980er Jahre ist dem aufkommenden Musik-TV aber vor allem der Markteinführung der Compact Disk (CD) im Jahr 1982/83 durch die Elektronikkonzerne Sony und Philips, dessen Tochterunternehmen PolyGram zu diesem Zeitpunkt der größte Tonträgerkonzern der Welt war, zu verdanken. 1988 wurden in den USA bereits mehr CDs als LPs verkauft (siehe Sanjek und Sanjek 1991: 256-258). Die steigenden und im Vergleich zu anderen

Industrien überaus hohen Renditen lockten branchenfremde, aber kapitalstarke Unternehmen an, um ihr Glück in der Musikindustrie zu suchen. 1986 übernahm das deutsche Traditionsverlagshaus Bertelsmann die wirtschaftlich angeschlagene RCA-Victor und 1988 kauft sich Sony beim zweiten Traditionsmusik-Major, CBS-Columbia, ein. 1989 folgt die japanische Matsushita mit der Akquisition der MCA, die aber bald an den kanadischen Spirituosenkonzern Seagram abgegeben wurde. Nach Abgabe der Destillationssparte wandelt Seagram die MCA zu Universal Music um und erwarb 1998 von Philips zusätzlich noch die PolyGram, was Universal schlagartig zum größten Tonträgerunternehmen der Welt machte. Damit nicht genug, fusionierte die Seagram-Gruppe 2000 mit dem französischen Musikkonzern Vivendi zum weltweit größten Medienkonzern. Das war zum Höhepunkt der Dot.com-Blase, als in der bislang größten Firmenübernahme aller Zeiten der durch Fusion entstandene Medienkonzern Time-Warner vom Internet-Provider American Online (AOL) übernommen wurde.

2.7 Rezessionsphase IV (2000-???)

Im Jahr 2000 ist aber der Zenit der Tonträgerindustrie in den USA bereits überschritten. Inflationsbereinigt kann 1999 der historische Umsatzhöchststand gemessen werden. Seitdem zeichnet sich der Markt durch jährliche Umsatzrückgänge aus, der den Markt bis 2006 real um fast die Hälfte (–45,3%) hat schrumpfen lassen. In diesem letzten betrachteten Jahr erreichte der US-Markt für Tonträger inflationsbereinigt nicht einmal mehr das Niveau von 1987. Man kann durchaus behaupten, dass der gesamte Zuwachs, den die CD dem Markt bescherte, wieder verloren gegangen ist.

Die Ursachen dafür liegen aber weiter zurück als das Auftreten von Musikdownloads aus dem Internet über diverse P2P-Tauschbörsen[10]. Der eigentliche Grund für die Misere des Tonträgers liegt in seiner Digitalisierung. Ihr Untergang ist quasi in der CD bereits festgelegt. Im Glauben ein neues, hochqualitatives Speichermedium am Markt durchgesetzt zu haben, wurde von den Tonträger-Majors übersehen, dass die Entwicklung der Digitaltechnologie abseits der Musikindustrie rasch voranschritt. Innovationen wie das MP3-Datenkomprimierungsformat oder neuer internetbasierender Geschäftsmodelle (Stichwort: MP3.com) wurden anfangs ignoriert, dann belächelt und in ihrer Relevanz heruntergespielt und schließlich mit allen tauglichen und untauglichen Mitteln bekämpft. So wie schon der Rundfunk in den 1920er Jahren oder die Rock'n'Roll-Revolution in den 1950er Jahren, hat die Digitalisierung und Entmaterialisierung der Musik vom Tonträger einen Strukturbruch ausgelöst, der das gesamte Wertschöpfungsnetzwerk desintegriert und neu entstehen lässt.

[10] P2P steht für „Peer-to-Peer" im Gegensatz zu „Business-to-Consumer" (B2C).

Die Tonträger-Majors leiden sichtlich unter Umsatz- und Gewinnrückgängen, was sich in Fusionen (Sony Music und Bertelsmann Music Group zur Sony-BMG), in Desintegration (Verkauf von Warner Music durch den Time-Warner-Konzern an eine Investorengruppe) und Eigentümerwechsel (Verkauf von EMI an einen Investmentfonds) niederschlägt.

Gleichzeitig sind neue Player in der Musikindustrie mit neuen Geschäftsmodellen nachhaltig tätig geworden. So verdient der Computerhersteller Apple weniger über den Musikdownload seiner Internetplattform iTunes, sondern am Verkauf seiner iPods. Aber auch Internethändler, Softdrinkhersteller, Autokonzerne, Telekommunikations-Unternehmen etc. versuchen am Geschäft mit Musik mitzunaschen.

3 Der Aufstieg und Fall der CD[11]

Die Markteinführung der Compact Disk (CD) im Jahr 1982/83 durch die Elektronikkonzerne Sony und Philips hat, wie wir gesehen haben, die Krise am Tonträgermarkt beendet und in der Industrie eine Boomphase mit steigenden Umsatzwachstumsraten ausgelöst. Der weltweite Stückumsatz von CDs[12] weist bis Mitte der 1990er Jahre jährliche Wachstumsraten auf, die 20% und sogar mehr erreichten. Ab 1995 bremste sich aber das Wachstum ein und 2000 wurde mit 1,8% das letzte Mal ein positiver Zuwachs verzeichnet. In diesem Jahr wurde der historische Höchstwert von weltweit 2,4 Mrd. verkauften Stück CDs erzielt. Betrachtet man die größten geographischen Märkte,[13] so konnten 2000 in den USA mit 942,5 Mio. und in Großbritannien mit 201,6 Mio. verkauften Stück CDs historische Höchstwerte gemessen werden. Seit 1991 sind die Stückumsätze in diesen beiden Märkten um 182,8% (USA) und 221,0% (Großbritannien) geradezu explodiert. Auch in anderen wichtigen Märkten hatte die CD in den 1990er Jahren Hochkonjunktur. In Frankreich lag der Stückumsatz der CD 2000 um 52,1% höher als 1991, in Japan um 67,3% und in Deutschland um 101,2%. Und sogar in einem vergleichsweise kleinen Markt wie Österreich konnte die CD zwischen 1991 und 2000 um 144,9% stückmäßig zulegen.

Interessant ist dabei, dass nicht in allen Hauptmärkten der Tonträgerindustrie der Höchststand im magischen Jahr 2000 – in dieses Jahr fällt die Inbetriebnahme von NAPSTER – erreicht wurde. So wurde in Japan (wie auch in Österreich) der historische Spitzenwert bereits 1997 gemessen, in Deutschland 1999

[11] Die Daten wurden aus den jährlichen Berichten der IFPI gewonnen (The Recording Industry in Numbers, Jg. 1991-2007).

[12] Verglichen werden dabei die Stückumsätze der verkauften CD-Alben, d. h. ohne die Single-CD-Verkäufe.

[13] Die größten geographischen Märkte sind die USA, Japan, Großbritannien, Deutschland und Frankreich, in denen rund 75% des weltweiten Umsatzes mit vorab aufgenommener Musik gemacht wird. Im Vergleich dazu kommt ein kleiner Markt wie Österreich nur auf einen Anteil von 0,5%.

und in Frankreich erst 2003. Auch wenn die Entwicklung in jedem Markt auf lokale Besonderheiten zurückgeführt werden kann, so zeigt das empirische Material doch keine Evidenz, dass die Rückgänge bei den CD-Verkäufen ausschließlich auf das Auftreten von P2P-Tauschbörsen bzw. auf das Brennen von CDs bzw. DVDs zurückgeführt werden können. Es müssen also noch andere Gründe ausschlaggebend für die Krise am CD-Markt sein.

Diese Krise lässt sich für alle großen geographischen Märkte mit Zahlen belegen (siehe Abbildung 2). In den USA brachen die Stückumsätze der CD-Alben zwischen 2000 und 2006 um 34,8% ein. Das bedeutet, dass 2006 in den USA um 327,0 Mio. Stück weniger an CDs verkauft wurden als noch im Jahr 2000. In Deutschland fiel der Rückgang mit 44,3% (-91 Mio. Stk.) noch deutlicher aus. Am stärksten waren die Einbußen aber in Österreich mit -47,1% oder -9,0 Mio. Stk.[14] Beträchtliche Stückumsatz-Verluste gab es aber auch in Frankreich (-31,4% oder -34,7 Mio. Stk.), in Japan (-31,3% oder -90,0 Mio. Stk.) und in Großbritannien (-18,5% oder -37,2 Mio. Stk.).

Aber auch andere Tonträgerformate konnten den Rückgang nicht stoppen (Abbildung 3). Rechnet man alle physischen Longplay-Formate (d.h. ausgenommen Single-Formate) zusammen, so wurde der historische Höchststand 1996 mit 3,4 Mrd. verkauften Tonträgern erzielt. 2005 waren es nur mehr, 2,3 Mrd., was einem Rückgang von 32,0% oder -1,1 Mrd. Stk. entspricht.

Die Abbildung 3 zeigt deutlich, wie die CD Ende der 1980er Jahre begann, die Vinyl-LP als Tonträgerstandard abzulösen. So wurden 1988 weltweit erstmals mehr CDs als LPs verkauft.[15] 1993 überflügelte die CD die bis dahin dominante Musikkassette, die vor allem in industriellen Schwellenländern lange Zeit das einzig verfügbare Tonträgerformat war. Als dann aber ab 2000 die CD-Stückumsätze einbrachen, gelang es den Marktakteuren nicht mehr sie durch ein anderes Format zu ersetzen, wenn auch in den jährlichen Industrieberichten von Jahr zu Jahr abwechselnd die Minidisk, die Superaudio-CD (SACD) oder die Audio-DVD als Retter in der Not gefeiert wurden.

---

[14] Im Vergleich zum historischen Höchstwert im Jahr 1997 haben sich die Stückumsätze mit der CD 2006 fast halbiert.

[15] Bemerkenswert ist dabei, dass in diesem Jahr mit 1,5 Mrd. Stk. mehr Musikkompaktkassetten weltweit verkauft wurden als Vinyl-LPs und CDs zusammengenommen (1,05 Mrd. Stk.).

Seit 2004 werden nun von den regionalen Industrieverbänden der IFPI auch die digitalen Musikverkäufe ausgewiesen.[16] Die Zuwächse sind beachtlich, wenn auch die Einbußen beim Tonträgerverkauf nicht wettgemacht werden können. In den USA haben sich laut Bericht der Recording Industry Association of America (RIAA 2007) zwischen 2004 und 2005 die digitalen Umsätze verfünffacht und 2006 hat es einen weiteren Zuwachs um 78,6% auf US$ 1,7 Mio. gegeben.[17] Der Anteil an den Handelsumsätzen (trade value) lag 2006 bereits bei 17,0%. Auf den anderen wichtigen Märkten lassen sich ähnliche Entwicklungen beobachten. In Japan lag der Anteil der digitalen Verkäufe am Handelsumsatz 2006 bei 11,0% und in den großen europäischen Märkten zwischen 4,0% und 6,0%.

Abbildung 2: Die Änderungsraten der Stückumsätze für die CD von 1992-2006 in den größten Tonträgermärkten und in Österreich.[18]

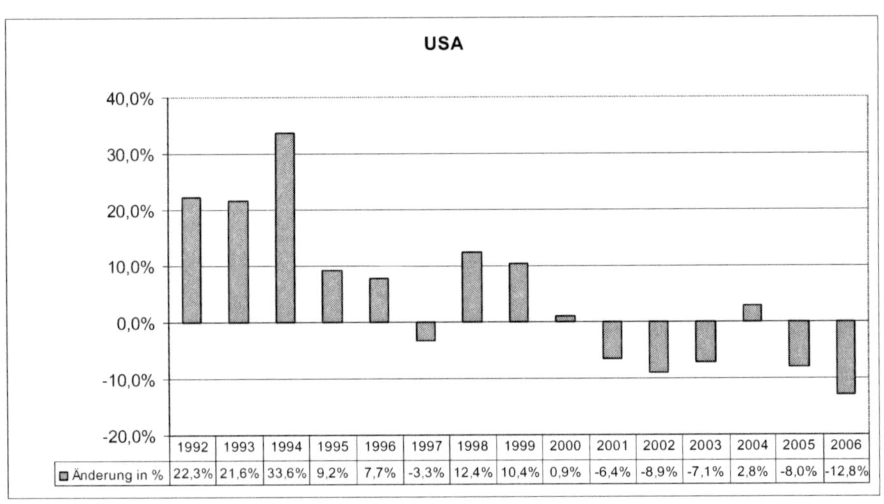

	1992	1993	1994	1995	1996	1997	1998	1999	2000	2001	2002	2003	2004	2005	2006
Änderung in %	22,3%	21,6%	33,6%	9,2%	7,7%	-3,3%	12,4%	10,4%	0,9%	-6,4%	-8,9%	-7,1%	2,8%	-8,0%	-12,8%

[16] Umsätze aus dem Verkauf digitaler Downloads über das Internet und über Mobiltelefone (Klingeltöne und Full-Track-Downloads).

[17] Davon entfielen US$ 878,1 Tsd. (53,1%) auf Musikdownloads aus dem Internet (ohne Abo-Services) und US$ 774,5 Tsd. auf Mobiltelefon-Umsätze (46,9%).

[18] Eigene Darstellung und Berechnung nach den Jahresberichten der IFPI-International (The Recording Industry in Numbers 1991-2007).

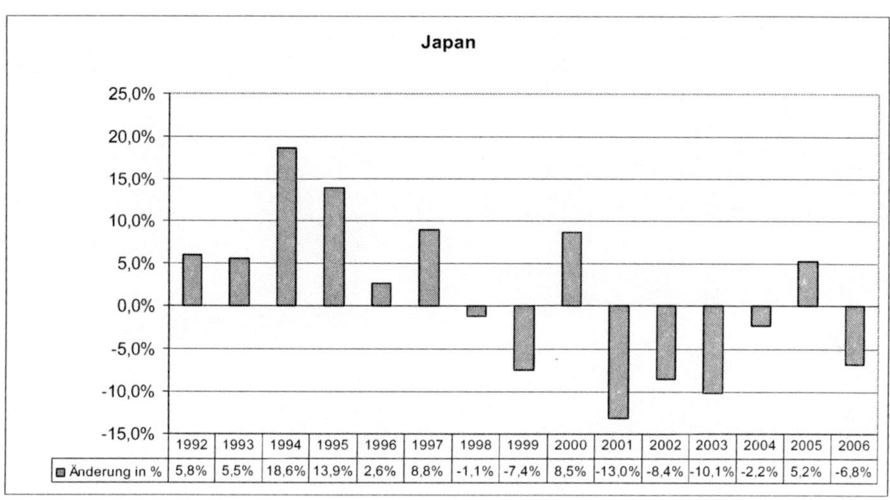

	1992	1993	1994	1995	1996	1997	1998	1999	2000	2001	2002	2003	2004	2005	2006
Änderung in %	5,8%	5,5%	18,6%	13,9%	2,6%	8,8%	-1,1%	-7,4%	8,5%	-13,0%	-8,4%	-10,1%	-2,2%	5,2%	-6,8%

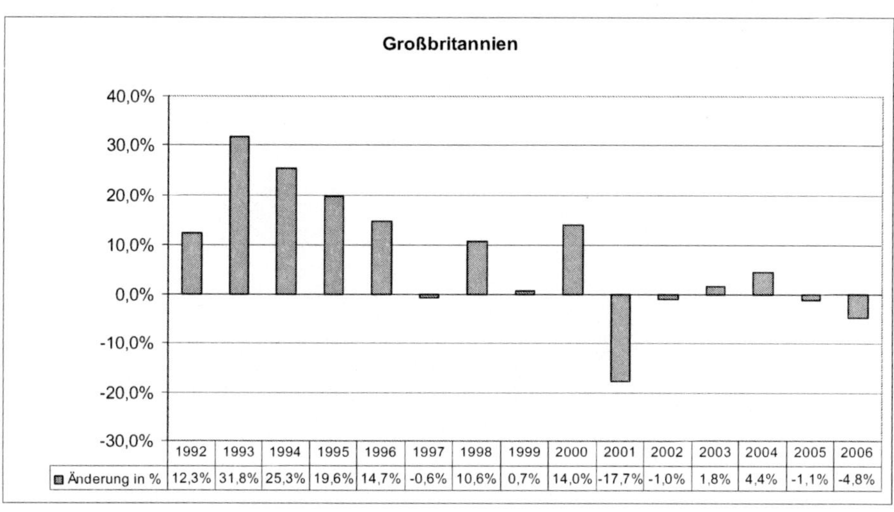

	1992	1993	1994	1995	1996	1997	1998	1999	2000	2001	2002	2003	2004	2005	2006
Änderung in %	12,3%	31,8%	25,3%	19,6%	14,7%	-0,6%	10,6%	0,7%	14,0%	-17,7%	-1,0%	1,8%	4,4%	-1,1%	-4,8%

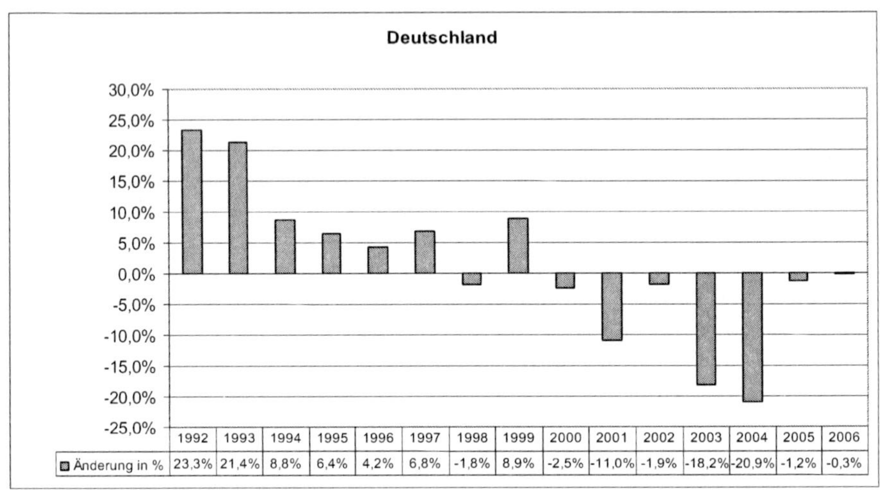
Deutschland
30,0%
25,0%
20,0%
15,0%
10,0%
5,0%
0,0%
-5,0%
-10,0%
-15,0%
-20,0%
-25,0%
1992 1993 1994 1995 1996 1997 1998 1999 2000 2001 2002 2003 2004 2005 2006
Änderung in % 23,3% 21,4% 8,8% 6,4% 4,2% 6,8% -1,8% 8,9% -2,5% -11,0% -1,9% -18,2% -20,9% -1,2% -0,3%

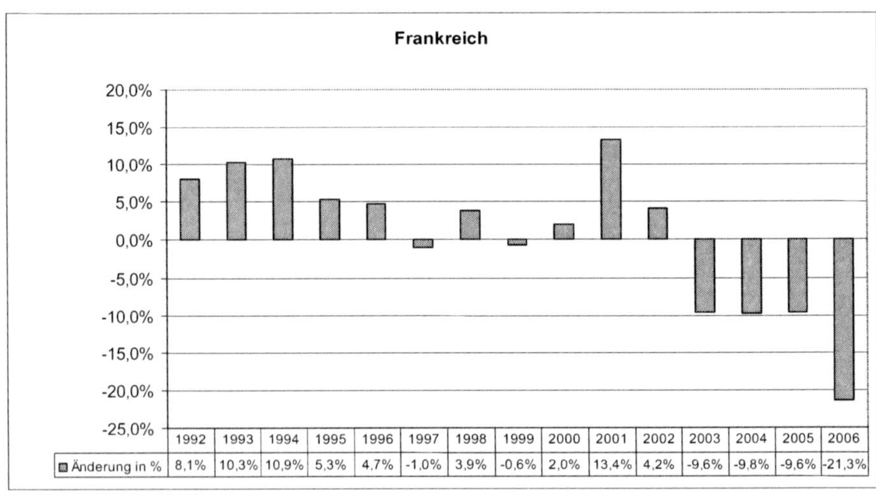
Frankreich
20,0%
15,0%
10,0%
5,0%
0,0%
-5,0%
-10,0%
-15,0%
-20,0%
-25,0%
1992 1993 1994 1995 1996 1997 1998 1999 2000 2001 2002 2003 2004 2005 2006
Änderung in % 8,1% 10,3% 10,9% 5,3% 4,7% -1,0% 3,9% -0,6% 2,0% 13,4% 4,2% -9,6% -9,8% -9,6% -21,3%

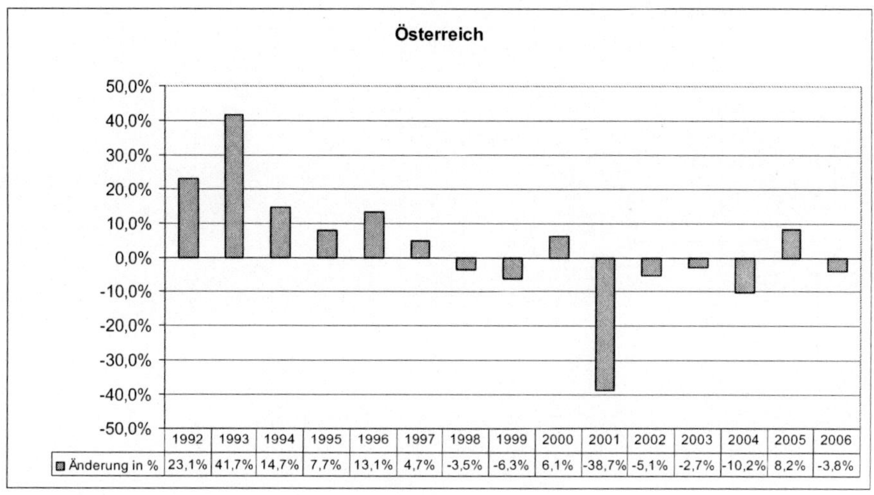
Österreich
50,0%
40,0%
30,0%
20,0%
10,0%
0,0%
-10,0%
-20,0%
-30,0%
-40,0%
-50,0%
1992 1993 1994 1995 1996 1997 1998 1999 2000 2001 2002 2003 2004 2005 2006
Änderung in % 23,1% 41,7% 14,7% 7,7% 13,1% 4,7% -3,5% -6,3% 6,1% -38,7% -5,1% -2,7% -10,2% 8,2% -3,8%

	weltweit		USA		Japan	
	in Tsd. Stk.	in % zum Vorjahr	in Tsd. Stk.	in % zum Vorjahr	in Tsd. Stk.	in % zum Vorjahr
1991	987,0		333,3		171,8	
1992	1.185,0	20,1%	407,5	22,3%	181,8	5,8%
1993	1.419,0	19,7%	495,4	21,6%	191,8	5,5%
1994	1.784,0	25,7%	662,1	33,6%	227,5	18,6%
1995	1.983,0	11,2%	722,9	9,2%	259,2	13,9%
1996	2.162,0	9,0%	778,9	7,7%	265,9	2,6%
1997	2.208,0	2,1%	752,9	-3,3%	289,3	8,8%
1998	2.348,0	6,3%	846,1	12,4%	286,1	-1,1%
1999	2.385,0	1,6%	933,8	10,4%	264,9	-7,4%
2000	2.427,0	1,8%	942,5	0,9%	287,5	8,5%
2001	2.283,0	-5,9%	881,9	-6,4%	250,0	-13,0%
2002	2.164,0	-5,2%	803,3	-8,9%	228,9	-8,4%
2003	2.012,0	-7,0%	746,0	-7,1%	205,8	-10,1%
2004	2.020,0	0,4%	767,0	2,8%	201,3	-2,2%
2005	1.954,0	-3,3%	705,4	-8,0%	211,8	5,2%
2006	1.740,3	-10,9%	614,9	-12,8%	197,5	-6,8%

	Großbritannien		Deutschland		Frankreich		Österreich	
	in Tsd. Stk.	in % zum Vorjahr	in Tsd. Stk.	in % zum Vorjahr	in Tsd. Stk.	in % zum Vorjahr	in Tsd. Stk.	in % zum Vorjahr
1991	62,8		102,1		72,6		7,8	
1992	70,5	12,3%	125,9	23,3%	78,5	8,1%	9,6	23,1%
1993	92,9	31,8%	152,8	21,4%	86,6	10,3%	13,6	41,7%
1994	116,4	25,3%	166,2	8,8%	96,0	10,9%	15,6	14,7%
1995	139,2	19,6%	176,9	6,4%	101,1	5,3%	16,8	7,7%
1996	159,7	14,7%	184,4	4,2%	105,9	4,7%	19,0	13,1%
1997	158,8	-0,6%	196,9	6,8%	104,8	-1,0%	19,9	4,7%
1998	175,7	10,6%	193,3	-1,8%	108,9	3,9%	19,2	-3,5%
1999	176,9	0,7%	210,6	8,9%	108,2	-0,6%	18,0	-6,3%
2000	201,6	14,0%	205,4	-2,5%	110,4	2,0%	19,1	6,1%
2001	166,0	-17,7%	182,9	-11,0%	125,2	13,4%	11,7	-38,7%
2002	164,3	-1,0%	179,4	-1,9%	130,4	4,2%	11,1	-5,1%
2003	167,2	1,8%	146,8	-18,2%	117,9	-9,6%	10,8	-2,7%
2004	174,6	4,4%	116,1	-20,9%	106,4	-9,8%	9,7	-10,2%
2005	172,6	-1,1%	114,7	-1,2%	96,2	-9,6%	10,5	8,2%
2006	164,4	-4,8%	114,4	-0,3%	75,7	-21,3%	10,1	-3,8%

Tabelle 1: Die Änderungsraten der Stückumsätze für die CD von 1992-2006 in den größten Tonträgermärkten und in Österreich.

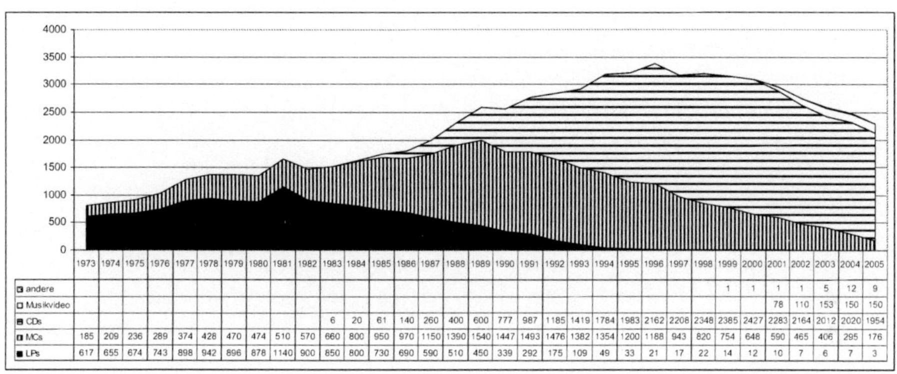

	1973	1974	1975	1976	1977	1978	1979	1980	1981	1982	1983	1984	1985	1986	1987	1988	1989
andere																	
Musikvideo																	
CDs											6	20	61	140	260	400	600
MCs	185	209	236	289	374	428	470	474	510	570	660	800	950	970	1150	1390	1540
LPs	617	655	674	743	898	942	896	878	1140	900	850	800	730	690	590	510	450

	1990	1991	1992	1993	1994	1995	1996	1997	1998	1999	2000	2001	2002	2003	2004	2005
andere										1	1	1	1	5	12	9
Musikvideo												78	110	153	150	150
CDs	777	987	1185	1419	1784	1983	2162	2208	2348	2385	2427	2283	2164	2012	2020	1954
MCs	1447	1493	1476	1382	1354	1200	1188	943	820	754	648	590	465	406	295	176
LPs	339	292	175	109	49	33	21	17	22	14	12	10	7	6	7	3

Abbildung 3: Die Entwicklung der weltweiten Stückumsätze für diverse Tonträgerformate (1973-2005).

Unter Musikvideo werden die Video-DVD, die VHS- und VCD-Video zusammengefasst. Andere Tonträgerformate inkludieren die Minidisk, die Superaudio-CD (SACD) und die Audio-DVD.
Quelle: Eigene Darstellung nach IFPI (2006: 112-113).

Auch wenn die Wachstumsraten zwischen 2005 und 2006 am digitalen Musikmarkt zurückgegangen sind, so scheint es doch eine ähnliche Marktdynamik zu geben, wie sie auch beim Ablöseprozess der Vinyl-Schallplatte durch die Compact Disk gegeben war. Das legt den Schluss nahe, dass der Produktlebenszyklus des Tonträgers seinem Ende entgegengeht und schon bald der digitale Download von Musik zur Regel und nicht mehr die Ausnahme in der Musikindustrie sein wird.

4 Ein Erklärungsmodell für das Verschwinden des Tonträgers

Der Ablöseprozess, in dem der Tonträger durch den unkörperlichen Musiktransfer ersetzt wird, ist ein Symptom eines umfassenderen Wandels der Musikindustrie, durch den das gesamte Wertschöpfungsnetzwerk von Produktion, Distribution und Rezeption von Musik umgeformt wird. Es handelt sich dabei um einen Strukturbruch wie er bereits zweimal im 20. Jahrhundert aufgetreten ist.

An anderer Stelle (Tschmuck 2003) habe ich diese Umbrüche als Jazz- und Rock'n'Roll-Revolutionen bezeichnet, die in den 1920er und frühen 1950er Jahren durch die in Abschnitt 2 beschriebenen, rezessiven Phasen gekennzeichnet waren. In der Jazz-Revolution wurde das Wertschöpfungsnetzwerk zwischen

Musikverlagen, Tonträgerunternehmen und Musikveranstaltern durch Rundfunk-Anbieter aufgebrochen, die in das Zentrum der Musikvermarktung und -verwertung rückten, dabei den Tonträger als Kernelement des Wertschöpfungsprozesses verdrängten und ihrem Geschäftsmodell unterordneten. In den frühen 1950er Jahren prägte sich in einer Symbiose von kleinen, unabhängigen Radiostationen und Tonträgerunternehmen ein neues Geschäftsmodell aus, in dem das Radio zum Promotionsinstrument für den Tonträgerverkauf wurde und die damals gerade erst erfundene Vinyl-Schallplatte wieder ins Zentrum des Wertschöpfungsnetzwerks der Musikindustrie rückte. Ab Mitte der 1950er Jahre bildet sich in der Folge jenes Geschäftsmodell in der Musikindustrie aus, das bis heute noch Geltung hat, aber durch den beschriebenen Umbruch, den ich als digitale Revolution bezeichnen möchte, herausgefordert wird. Die These, die eingangs mit empirischen Daten untermauert wurde, lautet, dass der Tonträger als zentrales Distributionsmedium für Musik ausgedient hat und durch den unkörperlichen Musiktransfer, bei dem sich der Zugang zur Musik zur Dienst-leistung wandelt, ersetzt wird.

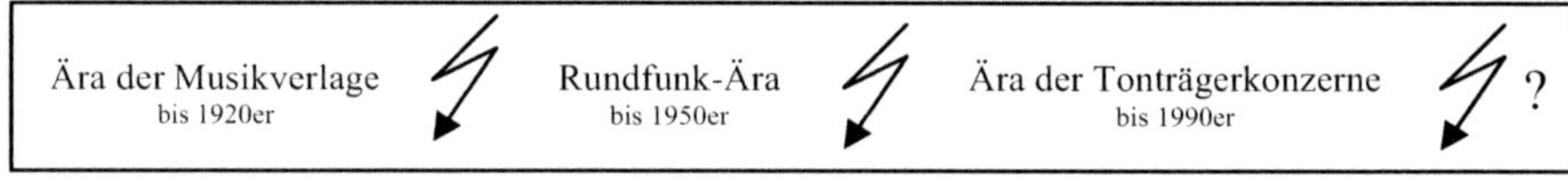

Abbildung 4: Die Revolutionen in der Musikindustrie im 20. Jahrhundert.[19]

In diesen Revolutionen werden das Normen- und Wertesystem sowie die darauf basierenden Handlungsheuristiken der Akteure völlig umgestaltet. Ein solches Normen-, Werte- und Handlungssystem möchte ich als kulturelles Paradigma bezeichnen, das eine Industrie eine Zeitlang bestimmt. Es ist durch Denk- und Handlungsroutinen charakterisiert, die allen Akteuren gemeinsam sind. Ein solches Paradigma trennt das Denkbare vom Undenkbaren und ermöglicht bzw. verunmöglicht Handlungen. So wurde der originäre New Orleans Jazz nicht auf Schallplatte veröffentlicht, obwohl er bereits Ende des 19. Jahrhunderts gespielt wurde[20] oder es wurde Musik nicht auf Schallplatte im Rundfunk gesendet, obwohl die technischen Möglichkeiten dazu bereits Mitte der 1920er Jahre bestanden und es wurde Musik nicht zum Download im Internet angeboten, was bereits Mitte der 1990er Jahre möglich gewesen wäre.

[19] Tschmuck (2003: 279).

[20] Die erste originäre Jazz-Aufnahme wurde im Juni 1922 vom Afro-Amerikaner Kid Ory und seiner Band in Los Angeles aufgenommen; die erste „Jazz"-Platte wurde hingegen schon im Februar 1917 von der aus weißen Musikern bestehenden Original Dixieland Jazz Band aufgenommen, wobei die beiden Titel eher als synkopierte Tanzmusik zu bezeichnen ist.

Die Entwicklung innerhalb des Paradigmas vollzieht sich evolutionär innerhalb bestehender Denk- und Handlungsroutinen. Dabei wird Erfolgreiches beibehalten und Erfolgloses fallen gelassen. Der Erfolg hängt dabei vom Grad der Angepasstheit an die Rahmenbedingungen des kulturellen Paradigmas ab. Das kann man gut an der Weiterentwicklung der Tonträgertechnologie nach Markteinführung der Vinyl-Schallplatte (1948) beobachten. Alle Bestrebungen gingen dahin, die Speicherkapazität der Tonträger bei möglichst guter Wiedergabequalität zu erhöhen. Sowohl die Musikkassette als auch die Compact Disk und andere digitale Formate können in dieser Hinsicht als inkrementale Weiterentwicklung[21] der bestehenden Tonträgertechnologie angesehen werden. Als nun die unkörperliche Musikdistribution mittels MP3 von Internetusern erstmals praktiziert wurde, haben das die angestammten Unternehmen der Musikindustrie nicht wahrgenommen bzw. einfach ignoriert. Die neue Technologie passte schlicht und einfach nicht in die Denk- und Handlungsroutinen der Verantwortlichen der Tonträgerfirmen.

Solange sich also die industrielle Logik nicht verändert, entfalten sich die Denk- und Handlungsmuster der Akteure entlang bestimmter Entwicklungspfade. Die Entwicklung innerhalb dieser Pfade hängt vom Ausmaß ab, indem Neuheit in einem kollektiven Denk- und Handlungsprozess erkannt und anerkannt wird. Dieser Prozess des Erkennens und Anerkennens von Neuheit, d.h. indem eine Differenz zum Althergebrachten konstruiert wird, kann als Kreativität bezeichnet werden. In dieser Bedeutung hat Kreativität neben seiner individuellen auch eine soziale (= kollektive) Komponente, sodass nicht nur kognitive, sondern auch Handlungsprozesse bei der Entdeckung des Neuen eine Rolle spielen. In der Entwicklung der Musik ist das Herumprobieren und Experimentieren geradezu eine Voraussetzung für die Entstehung neuer Trends und Genres.

Wir können also Kreativität als zweistufigen Prozess definieren:
Phase 1: Neuheit wird erkannt, indem eine Differenz zum Alten konstruiert wird (Phase des Erkennens).
Phase 2: Das Neue muss sozial anerkannt werden, um als kreativ gelten zu können (Phase des Anerkennens).

Demnach können also ganze soziale Systeme (z.B. Industrien) mehr oder weniger kreativ sein, je nachdem, in welchem Ausmaß sie in der Lage sind, Neuheit zu erkennen und auch anzuerkennen. Hinsichtlich der MP3-Technologie und ihrer technischen wie auch wirtschaftlichen Möglichkeiten war die etablierte Musikindustrie in der zweiten Hälfte der 1990er Jahre also nicht besonders kreativ.

---

[21] Inkrementale Innovationen sind solche, die eine bestehende Technologie in einem kleinen Umfang verbessern.

Der Grund dafür lag an den restriktiven Rahmenbedingungen, die wir nun als kreative Pfade bezeichnen können, die nur wenig an Neuheit in der Musikindustrie zuließen. Die Restriktionen ergeben sich aus dem Zusammenwirken der Elemente des kreativen Pfades: (1) Handlungsakteure, (2) technologische Möglichkeiten, (3) Geschäftspraktiken und (4) Musikpraktiken (siehe Abbildung 5). Die Art des Zusammenwirkens dieser Elemente bestimmt die Kreativitätsrichtung in der Industrie. Das Ausmaß, in dem Neuheit erkannt und anerkannt wird, ermöglicht auf allen Handlungsebenen Innovationen. Diese Innovationen sind aber Ergebnis des evolutionären Wandels der kreativen Pfade und sind somit inkremental. Weder die Markteinführung der Vinyl-Schallplatte, der Musikkassette, der Compact Disk, der Minidisk oder der Audio-DVD war revolutionär im Sinn einer radikalen Innovation, weil sie das Wertschöpfungsnetzwerk nicht veränderten. Hingegen war der Rundfunk eine radikale Innovation, die die Musikindustrie in den 1920er Jahren vollkommen neu strukturierte. Ebenso ist das gegenwärtig mit der digitalen Distribution von Musik der Fall, die ein völlig neues und andersartiges Wertschöpfungsnetzwerk hervorbringt als jenes, das sich in den 1950er Jahren rund um die Schallplatte ausgebildet hat.

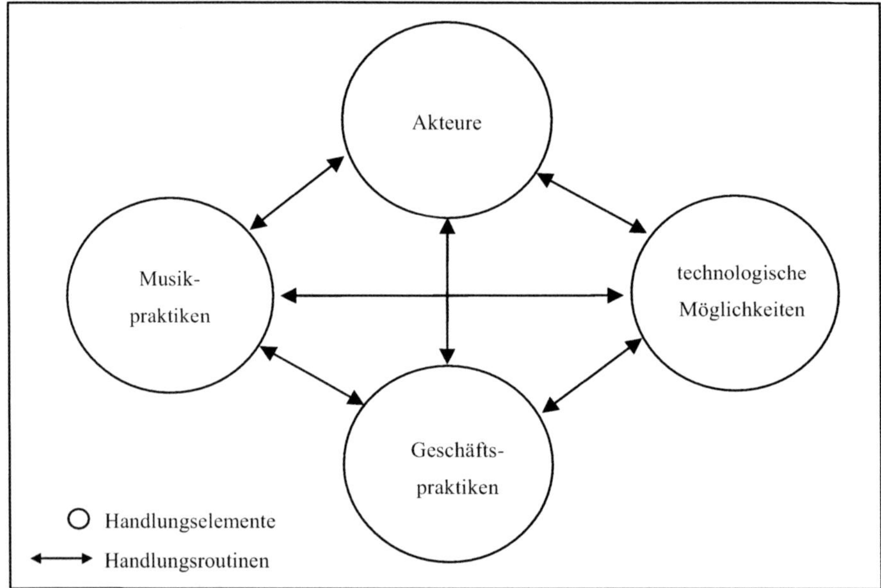

Abbildung 5: Die Elemente und Wechselwirkungen eines kreativen Pfades.[22]

[22] Tschmuck (2003: 286).

Was sind nun die Voraussetzungen für das Auftreten radikaler Innovationen in einer Industrie? Auffällig ist dabei, dass radikale Innovationen von außerhalb in die Industrie eindringen, um deren Strukturen vollständig umzuwandeln (z.B. Rundfunk, elektrisches Aufnahmeverfahren, Tauschbörsen, MP3 etc.). Verantwortlich dafür ist eine „systemfremde" Kreativität, bei der die Art und Weise, wie mit Neuheit umgegangen wird, eine andere ist als im traditionellen kulturellen Paradigma. Die „systemfremde" Kreativität ist die Voraussetzung für den kulturellen Paradigmenwechsel. Dabei werden die routinisierten Beziehungen zwischen den Handlungselementen aufgebrochen, wodurch sich neue Interaktionsmöglichkeiten ergeben. Neue technologische Möglichkeiten entstehen (Musik-Download), neue Musikpraktiken bilden sich heraus (Musikproduktion mit dem Computer), die Zahl der Handlungsakteure steigt und neue Akteure treten auf (Apple, Amazon, Nokia etc.) und neue Geschäftspraktiken etablieren sich (iTunes).

Es handelt sich dabei um die Phase der improvisierten und experimentellen Kreativität, die kurz nach dem Strukturbruch einsetzt und vielfältige, unvorhersehbare Verknüpfungen zwischen den einzelnen Handlungselementen ermöglicht. Es werden Verknüpfungen mit Handlungselementen, die zuvor außerhalb des alten paradigmatischen Rahmens lagen, eingegangen bzw. ins Handlungssystem integriert.

Für die digitale Revolution, in der sich die Musikindustrie gegenwärtig befindet, lassen sich die neuen Elemente bereits identifizieren: MP3, Musiktauschbörsen, Downloadservices, neue Geschäftsmodelle rund um die Mobiltelefonie etc. Sie beginnen den Tonträger als das zentrale Element des noch vorherrschenden Geschäftsmodells zu verdrängen. Und dieser Verdrängungsprozess wird ein nachhaltiger sein. Zwar werden die Tonträgerformate in Nischen weiterhin existieren, aber sie werden Gegenstand der Liebhaberei und des Sammelns, so wie heute immer noch Schellacks und Vinyl-Schallplatten in verschwindend kleinen Mengen nachgefragt werden. Mit dem Abrutschen des Tonträgers in die Bedeutungslosigkeit verlieren vor allem die Tonträgerkonzerne ihre Geschäftsgrundlage und werden aus der Musikindustrie verschwinden.[23]

An ihre Stelle treten Unternehmen, die von außerhalb der Musikindustrie kommen und die Gesetzmäßigkeiten des neu entstehenden kulturellen Paradigmas mit seinen sich ausprägenden kreativen Pfaden beherrschen. Was von den etablierten Akteuren als Chaos und Krise empfunden wird, wird von den neuen Akteuren als Chance und Herausforderung begriffen. Allerdings wird die durch die Zunahme der Handlungselemente und das Aufbrechen der Handlungsrouti-

[23] Kleinen Tonträgerunternehmen kann es gelingen zu überleben, wenn sie die neuen Technologien für sich zu nutzen wissen und sie ihre Tonträger weltweit als Nischenprodukte für Liebhaber anbieten.

nen schlagartig erhöhte Komplexität auch die Unsicherheit[24] der eigenen Geschäftstätigkeit erhöhen. Die neuen Akteure werden versuchen, die Unsicherheit abzubauen, indem sie bestimmte Handlungsverknüpfungen gegenüber anderen bevorzugen. Es prägen sich allmählich neue Handlungsroutinen und -muster aus, die die Basis neuer kreativer Pfade bilden, die sich dann über evolutionäre Selektion verfestigen. Die Industrie tritt damit in die Phase der beeinflussten Kreativität ein, in der die kreativen Pfade des „alten" Paradigmas verschwinden oder dem Neuen untergeordnet werden. Das bedeutet aber auch, dass der Prozess, in dem der Tonträger von der unkörperlichen Musikdistribution an den Rand bzw. in die Bedeutungslosigkeit gedrängt wird, ein unumkehrbarer ist.

Die Markstrukturen werden sich im Laufe der Phase der beeinflussten Kreativität wieder oligopolisieren und neue dominante Marktakteure werden auf den Plan treten, um die Spielregeln in neuen Paradigmen zu bestimmen. Die neuen Majors sind aber noch nicht in der Lage, das Wertschöpfungsnetzwerk und die Konkurrenz vollständig zu kontrollieren, wodurch es immer wieder zum Markteintritt neuer Akteure kommt, die mit unterschiedlichen Geschäfts- und Musikpraktiken in Nischen Fuß zu fassen versuchen.

Ab einem bestimmten Zeitpunkt werden aber die dominanten Akteure (Majors) das Wertschöpfungsnetzwerk wieder vollständig kontrollieren und die kreativen Pfade werden standardisiert und routinisiert sein. Sie werden als Ergebnis ihrer fast unbegrenzten Kontrollmacht nur ein geringes Ausmaß an Neuheit zulassen. Dabei werden sie sich auf ein statisches Oligopol stützen, das sich gegenüber Markteintritten abschottet und keine unliebsamen Überraschungen, z.B. in Form neuer Musikpraktiken, mehr zulässt. Diese Phase der kontrollierten Kreativität wird dann solange dauern, bis wieder eine „systemfremde" Kreativität von außen die Musikindustrie aufbricht und einen neuen Paradigmenwechsel auslöst.

[24] In dem Zusammenhang ist die „echte" Unsicherheit gemeint, wie sie Knight (1921) definiert hat, und bei der es nicht möglich ist, eine Eintrittswahrscheinlichkeit eines bestimmten Ereignisses anzugeben.

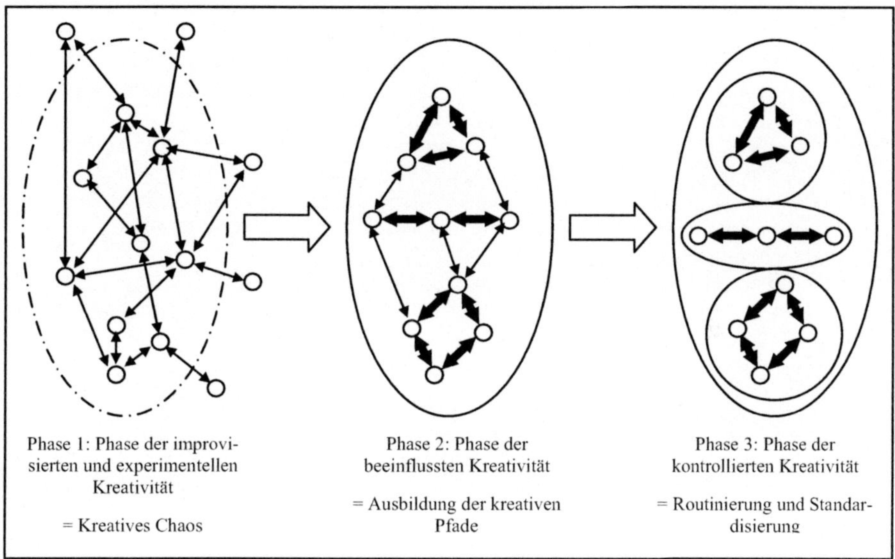

Abbildung 6: Der Prozess des Paradigmenwechsels in der Musikindustrie.[25]

Genau diese drei Phasen hat also die Musikindustrie im Laufe des 20. Jahrhunderts bereits zwei Mal durchlaufen. So wurde durch die „Jazz-Revolution" das statische Oligopol der Musikverlage und der mit ihnen verbundenen Tonträgerunternehmen in den 1920er Jahren aufgebrochen, wie dann drei Jahrzehnte später die „Rock'n'Roll-Revolution" das Rundfunk-Oligopol aufbrach und der Swing-Ära ein Ende setzte. Und genau in dieser Art und Weise geht jetzt die Ära der Tonträgerkonzerne durch die „digitale Revolution" zu Ende, mit der auch der Tonträger zum historischen Relikt wird. Wie schnell das passieren wird, hängt von den Restriktionen der Rahmenbedingungen des „alten" Paradigmas ab, die die Entfaltung der neuen Strukturen und Prozesse zwar verzögern aber nicht unterbinden können.

5 Literatur

Burnett, Robert, 1996, The Global Jukebox. The International Music Industry. London und New York: Routledge.

Garofalo, Reebee, 1997, Rockin, Out. Popular Music in the U.S.A. Boston: Allyn and Bacon.

Gelatt, Roland, 1955, The Fabulous Phonograph. From Tin Foil to High Fidelity. Philadelphia und New York: St. Martin's Press.

[25] Tschmuck (2003: 288).

Gronow, Pekka, 1983, „The recording industry: the growth of a mass medium." *Popular Music*, 3: 53-75.

Knight, Frank H., 1921, Risk, Uncertainty and Profit. Boston etc.: Houghton Mifflin.

Peterson, Richard A., 1990. „Why 1955? Explaining the Advent of Rock Music." *Popular Music*, 9(1): 97-116.

Read, Oliver und Walter L. Welch, 1976, From Tin Foil to Stereo. Evolution of the Phonograph. 2. Auflage. Indianapolis: Howard W. Sams & Co.

RIAA – Recording Industry Association of America, 2007, Year-End-Statistics 2006. http://www.riaa.org/keystatistics.php?content_selector=keystats_yearend_report (zuletzt aufgerufen am 5.1.2008)

Sanjek, Russell und David Sanjek, 1991, American Popular Music Business in the 20th Century. New York und Oxford: Oxford University Press.

Steffen, David J., 2005, From Edison to Marconi. The First Thirty Years of Recorded Music. Jefferson, North Carolina: McFarland.

Tschmuck, Peter, 2003, Kreativität und Innovation in der Musikindustrie. Innsbruck: StudienVerlag.

Digitale Musikdistribution und die Krise der Tonträgerindustrie

Michael Huber

1 Veränderung der musikwirtschaftlichen Rahmenbedingungen

Die Entstehung und Entwicklung neuer Technologien der Speicherung und des Transports von Information haben das Musikleben ab der Mitte der 1990er Jahre paradigmatisch verändert. Aus musiksoziologischer Perspektive ist dieser Strukturwandel Ausdruck der digitalen „Mediamorphose", einer durch Digitaltechnik ausgelösten und ermöglichten Metamorphose des Musiklebens. Nach Blaukopf sei eine Mediamorphose der Musik auf drei Ebenen zu untersuchen:

- Anpassung der musikalischen Botschaft an die technischen Bedingungen der Aufnahme und Wiedergabe,
- Nutzung der technischen Möglichkeiten im Interesse der musikalischen Botschaft,
- (dadurch bedingte oder ermöglichte) Veränderung der Rezeption der musikalischen Botschaft (vgl. Blaukopf 1989: 5-6).

Im Rahmen der folgenden Darstellung soll gezeigt werden, wie die Möglichkeit, das analoge Ereignis „Musik" in eine Abfolge von Ja/Nein-Entscheidungen – denn nichts Anderes ist ein binärer Code – zu transformieren, die Bedingungen und Möglichkeiten ihrer Distribution verändert hat und wie Musikschaffende damit umgehen können. Da – wie in jeder Mediamorphose – das neue Medium (digitale Musik) zuerst in alte Rahmenbedingungen (auf Tonträger) gezwungen wurde, konnte sie ihr wahres Potential erst mit Verzögerung entwickeln.[1] Die erste entscheidende Weichenstellung digitaler Musikdistribution erfolgte mit der Einführung der Compact Disk durch Sony und Philips im Jahr 1982/83. Weitere „Meilensteine" zur Etablierung waren dann das World Wide Web (1993), der Internetbrowser Netscape Navigator (1994), das Datenkomprimierungs-Format MP3 (1994), die Musiktauschbörse Napster (1999), das Downloadportal iTunes (2000), das portable Abspielgerät iPod (2001).[2] Welche Folgen hat diese Entwicklung für das gegenwärtige Musikleben?

[1] Zu den Gesetzmäßigkeiten von Mediamorphosen siehe Smudits 2002.

[2] Als einführende Literatur zur Entwicklungsgeschichte digitaler Musikdistribution empfehle ich Haring 2002.

1.1 Digitalisierung und Komprimierung von Musik machen Tonträger obsolet

Mit der Umwandlung analoger Musik in das digitale Dateiformat MP3 unter Eliminierung „unhörbarer" Elemente wird zwar die Klangqualität vermindert, gleichzeitig dadurch jedoch die entsprechende Datenmenge auf etwa 10% reduziert und damit über elektrische Leitungen rasch transportierbar,[3] was eine nachhaltige Veränderung der musikwirtschaftlichen Rahmenbedingungen nach sich zog. Bis dahin galten folgende Gesetze:

- Musik als Ware ist ein Informationsgut, ihre Erzeugung verursacht hohe Fixkosten und geringe Grenzkosten. Die „erste Kopie" ist ungleich teurer als jede Reproduktion, mit jeder verkauften Kopie jenseits des Break Even Point steigt der Gewinn beträchtlich.
- Solange die Musik auf einem Trägermedium (Tonband, Schallplatte, CD, DVD, etc.) erscheint, kann Rivalität im Konsum und Ausschluss vom Konsum hergestellt werden: Jeder, der die Musik konsumieren will, muss seine eigene Kopie erwerben, und wer keine Kopie erwerben kann/will, ist vom Konsum der Musik ausgeschlossen.

Diese Effekte gehen nun aber verloren, wenn die Bindung der Musik an einen Tonträger wegfällt und/oder die Erstellung von zufriedenstellenden Kopien einfach und billig ist. Zudem haben digitale Güter theoretisch eine unendliche Lebensdauer, da es keine Abnützung durch Gebrauch gibt. In Folge dieser Tatsachen entwickelten sich seit Mitte der 1990er Jahre grundlegend neue Rahmenbedingungen: die jederzeitige Verfügbarkeit riesiger Mengen unterschiedlichster Musik[4], ohne dafür das Haus verlassen oder etwas zahlen zu müssen.

1.2 Unautorisierte Vervielfältigung von Musik über Internet-Tauschbörsen ist ein Massensport

Zuvor musste man zu bestimmten Zeiten an bestimmten Orten eine bestimmte Menge an Geld abgeben, um Musik (in Form von Tonträgern) zu erwerben. Heute braucht man dafür Know-how, technische Ausrüstung, Zeit und die Mitgliedschaft in einem Netzwerk, die das Anbieten und Beziehen von Musikfiles ermöglicht. Ein Musikstück gelangt in der Regel in ein Filesharing-Netzwerk, indem ein Teilnehmer, der den entsprechenden Tonträger (rechtmäßig) erworben hat, die Musik in ein gut transportierbares Dateiformat (meist MP3) umcodiert und von seinem Computer zum Upload ins Netzwerk freigibt. Andere Netzwerk-

---

[3] Darunter leidet vor allem Musik mit starker Dynamik und einem breiten Frequenzspektrum. Je mehr „Redundantes" rausgefiltert wird – wie z. B. leise Töne in lauter Umgebung – desto stumpfer wird der Klang. Zur Entwicklung des MP3-Formats siehe Röttgers 2006.

[4] Betroffen davon ist bislang vor allem Musik der Genres Pop/Rock und Dance/Electronic, nicht mehr so stark Jazz und World Music, kaum Kunstmusik und Schlager. Ein direkter Zusammenhang zur Filesharing-Affinität der jeweiligen Publika wird wohl der Grund dafür sein.

Teilnehmer werden ab diesem Zeitpunkt mit entsprechenden Suchanfragen fündig und können sich eine identische Kopie dieser Datenmenge auf ihren Computer laden, wo sie wiederum zum weiteren Kopieren bereitsteht.[5] Je größer die Nachfrage, desto schneller steigt also das Angebot in einem sich selbst beschleunigenden Prozess. Nach zehn Jahren illegalen Filesharings und intensiven Versuchen mächtiger und finanzkräftiger Institutionen wie die Recording Industry Association of America (RIAA) und die International Federation of the Phonographic Industry (IFPI), dies zu verhindern, muss nüchtern festgestellt werden: Effiziente Maßnahmen dagegen gibt es bislang nicht. Immer mehr Branchenkenner beurteilen daher das Bekämpfen illegaler Filesharing-Aktivitäten als falsche weil teure und erfolglose Strategie.[6] Ein entsprechender Versuch bestand z. B. darin, mittels Kopierschutz auf dem Tonträger eine Umcodierung bzw. Übertragung der Musik in Filesharing-Netzwerke zu verhindern. Diese Strategie war regelmäßig zum Scheitern verurteilt, da der Kopierschutz von Spezialisten sehr rasch geknackt und dann die Musik zum Beweis oder aus Schadenfreude ins Netzwerk eingespeist wurde. Gleichzeitig zog man sich den Unmut all jener zu, die sich durch plötzliche Unabspielbarkeit der Tonträger auf bisher funktionierenden Geräten in ihren (durch Bezahlung legal erworbenen) Nutzungsrechten eingeschränkt sahen.[7] Das legale Downloadportal iTunes hat auf diesen Umstand reagiert und bietet als Kompromiss zwischen Nutzerbedürfnissen und Wahrung der Urheberrechte auch Musikstücke ohne Kopierschutz (im AAC/MP4-Format) an, allerdings mit einem Zusatzcode („Wasserzeichen") markiert, sodass bei dessen Auftauchen in illegalen Netzwerken nachvollzogen werden kann, von wem es kommt. „Missbräuchliche Verwendung" wird zwar auch so nicht verhindert, doch wenn sie stattfindet, kann sie zumindest nachgewiesen werden.

Eine zweite – nach wie vor angewandte – Strategie besteht darin, die Nutzung von Filesharing-Netzwerken zu erschweren und zu bestrafen, indem man mit sehr hohen Schadenersatzklagen reagiert. Anscheinend trifft diese Vorgangsweise jedoch zumeist „kleine Fische", während für strategisches Filesharing mittlerweile Systeme verwendet werden, die unnachvollziehbar machen, wer was wann wo ins Netzwerk eingespeist hat. Übrig bleibt in der öffentlichen Wahrnehmung vor allem der Eindruck unverhältnismäßig harten Vorgehens

[5] Allerdings haben die Netzwerkmitglieder meist die Möglichkeit festzulegen, welche am Computer vorhandene Musik zum Kopieren freigegeben wird. Trittbrettfahrer, die runterladen aber keinen Upload ermöglichen, mindern die Attraktivität des Netzwerks.

[6] Z.B. Peter Jenner, Manager von Pink Floyd, The Clash u. a. sowie Vorsitzender des International Music Managers Forum im Interview mit orf.on am 13.11.2007 (http://futurezone.orf.at/it/stories/235190/).

[7] Die rechtliche Situation ist ja kaum jemandem bewusst: Mit dem Tonträgerkauf erwirbt man kein Besitzrecht an der Musik (wie z.B. bei einem PKW) sondern nur das Recht, diese so zu nutzen, wie es der Rechteinhaber festgelegt hat.

gegen „relativ harmlose“ Urheberrechtsverletzungen. Selbst jene juristischen Erfolge, die zur Aufsehen erregenden Stilllegung des Peer-to-Peer-Netzwerks[8] Napster und anderer Filesharing-Plattformen führten, war rückwirkend betrachtet ein Pyrrhussieg, denn das Gros der Tauschbörsen-Nutzer wanderte direkt zu technisch höher entwickelten Nachfolgesystemen weiter, mehr noch: Die Anzahl der Peer-to-Peer-Netzwerk-User stieg stetig (2006 wieder um 4,4%, bei einer monatlichen Download-Rate von etwa einer Milliarde Soundfiles)[9]. Wirklich effizient in das System eingreifen könnten einzig die Internet-Service-Provider, doch die haben sich bislang standhaft geweigert. Ihre Motivlage ist klar, der Großteil des Datenverkehrs (von dem sie leben) läuft zwischen Peer-to-Peer-Netzwerken. Als möglicher Ausweg aus diesem Dilemma wird immer wieder eine Flatrate-Lösung ins Spiel gebracht, eine pauschale Gebühr auf Internetzugang, die dann über die Rechteverwalter umverteilt werden soll.[10]

1.3 Filesharing ist ein Symptom für die Krise der Tonträgerindustrie

Zugleich mit dem Boom illegalen Musikdaten-Kopierens gingen weltweit die Tonträger-Absatzzahlen seit 1997 signifikant zurück. Zentrale und jahrelang sehr erfolgreiche Institutionen des Tonträgervertriebs wie Soul Seduction und Ixthulu (in Österreich), EFA und Hausmusik (in Deutschland) mussten Insolvenz anmelden. Durch die schwindenden Verkaufszahlen sah sich zudem die MediaControl gezwungen, die Anforderungen für Auszeichnung mit „Goldener Schallplatte“ drastisch zu senken. Seit 2003 muss man dafür in Deutschland statt 150.000 Alben oder 250.000 Singles nur mehr 100.000 bzw. 150.000 absetzen, in Österreich 10.000 bzw. 15.000 Stück. Auch ein Erfolg in der Hitparade muss nicht mehr viel bedeuten, mit vierstelligen Verkaufszahlen kann man in Österreich bereits in die Top Ten kommen. In einem einfachen Schluss führen die Tonträger-Konzerne ihre Krise direkt auf das illegale Kopieren in Peer-to-Peer-Netzwerken zurück, eine These, die zumindest umstritten ist. So publizierten Felix Oberholzer (Harvard Business School) und Koleman Strumpf (UNC Chapel Hill) im März 2004 eine Studie (Oberholzer und Strumpf 2004), in der sie empirisch nachweisen, dass kein Zusammenhang zwischen Filesharing und den Umsatzeinbußen der Tonträgerindustrie herstellbar ist. Brigitte Andersen und Marion Frenz (Department of Management der University of London) wiederum sehen nach aktuellen Forschungen sogar einen positiven Zusammenhang zwischen Peer-to-Peer-Filesharing und (legalen) Musikverkäufen (Andersen und Frenz 2007). Eine zulässige Erklärung für die Gleichzeitigkeit von Filesharing und Tonträger-Umsatzeinbrüchen könnte sein, dass beides Symptome für die

---

[8] Die Musik wird von einem Netzwerkmitglied (Peer) zum anderen kopiert.

[9] Quelle: Big Champagne Online Media Measurement (bigchampagne.com).

[10] Siehe Kapitel 2.3.

sinkende Bereitschaft sind, für konservierte Musik Geld auszugeben. Die Krise betrifft ja nicht die gesamte Musikindustrie, Konzertveranstalter im Pop/Rock-Bereich erleben derzeit einen Boom.[11] Gleichzeitig gibt es Hinweise darauf, dass die Krise der Tonträgerkonzerne in gewisser Hinsicht eine erwartbare Normalisierung darstellt: Nach den Umsatzeinbußen der letzten zehn Jahre ist man jetzt in etwa wieder dort, wo man vor dem künstlich generierten Boom durch Formatumstellung von Vinylschallplatte auf CD war.[12]

1.4 Digitale Musikdistribution ist das Modell der Zukunft

Filesharing über Peer-to-Peer-Netzwerke hat die Erwartungshaltungen an digital distribuierte Musik in mehrerer Hinsicht nachhaltig geprägt: Unkompliziert, ubiquitär und billig muss sie sein. Tobias Frenzel (2003) hat (für Deutschland) untersucht, wie digitale Musikdistribution gestaltet sein müsste, damit sie von denen angenommen wird, die grundsätzlich dieser Innovation positiv gegenüberstehen:

- Download ist beliebter als Streaming.
- Ein breites, Label-übergreifendes Repertoire ist wichtig (mit Schwerpunkt nationaler und internationaler Pop/Rock).
- Zusatzangebote sind wünschenswert, v. a. Songtexte.
- Abonnements sind unbeliebt, lieber zahlt man pro Download.
- Die Abrechnung soll möglichst bequem und transparent sein.
- Wichtig ist die Übertragbarkeit der Musik auf Stereo-Anlage und Autoradio bzw. die Brennbarkeit auf CD.

So die Präferenzenlage vor fünf Jahren, in Zeiten raschen Wandels beinahe eine Ewigkeit. Aus der Beobachtung der aktuellen Diskussion lassen sich vor dem Hintergrund der zunehmenden Etablierung legaler Angebote dann auch zwei Entwicklungen feststellen: ein Boom der Distribution auf Mobiltelefone (v. a. in Form von Klingeltönen) und eine steigende Bedeutung „alternativer“ Internetdistribution wie Creative Commons, Streaming und Flatrate.

Bei allen Erfolgen der letzten Jahre, der Markt für Musikdistribution über neue Technologien ist noch ausbaufähig. So haben zwar rund 65% aller Österreicher/innen zu Hause Internet-Zugang, und etwa zwei Drittel davon kaufen auch über Internet ein (Austrian Internet Monitor 2007). Aber nur etwa 6% des (legalen) Musiktransports wurde 2007 in Österreich über digitale Kanäle geschickt,

[11] Nur ein Beispiel: Der Popstar Madonna hat sich von seiner Plattenfirma getrennt und mit der US-Konzertagentur Live Nation ein Zehn-Jahres-Vertrag im Gesamtwert von rund 120 Mio. US$ für Konzerttourneen, drei neue Studioalben und den Verkauf von Fan-Artikeln abgeschlossen.

[12] Siehe dazu die Ausführungen von Peter Tschmuck in diesem Band.

etwa zwei Drittel davon über Mobiltelefone.[13] Weltweit steigerte sich laut IFPI von 2006 auf 2007 der Umsatz digital distribuierter Musik von 2,1 auf 2,9 Mrd. US$ (2005: 1,1 / 2004: 0,4), die Zahl der online zum Kauf angebotenen Lieder stieg in den letzten fünf Jahren von einer Million auf sechs Millionen. Die IFPI rechnet damit, dass bis zum Jahr 2010 rund ein Viertel der Musik über Downloads verkauft wird (IFPI 2007). Das Wachstum bei digitalen Musik-Downloads kann den sinkenden Verkauf von herkömmlichen Tonträgern bislang jedoch nicht kompensieren, und legale digitale Musikdistribution wird sich erst durchsetzen, wenn ihre Vorteile überwiegen und abschreckende Barrieren verschwunden sind. Ein neuer Standard des Musikkonsums etabliert sich erst, wenn er a) dem alten überlegen ist, und b) die Wechselkosten der Konsumenten rechtfertigt. Erwerb von und Umgang mit Musik auf physischen Tonträgern hat in den Industriestaaten die Akzeptanz einer Kulturtechnik, und nach wie vor sind oft die alten Formate praktischer als neue Angebote, weil sie eine Reihe von lieb gewonnenen Bedingungen erfüllen:

- Die Musik kann zwischen verschiedenen Abspielgeräten wie z. B. Computer, Stereo-Anlage, Autoradio, mobilem Abspielgerät problemlos ausgetauscht werden.
- Die Musik kann (als Privatkopie) an Freunde, Bekannte und Familienangehörige weitergegeben werden.
- Musiksendungen sind einfach und billig (auch über mobile Abspielgeräte) zu empfangen.
- Musik, die man nicht mehr hören möchte, kann man weiterverkaufen.
- Die Musik kann auf externen Datenträgern gesichert werden.
- Die Bezahlung der Musik ist einfach, sicher und auch für Minderjährige möglich.

Um physische Tonträger erfolgreich vom Massenmarkt zu verdrängen, muss digital distribuierte Musik also noch stark an Benutzerfreundlichkeit gewinnen.[14]

---

[13] Internet- vs. Mobile Phone-Distribution: USA 67:33, DEU 69:31, ITA 44:56, JAP 9:91 (IFPI 2008).

[14] Keine sinnvolle Strategie kann es sein, gewohnte Eigenschaften der CD – wie die Nutzbarkeit auf allen gängigen Abspielgeräten (über ein allgemein anerkanntes und verlässliches Dateiformat) – aufzugeben. Eben das erreicht/e man mit DRM-Codierung und dem Kampf um das Zukunftsformat digitaler Massenspeicher (HD-DVD vs. Blu-ray).

2 Derzeit sich bietende Möglichkeiten digitaler Musikdistribution

Musikdistribution über neue Technologien kann von relativ konventionell bis zu sehr avanciert erfolgen:

- Verkauf von Musik über neue Tonträgertechnologien (z. B. Audio-DVD),
- Anbieten herkömmlicher Tonträger über Internet-Seiten bzw. via E-mail-Order,
- Übermittlung von Musik auf digitalem Weg (Auswahl, Bezug und Zahlung via Internet oder Mobiltelefon).

Je spezialisierter ein Distributionskanal, desto kleiner ist in der Regel die zu erreichende Zielgruppe, desto höher aber auch der dort akzeptierte Preis. Verschiedene Distributionswege zeichnen sich durch unterschiedliche Rahmenbedingungen aus, dementsprechend gilt es vor der Auswahl eine Reihe von Entscheidungen zu treffen:

- Welche Art von Kapital möchte man über die Distribution generieren: ökonomisches Kapital und möglichst sofort? Oder soziales Kapital und gern auch mittel- und langfristig?[15]
- Wie soll für die Musik bezahlt werden: pro Download, in einem Abonnement, gar nicht?
- Wie soll die Musik empfangen werden: als Single-Track-Download, Album-Download, über Stream, über Super-Distribution[16], am Computer, auf dem Mobiltelefon, als (realer) Klingelton oder als „Original-Track"? Will man Exklusivangebote für spezielle Kanäle anbieten?
- Wie soll die Musik vom Konsumenten verwendet werden können: Will man Digital Rights Management (DRM) einsetzen, soll das Brennen auf CD möglich sein, das Kopieren, das Übertragen auf verschiedene Abspielgeräte, Privat-Kopie, Super-Distribution, unbeschränkte Weitergabe?
- Wie lange soll die Musik vom Konsumenten benutzt werden können: einmal, unbeschränkt, solange er (das Abo) zahlt?
- Welche Dateiformate sollen zum Einsatz kommen: das sehr offene MP3, das DRM-Format AAC/MP4, das Windows-Format WMA, das Sony-Format Atrac, das freie Format Ogg Vorbis?
- Wie legal, verlässlich und sicher soll der Distributionskanal sein: Darf es zu Download-Unterbrechungen kommen? Wie hoch darf die Viren-, Spoof-, und Spyware-Gefahr sein?
- In welcher Komprimierungs-Bitrate soll die Musik erscheinen: 128, 160, 192 oder 320 kBit/s?

---

[15] Bourdieu (1982) unterscheidet ökonomisches Kapital (Geld), soziales Kapital (Beziehungen, Netzwerke, Ruf) und kulturelles Kapital (Bildung, Know-How).

[16] Super-Distribution siehe Kapitel 2.1.

- Wer soll die Rechteverwaltung übernehmen: Mit wem Verträge zur Nutzungseinräumung und Vergütung von Online-Veröffentlichungen abschließen? Welche Territorialrechte sind zu beachten?

Je nachdem, wie diese Entscheidungen ausfallen, stehen derzeit verschiedene unterschiedlich einsetzbare digitale Distributionsformen zu Verfügung:

1. Kostenpflichtiger Downloadservice
2. Legale Gratisangebote bzw. Creative Commons-Modelle
3. Abonnements/ Flatrate
4. Streaming
5. Social Networking Sites und Weblogs im Web 2.0
6. Filesharing-Netzwerke
7. Informations- und Verkaufs-Websites
8. Download-Plattformen von Mobiltelefonbetreibern

2.1 Kostenpflichtiger Downloadservice

Mit seinem Portal iTunes ist aktuell der Computerproduzent Apple Weltmarktführer bei legalen Musikdownloads mit einem US-Marktanteil von 70%.[17] Über dieses Portal seine Musik anzubieten, kann für Musikschaffende nur gut sein, allerdings verhandelt Apple nicht mit Einzelmusikern. Ein Plattenlabel oder sonstige Vermittler müssen zwischengeschaltet werden, was wiederum den Kapitalaufwand erhöht. In jüngster Zeit drängt Konkurrenz zu iTunes auf den Markt: Der Online-Einzelhändler Amazon verkauft Downloads ohne Kopierschutz ab 89 Cent pro Song, beim Einzelhandelsriesen Wal-Mart gibt es die meisten MP3-Dateien für 94 Cent. Der ursprüngliche Preis der DRM-freien Musik von 1,29 US$ pro Single Track Download wurde von Apple daher rasch wieder auf die „üblichen" 99 Cent reduziert. Allerdings ist nicht davon auszugehen, dass man mit 99 Cent pro Download Gewinn machen kann. Apple betrachtet das wohl primär als Cross-Marketing, da iTunes die notwendige Software für die hauseigenen Abspielgeräte iPod und iPhone liefert.[18] Nichtsdestotrotz versucht Apple erfahrungsgemäß die Rechte für den Musikvertrieb über iTunes möglichst billig zu bekommen, was zu schwierigen Verhandlungen führen kann, wenn man über ein kleines Label veröffentlicht.[19] Seit der Markteinführung im November 2001 wurden laut Apple mehr als hundert Millionen iPods verkauft,

---

[17] Das sind zugleich etwa 10% am gesamten Musikmarkt. Wal-Mart: 15,8%, Best Buy: 13,8%, Amazon: 6,7% (NPD Group).

[18] Mit einer ähnlichen Strategie war zu Beginn des 20. Jahrhunderts die Victor Talking Machine Company erfolgreich (vgl. Hull 1998, Tschmuck 2003).

[19] Zum Start des europäischen iTunes-Portals ohne Inhalte deutscher Independent-Labels klagte Stephan Benn vom Verbandes unabhängiger Tonträgerunternehmen, Musikverlage und Musikproduzenten (VUT) über „mangelnde Verhandlungsbereitschaft" Apples (http://www.heise.de/newsticker/meldung/48301).

mehr als eine Milliarde Tracks via iTunes runtergeladen. Das klingt in Summe viel, ist heruntergebrochen jedoch nicht mehr als etwa zehn iTunes-Lieder pro iPod – ein Hohn, wenn man bedenkt, dass schon auf dem kleinsten iPod-Modell „Shuffle“ mehr als zweihundert Musikstücke Platz haben.[20] Die überwiegende Mehrheit der auf iPods gespeicherten Musik ist also „Altbestand“, sprich von CDs überspielt oder illegal kopiert. Und das ist auch der eigentliche Grund für den großen Erfolg des iPod: dass er neben dem iTunes-Dateiformat AAC/MP4 auch das qualitativ schlechtere (Filesharing) Format MP3 akzeptiert. Auf diese Weise hat Apple es geschafft mit dem iPod ein „Musthave“ zu etablieren, das höchstens mit Zusatzfunktionen aber nicht an „Coolness“ zu übertreffen ist. Nach eigenen Angaben zögert genau deswegen der Branchenriese Microsoft nach wie vor, seinen Musik-Player Zune in Deutschland einzuführen.[21]

Offenbar um Apples Marktdominanz anzugreifen, verkauft Amazon seine Downloads im MP3-Format (256 KBit/s) ohne Kopierschutzbeschränkungen und wahrscheinlich unter den Einkaufskosten (vorerst nur in den USA). Die Songs werden um 89 bis 99 Cent angeboten, können auf allen gängigen Musik-Playern abgespielt und beliebig oft auf CD gebrannt werden. Album-Downloads kosten bei Amazon zwischen 5,99 und 8,99 US$. Aber wahrscheinlich ist der Preis gar nicht entscheidend. Ein großer Vorteil von Amazon liegt einerseits in seinem breiten Angebot an Informationsgütern, was den Kundenwünschen nach einem One-Stop-Shop entgegenkommt. Und darüber hinaus ist man durch bereits länger existierende Geschäftsverbindungen vertrauenswürdig und ein relativ niederschwelliger Zugang für potentielle Neuadressaten digitaler Musikdistribution, denn das Preisgeben sensibler (Kreditkarten)Informationen ist hier bereits Routine. Manche Marktbeobachter sehen in Amazon mittelfristig den größten Verkäufer von Musik weltweit.[22]

Auch abseits des Mainstreams gibt es gut eingeführte Angebote. Das wichtigste Portal für elektronische Tanzmusik heißt Beatport und bietet seit 2004 von Denver (USA) aus Musik DRM-frei zum Download an, derzeit etwa 300.000 Tracks in geeigneter Klangqualität für den Clubeinsatz, in den Formaten WAV, MP3 oder MP4. Ältere Stücke kosten 1,49 €, neue Stücke 1,99 €, exklusive Stücke 2,49 €. Mit knapp 7.000 Labels hat man derzeit Verträge, diese bekommen 60% der Einnahmen sowie detaillierte Information darüber, welche Musik sich wann und wo auf der Welt wie gut verkauft. Beatsource, das HipHop-Äquivalent dazu ist gerade im Entstehen.[23]

[20] Um genau zu sein: 1 GB Datenmenge; viel gebräuchlicher noch sind die Modelle mit 4, 8, 16, 80 oder 160 GB Speicherkapazität.
[21] Die Welt vom 14. Oktober 2007.
[22] Vgl. Gerd Leonhard im Interview mit ORF.on (http://futurezone.orf.at/it/stories/227756/).
[23] Vgl. De:Bug #115 (September 2007: 22-23).

Eine interessante Form der Musikverbreitung über Downloads, an der Urheber und Konsument verdienen können, ist die „Super-Distribution". Im an der Technischen Universität Illmenau entwickelten Potato System kann der Käufer A den Song an B weiterverkaufen und bekommt dafür automatisiert 20% Provision. Wenn dann B den Song wiederum weiterverkauft bekommt dieser auch 20%, A wiederum 10%. Und wenn C weiterverkauft, bekommt er 20%, B 10% und A 5%. Durch diese Wiederverkaufs-Motivation für die Käufer wird der potentielle Konsumentenkreis beträchtlich erweitert, denn der Einfluss von Peer-Groups auf das Konsumverhalten ist groß – siehe Social Networking Sites.

Wahrscheinlich wird es für Musikschaffende sinnvoll sein, seine Musik über möglichst viele legale Plattformen zum Download anzubieten. Auf den großen Musikfachmessen wurde 2007 ein Software- und Vermittlungsangebot aus Österreich vorgestellt, das den Urhebern hier gute Dienste erweisen könnte. Via Rebeat kann man seine Musik in alle relevanten internationalen Downloadportale einstellen lassen (u. a. iTunes in USA, EU, Japan, Neuseeland). Allerdings heißt es im Kleingedruckten, dass es keine Garantie für das Auftauchen in allen Portalen gibt *„da die Repertoireauswahl zum Teil auch von den Portalen selber getätigt wird"* (www.rebeatdigital.com). Das Einstellen einer 20-Track-CD kostet etwa 45 €, die nötige Software noch einmal 99 €. Für jeden verkauften Track werden 40 bis 70 Cent gutgeschrieben, minus 15% Provision. Man muss also etwas mehr als 400 Tracks verkaufen, um die Kosten der ersten eingestellten 20-Track-CD wieder hereinzuspielen.

2.2 Legale Gratisangebote bzw. Creative Commons-Modelle

Um illegale Weiterverbreitung von digitaler Musik zu verhindern, entwickelten die großen Tonträgerkonzerne „Digital Rights Management"-Software. Diese schränkt die Nutzbarkeit legal erworbener Musik ein, ohne bis dato ihren eigentlichen Zweck zu erfüllen, denn illegales Kopieren ist weiter verbreitet denn je.[24] Warum dann nicht gleich seine Musik auf legalem Weg gratis anbieten? Neben den Konsumenten und Vermittlungsdienstleistern (Internetservice-Providern usw.) profitieren von so einer Freigabe all jene Musiker, die zu wenige Tonträger verkaufen würden, um die Kosten von Produktion, Vertrieb, Werbung usw. wieder einzuspielen. Sie bekommen dadurch Bekanntheit (soziales Kapital) und damit höhere Chancen auf Konzertengagements (und damit ökonomisches Kapital). Über Portale wie Jamendo, Beatpick oder Magnatune lässt sich für unbekannte Musiker ein großes Publikum erreichen, ohne alle Rechte auf die Musik aufzugeben. Mit einer der von Lawrence Lessig entwickelten Creative Commons Lizenzen[25] könnten Urheber selbstbestimmt und individuell festlegen, welche

[24] Vgl. Big Champagne Online Media Measurement (bigchampagne.com).
[25] Siehe www.lessig.org; Schimmang 2007.

Nutzungsrechte sie freigeben wollen.[26] So fungiert die Musik z.B. als klingende Visitenkarte, auf deren Basis gewinnbringende Verbindungen („soziales Kapital") hergestellt werden können. So wie in den 1940er Jahren die Lizenzierungsgesellschaft BMI jene Musiker anzog, die von der ASCAP nichts zu erwarten hatten (vgl. Gronow und Saunio 1998, Tschmuck 2003), sind heute Creative Commons Systeme attraktiv für jene Musiker, die durch geltendes Urheberrecht eher behindert als geschützt werden. Laut Music Information Center Austria (MICA) würden etwa 80% aller Musikschaffenden von so einer Regelung stärker profitieren als von dem im herkömmlichen Urheberrecht festgelegten völligen Rechtevorbehalt. Besonders interessant ist in diesem Zusammenhang die Möglichkeit der Festsetzung steigender Preise je nach Beliebtheit der Musik in einer Community, wie es z.B. Amiestreet anbietet. Hier beginnt der Downloadpreis jedes angebotenen Songs bei Null und steigt je nach Rating auf maximal 98 Cent. Auf diese Weise wird der wahrgenommene Wert von Musik adäquat abgebildet und gehandelt. Oft sind es Netlabels – ausschließlich über das Internet agierende kleine Firmen – die ihr Programm kostenlos anbieten. Vor allem im Bereich elektronischer Musik ist das entsprechende Angebot groß.[27] Neben dem Promotions-Effekt fördern diese Plattformen auch Kooperationen und Community-Building. Gemeinsam versucht man, die Aufmerksamkeit potentieller Konsumenten zu gewinnen, um später einmal Konzerttickets, T-Shirts, Konzertaufnahmen, Live-Webcasts oder DVDs an die Interessierten zu verkaufen. Selbst für etablierte Stars scheint so eine Herangehensweise attraktiv zu sein, gerade in jüngster Zeit haben Prince, Radiohead und andere mit ähnlichen Angeboten immens viel Aufmerksamkeit generieren können.[28]

2.3 Abonnements und Flatrate

Neben der Möglichkeit, für jedes angebotene Musikstück einzeln zahlen zu lassen, setzt sich immer mehr die Idee durch, Abonnements anzubieten. Hier zahlt der Nutzer eine (meist monatliche) Grundgebühr und kann dafür das Angebot entsprechend lang nach Belieben nutzen. Bereits 7% des Gesamt-Digital-Marktes laufen über Abo-Downloads, hauptsächlich in den USA (IFPI 2007).

---

[26] Z.B. Der Empfänger darf die Musik kopieren und weitergeben, muss aber den Urheber nennen und darf keine kommerziellen Interessen damit verfolgen.

[27] Für eine Übersicht nach Genres siehe: Netlabels.org.

[28] Prince hat sein aktuelles Album als CD-Beilage einer englischen Tageszeitung „verschenkt". Radiohead hat das aktuelle Album zum MP3-Download im Internet freigegeben, und abgesehen von einer geringen Gebühr für die Datenübertragungskosten den Beziehern freigestellt, wie viel sie dafür zahlen wollten. Das Erscheinen eines luxuriösen und teuren Tonträger-Pakets mit diesem und erweitertem Inhalt wurde für später angekündigt. Nach einigen Tagen großer Aufregung bei Plattenfirmen, Fans und Presse wurde klar: Die Bitrate (=Tonqualität) der Musikdaten ist relativ niedrig, die Aktion war im Wesentlichen ein geschicktes Werbe-Spektakel.

Die erfolgreichste derartige Plattform ist eMusic, das weltweit mehr als 300.000 Abonnenten zählt und in den USA bereits zur Nummer zwei im Online-Musikgeschäft hinter iTunes geworden ist (in Europa seit Herbst 2006). eMusic bietet allerdings nur den Katalog kleiner und mittelgroßer Plattenfirmen jenseits der großen Konzerne („Majors") an, allerdings im DRM-freien MP3-Format, und hat bei einem Abo-Preis von 9,99 € im Monat etwa 100 Mio. Downloads in drei Jahren umgesetzt.

Dass diese Distributionsform noch nicht stärker etabliert ist, liegt a) an systemimmanenten und b) an willkürlichen Einschränkungen: Wenn die Gebühr nicht mehr bezahlt wird, das Abonnement ausläuft, ist „plötzlich" die (schon erworbene) Musik nicht mehr verfügbar. Viele Konsumenten wollen die Musik jedoch nach wie vor „besitzen". Und die Abo-Anbieter der Major-Kataloge – die wichtigsten sind hier Rhapsody und Napster – bieten nur DRM-Files an, die noch dazu am iPod nicht abspielbar sind. Ein weiteres Hindernis war zweifellos, dass die Dachorganisation der Tonträgerkonzerne IFPI sich lange Zeit beharrlich gegen eine Flatrate aussprach, unbeeindruckt von Expertenmeinungen und Absichtserklärungen ihrer Mitglieder.[29] Rick Rubin z.B. – innovativer Labelbetreiber, hoch angesehener Musikproduzent und seit Frühjahr 2007 Leiter des Sony-Sublabels Columbia – skizziert in einem Interview mit dem New York Times Magazine vom 2. September 2007 die Zukunft der Branche als Pool von Multimedia-Abonnements und sieht darin ein immenses Wachstumspotential:

„*You would subscribe to music. (...) You'd pay, say, $19.95 a month, and the music will come anywhere you'd like. In this new world, there will be a virtual library that will be accessible from your car, from your cellphone, from your computer, from your television. Anywhere. The iPod will be obsolete, but there would be a Walkman-like device you could plug into speakers at home. You'll say, 'Today I want to listen to ... Simon and Garfunkel', and there they are. The service can have demos, bootlegs, concerts, whatever context the artist wants to put out. And once that model is put into place, the industry will grow 10 times the size it is now.* "

Eine andere Art von „Grundgebühr" wiederum fordert die Initiative filesharing: eine so genannte Flatrate auf Breitband-Internetanschlüsse mit freiem Recht auf Downloads für private Zwecke. So strikt die IFPI dies ablehnt, es kommt dem Plan von Universal Music-Chef Doug Morris sehr nahe, der mit dem Abodienst TotalMusic die Dominanz von Apple auf dem Online-Musikmarkt brechen will. Internet-Nutzer sollen dabei kostenlos auf ein breites Repertoire an Musik zugreifen können, und die Kosten sollen Hardware-Hersteller oder Internet-

[29] Siehe www.ifpi.de/recht/recht-528.htm. Im Februar 2008 kündigte IFPI Austria Präsident Hannes Eder bei der Präsentation der Musikmarkt-Zahlen 2007 überraschend an, die Internet Service Provider für neue Geschäftsmodelle auf Flatrate-Basis gewinnen zu wollen.

Anbieter übernehmen. Angeblich ist man diesbezüglich mit Sony BMG schon eins geworden, mit Warner Music werde noch verhandelt.[30] Entscheidend wird sein, ob Internet-Anbieter und/oder Produzenten von Musik-Abspielgeräten tatsächlich die zusätzlichen Kosten von 90 US$ (für den durchschnittlichen Lebenszyklus eines Geräts von 18 Monaten) übernehmen, einzig um die Dominanz der Apple-Angebote iPod, iPhone und iTunes zu brechen. Zumindest in Frankreich läuft ein entsprechendes Modell bereits. Kunden des Internet-Providers Neuf Cegetel, die ein Paket aus DSL-Leitung, Telefon und Kabel-TV für knapp 30 € im Monat gebucht haben, bekommen auch Zugang zu einer Auswahl von Songs aus dem Universal Music-Katalog.[31] Für fünf Euro im Monat extra können beliebig viele Titel aus einer Auswahl von 150.000 Liedern und 3.000 Musikvideos geladen werden. Laut Medienexperte Gerd Leonard führt in Zukunft an einer Musik-Flatrate kein Weg vorbei:

> „*Die Zugänge werden breiter und schneller, die Inhalte tauschbarer. Technisch gesehen kann das Tauschen von Musik nicht verhindert werden. Wir müssen den Nutzern früher oder später die gleiche Lizenz geben, wie wir sie auch den Radionutzern geben. Es soll nicht umsonst sein, aber es soll nahe dran sein. Die Konditionen sollten so sein, dass man nicht bemerkt, dass etwas bezahlt wird. Ein Euro die Woche etwa. Auch der könnte über Werbung oder Sponsorship vom Netzwerkbetreiber aufgebracht werden. Wenn man diese Zahlen zusammenzählt, wäre das Musikgeschäft auf einen Schlag doppelt so groß wie heute. Es ist eine wichtige Entscheidung, zu sagen, ob wir weiterhin drei Milliarden Leute bekämpfen und verklagen wollen, oder ob wir ein System einführen wollen, das alle benutzen und für das auch bezahlt wird.*“[32]

2.4 Streaming

Streams sind aus einem Computernetzwerk empfangene und gleichzeitig wiedergegebene Audio- und Videodaten, also beschreibbar als „Radio“-Sendungen, die über Internet transportiert werden. Weltweit gibt es etwa tausend Digital Audio Broadcasts, also Internet-Radiostationen, die etwa 500 Mio. Menschen erreichen können. Oft handelt es sich um spezialisierte Anbieter, aber selbst die Warner Music Group USA bietet seit Juni 2007 einen Teil ihres Repertoires über Lala.com als Gratis-Stream an, wohl in der Hoffnung, dass dies in weiterer Folge zum Download- oder Tonträgerkauf motiviert. Das ökonomische Potenzial des Streamings liegt also in der temporären Nutzung von Musik, komplementär zum Erwerb eines umfangreicheren Nutzungsrechts. Ähnlich wie es für Radio Airplay nachgewiesen werden konnte (Montgomery und Moe 2000), wird wohl

[30] Business Week vom 22.10.2007.

[31] Neuf Cegetel ist ebenso wie Universal Music ein Teil des Vivendi-Konzerns.

[32] Quelle: http://futurezone.orf.at/it/stories/227756/.

auch das „Vorhören“ der Musik via (Gratis)Streaming in vielen Fällen zu einem späteren Kauf führen. Nicht umsonst ist dieses Angebot bei Präsentationen via Internetplattformen à la MySpace bereits gängige Praxis. Prominente Plattformen wie Last.fm (D) oder Play.fm (Ö) werden daher von Plattenlabels, die ihre Musik gratis zur Verfügung stellen, als Möglichkeit zur Promotion gesehen.

Diesbezüglich konkurrenzlos im potentiellen Nutzen sowohl für Musikanbieter als auch für Empfänger ist der deutsche „Sender“ Last.fm. Er arbeitet mit Empfehlungen (basierend auf Nutzerverhalten), der Empfänger hat also die Möglichkeit, sich seine persönliche Internet-„Radiostation“ zu „programmieren“. Möglich wird das durch den Audioscrobbler – ursprünglich eine Software-Erweiterung für MP3-Player, die in Filesharing-Netzwerken nach inhaltlich ähnlichen Musiksammlungen wie der eigenen sucht und dann darüber informiert, was Netzwerkmitglieder mit ähnlichem Musikgeschmack sonst noch auf Lager hätten. Last.fm macht sich diese Funktion zunutze, liefert dem individuellen Hörer das bis ins Detail auf den jeweiligen Musikgeschmack spezialisierte Musikprogramm. Als Musikanbieter wäre zu überlegen, sich und die eigene Musik in ein Audioscrobbler-Netzwerk einzuspeisen und sich so bei der passenden Zielgruppe bekannt zu machen. Anfang 2007 wurde Last.fm von CBS gekauft (Kaufpreis 140 Mio. US$), woran auch Viacom beteiligt ist und damit ein Großteil des weltweiten Musikfernseh-Angebots. Der nächste logische Schritt könnte also eine Umsetzung desselben Systems mit audio-visuellen Inhalten sein. Ein weiterer wichtiger Anbieter ist Pandora, das mit der Software Tuneglue auf Geschmacksprofile abgestimmte individuelle Streams für mehr als sieben Millionen Nutzer erstellt. Das größte Problem der Distributionsform Streaming liegt noch darin, dass die wenigsten Musikkonsumenten über den Computer „Radio“ hören. Diese Option wird also in dem Moment sehr interessant, da Audio- und Video-Streams einfach und billig über das Mobiltelefon zu empfangen sind.

2.5 Social Networking Sites und Weblogs im Web 2.0

Ein zentrales Thema der letzten Jahre ist das „Web 2.0“-Phänomen. Der Begriff beschreibt eine Entwicklungsstufe des Internet, deren zentrales Merkmal die intensive Einbindung der Nutzer in die Gestaltung der Inhalte ist. Im Musikbereich sind diesbezüglich Video-Communities, Social-Networking-Sites, Weblogs und Podcasts interessant. Ihre Hauptqualität liegt darin, dass sich Angebote zu jedem speziellen Interesse finden lassen, sei es zum Konsumieren, Beitragen oder Kommunizieren darüber. Individualität und Gestaltbarkeit der Nutzung werden dabei noch durch die jederzeitige Zugriffsmöglichkeit verstärkt. Aktuelle empirische Erhebungen (Haas 2007) für Deutschland ergaben eine „Web 2.0“-Nutzung von 20% aller über 14jährigen, die Internet nutzen (was wiederum 57,6% der Gesamtbevölkerung tun, also 12% „Web 2.0“-Nutzer insgesamt).

Überdurchschnittlich oft vertreten ist der junge (14-29jährige) Mann, hoch gebildet und/oder in Ausbildung befindlich, mit hohem Haushaltseinkommen. Für Musikschaffende ist das eine sehr interessante Zielgruppe, denn 48% der „Web 2.0"-Nutzer hören intensiv Musik (fünf- bis siebenmal pro Woche via CD oder MP3).

Im Bereich der Video-Communities spielt vor allem YouTube (seit Februar 2005) eine große Rolle, ein Portal über das jedes Mitglied Filmmaterial online stellen kann. Neben Amateurvideos von Kindergeburtstagen u. ä. tauchten hier relativ rasch (urheberrechtlich geschützte) Musikvideo-Clips auf, sodass mittlerweile so etwas wie eine Gratis-Musikvideothek vorliegt. Im Oktober 2006 übernahm der Suchmaschinenbetreiber Google um 1,65 Mrd. US$ das Portal und somit auch alle Probleme infolge der Urheberrechtsverletzungen. Ein Filtersystem musste installiert werden, und nach wie vor sind Entschädigungszahlungen an die Tonträgerkonzerne zu leisten. Für Musikschaffende ergibt sich hier die Chance, Musikvideos zur Promotion in einem relativ großen Zielgruppensegment einzusetzen.

Das gleiche gilt für die Social Networking Sites, ihre große Attraktivität liegt in ihren zahlreichen Mitgliedern und deren Mitteilungsfreude hinsichtlich ihrer (Konsum)Vorlieben und (Freizeit)Beschäftigungen. Die deutsche Studierenden-Plattform studiVZ z.B. hat über zwei Mio. registrierte Mitglieder im deutschen Sprachraum, davon ca. 100.000 aus Österreich (fast jeder zweite Student). Zu Jahresbeginn 2007 wurde das Netzwerk von der deutschen Holtzbrinck-Gruppe für angeblich 85 Mio. € gekauft. Solche Kapitaleinsätze erklären sich aus dem Streben nach Optimierung des Werbemarkts, aus dem Ziel, Interessen und Vorlieben konsumfreudiger Zielgruppen direkt anzusprechen. Mit relativ geringem Aufwand – im Vergleich zur teuren Marktforschung – lässt sich hier schnell eruieren, wie die Trendsetter, Multiplikatoren, Stimmungsmacher ansprechbar sind, denn viele Nutzer dieser Netzwerke machen in ihren Profilen publik, was sie gerne unternehmen und konsumieren. Die entsprechenden Daten lassen sich dann technisch einfach und automatisiert sammeln und auswerten. Im Vergleich zu den englischsprachigen Netzwerken MySpace und Facebook ist studiVZ ein kleiner Fisch: MySpace hat angeblich 180 Mio. Registrierte und wurde 2005 von Rupert Murdochs News Corporation für 580 Mio. US$ übernommen, Facebook wiederum dürfte etwa 50 Mio. Mitglieder haben und verkaufte im Oktober 2007 ganze 1,6% seiner Anteile um 240 Mio. US$ an Microsoft. Für Musikschaffende besteht bei gut funktionierender Mundpropaganda in solchen Netzwerken die Möglichkeit der Popularitätsentwicklung in atemberaubender Geschwindigkeit. Die Rockgruppe Arctic Monkeys z.B. konnte in MySpace derart viel soziales Kapital generieren, dass ihre Debut-Single sich am Tag der Veröffentlichung 60.000 mal verkaufte. Der englischen

Reggae-Sängerin Lily Allen wiederum wird nachgesagt, ihre Hitparadenerfolge hauptsächlich durch gezielte Stimmungsmache in MySpace erreicht zu haben. Mittlerweile gehört es zum guten Ton junger, aufstrebender Musiker, über einen MySpace-Account Promotion zu betreiben. Dahinter steht auch die Hoffnung, dass sich MySpace, Facebook, Bebo und wie sie alle heißen, als neues Suchfeld für A&R-Manager etablieren, dass in Zukunft kein Live-Auftritt mehr nötig sein wird, um entdeckt zu werden. Der Tonträgerkonzern EMI wiederum betreibt gleich zentral für jeden seiner Künstler eine MySpace-Seite und verkauft auf diesem Weg Musik, Videos, Konzerttickets, Merchandising.

Über Social Networking Sites bekannt zu werden, ist für den „kleinen" Musikschaffenden mittlerweile sehr unrealistisch geworden. Zu viele Andere haben dieselbe Idee, und so findet sich hier – ohne Qualitätsmanagement – alles, was wer auch immer veröffentlichen will. Als Distributionskanal ist das in der Regel also nur interessant, wenn man schon auf anderen Wegen bekannt geworden ist. Sinnvoller scheint es zu sein, in guten Weblogs eine auffallende Präsentation – auch mit Podcasts[33] – anzustreben. Weblogs (auch bekannt als Blogs) sind über das Internet veröffentlichte Journale, Erlebnisberichte, Meinungsäußerungen, Bewertungen, sehr oft verbunden mit Links zu oder direkt angebotenen Musikinhalten. Die Zahl der Weblogs ist mittlerweile unüberschaubar, über diesen Kanal herausragend zu wirken ist ebenfalls nicht einfach. Allerdings hat hier die Web-Community den Suchenden eine Hilfe anzubieten: Ein Blog-Aggregator wie Hype Machine oder elbo.ws kann das Netz nach MP3-Dateien durchsuchen, die über Weblogs angeboten werden. Für Musikschaffende kann dies eine echte Option darstellen, vor allem über die derzeit sehr angesagten Blogsites Discobelle (Schweden) und Fluokids (Frankreich).

2.6 Filesharing-Netzwerke

Eigene Musik über Filesharing-Netzwerke zu verbreiten hat den Vorteil, dass man damit potentiell eine sehr große Gruppe erreicht, und mit der Verfügbarkeit über notwendige Infrastruktur werden zusehends noch mehr potentielle Nutzer auch in Gebieten abseits der Ballungsräume erreichbar. Eine Studie aus dem Jahr 2006 zum Nutzerverhalten in den populärsten Peer-to-Peer-Netzwerken Deutschlands unterstreicht die ungebrochene Bedeutung von Filesharing-Plattformen für die digitale Verbreitung von Musik:

- Je nach Tageszeit liegt das Peer-to-Peer-Aufkommen zwischen 30% (tagsüber) und 70% (nachts) des gesamten Internet-Verkehrs in Deutschland.
- Zwei Systeme dominieren das Filesharing-Geschehen: BitTorrent (53,13%) und eDonkey (43,09%).

---

[33] Podcast: Selbst gemachte oder aufgezeichnete (audiovisuelle) Inhalte, die sich (z.B. über ein Weblog) unabhängig von Sendezeiten über das Internet abrufen lassen.

- Der Anteil getauschter Musik-Dateien liegt bei 22,30% resp. 18,85%; hauptsächlich wird Video-Material getauscht (50,37% resp. 64,55% der Dateien).[34]

Fazit der Studien-Autoren: „*Trotz vielfältiger Aktionen der Rechtinhaber ist der P2P-Verkehr sogar leicht angestiegen. Mit BitTorrent hat sich eine Tauschbörsentechnologie etabliert, die es ermöglicht, nahezu unbegrenzt großvolumige Medieninhalte zu verbreiten.*“ (ipoque.com). Unbekannte Musiker, die sich kaum Erträge aus dem Verkauf ihrer Musik erwarten und diese vor allem möglichst kostengünstig veröffentlicht sehen wollen, können also ihre Musik über Tauschbörsen anbieten, um keine teuren Downloadserver bezahlen zu müssen. Bei Distribution über illegale Peer-to-Peer-Netzwerke sollte jedoch immer beachtet werden, ob auch die Rahmenbedingungen günstig sind. Störaktionen der Rechteverwerter können z.B. Sand ins Getriebe bringen, wenn dadurch eine oder mehrere der folgenden Umstände auftreten:

- Unverlässlichkeit der Quellen (unvollständige, schlechte, falsche Files),
- Probleme bei der Transaktion (mühsames Suchen, langes Laden, Download-Abbruch),
- Sicherheitsrisiken (Spyware, Viren, Spoof, gerichtliche Verfolgung).

2.7 Informations- und Verkaufs-Websites

Tonträgerfirmen, Vertriebe, Einzelhändler, Musikschaffende und andere Player der Musikwirtschaft betreiben eigene Websites, über die sie informieren, promoten, aber auch verkaufen. Sehr oft geht es hier noch um die Distribution physischer Tonträger, aber immer mehr Präsentationsplattformen bieten auch Downloadservices an. Grundsätzlich stehen zwei Möglichkeiten zur Verfügung, auf diese Weise Musik über Internet zu verteilen. Man kann die Dateien direkt zum Download anbieten, man kann aber auch einen Sharehoster verwenden. Auf diesen lädt man seine Datei und erhält einen Link, mit dem die Daten abgerufen werden können. Diesen kann man dann per E-mail, Instant Messaging, in Foren oder auf einer Webseite weitergeben. Sharehoster sind meistens werbeunterstützt und für den Nutzer kostenlos. Natürlich kann auch kombinierter Tonträger- und Digitalvertrieb sinnvoll sein, denn immer mehr Kunden nutzen unterschiedliche Kanäle, je nachdem was gerade als bequem empfunden wird. Von größter Bedeutung diesbezüglich ist der weltgrößte Einzelhändler Amazon, der 1995 mit einem virtuellen Shop im Internet begann (mit Büchern, 1998 auch deutschsprachig), seit 1999 Tonträger anbietet und seit 2007 Musikdownloads. Mit sehr gutem Service ist Amazon Marktführer geworden, so bietet man integrierte Lösungen zur Zahlungsabwicklung, Gratis-Versand ab 20€ Warenwert und kurze

[34] Siehe: www.ipoque.com/media/surveys. (Beim getauschten Dateivolumen wird dieses Verhältnis naturgemäß noch ungleicher. Audio: 7,79 bzw. 8,77%; Video: 71,13 bzw. 67,87%).

Wartezeiten[35]. Neben Amazon gibt es verschiedene national bedeutende Tonträger-Einzelhändler im Internet. Libro, vor seinem Konkurs der wichtigste Tonträgerhändler Österreichs, bietet inzwischen auch Downloads im WMA-Format an, der Katalog ist jedoch schmal. In Deutschland sind WOM, A&M (Weltbild Verlag) und jpc als Tonträgerhändler prominent im Internet vertreten. Zudem könnten Informations-Datenbanken mit angeschlossenem „Marketplace" wie z.B. Discogs interessant sein. Und nicht zuletzt Online-Auktionshäuser wie Ebay, über die mittlerweile viele professionelle Händler neuwertige Tonträger anbieten.

Über eines sollte man sich als Urheber bei all den attraktiven Vermittlern jedoch im Klaren sein: Es mag viel Aufwand sein, aber nur wer über seine eigene Website digital distribuiert, hat tatsächlich Überblick und Kontrolle über den Umsatz. Während physische Tonträger in einer bestimmten Stückzahl an den Vertrieb übergeben werden und diese Stückzahl Grundlage aller Verrechnungen ist, wird das Datenfile einmal übermittelt, und dann kann man nur hoffen, dass auch alle Einkünfte aus verkauften Downloads (sprich: identischen Kopien) vom Vermittlungsservice an den Musikschaffenden weitergeleitet werden. Ein „Irrtum" lässt sich hier schwer nachweisen: Selbst wenn im Netz zehnmal so viele Files eines Musikstückes kursieren als offiziell verkauft wurden, können die „fehlenden" 90% tatsächlich aus Peer-to-Peer-Netzwerken entstanden sein. Die Rockgruppe Radiohead z.B. hat den Aufsehen erregenden (Vor)Vertrieb ihres jüngsten Werkes „In Rainbows" über die eigene Website abgewickelt, um völlige Autonomie hinsichtlich des Angebotes (Preis, Bitrate) zu behalten. Sie sind etabliert und mussten nicht viel mehr tun, als diese Aktion anzukündigen, um maximale Publizität zu erreichen. Aber wie kann der unbekannte Musiker auf seine Internetplattform aufmerksam machen? Mit Email-Aktionen, Werbung in traditionellen Medien, Verlinkung, Suchmaschinen-Arbeit, gutem Domainnamen, Affiliate Marketing (Werbung auf fremden Websites), und nicht zuletzt Mundpropaganda.

2.8 Download-Plattformen von Mobiltelefonbetreibern

Musikdistribution über Mobiltelefone ist wohl jene Option, die mittelfristig die größte Bedeutung erlangen wird. Schon jetzt werden zwei Drittel der Musikdownloads in Österreich auf diesem Weg abgesetzt, die überwiegende Mehrheit davon in Form von Klingeltönen.[36] Es gibt noch Wachstumspotenzial bei den

---

[35] Bei Bestellung über das schnelle Medium Internet wird vom Konsumenten rasche Lieferung erwartet, und nur wenn der Online-Erwerb nicht langwieriger ist als das Einkaufen im Laden, erfüllt er seinen Zweck.

[36] In Deutschland lag 2006 der Anteil mobiler Downloads bei etwa 25%, davon 4/5 Klingeltöne (IFPI 2007).

Full Track Downloads, aber sobald man überall, jederzeit, einfach und schnell (= billig) in befriedigender Auswahl die gewünschte Musik aufs Telefon laden kann, sind die Tage des physischen Tonträgers gezählt. Musik via Mobiltelefon hat zwei große Vorteile:

a. Impulskauf ist möglich. Das ist einerseits eine Chance für Anbieter, andererseits trifft es das Bedürfnis der Konsumenten.[37]
b. Abrechnung via Telefonrechnung ist möglich, was alle jene zu neuen potentiellen Abnehmern macht, die über keine Kreditkarte verfügen.

Laut Austrian Internet Monitor des dritten Quartals 2007 verfügen derzeit 5,8 Mio. Österreicher/innen ab 14 Jahren (85%) über ein eigenes Mobiltelefon (2006: 82%). Bei der unter 60jährigen Bevölkerung haben quer durch alle Altersgruppen mehr als 9 von 10 Personen ihr eigenes „Handy", bei den über 60jährigen sind es zwei Drittel. Und weltweit boomt der Verkauf von Mobiltelefonen mit Musikfunktion, 2006 verkaufte Nokia 80 Mio. Stück, Sony/Ericson 12 Mio. Stück (IFPI 2007). Apple wiederum hat 2007 mit seinem iPhone ein weiteres „Musthave" auf den Markt gebracht, und in Reaktion darauf will Nokia mit seinem Multimediaportal Ovi den Onlinemarkt erschließen. Dabei wird es wohl weniger darum gehen, mit den entsprechenden Angeboten selbst Gewinn zu machen als vielmehr zusätzliche Anreize zu bieten, ein Nokia-Telefon zu kaufen: Das neue „Smartphone" – quasi eine Weiterentwicklung des iPhone – soll 2008 auf den Markt kommen. In Österreich werden vor allem Kunden der Mobilfunkbetreiber One[38] und 3 offensiv an das Musikkaufen und -hören via Mobiltelefon herangeführt. So bekommt man von One nach Erwerb eines Mobiltelefons mit Musikfunktion eine SMS mit dem Inhalt: *„Hol Dir gratis die Nummer 1 der Ö3 Austria Top 40 mit Download auf dein Handy!"*. Die über oneladezone.at verkauften Downloads werden seit Jahresbeginn 2007 auch bei der Erstellung der offiziellen Verkaufshitparade berücksichtigt.

Schnell und unkompliziert die gewünschte Musik zu liefern, wird in Zukunft das zentrale Merkmal erfolgreicher Vermittler sein. Von folgenden Rahmenbedingungen wird außerdem abhängen, wie rasch sich ein Massenmarkt für Musik-Downloads auf Mobiltelefone entwickelt:

- Leistungs- und Speicherfähigkeit der Geräte (Gute Geräte haben heute etwa 1 GB-Speicherkarten für bis zu 900 Full Track Downloads),
- Übertragungskosten via Mobilfunknetz,
- Übertragungsfähigkeit der Musik auf andere Geräte (kompatibles Dateiformat sowie UMTS und/oder Blue Tooth statt GSM),
- Konvergenz mit anderen Medien (Radio, TV, Konzertveranstalter),

[37] Laut einer Untersuchung eines englischen Telefonbetreibers wünschen sich 76% der 16- bis 24jährigen unmittelbaren Erwerb von Musik (IFPI 2007).
[38] Demnächst: Orange.

- Bezahlsystem (muss möglichst einfach, sicher, billig, niederschwellig sein, am besten unkompliziert über Handyrechnung oder PrePaid-Karte, denn Minderjährige sind eingeschränkt geschäftsfähig),
- Ausbau des UMTS-Netzes. Während die Industriestaaten Ostasiens diesbezüglich gut versorgt sind, hinken Europa und die USA nach.

Die Tonqualität der mobilen Musik scheint dagegen nicht sehr wichtig zu sein,[39] was auch daran liegen könnte, dass derzeit noch die Klingeltöne den Umsatz dominieren. Diese wurden lange Zeit von etablierten Musikanbietern nicht Ernst genommen, entwickelten sich jedoch rasch zu einem großen Geschäft, das jetzt neue Marktteilnehmer wie Jamba dominieren.[40] Die prominente Mädchenband Sugababes z.B. hat bereits im Jahr 2003 am Klingelton ihres Hits „Round Round" mehr verdient als an der gleichnamigen CD-Single. Inzwischen hat auch Apple auf die Nachfrage reagiert: Über eine neue iTunes-Version können sich Nutzer aus dem Fundus von 500.000 Songs individuelle Klingeltöne erstellen. Hinsichtlich Qualität unterscheiden sich Klingeltöne in Form einer MIDI-Datei (Abfolge von Codes für Länge, Höhe, Charakteristik der Einzeltöne) stark von solchen als MP3-Datei (komprimierte Abbildung des gesamten wahrnehmbaren Klangspektrums einer Musiksequenz, was eine wesentlich größere Datei und aufwändigere Kodierung verlangt). Ein relativ neuer Trend sind „Ringback-Tones", Musik, die der Anrufer hört, bis der Angerufene abhebt. In Europa noch kaum bekannt, ist das in Asien schon ein Renner und in USA groß im Kommen (IFPI 2007). Ebenfalls ein Zukunftsmarkt sind Musikvideos, die speziell für Mobiltelefone produziert werden.

3 Fazit

Die Möglichkeit digitaler Distribution hat das Musikleben grundlegend verändert. Aus einem Verkäufermarkt wurde in kurzer Zeit ein Käufermarkt, die in den vergangenen Jahrzehnten marktbeherrschenden Vermittler haben ihre Macht verloren, banges Hoffen auf Plattenverträge und Aufnahme in Vertriebskataloge sind passé. Nun steht es jedem offen, einfach und billig (seine) Musik in die Welt zu schicken, sei es in die nächste Straße oder ans Ende der Welt. Aber der Wettbewerb ist hart, der Markt ist übersättigt, sein Publikum zu finden, ist

[39] Nur zwei Aspekte: Das (teure) Soundmastering von Tonträgern für hohe Klangansprüche verliert immer mehr an Bedeutung. Betreiber von Tonstudios sind heute vor allem gefordert, Musik zu produzieren, die als MP3 akzeptabel klingt. Die Download-Aktion von Radioheads Songsammlung „In Rainbows" mag als Promotion geplant gewesen sein. Tatsächlich scheinen aber viele Fans mit der schlechten Soundqualität (160 kBit/s) zufrieden zu sein, denn die Tonträgerverkäufe blieben trotz euphorischer Kritiken der Fachpresse hinter jenen des Vorgängeralbums zurück.

[40] Nicht zufällig beherrscht Jamba heute den Klingeltonmarkt: Sie haben rechtzeitig die komplizierten Bearbeitungsrechte und die Anpassung der Inhalte an die jeweiligen Anforderungen der Endgerätehersteller geklärt.

schwierig. So vielfältig, zukunftsträchtig, benutzerfreundlich und innovativ die neuen Technologien auch sind, nützen werden sie nur denen, deren Musik auch nachgefragt wird. Was lässt sich also aus heutiger Sicht für die Zukunft des Musiklebens erwarten:

3.1 Neue Formen des Musiktransports

Wahrscheinlich wird erst in einigen Jahren mehr Musik über digitale Kanäle als über CD distribuiert werden, aber auf lange Sicht ist der Tonträger ein Auslaufmodell. Große Auswahl, kurze Produktionszyklen, immer kleiner werdende Zeitbudgets, begrenzte Aufmerksamkeitsspannen, Mobilität, Flexibilität: Das alles macht den befristeten, schnellen, einfachen, billigen Zugang zu Gütern der Bedürfnisbefriedigung attraktiv, auf Kosten beständiger Güter mit langer Lebensdauer. Im Zeitalter schneller Diversifizierung des Musikangebots ist das Tonträger-Album ein zu langsames, zu schwerfälliges Medium für den Massenmarkt. Alben als Liedersammlungen werden an Bedeutung verlieren, einzelne herausragende Musikstücke das Marktgeschehen prägen. Wichtigstes Werkzeug zum Beziehen und Wiedergeben von Musik wird wohl ein Portable auf Basis des heute gebräuchlichen Mobiltelefons sein. Beschleunigt wird dies durch eine Verbesserung der digitalen Transport- und Empfangsmöglichkeiten, z.B. von UMTS und Internet-Breitband-Anbindung der Haushalte abseits der Ballungszentren. Trotz allem wird der Tonträger erhalten bleiben, als Ware mit Mehrwert, für Geschenke, für spezielle Interessen und für Gelegenheitshörer, die den Formatwandel nicht mitmachen. Und vielleicht erleben wir Musik aus dem „Automat", eine flächendeckende Versorgung mit aktualisierbaren Multimedia-Ladestationen in Lokalen, Geschäften, Schulen, im öffentlichen Raum.

3.2 Neue Musikvermittler

Welche Musik bei einem permanenten Überangebot tatsächlich auf den Markt kommt, ist das Ergebnis von „Vermittlungen" und „Repräsentationen".[41] Wer in dieser Situation dafür sorgen bzw. es verhindern kann, dass seine Musik ihr Publikum findet, der beherrscht den Markt. Je weniger Schritte jedoch in diesem Prozess kontrollierbar sind, desto kleiner ist die Bedeutung (und die Macht) dieser „Gatekeeper". Digitale Musikdistribution ist bislang nicht kontrollierbar, und jene werden an Bedeutung verlieren, deren Geschäftsmodell auf Produktion und Distribution von Tonträgern basiert. Vermittlungsinstanzen der Gleichförmigkeit (wie Format-Radio oder von Inserenten abhängige Fachpresse) werden zunehmend als schlechte Ratgeber empfunden und Marktanteile an Anbieter individualisierter Dienste verlieren. Von Digital Rights Management wird man

---

[41] Vgl. dazu Richard Petersons „Production of Culture"-Modell (Peterson 1990).

sich früher oder später wegen Erfolglosigkeit verabschieden, das Urheberrecht wird eine Anpassung an die veränderten Bedingungen erfahren. Institutionen der Rechteverwaltung werden nur dann (weiterhin) das Vertrauen der Urheber bekommen, wenn sie effizient und verlässlich auf das Ende des einfach strukturierten Verkäufermarkts reagieren.[42] Für Digital-Vertriebe kann das Anbieten breiter Kataloge, auch mit Rarem und Speziellem über „Long-Tail"-Verkäufe zum Erfolg führen.

3.3 Neue Chancen für Musikschaffende

Etablierte Stars benötigen heute keine Vermittlung an die unbekannte Masse der Abnehmer, das Publikum tritt an sie heran. Und wer kein Star ist, muss sich unter diesen Bedingungen seine Abnehmerschaft individuell und persönlich schaffen. Auch dazu bedarf es keiner multinationalen Konzerne, die Strategie heißt vielmehr: Live-Auftritte, Mundpropaganda, personalisierte Streams und Super-Distribution. Die Zeit der Megastars und der Hits vom Fließband ist vorbei, die Reduktion des Überangebots auf eine überschaubare und steuerbare Nachfrage lässt sich nicht mehr herstellen. Für die große Mehrheit der Musikschaffenden ist dies eine Verbesserung der Rahmenbedingungen: Ohne konkurrierende Werbe-Millionen der Tonträger-Industrie, die über die Massenmedien Aufmerksamkeit generiert, können sie über ihr musikalisches Wirken einen persönlichen Bezug zum Publikum herstellen und erfolgreich sein.

3.4 Die entscheidende Rolle des Publikums

Jegliche Absatz-Strategie, alle Rationalisierungs-Maßnahmen werden daran zu messen sein, wie sie von den Konsumenten angenommen werden. Unpraktische Lösungen und Angebote die keinen Wert erkennen lassen, werden nicht mehr durchsetzbar sein. So wie der gute DJ den Dancefloor „lesen" kann, werden in Zukunft vor allem jene Musik-Anbieter erfolgreich sein, die ihr Publikum verstehen und ernst nehmen. Die Kernzielgruppe der Musikwirtschaft wird wohl die Jugend bleiben, auch wenn deren Bedarf nach Musikerwerb sinkt. Hier wird es in Zukunft mehr denn je notwendig sein, auf individuelle Nachfrage schnell, billig und unkompliziert zu reagieren und/oder die Angebote in Erlebnis-Situationen (Konzert, Videospiel, Film) einzubetten. Und wer weiß: Vielleicht erfährt das Musikleben eine unvorhersehbare Dynamik durch das Entstehen einer neuen Jugendkultur. Ende der 1980er Jahre, vor dem Boom der elektronischen Tanzmusik, hat wohl kaum jemand damit gerechnet, dass die 70er-Jahre Phänomene Disco, DJ und Vinylschallplatte noch einmal eine so bedeutende Rolle spielen würden.

---

[42] Das bei der Ars Electronica 2007 mit dem „Fair Music"-Award ausgezeichnete Portal Freibank Music Publishing zeigt vor, wie es funktionieren kann.

4 Literatur

Andersen, Brigitte und Marion Frenz, 2007, The Impact of Music Downloads and P2P. File-Sharing on the Purchase of Music. A Study for Industry Canada. London: University of London.

Baszler, Stephan, 2003, Die Gefährdung der Wertschöpfungskette der Tonträgerbranche durch die Internetökonomie. Dissertation an der Wirtschaftsuniversität Wien.

Blaukopf, Kurt, 1989, Beethovens Erben in der Mediamorphose. Kultur- und Medienpolitik für die elektronische Ära. Heiden: Niggli.

Bourdieu, Pierre, 1982, Die feinen Unterschiede. Kritik der gesellschaftlichen Urteilskraft. Frankfurt/Main: Suhrkamp.

Frenzel, Tobias, 2003, Akzeptanz von Systemen der digitalen Distribution im E-Commerce der Musikwirtschaft. Berlin: Logos.

Goebl, Hellmut, 2006, (Geschäfts-)Modelle für den digitalen Musikvertrieb über das Internet. Diplomarbeit an der Wirtschaftsuniversität Wien.

Gronow, Pekka und Ilpo Saunio, 1998, An International History of the Recording Industry. London und New York: Cassell.

Haas, Sabine et. al., 2007, „Web 2.0: Nutzung und Nutzertypen. Eine Analyse auf der Basis quantitativer und qualitativer Untersuchungen". *Media Perspektiven* (4)2007: 215-222.

Haring, Bruce, 2002, MP3. Digitale Revolution in der Musikindustrie. Freiburg: Orange.

Hull, Geoffrey P., 1998, The Recording Industry. Boston etc.: Allyn & Bacon.

IFPI, 2007, Digital Music Report 2007. www.ifpi.org.

IFPI, 2008, Digital Music Report 2008. www.ifpi.org.

Montgomery, Alan L. und Wendy W. Moe, 2002, Should Music Labels Pay for Radio Airplay? Investigating the Relationship Between Album Sales and Radio Airplay. Pittsburgh und Austin (Unveröffentlichter Forschungsbericht).

Oberholzer, Felix und Koleman Strumpf, 2004, The Effect of File Sharing on Record Sales. An Empirical Analysis. http//www.unc.edu/~cigar/papers/FileSharing_March2004.pdf.

Peterson, Richard A., 1990, „Why 1955? Explaining the Advent of Rock Music". *Popular Music* 9(1): 97-116.

Renner, Tim, 2004, Kinder, der Tod ist gar nicht so schlimm. Frankfurt/Main: Campus.

Röttgers, Janko, 2003, Mix, Burn & R.I.P. Das Ende der Musikindustrie. Hannover: Heise.

Röttgers, Janko, 2006, „MP3. Karriere eines Formats". *De:Bug* (100)August 2006: 54.

Schimmang, Jan, 2007, Creative Commons als neues Lizenzierungsverfahren in der Urheberrechtspraxis. Eine Überlegung am Beispiel der digitalisierten Musikbranche. Saarbrücken: Vdm Verlag.

Smudits, Alfred, 2002, Mediamorphosen des Kulturschaffens. Wien: Braumüller.

Stieger, Sebastian, 2006, Erfolgsfaktoren von Geschäftsmodellen für Musikdownloads im Internet. Diplomarbeit an der Wirtschaftsuniversität Wien.

Tschmuck, Peter, 2003, Kreativität und Innovation in der Musikindustrie. Innsbruck: StudienVerlag.

Preisstrategien für Onlinemusik

Jochen Strube, Gerrit Pohl, Peter Buxmann

1 Einleitung

Angesichts der zunehmenden Bedeutung der digitalen Musikdistribution werden in der Musikindustrie zahlreiche Debatten über die Preissetzung für Onlinemusik geführt. Eine einfache Übertragung der traditionellen Preisstrukturen, die seit Jahrzehnten im Bereich des physischen Tonträgerhandels etabliert sind, erscheint dabei nicht sinnvoll. Einerseits handelt es sich bei Onlinemusik um ein Produkt, das sich in vielerlei Hinsicht von traditionellen Tonträgern unterscheidet, andererseits ermöglichen die besonderen Eigenschaften von Onlinemusik – insbesondere im Hinblick auf die Kostenstruktur – Preisstrategien, die im traditionellen Geschäft nicht oder nur eingeschränkt möglich wären. Entsprechend ist in der Literatur die Forderung nach einer größeren Experimentierfreudigkeit in Bezug auf die Preismodelle für Onlinemusik zu finden (vgl. Bhattacharjee et al. 2006, Buhse 2004: 200 und Davis 2001: 81).

Doch welche Möglichkeiten der Preisgestaltung ergeben sich für einen Anbieter digitaler Musik und wie lassen sich diese sinnvoll nutzen? Der vorliegende Beitrag erläutert die Grundlagen der Preissetzung für digitale Musik und stellt aktuelle empirische Erkenntnisse zur Zahlungsbereitschaft der Konsumenten für Musikdownloads vor.

Musikdownloads sind digitale Güter, deren besondere Kostenstruktur mit hohen fixen und sehr niedrigen variablen Kosten eine breite Palette von Preisstrategien ermöglicht. Abschnitt 2 stellt diese Kostenstruktur näher vor. Eine häufig vorgeschlagene Preisstrategie ist die Nutzung flexibler Preise in Anpassung an die Zahlungsbereitschaft der Konsumenten, d. h. Preisdifferenzierung. Auf der einen Seite werden insbesondere für neue oder rare Titel deutliche Preiserhöhungen vorgeschlagen, auf der anderen Seite könnten ältere Titel, nach denen kaum noch Nachfrage besteht, entsprechend weniger kosten. Abschnitt 3 stellt die Grundlagen der Preisdifferenzierung vor und diskutiert, nach welchen Kriterien diese für Musik erfolgen kann. Ein weiterer Aspekt der preispolitischen Überlegungen ist, dass online insbesondere Einzeltitel verkauft werden und daher oft ein gezieltes Auswählen der aus Sicht der Kunden jeweils beliebtesten Titel („Cherry Picking“) erfolgt. Es stellt sich die Frage, inwieweit die Erlöse der Musikanbieter hiervon beeinflusst werden. Abschnitt 4 beschäftigt sich daher mit dem Verkauf von gebündelten (beispielsweise Alben) und entbündelten (Einzeltracks) Musikdownloads. Ein weiteres Geschäftsmodell kann darin bestehen, die Musik nur zu „vermieten“ und dafür ein festes monatliches Entgelt zu verlangen – ein Beispiel hierfür sind Abonnement-Dienste wie Napster. Abschnitt 5 geht hierauf näher ein.

Schließlich stellt sich die Frage, ob das momentane Preisniveau für Musikdownloads, das in aller Regel zwischen 99 Cent und 1,49 € liegt, angemessen ist. Schließlich könnte für einen Anbieter von Musikdownloads eine Strategie darin bestehen, die Titel zu einem niedrigeren Preis zu verkaufen und die Umsätze stattdessen über die Menge zu generieren (vgl. Shapiro und Varian 1999: 21). Abschnitt 6 evaluiert eine solche Niedrigpreisstrategie für Onlinemusik auf Basis empirischer Daten. Es zeigt sich dabei, dass niedrigere Preise zwar zu höheren Umsätzen führen könnten. Allerdings verhindern die derzeit hohen Lizenzabgaben, die pro Download an die Labels zu entrichten sind, die Umsetzung einer solchen Preisstrategie.

2 Musik als digitales Gut

Onlinemusik zählt zu den sogenannten „digitalen Gütern". Ganz allgemein werden darunter Produkte oder Dienstleistungen verstanden, die in Form von Binärdaten dargestellt, übertragen und verarbeitet werden können (vgl. Shapiro und Varian 1999: 3). Beispiele für digitale Güter sind unter anderem Film-Streams, elektronische Bücher (E-Books) oder Musiktitel im MP3-Format. Ein wesentliches Merkmal digitaler Güter besteht darin, dass die Erstellung der ersten Kopie in der Regel hohe Kosten verursacht („First-Copy-Costs"), wohingegen die variablen Kosten der Reproduktion gegen Null gehen.[1]

Dieser Sachverhalt lässt sich gut am Beispiel Musik verdeutlichen: Die Produktion eines Musikstücks führt zunächst zu verhältnismäßig hohen Kosten – und zwar unabhängig davon, in welchen Formaten das Stück später vertrieben wird. Nicht selten investiert eine Plattenfirma große Summen in den Aufbau neuer Stars und engagiert unter anderem erfahrene Produzenten und Musiker. Diese „First Copy"-Kosten sind unwiderruflich entstanden und können nachträglich nicht mehr beeinflusst werden. Es handelt sich also um „Sunk Costs" (vgl. Shapiro und Varian 1999: 22). Wird die Platte dann ein Flop, sind die Investitionen in die Master-Kopie verloren.

Eine solche „First Copy" lässt sich jedoch zu sehr geringen Kosten ohne Qualitätsverlust kopieren. Erwirbt ein Konsument über einen Download-Store einen Titel, lädt er lediglich eine Kopie der sich auf dem Server befindlichen Datei herunter. Die Herstellung einer CD ist demgegenüber mit höheren variablen Kosten verbunden, denn zusätzlich zu den Kosten der Pressung des Tonträgers müssen auch noch die Verpackung und das Booklet hergestellt werden.

[1] Eine ausführliche Darstellung dieser Kostenstruktur und eine Diskussion der entsprechenden Literatur finden sich bei Grau und Hess (2007).

Auch die Distribution von Onlinemusik ist aus Sicht des Labels mit geringeren Kosten verbunden als die des physischen Pendants, da hierbei die aufwändige Logistik und die Bestandskontrolle entfallen (vgl. Buhse 2004: 50). Im einfachsten Fall bietet ein Künstler die Musiktitel auf seiner Webseite zum kostenfreien Download an, wodurch in der Regel neben den GEMA-Gebühren lediglich Traffic-Kosten entstehen, die aber vernachlässigt werden können. Diese Strategie des Verschenkens ist in der Regel jedoch nur dann sinnvoll, wenn Erlöse über andere Quellen erzielt werden können, die über den kostenfreien Musikbezug beworben werden (Merchandising, Bannerwerbung, Konzerte etc.). Im Regelfall wird Onlinemusik jedoch kostenpflichtig vertrieben.

Jedoch ist die theoretische Aussage, dass die variablen Kosten für digitale Güter und damit auch für Onlinemusik gegen Null gehen, in der Praxis nicht haltbar. So entstehen für die Anbieter digitaler Musik – online oder mobil – durchaus variable Kosten, und zwar unabhängig davon, ob die Musik verschenkt oder verkauft wird. Hierbei sind unter anderem Abgaben an Labels, Verwertungsgesellschaften und Technikdienstleister zu nennen. Es ist naheliegend, dass der Anbieter diese variablen Kosten in seiner Preiskalkulation berücksichtigen muss, sofern er seine Endkundenpreise nicht subventionieren möchte. In Abschnitt 6 wird diese Problematik noch einmal aufgegriffen und es werden die entsprechende Auswirkung auf die Preissetzung sowie ein Lösungsvorschlag aufgezeigt.

3 Preisdifferenzierung für digitale Musik

Onlinemusik wird häufig zu Einheitspreisen angeboten. So kostete beispielsweise bei Apple über eine lange Zeit jeder Song 99 Cent. Bei einem Einheitspreis verzichtet der Anbieter allerdings von vornherein auf zwei potenzielle Quellen der Umsatzsteigerung (vgl. Simon 1992: 387-388). Einige Kunden könnten bereit sein, einen höheren Preis als den Einheitspreis zu bezahlen. Die Differenz zwischen dem Maximalpreis, den der Kunde zu zahlen bereit wäre, und dem gesetzten Einheitspreis – die so genannte Konsumentenrente – geht dem Anbieter dabei also verloren. Andererseits verzichten diejenigen Konsumenten, denen der Einheitspreis zu hoch ist, komplett auf einen Kauf. Letztere Umsatzeinbußen betreffen insbesondere digitale Güter, bei denen aufgrund der niedrigen variablen Kosten auch mit geringen Preisen noch positive Deckungsbeiträge erzielt werden können.

Um den Nachteilen von Einheitspreisen zu begegnen, kann die sogenannte Preisdifferenzierung eingesetzt werden. Das Ziel besteht darin, ein Produkt zu unterschiedlichen Preisen an verschiedene Konsumenten zu verkaufen und dadurch die Konsumentenrente und die nicht bediente Nachfrage zu reduzieren. Es lassen sich hierbei die Preisdifferenzierung mit und ohne Selbstselektion unterscheiden (vgl. Skiera 1999: 287). Bei der Preisdifferenzierung ohne Selbstselektion weist der Anbieter unterschiedlichen Konsumenten verschiedene Preise zu. Ein Beispiel hierfür sind die gegenüber dem Normalpreis ermäßigten Tarife für Rentner und Kinder in einem Schwimmbad. Bei der Preisdifferenzierung mit Selbstselektion verzichtet der Anbieter auf eine für bestimmte Kunden verbindliche Preisfestlegung und überlässt es den Konsumenten, die für sie passende Preis- und Produktkombination zu wählen (vgl. Varian 1997). Dazu wird das prinzipiell gleiche Produkt in verschiedenen Varianten bzw. Mengen oder zu unterschiedlichen Zeitpunkten angeboten. Ein Beispiel hierfür sind CD-Alben, die in unterschiedlichen Ausstattungsvarianten verkauft werden oder Downloads in verschiedenen Klangqualitäten.

Abbildung 1 gibt einen Überblick über verschiedene Techniken der Preisdifferenzierung, die nachfolgend näher erläutert werden. Dabei wird auch auf die Anwendbarkeit der Differenzierungsmöglichkeiten für Onlinemusik eingegangen.

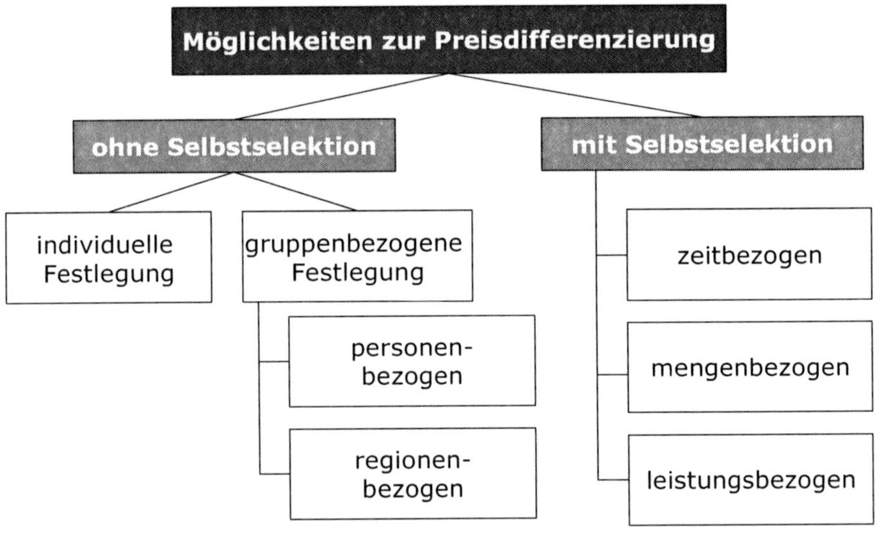

Abbildung 1: Gestaltungsformen der Preisdifferenzierung (in Anlehnung an Skiera 1999)

3.1 Preisdifferenzierung ohne Selbstselektion

Bei der sogenannten „perfekten Preisdifferenzierung" wird für jeden Konsumenten ein individueller Preis festgelegt.[2] Im Idealfall weiß der Download-Anbieter, welcher Kunde welchen Preis maximal für die angebotenen Titel bezahlen würde. Bietet der Anbieter nun jedem Kunden, dessen Zahlungsbereitschaft größer als die variablen Kosten ist, das Gut zu einem Preis an, der genau der Zahlungsbereitschaft entspricht, so ist diese Strategie gewinn-optimal (vgl. Faßnacht 2003: 287). In der Praxis scheitert dieser Ansatz jedoch in der Regel daran, dass die maximalen Zahlungsbereitschaften der potenziellen Kunden nicht bekannt sind (vgl. Skiera und Spann 2002: 254).

Die einfachere und häufiger genutzte Variante der Preisdifferenzierung ohne Selbstselektion ist die personen- bzw. regionenbezogene Preisfestlegung. Als Kriterien zur Gruppenbildung können etwa bestimmte Regionen oder Berufsgruppen herangezogen werden. Ein Beispiel für gruppenbezogene Preisbildung im Musikbereich sind Vorzugspreise für Mitglieder von Buchklubs wie Bertelsmann oder Weltbild. Eine regionale Preisdifferenzierung findet im Musikbereich hingegen kaum statt. Jedoch verhindert eine Überprüfung der Nationalität bei der Anmeldung, etwa über die Rechnungsadresse der Kreditkarte, dass beispielsweise ein deutscher Nutzer beim amerikanischen iTunes Store einkauft, um Währungsdifferenzen auszunutzen.

Eine grundsätzliche Voraussetzung für die Anwendung von Preisdifferenzierungsstrategien ist zum einen, dass sich Kundengruppen identifizieren lassen, die sich in ihren Präferenzen und ihrem Kaufverhalten signifikant voneinander unterscheiden (vgl. Diller 2000: 288). Zum anderen muss eine Überprüfung der Gruppenzugehörigkeit der einzelnen Kunden durchführbar sein (vgl. Varian 1997). Ein Download-Anbieter müsste hierzu also entweder selbst geschlossene Nutzergruppen einrichten, die von ihm überwacht werden oder mit den Portalen und Shops entsprechende Kooperationen vereinbaren.

3.2 Preisdifferenzierung mit Selbstselektion

Eine weitere grundsätzliche Preisstrategie besteht darin, den Konsumenten das prinzipiell gleiche Produkt in unterschiedlichen Versionen, Mengen oder Zeitfenstern anzubieten (vgl. Varian 1997). Der Kunde kann dann also selbst wählen, welches Angebot seinen Bedürfnissen und seiner Zahlungsbereitschaft am besten entspricht. Diese Formen werden auch als Preisdifferenzierung mit Selbstselektion bezeichnet.

[2] Zur Anwendung der individuellen Preisfestlegung bei digitalen Gütern siehe beispielsweise: Ulph und Vulkan (2000) sowie Aron et al. (2005).

Die zeitbezogene Preisdifferenzierung ist insbesondere aus dem Film- und Buchbereich bekannt: In der Regel erscheinen Bücher zunächst in einer Hardcover-Variante im Hochpreissegment und werden erst mit einer zeitlichen Verzögerung als günstige Taschenbücher verkauft. Der Preisunterschied ist dabei nur zu einem geringen Teil auf die unterschiedlichen Produktionskosten zurückzuführen (vgl. Shapiro und Varian 1999: 55). Vielmehr wird versucht, zunächst die höhere Zahlungsbereitschaft eines Kundensegments, das neue Bücher sofort bei ihrem Erscheinen lesen möchte, abzuschöpfen und später das Marktsegment mit der niedrigeren Zahlungsbereitschaft zu bedienen. Sehr ähnlich ist das in der Filmbranche angewandte so genannte „Windowing-Konzept“, das die Vermarktung eines Filmes innerhalb bestimmter zeitlicher Erlösfenster bezeichnet (vgl. Wirtz 2005: 309-310). Ein Film wird zuerst für einen kurzen Zeitraum im Kino gezeigt, anschließend als Kauf- oder Leih-DVD verwertet, danach im Pay- und schließlich auch im Free-TV ausgestrahlt. Die Umsetzung des Windowing-Konzepts im Musikbereich ist ebenfalls denkbar. Ein Merkmal von Onlinemusik ist, dass diese früher als das physische Pendant an die Konsumenten verkauft werden kann, da die Herstellung und Auslieferung der Tonträger entfällt.[3] Eine Strategie wäre es also, diesen Zeitvorsprung zu nutzen und ein Album oder eine Single zunächst digital anzubieten. Der Fan wird hier unter Umständen bereit sein, einen höheren Preis zu bezahlen, da er die Songs so früh wie möglich hören möchte.

Eine weitere Variante stellt die mengenbezogene Preisdifferenzierung dar: Je mehr Einheiten von einem Produkt erworben werden, desto günstiger fällt auch der durchschnittliche Einzelpreis aus. Häufig erhalten etwa Großkunden bei Softwarelizenzen hohe Rabatte (vgl. Buxmann et al. 2008: 115). Das Ziel dieser Strategie besteht zumeist in einer höheren Kundenbindung: Durch Rabatte kann verhindert werden, dass der Konsument seine Nachfrage auf verschiedene Anbieter aufteilt (vgl. Skiera und Spann 2002: 256). Im Musikbereich erhalten Einzelhändler, die von einem bestimmten Album eine große Menge abnehmen, ebenfalls Sonderkonditionen. Im Endkundengeschäft spielt die mengenbezogene Preissetzung jedoch keine besondere Rolle, da selten mehr als eine Einheit einer Platte oder eines Downloads gekauft wird.

Die leistungsbezogene oder qualitative Preisdifferenzierung, auch „Versionierung“ genannt, ist demgegenüber eine auch im Musikbereich weit verbreitete Strategie (vgl. Varian 1997). Die Grundidee besteht darin, eine Basisversion eines Produkts hinsichtlich verschiedener Merkmale zu verändern und die Produktvarianten zu entsprechend unterschiedlichen Preisen anzubieten. Auf diese

[3] Allerdings benötigen die Online-Musikdienste oftmals einige Zeit, bis der angelieferte Song alle Stufen der internen Qualitätssicherung durchlaufen hat, wodurch der theoretische Zeitvorsprung wieder ausgeglichen wird.

Weise sollen Kundensegmente bedient werden, die eine möglichst unterschiedliche Zahlungsbereitschaft aufweisen. So gibt es das Album „Fornika" der „Fantastischen Vier" in einer schweren Vinyl-Pressung, als Doppel-CD im Digipack mit Zusatz-DVD sowie als einfache Standard-CD. Die verschiedenen Ausstattungsvarianten unterscheiden sich entsprechend in ihren Verkaufspreisen. Für Onlinemusik ist die Strategie der Variantenbildung insbesondere auch deshalb geeignet, da nach der Produktion der Basisversion für die Erstellung weiterer Varianten nur sehr geringe Zusatzkosten anfallen. Hierbei stellen beispielsweise die Klangqualität (also die Encoding Datenrate) oder der Grad der Nutzungsbeschränkungen durch Digital Rights Management-Maßnahmen Eigenschaften dar, nach denen ein Produkt differenziert werden kann. Dazu ist es wichtig, die Präferenzen der Konsumenten genau zu kennen und entsprechend zielgerichtet unterschiedliche Versionen zu produzieren.

Eine weitere Variante der leistungsbezogenen Preisdifferenzierung kann die Personalisierung darstellen. Hier soll die möglichst genaue Anpassung der Produkteigenschaften an die spezifischen Präferenzen eines Konsumenten erreicht werden. Auf dieser Grundlage kann der Konsument ein für ihn personalisiertes Produkt erhalten („The Customer as a Co-Producer"). Die Einstellungsoptionen werden dabei seitens des jeweiligen Anbieters vorgenommen. Bei Onlinemusik könnte es der Shop beispielsweise ermöglichen, die angebotenen Titel hinsichtlich der Audio-Codes (etwa MP3, WMA oder Ogg Vorbis) und der Bitraten (128, 192, 320 KBit/s) individuell zusammenzustellen. Die Wahl der Klangqualität und des verwendeten Codes würde sich dann in unterschiedlichen Preisen niederschlagen. Der illegale – und mittlerweile wieder vom Markt verschwundene – russische Anbieter AllOfMP3.com hatte einen solchen personalisierten Bezug von Onlinemusik bereits in einer einfachen Variante umgesetzt.

4 Preispolitik im Mehrproduktfall: Bündelung

In vielen Branchen – und auch in der Musikindustrie – werden Produkte, die grundsätzlich auch einzeln verkauft werden könnten, in Paketen zu Gesamtpreisen angeboten, die günstiger als die summierten Preise der Einzelkomponenten des Bündels sind. Diese Strategie wird als Preisbündelung bezeichnet (vgl. Olderog und Skiera 2000: 137). Hierbei lassen sich drei Formen unterscheiden: Bei der reinen Bündelung werden die Produkte ausschließlich zusammen angeboten, im Falle der Entbündelung ausschließlich einzeln. Das gleichzeitige Anbieten von Produkten in sowohl ge- als auch entbündelter Form wird schließlich als „gemischte Bündelung" bezeichnet (vgl. Chuang und Sirbu 1999). Die letztgenannte Form ist seit dem Aufkommen der digitalen Musikdistribution auch hier häufig anzutreffen: So können die Songs eines Albums in physischer Form – mit Ausnahme der ausgekoppelten Singles – nur gebündelt erworben werden, während bei Onlinemusik die Titel auch einzeln und damit entbündelt erhältlich sind.

Die Grundidee der Preisbündelung ist, dass beim gebündelten Verkauf von Einzelprodukten die Varianz der Zahlungsbereitschaften der Konsumenten im Vergleich zum ungebündelten Verkauf reduziert werden kann (vgl. Schmalensee 1984: 218-220). Dieser Sachverhalt lässt sich gut anhand einer typischen Compilation erläutern. Es wird sich kaum eine Compilation finden, auf der jedes Stück allen potenziellen Konsumenten gleichermaßen gefällt. Dennoch sind jeweils einige für die unterschiedlichen Hörer attraktive Titel enthalten, die diesen schließlich zum Kauf bewegen. So werden einige Konsumenten den neuesten Chartsampler wegen der Hip-Hop-Stücke, andere aufgrund der Techno-Titel kaufen. Entsprechend sind auch die Zahlungsbereitschaften für die unterschiedlichen Einzeltitel heterogen. Durch die Bündelung können diese jedoch zu einer homogenen Zahlungsbereitschaft für das Bündelprodukt zusammengefasst werden (vgl. Altinkemer und Bandyopadhyay 2000).

Aufgrund der sehr geringen Erzeugungskosten digitaler Bündel ist insbesondere Onlinemusik für die Preisbündelung gut geeignet. Ein Beispiel hierfür ist das digitale Box-Set „The Complete Depeche Mode“, welches für einen Preis von 179,99 € den kompletten Katalog der Band, insgesamt 644 Songs, enthält. Es ist klar, dass für dieselbe Edition in Vinyl-Form ein höherer Preis für das Bündel angesetzt werden müsste, um die entsprechend höheren Reproduktionskosten zu kompensieren.

Anbieter von Onlinemusik schnüren nach dem gleichen Prinzip aber auch kleiner dimensionierte Download-Packages. So kostet die Tocotronic-EP „Kapitulation“ im iTunes Store 2,49 € und enthält fünf Titel, von denen vermutlich aber nur drei für die meisten Kunden von wirklichem Interesse sein dürften. Einzeln würden diese drei Stücke jeweils 99 Cent kosten, weswegen das Bündel aus Konsumentensicht preislich attraktiver ist. Ein weiterer Vorteil der Bündelung aus Anbietersicht gegenüber dem Einzelverkauf sind die verringerten Kosten für die Abrechnung, da hierbei nur eine einzige Transaktion entsteht.

Als ein Spezialfall der Bündelung lässt sich auch das Geschäftsmodell des Onlinemusik-Dienstes eMusic interpretieren: Hier können die Kunden für einen festen monatlichen Betrag eine festgelegte Anzahl von Songs laden. Für 10 US$ dürfen derzeit 30 Songs bezogen werden – das entspricht einem Stückpreis von 33 Cent. 100 Downloads pro Monat kosten indes eine monatliche Gebühr von 25 US$, womit der Preis pro Titel auf 25 Cent fällt. Im Vergleich zur Compilation besteht bei diesem Modell der entscheidende Unterschied, dass der Konsument sich die Bestandteile des Bündels – also die Titel – selbst auswählt, was die Attraktivität des Modells aus Anbietersicht einschränkt. Vorteilhaft aus Anbieterperspektive ist dagegen, dass nicht ausgeschöpfte Download-Volumina dennoch bezahlt werden müssen.

5 Abonnementmodelle

Neben dem Verkauf von Downloads zum Stückpreis besteht ein weiteres Geschäftsmodell darin, die Musik in Form von Abonnements zu „vermieten". Unter einem Abonnement wird allgemein der regelmäßige Bezug einer Dienstleistung oder eines Produktes gegen ein festes Entgelt verstanden (vgl. Glazer und Hassin 1982). Ein Abonnementanbieter für „Musik zur Miete" ist in Deutschland beispielsweise mit Napster auf dem Markt. Gegen eine monatliche Gebühr von 9,95 € erhalten die Nutzer unbegrenzten Zugriff auf den gesamten Musikkatalog des Dienstes und können die Titel direkt per Stream oder nach dem Download auf dem Rechner anhören. Für 14,95 € kann der Kunde die Titel zudem auch auf kompatible portable Musikplayer übertragen. Die Nutzung der Titel ist allerdings nur für die Dauer des Abonnements möglich. Wird das Abonnement gekündigt, verhindert ein Digital Rights Management System[4] (DRMS) des Anbieters, dass die heruntergeladenen Stücke weiter abgespielt werden können (vgl. Strube et al. 2007: 19) – die Nutzungsrechte an der Musik werden also nur vorübergehend eingeräumt, weshalb von einer „Vermietung" gesprochen werden kann (vgl. Hansen 2005). Des Weiteren ist es aufgrund des DRMS nicht möglich, die im Rahmen des Abonnements geladenen Titel auf eine CD zu übertragen. Will der Nutzer Titel dennoch brennen oder über die Abonnementdauer hinaus aufbewahren, kann er sie als Einzeldownload erwerben.

Aus Anbietersicht werden Abonnements häufig als Erlösmodell gewählt, weil sie aufgrund des konstanten Einnahmestroms eine gute Kalkulationsbasis darstellen (vgl. Fishburn et al. 1997 und Odlyzko 2001). Abonnements erleichtern es dem Anbieter zudem, eine enge Beziehung zu seinen Kunden aufzubauen. Bei Musikdiensten kann etwa das Download- und Streamingverhalten ausgewertet werden, um dem Nutzer personalisierte Empfehlungen zu geben und verschiedene Community-Tools zu integrieren. Ein weiterer Aspekt, der aus Anbietersicht für Abonnements spricht: Konsumenten tendieren dazu, ihre Nutzungsintensität zu überschätzen, was zu einer vergleichsweise hohen Zahlungsbereitschaft für Abonnements führt (vgl. Mitchell und Vogelsang 1991). Diese übersteigt häufig den Wert der ansonsten getätigten Einzelkäufe. Zum Vergleich: Für eine Monatsgebühr von 10 € könnte der Konsument etwa zehn Musikdownloads bei einem À la carte-Anbieter beziehen – was jedoch nur wenige so genannte „Intensivkäufer" auch tatsächlich tun.

[4] Zum Digital Rights Management vgl. beispielsweise Rosenblatt et al. (2001) und Liu et al. (2003).

Kunden eines Mietabonnements können zudem einem so genannten „Lock-In"-Effekt unterliegen (vgl. Strube et al. 2007: 20). Ein Nutzer, der über längere Zeit ein Mietabonnement wahrgenommen und auf Musikkauf verzichtet hat, verliert mit Kündigung seine gesamte Musiksammlung. Der Verlust der Abspielrechte an den bisher geladenen Titeln stellt für den Konsumenten mit zunehmender Größe der Sammlung einen immer höheren Wertverlust da, was dazu führen kann, dass der Kunde schon aus diesem Grund an das Vertriebsmodell des Mietabonnements gebunden wird.

Einige Konsumenten bevorzugen Abonnement-Modelle, weil diese ihnen ein Gefühl der Sicherheit vermitteln, da keine Schwankungen in der Abrechnung zu erwarten sind (vgl. Fishburn et al. 1997). Da ein Pauschalbetrag bezahlt wird, mit dem alles abgegolten ist, muss auch nicht mehr vor jedem Konsum eines Musiktitels gesondert überlegt werden, ob sich dieser Vorgang lohnt oder nicht.

6 Niedrigpreisstrategien für Musikdownloads

6.1 Die Notwendigkeit einer nachfrageorientierten Preissetzung

Wie in Abschnitt 2 dargestellt, besteht eine Besonderheit von Onlinemusik in der großen Diskrepanz zwischen den hohen Fixkosten der Erstellung der First Copy und den verschwindend geringen variablen Kosten der Reproduktion. Da die First Copy-Kosten den Charakter von Sunk Costs haben, spielen sie bei einer rationalen Handlungsweise auch keine Rolle für zukünftige Entscheidungen. Es wäre wenig sinnvoll, ein aufwändig produziertes Album für den zehnfachen Preis einer Low-Budget-Produktion zu verkaufen. Davon abgesehen ist es schwierig vorherzusagen, wie sich eine Platte später verkaufen wird und auf wie viele Einzelverkäufe die Fixkosten letztlich umgelegt werden müssen. Stattdessen sollte das Ziel darin bestehen, einen möglichst hohen Gesamtdeckungsbeitrag zu erwirtschaften. Der Gesamtdeckungsbeitrag dient zunächst dazu, die „versunkenen" Fixkosten abzudecken. Die darüber hinaus erwirtschafteten Deckungsbeiträge stellen dann den Gewinn dar.

In vielen Branchen wird bei der Preissetzung kostenorientiert vorgegangen (vgl. Schmalen 1995: 41). Dabei werden zunächst die variablen Kosten, die bei der Produktion anfallen, ermittelt. Anschließend wird ein gewisser Prozentsatz aufgeschlagen und somit der Preis, zu dem das Produkt an den Handel abgegeben wird, gesetzt (vgl. Homburg und Krohmer 2003: 607). Dies hat den Vorteil, dass recht einfach kalkuliert werden kann, ab welcher Absatzzahl der Break-Even-Point, bei dem die Fixkosten durch die Stückdeckungsbeiträge (die Differenz zwischen den Stückkosten und dem Preis) der verkauften Produkte gedeckt werden, erreicht wird. Jedoch sind die variablen Kosten für den Hersteller insbesondere in der nicht-physischen Musikdistribution denkbar gering. Es dürfte daher schwer fallen, einen sinnvollen prozentualen Aufschlag auf die Kosten zu finden, der nicht auf reiner Spekulation beruht. Anstelle einer Kostenorientierung empfiehlt sich eine Orientierung an den Zahlungsbereitschaften der Konsumenten für Musik („Nachfrageorientierte Preissetzung") (vgl. Shapiro und Varian 1999: 21).

Aber wie viel sollte ein Download dann bei nachfrageorientierter Preisbildung kosten? Da die variablen Herstellungskosten bei Onlinemusik zu vernachlässigen sind, bietet sich bei einer kurzfristigen Betrachtung eine Optimierung der Deckungsbeiträge des Herstellers an. Dabei ergibt sich der folgende Trade-off: Ein niedriger Preis (vgl. Shapiro und Varian 1999: 21). führt zu geringen Stückdeckungsbeiträgen, weshalb der Umsatz hierbei über einen höheren Absatz erzielt werden muss. Zum anderen können die entsprechenden Umsätze aber auch mit einem höheren Preis erwirtschaftet werden. Zwar würden in diesem Fall tendenziell eher weniger Downloads verkauft werden, diese würden jedoch einen größeren Stückdeckungsbeitrag erzielen. Für die Musikanbieter besteht die Herausforderung also darin, das Verhältnis zwischen dem Preis und der Absatzmenge so auszubalancieren, dass der Umsatz maximiert wird (vgl. Buxmann et al. 2007). Dies wird durch Abbildung 2 verdeutlicht:

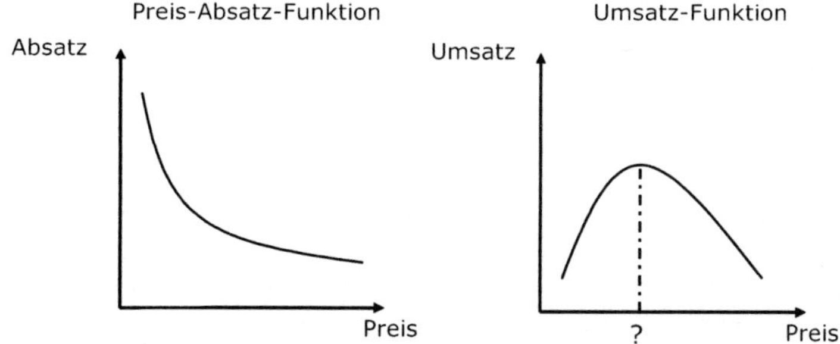

Abbildung 2: Trade-Off zwischen hoher Absatzmenge und hohen Preisen (Quelle: Eigene Darstellung)

6.2 Optimale Preissetzung für Musikdownloads

Mögliche Antworten auf die Frage, wie dieser „ideale Preis" aussehen könnte, liefern Daten aus der Marktforschung. Eine empirische Studie des Forschungsprojekts Zukunftsmusik der Technischen Universität Darmstadt in Kooperation mit Spiegel Online hat gezeigt, dass bei einem Preis von 99 Cent potenzielle Einnahmen verschenkt werden (vgl. Buxmann et al. 2007). In einer Ende 2006 durchgeführten Umfrage unter 1.534 musikaffinen Online-Nutzern wurde unter anderem nach der Zahlungsbereitschaft für einen aktuellen Hit in Form eines Downloads gefragt. Das Ergebnis: 29,8 Prozent der Umfrageteilnehmer würden weniger als 10 Cent bezahlen und 28,0 Prozent einen Betrag zwischen 10 und 49 Cent, während 35,7 Prozent sich bei einem Preis zwischen 50 und 99 Cent für den Kauf entscheiden würden. Lediglich 6,5 Prozent der Befragten waren bereit, mehr als 99 Cent zu zahlen.

Aufbauend auf den Zahlungsbereitschaften wird im Folgenden untersucht, welcher Preis p für die Anbieter umsatz-maximierend ist. Grundlage der Analyse bilden die eben dargestellten Umfrageergebnisse, aus denen sich mit Hilfe einer Regressionsanalyse für jede Kategorie eine Preis-Absatz-Funktion PAF(p) ableiten lässt. Die Annahme einer Exponentialfunktion[5] in der Form

(1) $PAF(p) = b_0 b_1^p$

führt zu den folgenden Parameterwerten und Bestimmtheitsmaßen: $b_0=1{,}546$; $b_1=0{,}974$; $R^2=0{,}960$. Dabei wurde jeweils mit der Klassenmitte gerechnet (z. B. 74,5 Cent in der Klasse von 50 bis 99 Cent). Die daraus resultierenden Preis-Absatz-Funktionen geben jeweils den Absatz als Anteil an der Maximalnachfrage an. Beispielsweise würden sich bei einem Preis von 99 Cent für einen aktuellen Hit 10,29 % der potenziellen Kunden zum Kauf entscheiden ($PAF(99) = 1.546 \cdot 0.974^{99} = 0.1029$).

Aus der Preis-Absatz-Funktion (1) lässt sich nun eine Umsatzfunktion U(p) für eine beliebige Anzahl von Konsumenten N ableiten:

(2) $U(p) = p\, b_0 b_1^p N$

Der umsatz-maximierende Preis $p_{optumsatz}$ ergibt sich durch Ableitung von (2) nach p und Nullsetzung wie folgt:

[5] Die Exponentialfunktion (bei aktuellem Hit: *Adjusted R-Square=0.960; s=0.513*) wurde aufgrund des hohen Bestimmtheitsmaßes im Vergleich zur linearen Preis-Absatz-Funktion *(Adjusted R-Square=0.782; s=19.463)* gewählt. Zwar zeigten einige polynominale Funktionen bessere Anpassungswerte, allerdings sind diese zur Beschreibung von Preis-Absatz-Funktionen ungeeignet, da sie nicht streng monoton fallend sind (vgl. Landsburg 2001). Das sehr hohe Bestimmtheitsmaß kommt dadurch zustande, dass zum einen nur sechs Datenpunkte in die Berechnung einfließen, zum anderen diese Datenpunkte kumulierte Häufigkeiten repräsentieren und daher zwangsläufig einem Muster gehorchen.

(3) $$p_{optumsatz} = -\frac{1}{\ln(b_1)}$$

Der umsatz-optimierende Preis für einen aktuellen Hit liegt entsprechend Formel (3) lediglich bei 33 Cent. Dies verdeutlicht die Notwendigkeit einer Änderung der Preispolitik der Musikindustrie im Onlinebereich.

Wie in Abschnitt 6.1 ausgeführt wurde, wird bei der Preissetzung für digitale Güter üblicherweise davon ausgegangen, dass die Kostenorientierung eine untergeordnete Rolle spielt. Insofern würde der hier hergeleitete umsatzmaximierende Preis auch den Gewinn maximieren.

Die Annahme zu vernachlässigender variabler Kosten erweist sich jedoch für die Musikanbieter im Internet derzeit als nicht zutreffend. Um dies zu verdeutlichen, wird als Beispiel ein Online-Anbieter für digitale Musiktitel betrachtet. Diesem entstehen zum einen umsatzabhängige Kosten, etwa für einen Payment-Dienstleister. Dieser Kostenanteil am Umsatz wird im Folgenden mit $\beta = [0,1]$ bezeichnet. Zum anderen fallen variable Kosten k_v pro Download an. So sind beispielsweise mindestens 17,5 Cent pro heruntergeladenem Titel an die Verwertungsgesellschaft GEMA abzuführen.[6] Durch Berücksichtigung dieser beiden Posten lässt sich die Umsatzfunktion (2) zu folgender Gewinnfunktion (4) erweitern:[7]

(4) $$G(p) = p\, b_o b_1^p N(1-\beta) - b_o b_1^p N k_v$$

Der gewinn-optimale Preis kann durch Ableitung von (5.4) nach p und Nullsetzung ermittelt werden:

(5) $$p_{optgewinn} = \frac{\ln(b_1)k_v - (1-\beta)}{\ln(b_1)(1-\beta)}$$

Wie wirken sich die anfallenden Kosten nun auf den gewinn-optimalen Preis aus? Zur Verdeutlichung wird hier folgendes Szenario angenommen: Ein Anbieter von Musikdownloads tritt als Intermediär zwischen Musikern und Konsumenten auf. Die Musiker erhalten dabei einen Anteil von 20 % des Umsatzes.

---

[6] Es gilt hier in der Regel der GEMA-Vergütungssatz VR-OD2, der unter folgender Adresse einsehbar ist: http://www.gema.de/media/de/online/gema_tarif_vr-od_2.pdf (letzter Abruf: 11.11.2007). Es ist allerdings davon auszugehenden, dass größere Onlineanbieter abweichende, individuelle Vereinbarungen mit der GEMA getroffen haben.

[7] Fixkosten werden, wie in Abschnitt 6.1 dargestellt, als „sunk costs“ betrachtet und im Weiteren nicht berücksichtigt.

Ebenfalls anteilig zum Umsatz fallen Kosten für einen Finanzdienstleister an. In dieser Beispielrechnung wird davon ausgegangen, dass 8% des Bruttopreises an den Finanzdienstleiter abgeführt werden. Der Parameter β beträgt somit 0,28. Als GEMA-Gebühr fallen 17,5 Cent pro Download an. Zudem entstehen noch Kosten für die technische Bereitstellung des Downloads und dessen Abwicklung. Hier werden Kosten von 5 Cent pro Download angenommen. Die variablen Kosten pro Download k_v betragen somit 22,5 Cent. Ein Einsetzen dieser Parameter in (5) ergibt den gewinn-optimalen Preis von 69 Cent.

Es zeigt sich in diesem Szenario, dass sich die optimalen Preise unter Berücksichtigung der Kosten zwar erhöhen, aber immer noch deutlich unter den aktuellen Preisen von Online-Anbietern wie iTunes, Finetunes oder Musicload liegen. Dieses Bild ändert sich jedoch, wenn die zurzeit fälligen Abgaben an die Labels mit in Betracht gezogen werden. Müssen beispielsweise 70 Cent pro Download an das jeweilige Label gezahlt werden, erhöhen sich die variablen Kosten k_v auf 92,5 Cent. Dafür sinken die umsatzabhängigen Kosten β auf 8 %, da die Künstler nun vom Label entlohnt werden. Als gewinn-maximierender Preis für einen aktuellen Hit ergeben sich somit 139 Cent.

Ein Vergleich der Umsätze bei einem Preis von 1,39 € und dem umsatz- optimierenden Preis von 33 Cent zeigt ein drastisches Bild. Angenommen, die Maximalnachfrage beträgt N=10.000, so werden bei einem Preis von 33 Cent 6.481 Kunden den Download erwerben, was einem Umsatz von 2.183,73 € entspricht. Bei einem Preis von 1,39 € würden allerdings nur 397 Konsumenten kaufen. Dies entspricht einem Umsatz von 551,83 €, also gerade etwas mehr als einem Viertel des Maximalumsatzes.

6.3 Kooperation als Voraussetzung für die Umsetzung einer Niedrigpreisstrategie

Wie im vorherigen Abschnitt ersichtlich wurde, ist eine Niedrigpreisstrategie aus Sicht der Anbieter von Onlinemusik nicht ohne Weiteres umsetzbar, da die Abgaben, die pro verkauftem Titel an die Labels entrichtet werden müssen, als variable Kosten zu betrachten sind. Dennoch liegt die Vermutung nahe, dass sowohl die Labels als auch die Anbieter von den höheren Umsätzen, die eine Niedrigpreisstrategie verspricht, profitieren könnten. Dazu ist es notwendig, dass die beteiligten Akteure der digitalen Wertschöpfungskette ihre Preispolitik aufeinander abstimmen.

In der Literatur wird der Problembereich der Preisabstimmung innerhalb einer Wertschöpfungskette unter dem Begriff des „vertikalen Preismanagements" – zumeist aus der Sicht des Herstellers, in diesem Fall also der Labels – behandelt (vgl. Simon 1992: 493-495). Dabei zeigt sich, dass eine Gewinnmaximierung für alle Beteiligten im Fall einer gemeinsam betriebenen Preispolitik am ehesten erreichbar ist. Der Entscheidungsprozess zerfällt dabei in zwei Schritte: Im ersten Schritt wird der Endpreis festgelegt, der den Gesamtgewinn maximiert. Im zweiten Schritt wird der Gesamtgewinn wiederum auf Hersteller und Handel aufgeteilt. Während die Interessen im ersten Schritt kongruent sind, sind sie bei der Gewinnaufteilung diametral entgegengesetzt, da es sich bei der Gewinnaufteilung um ein Nullsummenspiel handelt.

Die gemeinsame Gewinnmaximierung ist ein Spezialfall der Kooperation von Wertschöpfungspartnern. Die Grundidee, dass ein kooperatives Verhalten in einer Wertschöpfungskette zu einem Ergebnis führen kann, von dem alle Beteiligten profitieren, ist einer der Leitgedanken des Supply Chain Managements. Beispielsweise finden sich in der Automobilindustrie zahlreiche Beispiele für kooperative Planungsansätze (vgl. Martin Diaz 2006 und Buxmann et al. 2003).

Eine Grundvoraussetzung für die Bereitschaft der Partner in der Wertschöpfungskette, auf eine solche Kooperation einzugehen, ist, dass keiner der Beteiligten schlechter gestellt wird.[8] Jeder Akteur muss also einen Gesamtdeckungsbeitrag erwirtschaften können, der mindestens so groß ist wie im bisherigen (Hoch-) Preismodell. Dabei ist zu berücksichtigen, dass die Partner in Abhängigkeit von ihren variablen Kosten unterschiedlich von einem niedrigen Preis profitieren. Darüber hinaus sollten zumindest für einige Beteiligten Anreize zur Adoption des neuen Preismodells in Form zusätzlicher Deckungsbeiträge bestehen. Diese zusätzlichen Einnahmen sind der Kooperationsgewinn, der aus den gestiegenen Umsätzen resultiert. Eine besondere Herausforderung besteht in der paretooptimalen Verteilung dieses Kooperationsgewinns.

7 Fazit

In diesem Beitrag wurde dargestellt, dass es eine Vielzahl von Preisstrategien für digitale Güter gibt, die sich zum Teil sehr gut auf Onlinemusik anwenden lassen. Insbesondere existieren auf dem digitalen Musikmarkt höchst unterschiedliche Zahlungsbereitschaften der Konsumenten, die mit entsprechenden Methoden der Preisdifferenzierung ausgenutzt werden könnten. Zudem zeigt eine Untersuchung der Zahlungsbereitschaften für Onlinemusik, dass eine Niedrigpreisstrategie für Musikdownloads ein Erfolg versprechender Ansatz für die Musikindustrie sein könnte. Allerdings verhindern die aktuellen Lizenzmodelle die Umsetzung eines solchen Preismodells.

Eine Herausforderung besteht deshalb auch darin, Lizenzverträge künftig so zu gestalten, dass den Anbietern eine entsprechende Preisflexibilität ermöglicht wird. Insbesondere Niedrigpreise, die zu Umsatzerhöhungen beitragen können, sind andernfalls nicht realisierbar. Die besondere Kostenstruktur von Onlinemu-

[8] Buxmann et al. (2007) stellen ein mathematisches Modell vor, mit dessen Hilfe sich solche paretooptimalen Erlösverteilungsmodelle bestimmen lassen.

sik ermöglicht darüber hinaus auch die günstige Produktion unterschiedlicher Versionen, mit denen die Musik entsprechend segmentspezifischer angeboten werden kann. Preislich attraktive Bündel von Musiktiteln stellen eine weitere Strategie dar und können gerade bei Onlinemusik gut umgesetzt werden.

8 Literatur

Altinkemer, K. und S. Bandyopadhyay, 2000, „Bundling and Distribution of Digitized Music Over the Internet.“ *Journal of Organizational Computing and Electronic Commerce*, 10(3): 209-224.

Aron, R., A. Sundararajan, und S. Viswanathan, 2006, „Intelligent agents in electronic markets for information goods: customization, preference revelation and pricing.“ *Decision Support Systems*, 41(4): 764-786.

Bhattacharjee, S., R.D. Gopal, K. Lertwachara und J.R. Marsden, 2006, „Consumer Search and Retailer Strategies in the Presence of Online Music Sharing. “*Journal of Management Information Systems*, 23(1): 129-159.

Buhse, W., 2004, Wettbewerbsstrategien im Umfeld von Darknet und Digital Rights Management – Szenarien und Erlösmodelle für Onlinemusik. Wiesbaden: Gabler.

Buxmann, Peter, L. Martín Díaz, und A. von Ahsen, A., 2003, „Kooperationen in Supply-Chains – Ökonomische Ansätze und Anwendung eines Simulationsmodells.“ *Wirtschaftsinformatik*, 45(5).

Buxmann, Peter, Jochen Strube und Gerrit Pohl, 2007, „Cooperative Pricing in Digital Value Chains – The Case of Online Music. “ *Journal of Electronic Commerce Research*, 8(1): 32-40.

Buxmann, Peter, H. Diefenbach und T. Hess, 2008, Die Software-Industrie: Ökonomische Prinzipien – Strategien – Perspektiven. Berlin etc.: Springer.

Chuang, J.C.-I.; Sirbu, M.A., 1999, “Network delivery of information goods: Optimal pricing of articles and subscriptions.” *Information Economics and Policy*, 11(2): 147-176.

Davis, R., 2001, “The Digital Dilemma,” *Communications of the ACM*, 44(2): 77-83.

Diller, H., 2000, Preispolitik. 3. Auflage, Stuttgart: Kohlhammer.

Faßnacht, M., 2003, „Preisdifferenzierung.“ In: Diller, H. und A. Hermann (Hrsg.), Handbuch der Preispolitik – Strategien – Planung – Organisation – Umsetzung, Band 1: 259-283. Wiesbaden: Gabler.

Fishburn, C., A.M. Odlyzko und R.C. Siders, 2000, „Fixed fee versus unit pricing for information goods: competition, equilibria, and price wars.“ In: Kahin, B. und H.R. Varian (Hrsg.), MIT Internet Publishing and Beyond: The Economics of Digital Information and Intellectual Property: 167-189. Cambridge, Massachusetts: MIT Press.

Glazer, A. und R. Hassin, 1982, „On the economics of subscriptions. “*European Economic Review*, 19: 343-356.

Grau, C. und T. Hess, 2007, „Kostendegression in der digitalen Medienproduktion: Klassischer First-Copy-Effekt oder doch mehr?“ *Medienwirtschaft – Zeitschrift für Medienmanagement und Kommunikationsökonomie*, 4/2007: 26-37.

Hansen, S., 2005, „Die Rückkehr der Katze". *c't*, 26: 100-102.
Homburg, C. und H. Krohmer, 2003, Marketingmanagement. Wiesbaden: Gabler.
Liu, Q., R. Safavi-Naini und N.P. Sheppard, 2003, „Digital Rights Management for content distribution." Australasian Information Security Workshop, Adelaide: Australia.
Martín Díaz, L., 2006, Evaluation of Cooperative Planning in Supply Chains. Wiesbaden: Gabler.
Mitchell, B.M. und I. Vogelsang, 1991, Telecommunications Pricing: Theory and Practice, Cambridge: Cambridge University Press.
Morneau, J., 2000, Dynamic Pricing: Who Really Wins? http://www.techweb.com/wire/story/TWB20000929S0024 (zuletzt aufgerufen am 11.11.2007).
Odlyzko, A., 2001, „Internet pricing and the history of communications." *Computer Networks*, 36(5-6): 493-517.
Olderog, T. und B. Skiera, 2000, „The Benefits of Bundling Strategies." *Schmalenbach Business Review*, 52(2): 137-160.
Rosenblatt, B., S. Mooney und W. Trippe, 2001, Digital Rights Management: Business and Technology. New York: Wiley.
Schmalen, H., 1995, Preispolitik. Stuttgart: G. Fischer Verlag
Schmalensee, R., 1984, „Gaussian Demand and Commodity Bundling." *The Journal of Business*, 57(1): 211-230.
Shapiro, C. und H. R. Varian, 1999, Information Rules – A Strategic Guide to the Network Economy, Boston: Harvard Business School Press.
Simon, H., 1992, Preismanagement: Analyse – Strategie, Umsetzung. 2. Auflage, Wiesbaden: Gabler.
Skiera, B., 1999, „Preisdifferenzierung." In: Albers, S., M. Clement, und K. Peters (Hrsg.), Marketing mit Interaktiven Medien – Strategien zum Markterfolg: 283-296. Frankfurt/Main: Frankfurter Allgemeine Buch.
Skiera, B. und M. Spann, M., „Preisdifferenzierung im Internet." In: M. Schögel, T. Tomczak und C. Belz (Hrsg.), Roadmap to E-Business – Wie Unternehmen das Internet erfolgreich nutzen: 270-284. St. Gallen: Moderne Industrie.
Strube, Jochen, Amke Block, Gerrit Pohl und Peter Buxmann, 2007, „Abonnementmodelle für Onlinemusik – Ein Simulationsprototyp für die Entscheidungsunterstützung bei Anbieter und Labels." *MedienWirtschaft, Zeitschrift für Medienmanagement und Kommunikationsökonomie*, 2(2): 18-27.
Ulph, D. und N. Vulkan, 2000, Electronic Commerce and Competitive First-Degree Price Discrimination. University of California, Los Angeles and University of Bristol: mimeo.
Varian, H. R., 1997, „Versioning Information Goods." In: Kahin, B. und H.R. Varian (Hrsg.), Internet Publishing and Beyond: The Economics of Digital Information and Intellectual Property: 190-202. Cambridge, Massachusetts: MIT Press.
Wirtz, B., 2005, Medien- und Internetmanagement. 4. Auflage, Wiesbaden: Gabler.

Marketing und Promotion von Musikprodukten

Carl Mahlmann

1 Einleitung

Anfang Oktober 2007 kündigten zwei prominente englische Bands an, das traditionelle Geschäftsmodell der Musikvermarktung in Frage zu stellen: Zuerst teilte das Management der „Charlatans" mit, die nächsten Singles und das neue Album kostenlos zum Download verfügbar zu machen. Fast gleichzeitig ließ „Radiohead" wissen, das neue Album auf ihrer Website zum Download zu einem Preis anzubieten, den der Konsument frei wählen kann („*pay what you like*"). Hintergrund dieser Aktionen ist die Erosion des herkömmlichen Musik-Geschäfts durch Selbstüberspielen von CDs und durch illegales Downloaden über so genannte „Musiktauschbörsen". Die Einnahmen aus Tourneen/Konzerten und Merchandising haben inzwischen die Einnahmen aus Verkäufen von Bild/Tonträgern deutlich überholt. War traditionell die Tournee eher ein Promotion-Instrument für die Album-Verkäufe, so hat sich teilweise die CD bereits zum Promotion-Instrument der Tournee entwickelt. Warum dann nicht gleich die CD verschenken, um die Ticket-Verkäufe anzukurbeln?

Unabhängig von der Frage, ob Musikangebote zum Nulltarif die richtige Antwort auf illegale Musikbeschaffung sind, dürfte der Vorstoß der „Charlatans" und „Radioheads" für die meisten Interpreten keinen Modellcharakter haben: Zum einen muss eine Band dazu bereits einen sehr hohen Bekanntheitsgrad haben, zum anderen ist es zweifelhaft, ob derartige Aktionen noch die gewünschte Ticketnachfrage erzeugen, wenn man damit nicht mehr in die Schlagzeilen (und in die Charts) kommt. Unstreitig ist indessen, dass sich das Geschäftsmodell der Musikindustrie erweitern muss: Waren Musikvideos (Bildtonträger) schon länger eine Ergänzung der Audio-Produkte, so sind in den letzten Jahren „digitale Produkte" wie Downloads oder Klingeltöne hinzugekommen. Die Musikvermarktung muss wegen der Verschiebung der Einnahmenseite jedoch auch Musikprodukte „im weiteren Sinne" einbeziehen. Dazu zählen das Konzertgeschäft und die Vermarktung von Musik in anderen Zusammenhängen (z.B. Merchandising, das „Sync"-Geschäft als Nutzung von Musik zu Promotion- und Werbezwecken anderer Produkte, Lizenzgeschäft allgemein) sowie die kommerzielle Nutzung von Musikprogrammen in Massenmedien (Rundfunk, TV, Print, Internet). Man spricht inzwischen auch von einem „360° Business", d. h. einem Rundum-Angebot aller von einem Künstler benötigten Services „aus einer Hand". Wie das

Beispiel von Madonna[1] zeigt, konkurriert die Musikindustrie dabei durchaus mit Anbietern anderer Bereiche, z.B. Konzertveranstaltern.

Innerhalb dieses Beitrags soll Marketing und Promotion von Musikprodukten „im engeren Sinne“ dargestellt werden, näherungsweise durch „Recorded Music-Produkte“ beschrieben, also Musikprodukte, die aus Musikaufnahmen (Audio und Video) generiert werden. Eine Ausweitung auf Vermarktungsprozesse von Musikprodukten „im weiteren Sinne“ bleibt einer weiterführenden Arbeit vorbehalten.

Alle im Folgenden aufgeführten Fakten und Aussagen beziehen sich auf den Deutschen Musikmarkt.

2 Der Weg zum Hit: Anatomie des Erfolgsprozesses

Bevor auf den Marketingprozess im Detail eingegangen wird, ein kurzer Überblick über die Erfolgsfaktoren für Musikprodukte und deren Zusammenwirken, oder im Branchenjargon ausgedrückt: „Der Weg zum Hit“ (siehe dazu Abbildung 1).

[1] Madonna kündigte im Oktober 2007 die Beendigung ihrer Zusammenarbeit mit Warner Music an und unterschrieb einen langfristigen, hoch dotierten Vertrag mit dem Konzert Promoter Live Nation inkl. der Auswertung der Rechte für Bild/Tonträger.

Der Weg zum Hit

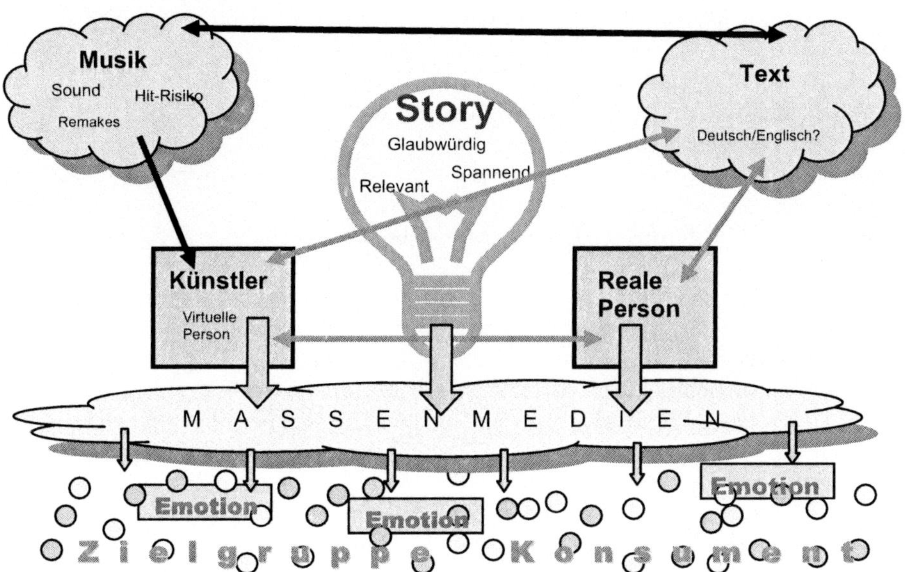

Abbildung 1: Der Weg zum Hit

Ein Musikprodukt besteht inhaltlich aus Musik und Text. Musik ist mehr als Komposition, hinzukommen Arrangement, Sound, Technik usw. Das traditionelle Kernproblem der Musikindustrie besteht darin, „den Hit zu finden". Bei 12 Tönen innerhalb der gängigen Tonleiter sind die „attraktiven" Tonfolgen zu einem beträchtlichen Teil bereits erfunden, d. h. es wird immer schwieriger, aus den „noch nicht erkannten schönen Tonfolgen" eine solche zu identifizieren. Man kann sich behelfen, indem man entweder ein vollständiges „Remake" (eine Wiederaufnahme) eines älteren Hits anbietet oder zumindest Bruchstücke aus einem solchen Hit verarbeitet und sich von der Originalversion durch besonders aktuelle Sounds abhebt. Insgesamt ist jedoch das Risiko verhältnismäßig hoch, sich allein auf die Musik als maßgeblichen Erfolgsfaktor zu verlassen („Hit-Risiko").

Beim Text (Lyrics) sind vergleichbare kreative Einschränkungen kaum vorhanden, weil der Ideenraum für Texte sehr groß ist. Damit ist es einfacher, sich auf Texte als Erfolgsfaktor zu konzentrieren, z.B. einen Erfolgstitel mit einem neuen Text zu versehen. Der Text muss einen großen Teil der „emotionalen Ladung“ tragen (siehe unten). Zur Verständlichkeit der Lyrics stellt sich die Grundsatzfrage der Sprache: Text in Deutsch oder in Englisch? Die Akzeptanz der Sprachen bei Musiktexten variiert in der Zeit, momentan ist die deutsche Sprache (bei deutschen Produktionen) mehr gefragt. Natürlich muss darauf geachtet werden, dass Musik und Text eine Einheit bilden und durch die Musik die Aussage der Texte entsprechend zur Geltung gebracht werden.

Musik und Text werden vom Künstler vorgetragen, d. h. sind von der Person des Künstlers nicht zu trennen. Für das Musikprodukt bilden Musik, Text und Künstler eine Einheit. Daher müssen Musik und Text zum Künstler „passen“. Beim Künstler muss man im Vermarktungsprozess unterscheiden zwischen dem Künstler als virtueller Person (welche das Musikstück präsentiert) und der sich dahinter verbergenden realen Person. Beide Personen können stärker deckungsgleich, aber auch völlig unterschiedlich sein. Wichtig ist, dass es keine offensichtlichen Widersprüche zwischen beiden Personen gibt, zumindest nicht in der Wahrnehmung durch die Konsumenten (Fans!). Bei der (realen und virtuellen) Person spielt die Vereinbarkeit mit dem Text eine wichtige Rolle, ist es doch diese Person, die den Songinhalt zum Konsumenten trägt, der sich mit der Aussage identifizieren soll.

Die Kernaufgabe der Musikvermarktung besteht darin, den Künstler mit seinem Musikprodukt (Musik und Text) den potentiellen Käufern bekannt und darüber hinaus „begehrenswert“ zu machen in dem Sinn, dass sich die Konsumenten wünschen, das Musikprodukt zu besitzen. Durch diesen Vermarktungsprozess wird das Musikprodukt erst „wertvoll“, so dass ein Konsument bereit ist, für den Erwerb einen entsprechenden Preis zu zahlen. Es findet also ein Kommunikationsprozess um das Musikprodukt zwischen (virtuellem) Künstler und Konsument statt, der im Wesentlichen von den Massenmedien getragen wird (das gilt auch für „virale“ Spielarten des Marketings).

Zentraler Bestandteil der Kommunikation über Musik/Künstler ist die „Story“. Gemeint ist, dass mit dem Musikprodukt und dem Künstler eine Geschichte verbunden ist, die für den Konsumenten interessant, beeindruckend, spannend oder aufregend ist. Die entscheidenden Produkteigenschaften von Popmusik sind im Gegensatz zu den meisten Konsumgütern wenig objektivierbar, vieles ist Emotion und Stimmung im Sinne von Unterhaltung, Ablenkung, Spannung, Freude, Trauer, Begeisterung, Rührung usw. Um ein Musikprodukt an den Käufer zu bringen, müssen Emotionen und Stimmungen aktiviert werden. Dazu gehört auch schon einmal Aufregung, Lärm, Tempo, Überzeichnung. Nichts ist im Pop-Geschäft schlimmer als Langeweile. Die „Story“ ist dabei nicht nur ein wichtiges Element zur Aktivierung des Konsumenten, sondern zuvor auch ein wichtiges Element zur Aktivierung des Redakteurs: Die Massenmedien (vor allem TV, Funk und Presse) stellen sich für die Musikanbieter als erheblicher

Engpass dar, durch den man viel leichter gelangt, wenn man eine gute Story dabei hat.

Die Kreation einer Story um einen Künstler/ein Produkt ist eine der Kernaufgaben des Marketings. Diese Story muss drei Bedingungen erfüllen: sie muss spannend sein (sonst wird sie nicht wahrgenommen), sie muss relevant sein (also für den Konsumenten eine persönliche Bedeutung haben) und sie muss glaubwürdig sein (der Konsument muss dem Künstler die Geschichte „abnehmen", wobei sowohl die virtuelle als auch die reale Person des Künstlers von Bedeutung sein können).

Die Massenmedien tragen die Botschaft von der Story zur Zielgruppe der Konsumenten, wobei es *die* Zielgruppe kaum noch gibt: Die potentiellen Käufer bestehen aus vielen, unterschiedlichen Gruppierungen, die in sich wiederum heterogen sind. Es kommt nicht unbedingt darauf an, möglichst viele Konsumenten zu erreichen, sondern vielmehr, eine genügend große Zahl von Konsumenten sehr intensiv zu erreichen. Dabei kann eine Polarisierung in Fans und Anti-Fans durchaus hilfreich sein, um die Gruppe der Fans noch stärker zu aktivieren.

3 Marketing von Musikprodukten

3.1 Der Marketing-Mix in der Musikvermarktung

In der Marketing-Literatur werden die Instrumente des Marketings, also der Marketing-Mix, zumeist in folgende vier Kernbereiche unterteilt[2]: Produkt- und Programmgestaltung, Preispolitik, Kommunikationspolitik und Distributionspolitik.

Die physische Distribution ist seit den 1990er Jahren bei der Mehrzahl der Musikfirmen an externe Dienstleister ausgelagert, zum einen weil sie nicht mehr als wettbewerbsrelevant wahrgenommen wird und zum anderen, weil Musikfirmen sich sehr stark auf das eigentliche Musik-Marketing fokussieren. Daher konzentriert sich Distributionspolitik auf Verkauf/Vertrieb und wird im Rahmen dieser Arbeit unter „Sales" abgehandelt.

Die Organisation und Durchführung des Marketing-Mix wird hauptsächlich durch die Geschäftsleitung und das Product-Management der Musikfirmen gesteuert. Die Geschäftsleitung – dazu gehören auch die Leitungen der Musik-Divisions/Labels (Divisional Heads) – gibt den strategischen und taktischen Rahmen vor und schaltet sich überdies in den Vermarktungsprozess der Major Artists (Superstars) und der großen Projekte ein. Die taktischen Abstimmungen für die einzelnen Produkte/Projekte verantworten die jeweils zugeordneten Product-Manager, die üblicherweise den Marketing-Abteilungen angehören. Der Product-Manager bereitet sein Produkt für die Vermarktung vor, stimmt die

[2] Vgl. z.B. Kotler (1982: 363-366), Nieschlag, Dichtl und Hörschgen (1985: 91-95), Kotler und Armstrong (1991: 250-255), Meffert (2000: 327-330), Homburg und Krohmer (2003: 453-460).

Verkaufs- und Chart-Ziele ab, plant die notwendigen Maßnahmen, koordiniert die Umsetzung mit den Fachabteilungen und motiviert alle Beteiligten, um den Markterfolg herbeizuführen. Er stellt den Marketingplan auf, erarbeitet und koordiniert mit den Fachabteilungen das Marketingkonzept, das Promotionkonzept (mit der Promotion) und das Verkaufskonzept (mit dem Vertrieb/Trade Marketing). Die Verantwortung der Durchführung in den zentralen Funktionen – vor allem Artists und Repertoire (A&R), Promotion und Sales – liegt bei den jeweiligen Abteilungsleitern dieser Funktionsbereiche. Der Product Manager begleitet die Durchführung und kontrolliert permanent die Ergebnisse, hauptsächlich anhand der Abverkäufe an den Handel, der Durchverkäufe an Endverbraucher („Over-The-Counter" Sales-Bericht des Handelspanels) und diverser Chart-Positionen (Verkaufs-Charts, Airplay-Charts, Club-Charts). Er nutzt das Feedback, um rechtzeitig Anpassungsmaßnahmen zu ergreifen, sowohl im Positiven (z.B. Aufstocken von Promotion-Terminen) als auch im Negativen (z.B. Kürzen von Werbeausgaben).

3.2 Produkt- und Programmgestaltung

Die Produkt- und Programmgestaltung ist der wichtigste Bereich des Marketing-Mix: eine hervorragende Kommunikationspolitik bzw. eine erfolgreiche Preispolitik oder Distributionspolitik können elementare Schwächen beim Angebot von Künstlern und Repertoire nicht ausgleichen. Daher findet der Wettbewerb zwischen den Musikfirmen vor allem auf dem Beschaffungsmarkt von Stars und Hits statt, von der Künstler-Akquisition bis zur Übernahme vollständiger Labels und Firmen. Die „Core Assets" einer Musikfirma sind das Artist Roster (die unter Vertrag stehenden Künstler) und der Katalog (die Werke – zumeist Alben –, an denen die Musikfirma Vertriebsrechte hat).

Das Programmangebot der Musikfirmen unterteilt sich zunächst nach Local Pop (Popmusik mit Copyright in Deutschland), International Pop (Copyright außerhalb Deutschlands) und Klassik/Jazz. Die Musikfirmen müssen also entscheiden, welchen Anteil deutsche Produktionen in ihrem Portfolio haben sollen, welche internationalen Titel sie in ihren Katalog übernehmen wollen und inwieweit sie auch ein Klassik- bzw. Jazz-Angebot führen wollen. Im Allgemeinen ist die Profitabilität für internationales Repertoire höher (man zahlt nur Lizenzen), aber man ist dann auch vom Erfolg der „Konzernschwestern" im Ausland abhängig. Bei den Musik-Majors werden internationale Prioritäten global/weltweit festgelegt, so dass ein Teil des aktuellen internationalen Katalogs bereits vorbestimmt ist. Will man das vollständige Musikspektrum abbilden, müssen auch Kataloge für Local Pop und Klassik/Jazz geführt werden. Ein Engagement bei Local Pop beinhaltet dann auch ein eigenständiges A&R-Management. Im nächsten Schritt muss eine Musikfirma entscheiden, welche Musikgenres im

Einzelnen geführt werden sollen, ob man sich auf „Mainstream Pop" konzentriert oder ob auch Genres wie „Deutscher Schlager", „Volkstümliche Musik", „Dance/HipHop", „Kinderrepertoire", „Hard/Heavy Rock" usw. geführt werden sollen, bis hin zu Hörbüchern. Die Genres für das lokale Repertoire müssen in ein entsprechendes Künstler-Portfolio umgesetzt werden. Von einem Musik-Major wird erwartet, dass er sich im gesamten musikalischen Spektrum engagiert, wobei die Schwerpunkte natürlich verschieden sind und sich im Zeitverlauf ändern können. Dabei können sowohl Crossover-Strategien als auch Marktnischen-Strategien verfolgt werden.

Neben den Repertoiregenres hängt die Programmgestaltung weiter von den Produktarten bzw. technischen Formaten ab. Das Spektrum reicht von Tonträgerarten (Singles und Maxi-Singles; Alben als CD, SACD, DVD-Audio, MC, LP) über Bildtonträger (DVD-Video, VHS-Cassetten, Blu-Ray, HD-DVD) zu Downloads (Einzeltracks, digitale Singles, digitale Alben, Bundles), Streamings (auch als Subscription-Angebot) und Anwendungen für Mobiltelefone (neben Full Track Downloads auch Klingeltöne, Ringback Tunes, Dedications, Logos). Meistens handelt es sich beim Angebot der Formate um langfristige Konzernentscheidungen, aber es gibt durchaus auch lokale Entscheidungen, die unter Marketingaspekten getroffen werden (z.B. die Einführung eines Premium-Formats einer CD/DVD-Kombination). Unterschiede zwischen den großen Anbietern bestehen hinsichtlich neuer Formate (z.B. Blu-Ray, HD-DVD), den auslaufenden Formaten (Vinyl, MC, VHS) und dem Handling von Downloads: Wann wird ein Produkt als Download angeboten, welches sind die Nutzungsbedingungen (inkl. DRM[3] oder DRM-free, welche DRM-Elemente?), unter welchen Bedingungen wird ein Track aus einem Album einzeln (ungebündelt) verkauft?

Innerhalb der Programmgestaltung ist als nächstes die Angebotsbreite für die einzelnen Produktarten festzulegen. Die andauernden Umsatzrückgänge seit 2000 haben den Rationalisierungsdruck erhöht, physische Angebote mehr einzuschränken. Besonders betroffen davon sind physische Singles und TV-Compilations, aber auch die auslaufenden Formate (Vinyl, MC, VHS). Die Musikindustrie bietet über Phononet derzeit insgesamt etwa 220.000 Titel[4] an. Neben dem „physischen" Angebot hat sich ein Download-Angebot entwickelt, das zurzeit wohl bei über 1 Million Tracks[5] liegen dürfte und weiter zunimmt. Mit der Verfügbarkeit von Downloads wächst prinzipiell auch das Angebot für Klingeltöne und Ringback Tunes, wobei die Nachfrage nach Klingeltönen bereits

---

[3] DRM = Digital Rights Management; regelt die Nutzungsbedingungen.

[4] Laut Phononet physischer Artikelstamm Oktober 2007.

[5] Hochgerechnet auf der Basis des digitalen Artikelstammes von Phononet Oktober 2007, der insgesamt 1,6 Mio. Tracks verzeichnet, die jedoch nicht alle einzeln angeboten werden bzw. die auch Doubletten enthalten.

stagniert. Nach der Einführung von „Digital Only" für die Single-Charts im Juli 2007 (danach können auch Downloads ohne physisches Äquivalent charten) wird es vermehrt Veröffentlichungen geben, die zunächst digital (per Download) erfolgen und nur bei hinreichendem Erfolg auch eine physische Veröffentlichung nach sich ziehen. Aus der Veröffentlichungspolitik resultieren die Anteile von New Releases (Neuheiten) und Katalogtiteln. Gegenwärtig liegt der Anteil der (jährlichen) Neuveröffentlichungen am Gesamtkatalog etwas unter 20%[6].

Produktpolitik beinhaltet die Gestaltung der einzelnen Produkte. Sie wird bei lokalen Produktionen in Deutschland vorgenommen, während internationale Produktionen in der Regel mehr oder weniger unverändert von den Schwesterfirmen aus dem Ausland (vor allem USA und Großbritannien) übernommen werden. Bei der Produktgestaltung geht es um folgende Produktbestandteile:

- Musikalischer Inhalt mit Musik, Text, Arrangement, Aufnahme, Versionen (Mixes, Remixes), Gesamttitel (A-Titel bei Singles) sowie Auswahl und Reihenfolge der Einzel-Titel (Tracklisting),
- Format: Single/Album/Doppelalbum/Compilation/Set bzw. CD/DVD/MC/SACD/Download/Klingelton usw.,
- Technische Details: Stereo/Mehrspuraufnahmen, Auflösung bzw. Komprimierung, zusätzliche Multimedia-Contents bzw. Links auf Zusatz-Content, DRM,
- Verpackung: Jewel Case/Digipack/Box oder Spezialverpackung, das Artwork (Cover, Backcover, Booklet) mit Titel/Logo,
- Tools für Marketing und Promotion: Videos, Fotos, Texte, POS-Material[7], EPKs[8] und
- Metadaten: Artikelstamm- und Labelcopy-Informationen, die Preisfestlegung (Listenpreis, PPD[9]) und der geplante Veröffentlichungstermin.

Bei der Produktgestaltung arbeiten Product-Management, A&R sowie das Creative Department Hand in Hand. Am Ende des Prozesses der Produkterstellung liegt ein vollständiges „Paket" vor, welches den Anforderungen der Vermarktung entspricht. Die Produktpolitik wird vom Product Management koordiniert und im Wesentlichen auch verantwortet. Von dort wird gesteuert, welche Bestandteile des Produktes notwendig sind und welche Verkaufsziele sich damit aus der Vorkalkulation (Kosten) ergeben. Die Erfahrung hat gezeigt, dass im Durchschnitt von 10 Produkten nur 1-2 im ökonomischen Sinn erfolgreich sind und die Verluste der übrigen 8-9 Produkte mittragen müssen. Leider weiß man von vorneherein nicht, welches die erfolgreichen Produkte sind – trotz fortgeschrittener

[6] Interne Berechnungen der EMI Music Germany Oktober 2007.
[7] POS = Point Of Sales, Ort des Verkaufs.
[8] EPK = Electronic Press Kit, elektronisches Promotion-Paket.
[9] PPD = Published Price To Dealer, Listenpreis.

Research-Möglichkeiten. Die Produktqualität im wirtschaftlichen Sinne definiert sich über die Akzeptanz durch die Käufer, und diese ist ein Ergebnis des „Gesamtpakets" aus Produkt, der Marketing- und Promotionsmaßnahmen, dem aktuellen Stellenwert des Künstlers, des „richtigen" Zeitpunktes der Veröffentlichung – und auch etwas Glück gehört mit dazu.

Musikprodukte sind Markenartikel, die Marke ist in der Regel der Künstler selbst – abgesehen von Marken für Compilations („Bravo Hits", „Just The Best"), Backkatalog-Serien, Midprice-Kataloge („Nice Price"), Klassik („Gelbetikett") oder Jazz („Blue Note"). Die Arbeit an einem aktuellen Album setzt eine kontinuierliche Arbeit an der Marke (dem Künstler) voraus. Erfolgreiche „Markenpolitik" bedeutet, einen Künstler im Markt zu etablieren und über lange Zeit in einem attraktiven Umfeld präsent zu halten.

3.3 Preispolitik

Die Preispolitik für Tonträger, speziell CDs, ist seit Beginn der 1990er Jahre Gegenstand öffentlicher Diskussionen gewesen. Nach dem Rückgang der CD-Verkäufe haben sich die Forderungen nach Reduzierung der CD-Preise gehäuft, obwohl diese Preise in den letzten Jahren stabil gewesen sind und das deutsche Preisniveau deutlich unter demjenigen der großen Märkte im Europäischen Ausland (Großbritannien, Frankreich) liegt. Eine „One Artist" Vollpreis-CD kostete im Jahr 2006 durchschnittlich 13,92 € im Vergleich zu 14,77 € im Jahr 2000[10]. Inflationsbereinigt war eine Vollpreis-CD 2006 sogar rund 16% billiger als 2000. Treffend in diesem Zusammenhang ist die Äußerung eines Branchenjournalisten: „*CDs sind zu teuer, egal was sie kosten.*" Ursache für die verzerrte Preiswahrnehmung ist offensichtlich ein Werteverfall von Musik, der sich orientiert an den Kosten einer selbst gebrannten CD oder eines illegal aus dem Internet herunter geladenen Musikfiles: Vorbespielte CDs werden niemals mit Rohlingskosten von unter 20 Cent oder mit Übertragungskosten beim Filesharing konkurrieren können. Aber solange das Preisargument die kostenlose Musiknutzung rechtfertigen soll, ist es den betreffenden Musiknutzern nicht vermittelbar, dass die Kosten einer CD maßgeblich vom Musikinhalt bestimmt werden und nicht vom Datenträger[11].

Die Preispolitik für Musikprodukte in Deutschland ist – wie bei anderen international gehandelten Konsumgütern auch – eingebunden in die europäische Preispolitik. Die europäischen Zentralen der Musik-Majors geben einen Rahmen für die Preisgestaltung vor, nach unten begrenzt durch international verbindliche Tiefstpreise („Rock Bottom" als tiefster Nettopreis). Dazu gehören einheitliche Zuordnungen von (internationalen) Produkten zu Preiskategorien mit den jewei-

[10] GfK Nürnberg; Consumer Panel Jahresbericht 2006.

[11] Zu den Rechtfertigungsstrategien von illegaler Musikbeschaffung vgl. Haupt (2007).

ligen Listenpreisen. An diese Vorgaben hat sich die lokale Musikfirma zu halten und sie kann dann auch für ihre selbst kreierten Produkte keine signifikanten Preisabweichungen vornehmen, weil der Markt solche Preisdifferenzierungen nicht nachvollziehen würde.

Jedes Musikprodukt wird zunächst in eine der Standard-Preiskategorien (Deluxe-Price, Fullprice, Midprice, Budget, Development) eingeordnet und erhält je nach Format den betreffenden Listenpreis zugeordnet (Published Price to Dealer). Die Preiskategorie ergibt sich aus Status, Lebenszyklus und Inhalt/Wert des Produkts. Innerhalb der Vertriebspolitik können dann auf den PPD händlerindividuell weitere Rabatte (Funktionsrabatt, Grundrabatt, Mengenrabatt, Sonderrabatt usw.) oder Boni (Grundbonus, Sortimentsbonus, Koop-Bonus, Steigerungsbonus usw.) gewährt werden. Diese Preisnachlässe honorieren eine kurz- oder längerfristige Leistung des Handelspartners. Die Leistungen beziehen sich auf Abnahmemengen, spezielle Warenpräsentationen, POS-Aktionen, Koop-Werbung, Vorhalten breiter Kataloge usw. Der Teil der gleich bleibenden Jahreskonditionen wird üblicherweise einmal im Jahr zwischen Industrie und Handel im Rahmen der Konditionsvereinbarungen festgelegt. Unabhängig davon kommt es zwischenzeitlich zu kurzfristigen Angeboten spezieller Titel (z.B. neue CD plus Backkatalog des Künstlers) oder von Katalogteilen/Themen.

Die Preise (PPDs) für einen Titel können sich natürlich im Zeitverlauf ändern, entweder zeitlich begrenzt im Rahmen von Preisaktionen oder unbegrenzt durch ein Downgrading. Der klassische Lebenszyklus zeigt eine typische Bewegung der PPDs von „Fullprice" zu „Upper Midprice" zu „Midprice" und gegebenenfalls bis hin zu „Budget" als unterster Preiskategorie. Man muss allerdings kritisch fragen, ob dieses Downgrading von Konsumenten noch nachvollzogen wird, wenn CDs neuer, unbekannter Künstler viel mehr kosten als Topseller der 1980er/1990er Jahre. In den letzten Jahren hat es auch Ansätze einer Preisdifferenzierung bei Neuheiten gegeben, indem man gleichzeitig verschiedene Preisstandards mit entsprechend unterschiedlicher Produktausstattung angeboten hat, z.B. als Standard-Version und als Premium-Version.

Spezielle Preisdiskussionen wurden zuletzt über DVD-Preise und Download-Preise geführt. Musik-DVDs kosten heute im Durchschnitt um 15 € und sind damit inzwischen teurer als viele Film-DVDs. Kritiker haben diese Preisunterschiede als unbegründet bemängelt. Nun ist der Verkauf von Film-DVDs Bestandteil einer Vermarktungskette inkl. Kino, Video-Verleih und Fernsehen, d. h. der Spielfilm hat bereits ein beträchtliches Einspielergebnis in Kinos erzielt, bevor er auf DVD vermarktet wird. Musik-DVDs müssen ihre Kosten allein durch den Verkauf von DVDs einspielen und können daher nicht billiger angeboten werden. Bei Downloads wurde – vor allem durch die Preispolitik internationaler Downloadshops – signalisiert, dass der Einheitspreis bei 99 Cent pro

Track liegen müsste. Dieser Preis findet sich gegenwärtig auch bei einigen Downloadshops in Deutschland. Angesichts der Kosten für die Bereithaltung und Transfer (Fee für Digital Service Provider), Lizenzen an Künstler, Record Company und GEMA[12], Payment-Gebühren, Handelsmarge plus Mehrwertsteuer sind Preise unter 1,20 € derzeit kaum kostendeckend und machen bestenfalls als kurzfristige „Einstiegsangebote" Sinn. Interessanterweise gibt es keine vergleichbare Diskussion über Preise von Klingeltönen, obwohl diese in der Regel die Downloadpreise deutlich übersteigen.

Die Preispolitik im Handel war jahrelang geprägt von Preiskämpfen in lokalen Märkten, ausgelöst von Marktstörern, die Tonträger als Neben-Sortimente zu akquisitorischen Zwecken (als Frequenzbringer) führten und damit ihre allgemeine Preiskompetenz demonstrieren wollten. Tonträger-Spezialisten in den Einzugsbereichen konnten diesem Verdrängungswettbewerb nicht standhalten und mussten zumeist aufgeben. Als Folge hat sich die Handelsstruktur sehr stark verändert und konzentriert. Inzwischen verlagerte sich die aggressive Preispolitik des Handels mehr auf Film-DVDs und rief dort den bereits erwähnten Preisverfall hervor.

3.4 Kommunikationspolitik

3.4.1 Grundsätze der Kommunikationspolitik im Musikgeschäft: Marketing und Promotion

Eine Besonderheit des Musikgeschäfts stellt die Tatsache dar, dass Musik hinsichtlich der Massenmedien zugleich Programminhalt als auch Werbeobjekt ist. Promotion entsteht als „ungekaufte Werbung" durch den Einsatz der Musikprodukte im Medienbereich und gründet sich auf die historische Kooperation zwischen Musikindustrie und Massenmedien. Die Industrie hat den Vorteil, dass ihr Produkt durch den redaktionellen Einsatz in Radio, TV, Presse, Internet usw. bekannt gemacht wird. Die Medien haben den Vorteil, Programmbeiträge zu sehr günstigen Kosten zu erhalten. Daher gibt es traditionell im Musikbereich eine enge Zusammenarbeit mit den Massenmedien[13]. Im Sinne der Kommunikationsziele sind sowohl Marketing als auch Promotion effiziente Mittel, Musikkäufer auf Künstler und Musikprodukte hinzuweisen, emotional anzusprechen und zu aktivieren. Einerseits ergänzen sich Marketing und Promotion, andererseits sind sie auch innerhalb bestimmter Grenzen substituierbar.

Im Kontext der angespannten Marktentwicklung der letzten Jahre hat auch der Rationalisierungsdruck in der Kommunikationspolitik deutlich zugenommen. Hat die Promotion als Zusammenarbeit mit den Massenmedien schon immer eine

---

[12] GEMA = Gesellschaft für musikalische Aufführungs- und mechanische Vervielfältigungsrechte, deutsche Verwertungsgesellschaft für Urheberrechte.

[13] Vgl. dazu auch Abschnitt 4.1.

große Bedeutung für das Musik-Marketing gehabt, so haben sich die Schwerpunkte noch mehr von der Werbung (= Marketing im engeren Sinn) zur Promotion verschoben, die entsprechend den wesentlichen Teil der Kommunikationspolitik ausmacht und deshalb hier als eigenständiger Vermarktungs-Bereich dem Marketing (im weiteren Sinn) gegenüber gestellt wird[14]. Beide Bereiche – Marketing und Promotion – sind von so großer Bedeutung, dass sie üblicherweise bei den Musikfirmen weitgehend organisatorisch getrennt werden: Die Werbung wird durch die Marketing-Abteilung (das Product-Management) gesteuert, die Promotion steht dem Marketing in der Regel als gleichbedeutende, eigenständige Funktion gegenüber. In der Praxis konzentriert sich Marketing (im engeren Sinn) auf verkaufsunterstützende Maßnahmen, vor allem auf (gekaufte) Werbung. Promotion hingegen ist „ungekaufte Werbung" durch Einsatz der Musikproduktionen in den Medien. Während Werbung zielgerecht vom Marketing Manager gesteuert wird, ist Promotion „redaktioneller" Einsatz in der Verantwortung des zuständigen Redakteurs beim entsprechenden Massenmedium. Für die Produktvermarktung werden ein Marketing- und ein Promotion-Konzept benötigt, beide müssen inhaltlich und zeitlich aufeinander abgestimmt sein und werden vom Product-Management koordiniert.

3.4.2 Werbung

Mit dem Rückgang der Umsatzerlöse haben sich die Spielräume für Werbemaßnahmen verringert. Die heute verfügbaren Werbeetats lassen kaum noch massive Werbekampagnen mit Etats von 500.000 € oder mehr zu, bei den meisten Musikprodukten stehen weit weniger als 100.000 € zur Verfügung[15]. Oft muss dann auch ein Videoclip aus dem Werbeetat finanziert werden, so dass für klassische Werbung nur noch beschränkte Mittel übrig bleiben. Das ist insofern akzeptabel, als klassische Werbung bis auf einige Ausnahmen (z.B. fernsehbeworbene Hit-Compilations, Best-Ofs) beim Tonträger-Marketing nicht im Vordergrund steht.

GfK ermittelt regelmäßig für Musikkäufer die so genannten „Sources of Awareness", d. h. die Ursachen für die Wahrnehmung eines gekauften Produktes. In Tabelle 1 sind die wichtigsten Bereiche der Werbung bzw. Verkaufsförderung für Musikprodukte dargestellt. Die Prozentzahlen geben an, wie oft Werbung aus diesen Bereichen von 2001 bis 2006 den Anlass für Käufe von Musikprodukten gegeben hat, in Prozent der gekauften Mengen[16] (mit Doppelnennungen; zu den entsprechenden Kaufanlässen durch Promotion-Maßnahmen vgl. Abschnitt 4.1 und die dort aufgeführte Tabelle 2):

---

[14] Siehe Abschnitt 4.

[15] Erfahrungswerte der Musikindustrie in Deutschland Stand Oktober 2007.

[16] Quelle: GfK Nürnberg; Sources of Awareness 2001-2006.

Medium	2001	2002	2003	2004	2005	2006
Radiowerbung	2,1	4,4	3,5	2,8	2,1	2,0
TV-Werbung	7,8	6,8	7,2	4,8	3,8	4,8
Printwerbung	2,7	3,1	3,1	2,6	2,4	2,6
Internetwerbung*						1,7
Katalog	6,3	6,9	7,2	7,9	8,1	7,0
Handelswerbung	4,5	5,3	5,6	6,2	5,8	5,5
POS	6,5	7,0	7,2	6,5	7,2	7,9
Warenpräsenz	30,3	33,5	33,4	34,2	33,4	32,5

Tabelle 1: Sources of Awareness in Prozent für Werbemaßnahmen 2001 – 2006 (GfK 2007b) (* Internetwerbung wird erst ab 2006 separat erhoben).

Aus Tabelle 1 geht hervor, dass sich die Bedeutung der einzelnen Werbemaßnahmen zwischen 2001 und 2006 mit Ausnahme der TV-Werbung wenig verändert hat. Der Rückgang der TV-Werbung hat mit den eingeschränkten Werbeetats (TV-Werbung ist das teuerste Werbemedium) und dem Einbruch der Verkäufe von TV-Compilations zu tun. Dominierend ist die Warenpräsenz im Geschäft, bei fast jedem dritten Kauf hat das Produkt „sich selbst verkauft". POS fasst alle Maßnahmen im Ladengeschäft zusammen, die über die Platzierung der Ware hinausgehen (z.B. Poster, Dekorationen, Abhörstationen). Zur Handelswerbung zählen vor allem die Flyer der großen Filialbetriebe (Media Markt, Saturn, Karstadt, Müller usw.). Interessant ist der beträchtliche Anteil der Kataloge, vor allem im Mailorder-Geschäft (Bestellungen auf schriftlichem Wege bzw. durch das Internet).

Die Durchführung der Werbemaßnahmen wird vom zuständigen Product-Manager koordiniert in enger Abstimmung mit den geplanten Promotion-Einsätzen. Dabei obliegt die grundlegende Aktivierung der Konsumenten in der Regel der Promotion (vor allem TV, Radio), während die Werbung am effektivsten eingesetzt wird, indem sie die Basiswirkung der Promotion punktuell verstärkt. Innerhalb der Promotion sind direkte Kaufaufforderungen nur selten realisierbar (die CD kann in der Fernsehsendung hochgehalten und entsprechend kommentiert werden). In jedem Fall entscheidet die betreffende Redaktion, wie die Musik eingesetzt wird. Innerhalb der Werbung kann der Product-Manager hingegen genau bestimmen, wann eine Werbebotschaft in welcher Form gesendet wird.

Die Kaufanreize können noch gesteigert werden, wenn Promotion mit Werbung verbunden wird, indem z.B. in einem Werbeblock innerhalb einer Musiksendung für das Produkt aus der Musiksendung geworben wird. Teilweise findet derartige Werbung auch als Kooperations-Werbung zwischen Industriefirma und Sender statt dergestalt, dass der Sender Werbezeit günstiger zur Verfügung stellt und an den Verkaufserlösen für das Musikprodukt beteiligt wird. Im Ergebnis solcher Kooperationen kann der Wert der eingesetzten Werbezeit durchaus das Doppelte und mehr der eingesetzten Werbeaufwendungen erreichen. Eine spezielle und effiziente Art der Koop-Werbung ist die Einbindung aktueller Musiktitel in Werbespots für Markenartikel. Üblicherweise wird Titel und Interpret eingeblendet mit dem Hinweis „Ab sofort im Handel erhältlich". Die Musiktitel können entsprechend auch in die Programm-Trailer der Sender eingebunden werden.

Die Mediaplanung für Musikprodukte konzentriert sich zumeist auf wenige, für das betreffende Musikgenre „passende" Werbeträger bzw. Werbemittel:

- TV-Werbung: Wird vorwiegend für medienbeworbene Hitcompilations (z.B. Bravo Hits) und CDs der Superstars (z.B. Best Ofs) eingesetzt. Teilweise werden massiv Werbespots für einzelne Musik-Projekte im Rahmen von Kooperationen mit TV-Sendern geschaltet („Hit Tip"). TV-Werbung für Singles (junge Zielgruppen) findet begleitend zu den Videoclips in den Musik-TV-Kanälen auf VIVA und MTV statt.
- Radio-Werbung: Wird sehr breit eingesetzt in allen gängigen Formaten. Vorteil der Radiowerbung ist, dass man zugleich regional als auch überregional werben kann und entsprechend der Formatierung der Sender die Zielgruppen optimal erreicht. Radiowerbung wird teilweise auch im Verbund mit TV-Werbung gebucht.
- Print-Werbung: Findet vor allem in Publikumszeitschriften und Musikzeitschriften, aber auch in Stadtmagazinen und Händlermagazinen statt. Die B2B-Werbung[17] hinsichtlich Handel und Medien (Musikwoche, Musikmarkt) ist in den letzten Jahren stark rückläufig und kann durch effizientere Mittel ersetzt werden.
- Plakatwerbung und Außenwerbung: Findet sich als Ankündigungswerbung für wichtige Veröffentlichungen neben den Tourneeplakaten, oft als Bauzaunplakatierung und als Kooperations-Werbung. Sie kann regional/lokal sehr gezielt eingesetzt werden. In Ausnahmefällen wird Außenwerbung auch verwendet auf Verkehrsmitteln etc.

[17] B2B = Business-to-Business, von Geschäftspartner zu Geschäftspartner im Unterschied zu B2C = Business-to-Consumer, von Geschäftspartner zu Konsument.

- Internet-Werbung: Siehe dazu den Abschnitt 5 „Internet-Promotion und Digital Marketing“.
- Sonstige Werbung: Kinowerbung findet nur in Ausnahmefällen statt. Üblich ist begleitende Werbung auf Prospekten, in Katalogen und natürlich auf Booklets anderer CDs und DVDs. Letztere Werbemaßnahmen werden vorwiegend für Katalogtitel eingesetzt.

Werbung im Verbund mit Direct Marketing hat an Bedeutung gewonnen, zuerst herkömmlich durch Brief-Aussendungen, jetzt vermehrt durch die Nutzung des Internet (E-Mails, Newsletter) und der Mobiltelephonie (SMS). Informative Werbung zu Neuveröffentlichungen des betreffenden Künstlers wird von den Fans im Allgemeinen begrüßt. Für das Direct Marketing werden Adressen von Konsumenten verstärkt durch Antwortkarten in CDs und durch Internet-Newsletter gesammelt. Ideale Basis für Direct Marketing-Ansprachen sind Artist-Websites. Zu POS-Werbung siehe Abschnitt 3.5.2 (Sales Marketing).

3.5 Sales

3.5.1 Physischer Vertrieb

Marketingmaßnahmen können nur erfolgreich sein, wenn die Ware zum richtigen Zeitpunkt am richtigen Platz verfügbar ist, und zwar so, dass der interessierte Konsument sie auch wahrnimmt. Es ist die Aufgabe der Vertriebsorganisation einer Musikfirma, genau dies zu gewährleisten. Ich konzentriere mich hier auf die Vertriebsarbeit im Kontext des Marketings.

Kernziel der Vertriebsarbeit ist der Verkauf einer bestimmten Menge eines Produktes. Bei den Verkaufszielen muss differenziert werden zwischen dem Hineinverkauf in den Handel (Platzierung) und dem Herausverkauf aus dem Handel an die Konsumenten. Letzteres wird auch als „Over-the-Counter-Sales“ (OTC) bezeichnet. Aus der Platzierungsmenge und der wöchentlichen Herausverkaufsmenge errechnet sich der Lagerbestand im Handel bzw. die vorhandene Bedarfsdeckung in Wochen. Da der Handel innerhalb von 1-2 Tagen über Phononet, Telesales oder VMI-Systeme (Vendor Managed Inventory[18]) nachbestellen kann, ist eine Bedarfsdeckung von 3-5 Wochen hinreichend, wenn man von einer größeren Warenpräsenz für wichtige Produkte aus verkaufsfördernden Gründen absieht. Eine viel höhere Bedarfsdeckung erhöht unnötig das Retourenrisiko und kann damit einen akzeptablen Verkaufserfolg letztendlich zunichte machen. Retourenquoten von wesentlich mehr als 10% sind betriebswirtschaftlich unerwünscht[19], d. h. es bedarf einer intensiven Abstimmung zwischen Mar-

[18] VMI (Vendor Managed Inventory) bezeichnet computergestützte Distributionssysteme der Hersteller, die in Kooperation mit dem Handel eingesetzt werden, um die Warenpräsenz im Geschäft und die Lagerbestände im Einzelhandel zu optimieren.

[19] Wesentlich höhere Retourenquoten lässt die Gewinnmarge nicht zu.

keting und Vertrieb, um akquisitorisches Potential und Bestandsrisiko in Einklang zu bringen.

Verkaufsziele müssen ferner strukturell und zeitlich differenziert werden: *Strukturell:* Je nach Produkt und Verkaufspotenzial muss eine „wahrnehmbare“ Warenpräsenz in den Zielgruppen-affinen Handelsbereichen erreicht werden. Es gibt bedeutende Unterschiede hinsichtlich der Formate (z.B. Singles, Musik-DVDs), der Musikgenres (z.B. Klassik, Schlager/Volksmusik), der Preiskategorien (z.B. Budget) und der Repertoirebreite (Neuheiten/Katalog). Die platzierte Gesamtmenge sagt also noch nichts darüber aus, ob die Ware „richtig“ verteilt ist. Auch die Verkaufsmenge pro Händler gibt noch keine Auskunft darüber, ob die Ware massiv im Verkaufsraum steht oder sich größtenteils im Lager befindet. Optimal ist eine Mehrfachplatzierung am POS im Aktionsbereich (Stapelware), im Neuheiten- oder Chart-Rack und im Repertoire-Rack (ABC).

Zeitlich: Erstes Verkaufsziel ist die Erstverkaufsmenge (Shipout). Hohe Erstverkaufsmengen gewähren eine massive Warenpräsenz am POS, kosten aber auch Zusatzkonditionen. Je nach Shipment-Policy und Art des Produktes ergeben sich Erstplatzierungsmengen von 1.000-3.000 (Single eines neuen Künstlers), 3.000-5.000 (neues Album eines neuen Künstlers), 10.000-40.000 (Album eines etablierten Acts, einer etablierten Compilation-Marke) bis hin zu mehreren 100.000 (Album eines Superstars). Diese Gesamtmengen werden in der Vertriebsplanung auf die einzelnen Handelskunden heruntergerechnet und teilweise auch über Zentralverteiler zugeteilt. Aus der Beobachtung der Abverkäufe (OTC-Sales) über das Handelspanel lassen sich danach die Nachverkaufsziele bestimmen, die natürlich mit den Handelspartnern abzustimmen sind. Maßgeblichen Einfluss auf den Nachverkauf hat die Entwicklung der wöchentlichen Chartpositionen, die wiederum ein Ergebnis der Marketing- und Promotionmaßnahmen ist. Am Ende entscheiden die Gesamtverkäufe während des Lebenszyklus der Neuheitenphase (Life of Project, LOP) über den Erfolg eines Produkts.

Eine marktorientierte Verkaufspolitik setzt eine intensive Abstimmung von Marketing, Promotion und Vertrieb voraus. Bereits in der Phase der Produktentwicklung werden Vertriebsspezialisten einbezogen, gefolgt von der Phase der Preisfestsetzung. Für das Pricing wird der Listenpreis (PPD) gemeinsam festgelegt, während die Rabatte bzw. Nettopreise vom Vertrieb in Verhandlungen mit dem Handel vereinbart werden. Das Vertriebskonzept inkl. der POS-Maßnahmen wird in enger Abstimmung mit dem Marketing- und Promotion-Konzept entwickelt. Zum Start der Vertriebs-Akquisition müssen alle Fakten zum Produkt, zum Pricing und zu den Marketing/Promotionmaßnahmen in den Akquisitionsunterlagen aufbereitet sein, dies geschieht in der Regel 2-4 Wochen vor der Veröffentlichung. Daher müssen die Marketingpläne 2 Wochen vor Akquisitionsbeginn feststehen.

Üblicherweise werden Marketingkonzepte mehrstufig geplant, d. h. nach dem Erstverkauf setzen weitere Stufen von Marketing, Promotion und Verkauf ein. Die realisierten Ergebnisse der ersten Stufe (Shipout, OTC-Verkäufe der ersten Wochen, erste Chartpositionen) sind Basis für das weitere Vorgehen. Die Verkaufsmengen (Shipout, monatliche Nachverkäufe, hochgerechnete LOP-Verkäufe) wirken zurück auf die verfügbaren Etats. Zusätzliche Maßnahmen (z.B. eine große Fernsehsendung, eine weitere Werbekampagne) werden in entsprechende Verkaufsaktionen umgesetzt. Umgekehrt kann der Wunsch des Product Managers nach zusätzlichen Verkaufsaktionen ohne „neue Fakten" nur über Sonderpreise realisiert werden, was die Marge des Produkts belastet.

Ein besonderes Problem der Warenpräsenz im Handel stellt die Abnahme von Regalflächen für Tonträger dar, die in letzter Zeit vor allem an Film-DVDs und Games verloren gingen. Es ist schwierig geworden, in den verbliebenen Angebotsflächen eine hinreichende Warenpräsenz in der Tiefe, vor allem aber in der Breite sicherzustellen. Daher setzen Musikfirmen zunehmend VMI-Systeme (Vendor Managed Inventory) ein, um die Warenpräsenz durch Category Management zu optimieren, wie es teilweise im Film-Videobereich eingeführt wurde.

3.5.2 Sales Marketing

Ein wesentlicher Teilbereich des Vertriebskonzepts bezieht sich auf Sales Marketing oder POS-Marketing, d. h. auf Aktionen, die in Zusammenarbeit mit dem Handel am Point Of Sales stattfinden. Das POS-Marketing wird von der Sales Marketing – Abteilung gemeinsam mit dem Product Management parallel zum Marketing-Konzept entwickelt und umgesetzt. Üblicherweise ist Sales Marketing funktionell in den Vertriebsbereich integriert, weil POS-Maßnahmen unter Beteiligung der jeweiligen Vertriebsmitarbeiter direkt mit den Handelskunden abgesprochen werden. POS-Marketing muss die Marketing- und Promotion-Maßnahmen „reflektieren", so dass Konsumenten im Verkaufsraum daran „erinnert" werden, was sie aus Radio, Fernsehen, Zeitschriften, Internet usw. kennen. POS-Maßnahmen sind „das letzte Glied in der Kette", sie müssen dazu führen, dass aus einem latenten Kaufwunsch ein Kauf wird. Die wichtigsten POS-Maßnahmen sind:

- Die Belegung von Abspielstationen (Pre-Listening), entweder an den Racks, am Informationsstand oder zentral im Verkaufsraum (auch als „Ladenfunk"). Dazu gehören auch Video-Präsentationen instore.
- Informationen zum Produkt vorzugsweise am Rack, auch am Informationsstand, im Eingangsbereich oder im Kassenbereich.
- Dekorationen im Verkaufsraum, in der Nähe der Racks, in anderen Bereichen, im Schaufenster. Genutzt werden Poster, Displays, vergrößerte Cover, Billboards, Deckenhänger, Sticker, Fensterstreifen, Fußboden-

displays und besondere Ausstellungsstücke, die sich im Platten-Cover wieder finden. Besonders wirksam sind umfassende Dekorationskonzepte zu einem Künstler/Produkt oder zu einem Thema.

- Kataloge (Minikataloge für spezielles Repertoire, Gesamtkataloge sowohl gedruckt als auch auf CD-ROM, DVD-ROM und Online).
- Präsenz von Künstlern am POS, zu Autogrammstunden oder Live-Gigs.
- Persönlicher Verkauf durch das Verkaufspersonal oder durch Propagandisten.
- Empfehlungssysteme am Rack oder an der Informationstheke.
- Zugaben wie Poster, Giveaways, Promotion-CDs zum Mitnehmen.

Zum Sales Marketing gehört weiter die Kooperationswerbung mit dem Handel, zumeist als Zeitungsanzeigen, aber auch als Radio-, TV- oder Außenwerbung (z.B. WOM). Großen Einfluss auf den Verkauf haben Flyer, die gemeinsam mit großen Handelsbetrieben (z.B. Saturn, Mediamarkt, Karstadt, Müller) in hohen Auflagen über Zeitungen verteilt werden und auch am POS ausliegen.

POS-Marketing muss das Kaufverhalten vor Ort kennen und berücksichtigen. Etwa 40% der Kaufentscheidungen am POS sind Impulskäufe, aber gleichfalls 40% der Besucher eines Ladengeschäfts kaufen nicht[20]. Die durchschnittliche Aufenthaltsdauer eines Kunden im Laden beträgt nur etwa 10 Minuten – wenig Zeit, eine Botschaft an den Käufer zu bringen. Die Instore-Dekoration sollte daher emotional ansprechend sein und im jeweiligen Repertoire-Bereich dem Lifestyle der Käufer entsprechen, damit Konsumenten sich dort wohl fühlen und länger verweilen. Konzentration auf wenige, dafür attraktive Themen mit dem verbundenen Einsatz mehrerer POS-Maßnahmen ist sinnvoller als die Zersplitterung in viele Einzelthemen, die zwangsweise zu einem Informations-Overflow führt. Eine POS-Aktion kann Promotion/Marketing nicht ersetzen, sondern wirkt dann effizient, wenn sie in Promotion/Marketing-Aktivitäten eingebunden ist.

Schließlich müssen POS-Maßnahmen immer auch direkt mit einer sichtbaren Warenpräsenz verbunden sein. Über 12% aller geplanten Käufe finden nicht statt, weil Käufer die Produkte nicht finden[21]. Es wäre fatal, viel Geld für POS-Maßnahmen auszugeben, Käufer damit zu aktivieren und dann den Kauf mangels wahrnehmbarer Ware zu verlieren.

---

[20] Interne Einzelhandelsstudie der EMI Music Germany 2004.

[21] Interne Einzelhandelsstudie der EMI Music Germany 2004.

3.5.3 Digitaler Vertrieb

Nachdem kommerzielle Downloads das klassische Bild/Tonträgergeschäft zunehmend ergänzen, haben Musikfirmen neben dem physischen Vertrieb auch „nicht-physische" Vertriebsfunktionen aufgebaut, zumeist als *digitaler Vertrieb* (Digital Sales) bezeichnet. In der Regel zählt dazu auch das Geschäft mit Klingeltönen. Die Spezialisten für digitalen Vertrieb gehören entweder zur New Media-Abteilung oder werden jetzt vermehrt in die Vertriebsorganisation integriert.

Im Unterschied zum konventionellen Vertrieb benötigt der digitale Vertrieb keine klassische Lagerhaltung und Distribution, es gibt keine Disposition und es fallen folglich auch keine Retouren an. Andererseits benötigt das Download-Geschäft eine komplizierte technische Infrastruktur, die aber zum großen Teil von externen Partnern vorgehalten wird (Digital Service Provider „DSPs" wie 24/7, Arvato oder 234; teilweise nehmen die Shopbetreiber die DSP-Funktion selbst wahr wie Apple/iTunes). Es bleibt Aufgabe der Musikfirma, die DSPs mit Content (Musikdateien, Artwork) und dazugehörigen Metadaten (Produktdaten) zu versorgen und die Abrechnung mit Künstlern sicherzustellen.

In der aktuellen Phase wird das Download-Geschäft in technisch-organisatorischer Hinsicht vorwiegend international betrieben. Die Konzernzentralen der Musik-Majors bauen die Download-Kataloge auf, definieren die Nutzungsregeln (Digital Rights Management DRM) und legen die Preisstruktur fest. Sie entwickeln globale Datei-Strukturen und halten Contents und Metadaten in Datenbanken zentral vor. Sie verhandeln Grundsatzvereinbarungen mit den DSPs und stellen diesen Contents und Metadaten zur Verfügung. Für die lokale Musikfirma konzentriert sich die digitale Welt auf zwei Hauptaufgaben: Erstens für lokale Produkte Contents und Metadaten in die globalen Systeme einzupflegen, und zweitens die Verbindung mit den lokalen Betreibern von Download-Shops zu halten, um mit diesen nationale Marketing- und Verkaufsaktionen abzusprechen und die Produkte prominent auf den Shop-Websites zu platzieren. Spezielle Werbekampagnen der Anbieter von Klingeltönen haben zusätzlich Bedeutung für das Single-Marketing.

Digitale Marketing- und Vertriebsaktivitäten haben an Bedeutung gewonnen, seitdem separate Download-Charts eingeführt wurden bzw. die Download-Verkäufe für die TOP 100 Single-Charts mitgezählt werden (September 2004). Damit wurde es notwendig, den physischen mit dem digitalen Bereich zu koordinieren. Da seit Juli 2007 auch „Download-Only"-Singles charten können (= Download-Tracks ohne physisches Single-Äquivalent), kommt den Download-Titeln eine neue Bedeutung zu. Downloads werden jetzt vermehrt schon mit der Radio-Bemusterung für den Verkauf verfügbar, d. h. 4-6 Wochen vor der physischen Veröffentlichung (wobei teilweise auf die physische Veröffentlichung auch ganz verzichtet werden kann). Die Akquisitionsphase der Downloads beginnt damit 4-6 Wochen vor der physischen Akquisition. Die Download-Charts liegen entsprechend früh vor und werden zu einer Art „Frühindikator" für das physische Geschäft. In vielen Fällen wird die Entscheidung für/gegen eine physische Veröffentlichung von den ersten Download-Ergebnissen abhängen. Mit der Album-Veröffentlichung werden die meisten Album-Titel gleichzeitig auch einzeln als Download angeboten („Unbundling"). Daraus können sich mittelfristig Änderungen für konventionelle Album-Konzepte ergeben, die heute noch gar nicht abzusehen sind.

Digital Sales wird inzwischen durch eine neue Funktion Digital Sales Marketing ergänzt. Diese spielt für die Download-Shops die gleiche Rolle wie das herkömmliche Sales Marketing für den physischen Handel. Aufgabe ist es, den Verkauf der digitalen Musikprodukte in den Download-Shops zu fördern. Dazu werden in Zusammenarbeit mit dem Product-Management und Digital Marketing Inhalte generiert, die auf den Shop-Websites möglichst prominent platziert werden und auf das Produkt hinweisen. Ähnlich wie bei der Internet-Promotion handelt es sich um Inhalte über Künstler (Fotos, Videos, News, Interviews usw.) und über Musiktitel (Audio-Tracks, Videos, Rezensionen usw.). Dabei spielen nicht nur exklusive „Begleitinhalte" eine Rolle, sondern auch exklusive Produkt-Varianten (z.B. ein Mix eines Titels, der nur bei Musicload erhältlich ist).

4 Promotion

4.1 Grundsätze der Promotion

Die Musikprogramme der Musikindustrie sind gleichsam sendefähige, attraktive Programminhalte für Unterhaltungsmedien. In der Regel fallen für den Sender keine oder nur geringe Produktionskosten an, sondern lediglich Lizenzkosten. Damit zählen Musikprogramme zu den kostengünstigsten Programmbestandteilen[22]. Interessenkonflikte entstehen dort, wo Medien sich sehr stark formatieren und ihr Angebot eng nach Research-Ergebnissen ausrichten. Wenn fast nur noch Stars und (bereits etablierte) Hits gespielt werden, haben neue Interpreten mit neuen Titeln kaum noch Chancen auf Einsätze. Die Promotion gerät dann zur Vermarktung von Musik und stellt den historischen Kooperations-Gedanken zwischen Musikindustrie und Medien in Frage. Aus diesem Grund fordert die Musikindustrie seit einiger Zeit vermehrt, das grundlegende Recht der Radiostationen zur Sendung veröffentlichter Tonträger („Senderprivileg") einzuschränken.

Das Promotion-Konzept als Bestandteil der Musikvermarktung beschreibt das Ineinandergreifen der verschiedenen Medienbereiche als Voraussetzung für

[22] Vgl. auch Abschnitt 3.4.1.

den Promotion-Erfolg eines Musikproduktes. Bei den wichtigsten Promotion-Instrumenten Radio, Fernsehen und Internet kann der Konsument hören (und sehen), welche neuen Titel eines Künstlers bzw. welche neuen Künstler es gibt (Bekanntmachung) und dass dieser Titel bzw. Künstler attraktiv ist (Kauf-Motivation). Wichtig ist dabei nicht nur der quantitative Aspekt der Medienwirkung (Wie hoch war die Reichweite?), sondern auch der qualitative Aspekt (Gab es eine Anmoderation? War damit eine interessante Botschaft verbunden?). Da es sich bei der Promotion offensichtlich nicht um Werbung handelt, ist die Glaubwürdigkeit beim Konsumenten hoch. Kommt ein Produkt gut an, steigt die Nachfrage. Musikkäufer gehen vermehrt dazu über, neue Interpreten und Titel erst zu kaufen, wenn sie diese bereits aus den Medien kennen. Auch ohne Werbehinweis (mit dem Appell zu kaufen) löst der Promotion-Einsatz Käufe aus. Normalerweise kommt Promotion (zeitlich) vor der Werbung. Werbung kann Promotion nicht ersetzen, weil sie im notwendigen Umfang zu aufwändig wäre. Werbung kann Promotion hingegen verstärken, beide Bereiche ergänzen sich. Allerdings stimulieren Werbung und Promotion nicht nur legale Verkäufe, sondern auch die illegale Selbstversorgung.

Nach neueren Untersuchungen handelt es sich bei Tonträger-Käufen zu 60% um Zielkäufe und zu 40% um Impulskäufe[23]. Die Zielkäufe werden maßgeblich durch Massenmedien „vorbereitet“ oder „angeregt“. Nach den von GfK ermittelten „Sources of Awareness“ haben folgende Medien den Anlass zu Käufen von Musikprodukten gegeben, in Prozent der gekauften Mengen[24] (mit Doppelnennungen; zu den entsprechenden Kaufanlässen durch Werbe-Maßnahmen vgl. Abschnitt 3.4.2 und die dort aufgeführte Tabelle 1):

Medium	2001	2002	2003	2004	2005	2006
Radiosendung	9,8	6,5	5,0	4,9	4,4	4,5
TV-Sendung	5,1	3,7	4,5	3,6	4,2	3,3
MTV & VIVA	15,5	13,2	13,2	9,1	5,5	4,2
Konzert	2,0	1,6	1,9	1,7	2,4	3,0
Printmedien	3,4	2,6	2,8	3,0	2,9	2,8
Internet*	2,6	3,4	4,2	4,7	5,1	4,8

Tabelle 2: „Sources of Awareness“ in Prozent für Promotion 2001 - 2006 (GfK 2007b) (*Abfrage für Internet ab 2006 von GfK verändert).

[23] Interne Studien EMI Music Germany 2004 von Enterbrain und Boston Consulting.

[24] GfK Nürnberg; Sources Of Awareness 2001-2006.

Bei den oben aufgeführten Sources of Awareness handelt es sich um „primäre" Sources, d. h. die potentiellen Musikkäufer werden direkt auf den Künstler bzw. das Musikprodukt angesprochen ohne Vorbereitung durch andere Medien oder Kommunikationsmittel. Im Vergleich dazu sind die in Tabelle 1 (Abschnitt 3.4.2 „Werbung") aufgeführten Sources of Awareness eher „sekundäre" Sources, d. h. sie setzen meistens auf die Wirkung der „primären" Sources auf.

Im Gegensatz zu den Werbemaßnahmen (Tabelle 1) haben sich die Sources of Awareness der Promotion (Tabelle 2) zwischen 2001 und 2006 erheblich verändert: die „klassischen" Promotionkanäle Radio und Fernsehen haben deutlich an Einfluss verloren, umgekehrt hat das Internet als „neuer" Promotionkanal kräftig zugelegt. Vor allem jüngere Konsumenten wenden sich bei der Musiknutzung von Radio und TV ab und suchen Internet-Angebote, die stärker auf ihren individuellen Musikgeschmack zugeschnitten sind. Gleichzeitig haben sich auch die Musikangebote von Radio und TV verändert, beim Radio durch die zunehmende „Programmierung" und beim Fernsehen durch den Wegfall wichtiger Musik-Formate, überaus deutlich beim Musik-TV (VIVA und MTV), wo ab 2004 geradezu ein Einbruch bei den Sources of Awareness zu verzeichnen war. Gegenwärtig gibt es kein dominierendes Medium für die Kaufvorbereitung von Musikprodukten. Allerdings ist das Internet auf dem Weg, das zukünftig dominierende Medium zu werden.

Zu beachten ist, dass sich die Sources of Awareness von Tabelle 2 auf jeweils „prominente" Medien konzentrieren, aber meistens auch andere Medien bei Kaufentscheidungen mitbeteiligt sind. Die Promotion ist nicht nur an den Zielkäufen, sondern auch teilweise an den Impulskäufen beteiligt, weil ein beträchtlicher Teil der Impulskäufe „Erinnerungs-Impulskäufe" sind, d. h. der Käufer erinnert sich im Geschäft beim Anblick einer CD oder einer Dekoration an den Künstler oder den Titel, weil er ihn in einer TV-Sendung gesehen, im Radio gehört oder in der Zeitschrift darüber gelesen hat. Dabei spielt auch unbewusstes Erinnern eine nicht unwesentliche Rolle, das natürlich von den Sources of Awareness nicht korrekt erfasst werden kann.

Für den Erfolg in der Promotion gilt als eine wichtige Größe die „Story"[25]. Sowohl Massenmedien als auch Konsumenten können für diesen Kommunikationsprozess nur aktiviert werden, wenn es zu Künstler/Musikprodukt eine spannende und interessante Geschichte zu erzählen gibt. Man kann in der Promotion das Musikprodukt und den Künstler nicht trennen. Anders als übliche Konsumgüter *„hat unser Produkt zwei Beine und einen Mund"*. Die Promotion hat also darauf Rücksicht zu nehmen, dass der Künstler eine eigene Meinung hat und sich

[25] Vgl. dazu Abschnitt 2.

in den Medien selbst äußert – unter Umständen nicht immer im Sinne des Promotion- bzw. Product-Managers.

4.2 Radio

Das Massenmedium Rundfunk kann beim Hörer durch wiederholte Einsätze von Musiktiteln eine grundsätzliche Kaufbereitschaft erzeugen, die sich dann am POS in Käufe umsetzt. Allerdings garantiert nicht jeder Radio-Hit auch einen Verkaufs-Hit. Im Gegensatz zu TV und Print ist im Radio der vielfache Einsatz von Bedeutung, weil die Penetrationswirkung einzelner Einsätze nicht ausreicht – Radio wird „nebenbei" gehört. Man spricht in diesem Zusammenhang auch von den „Plays" einzelner Titel („Airplay"). Die wöchentlichen Rundfunkeinsätze werden von Spezialfirmen (Nielsen Music Control, Music Trace) erfasst, ausgewertet und berichtet, zusammengefasst in den TOP 50/TOP 100 Airplay-Charts.

Typisch für die Wirkung des Airplays sind die regionalen bzw. lokalen Strukturen des Radios: Der Empfangsbereich der Radiostationen ist auf Regionen oder kleinere Gebiete begrenzt (Lokalradio). Das gibt einzelnen Sendern die Möglichkeit, durch massives Airplay (z.B. 20 Plays pro Woche) einen regionalen Hit zu kreieren. Man spricht in diesem Zusammenhang vom „Regional Breakout".

Die Radiostationen haben sich inzwischen weitgehend „formatiert", d. h. ihre Programme auf bestimmte Zielgruppen ausgerichtet. Die drei Hauptformate unter Musikgesichtspunkten sind: a) Jugendradio (z.B. N-Joy, L1VE, JamFM); b) MOR/Schlager[26] (konservative Sender wie z.B. WDR4, NDR1, Bayern 1) und c) Adult Contemporary, abgekürzt AC (Sender für das „normale" Publikum, z.B. WDR2, HR3, SWR3). Daneben haben sich einige Sender auch auf einzelne Musik-Genres spezialisiert (z.B. Klassik-Radio, WDR3). Die Formatierung des Radios spielt eine wichtige Rolle hinsichtlich des Promotion-Erfolgs, denn ein Titel muss natürlich im „richtigen" Sender gespielt werden. Kaum interessant sind in diesem Zusammenhang Sender, die vorwiegend Oldie-Repertoire spielen.

Die Rundfunk-Sender werden seitens der Industrie durch Spezialisten der Radio-Promotion betreut. Die Radio-Promotion ist ähnlich wie die Senderlandschaft sowohl nach Regionen (Nord, Mitte, Süd) als auch nach Formaten (siehe oben) untergliedert, soweit es die Anzahl der Mitarbeiter zulässt. Aufgabe der Radio-Promoter ist es, für einzelne Musiktitel in einem speziellen Zeitraum möglichst viele Plays zu bekommen. Bei den Musiktiteln handelt es sich in der Regel um Single-Titel, die mehrere Wochen (meistens 4-6 Wochen) vor Veröffentlichung des physischen Tonträgers für das Radio freigegeben werden („Airdate").

---

[26] MOR = Middle-of-the-Road, Fachbezeichnung für konservatives Repertoire.

In diesen Wochen vor Veröffentlichung soll eine möglichst intensive Kaufbereitschaft erzeugt werden, die dann zur Veröffentlichung zu einer möglichst hohen Chartplatzierung führen soll. Danach wird ein Titel üblicherweise noch mehrere Wochen bearbeitet, bis er den Verkaufshöhepunkt („Peak") überschritten hat. Durch die Neuregelung der Charts mit „Digital Only" ab Juli 2007 (ein Single-Titel kann allein durch Verkäufe von Downloads ohne physisches Produkt charten) werden Downloads vermehrt bereits ab „Airdate" angeboten, die physischen Singles werden bei digitalen Verkaufserfolgen „nachgereicht".

Der Promoter arbeitet eng mit den Rundfunk-Redakteuren zusammen und schafft so das Umfeld für möglichst viele Plays. Dabei spielt die Versorgung mit Informationen inkl. verfügbarer Vorab-Kopien von CDs eine große Rolle. Seit 2004 werden die Rundfunkstationen in Deutschland elektronisch zentral über das Musik Promotion Network (MPN) von Phononet bemustert. Zur Unterstützung der Sendereinsätze organisiert die Radio-Promotion Senderreisen von Künstlern oder bereitet spezielle Clips mit Interviews/Statements von Künstlern vor (Interview-CDs). Radio-Redakteure werden auch gezielt zu Vorstellungen von Künstlern (Medienevents) und zu Konzerten eingeladen. Der Promoter sollte auch die Off-Air-Maßnahmen des jeweiligen Senders kennen und für Kooperationen nutzen.

Die weit verbreitete Programmierung des Radios entsprechend den Research-Ergebnissen hat eine „Glättung" der Musik im Radio zur Folge, die es der Musikindustrie erschwert, junge Künstler oder neue Musikrichtungen bekannt zu machen. Als Folge hat sich eine Diskussion über die abnehmende Neuheiten-Quote im Radio ergeben. Daraus wiederum hat sich eine generelle politische Diskussion um die „nationale Quote" im öffentlich-rechtlichen Rundfunk entwickelt, teilweise auch bezogen auf deutschsprachige Musik.

4.3 Fernsehen

Einsätze von Musiktiteln im Fernsehen haben eine verhältnismäßig große Wirkung auf das Kaufverhalten der Zuschauer, weil Fernsehen intensiver wahrgenommen wird als Radio. Fernsehsendungen werden, wenn man von Musik-TV absieht, in der Regel nicht nebenbei verfolgt. Die Musikdarbietung wird nicht nur gehört, sondern auch gesehen, die audiovisuelle Wahrnehmung aktiviert ungleich stärker als die reine Hörwahrnehmung. Andererseits sind die Einsatzmöglichkeiten von Musik im Fernsehen sehr viel beschränkter. Oft muss ein Einsatz in einer großen Fernsehsendung für ein wichtiges Musikprojekt ausreichen, flankiert von einigen Einsätzen in Sendungen mit geringeren Zuschauerquoten. Manche Sendeplätze können auch nicht belegt werden, weil der Künstler nur beschränkt zur Verfügung steht (vor allem bei internationalen Stars) oder weil der Aufwand im Verhältnis zum Promotion-Erfolg zu hoch wird.

Bei Musik-TV-Sendern sind die Einsatzmöglichkeiten größer, weil vorwiegend Videoclips eingesetzt werden und sich damit – ähnlich wie im Radio – Wiederholungen erzielen lassen. VIVA und MTV setzen die Titel entsprechend ihrer internen Bewertung auf verschiedene „Rotationen", die dann zu unterschiedlichen Sendehäufigkeiten führen. Allerdings werden viel mehr Videoclips produziert als später auch eingesetzt, so dass sich die Qualifizierung für das Musikfernsehen nicht von selbst ergibt.

Reichweitenstarke Sendungen finden sich zur „Prime Time" in den Vollprogrammen ARD, ZDF, RTL und SAT1. Ein weniger breites Publikum erreichen Sendungen auf den Dritten Programmen der ARD, auf Pro7, Vox, Premiere, RTL2, Kabel 1, 3Sat, Arte, Super RTL etc. aber unter Umständen kann bei speziellen Musikgenres die Zielgruppen-Genauigkeit des kleineren Senders die fehlende Breite an Zuschauern ausgleichen. Aus der Sicht des Musikgeschäfts kann man folgende Arten von Sendungen unterscheiden:

- Musiksendungen: z.B. auf den Musik-TV Sendern VIVA und MTV, The Dome, M Chart Show, Rockpalast; oder Musikantenstadl, Lustige Musikanten, Fest der Volksmusik, Goldene Stimmgabel, Mottoshows (z.B. 80er Jahre).
- Unterhaltungssendungen mit Musikbeiträgen: z.B. Wetten Dass, TV Total, Nur die Liebe zählt, Fernsehgarten; Talkshows (Kerner, Beckmann usw.). Manchmal werden auch große Sportübertragungen (Boxen, Fußball) mit Auftritten von Musikstars eingeleitet.
- Kultur-Sendungen mit Berichten über Musik: z.B. Aspekte, Titel Thesen Temperamente, Kulturzeit.
- News-Sendungen mit Berichten über Musik: z.B. Tagesthemen, Tagesschau, Heute, Heute-Journal, RTL aktuell, Spiegel-TV, Stern-TV, Focus-TV.

Hinzu kommen TV-Specials, die teilweise in Kooperation mit Fernsehsendern für einen bestimmten Künstler (für ein neues Album) produziert werden. Der Inhalt solcher Specials kann dann parallel von der Record Company auch auf DVD-Video ausgewertet werden.

Als eine besondere Art der TV-Promotion haben sich sogenannte „Casting-Shows" entwickelt (z.B. „Deutschland sucht den Superstar" auf RTL). Dabei stellen sich angehende Künstler innerhalb einer TV-Show-Serie vor. Durch ein mehrstufiges Voting-Verfahren (Jury, Publikum) werden die Gewinner ermittelt, deren Siegertitel dann von einer Musikfirma auf Bild/Tonträgern vermarktet werden, die mit dem Sender zusammenarbeitet. Der TV-Sender ist an den Einnahmen der Vermarktung beteiligt.

Fernseheinsätze haben eine umso größere Wirkung auf den Verkauf, je besser die Kernzielgruppe für die Musik/für den Künstler erreicht wird. Dies ist z.B. bei VIVA und MTV in hohem Maße der Fall. Auch die „Major TVs" mit hohen Reichweiten (ab 4 Mill. Zuschauern aufwärts) erreichen wichtige Zielgruppen allein durch die hohe Zuschauerzahl. Andererseits erzeugt nicht jeder große Fernsehauftritt automatisch einen entsprechenden Verkaufserfolg – natürlich kommt es dabei auch auf den Künstler, den Musiktitel, die Art der Darbietung und die Qualität der Sendung an.

Die Fernseh-Sender/Sendungen werden seitens der Industrie durch Spezialisten der TV-Promotion betreut. Im Unterschied zur Radio-Promotion handelt es sich dabei um wenige Personen, die aber vom Product-Management und teilweise auch von A&R-Mitarbeitern unterstützt werden. Aufgabe der TV-Promoter ist es, für Künstler mit aktuellem Produkt in einem bestimmten Zeitraum effiziente Platzierungen zu erreichen, also möglichst Major TVs und/oder eine Anzahl kleinerer Einsätze passend zur Zielgruppe des Musikprodukts. Optimal ist eine intensive TV-Präsenz um das Erscheinungsdatum des jeweiligen Tonträgers. Aber gerade bei Alben muss die Präsenz des Künstlers im Fernsehen über die „heiße Phase" der Single/des Albums ausgedehnt werden. Ein hoher Einstieg in die Verkaufscharts hilft natürlich dabei, weitere attraktive Sendeplätze zu erlangen.

Die TV-Promotion plant, organisiert und koordiniert die TV-Auftritte ihrer Künstler in enger Abstimmung mit dem Product Management und (bei lokalen Künstlern) mit den jeweiligen A&R-Kollegen. Dabei ist es notwendig, sich eng mit dem Management der Künstler abzustimmen. Natürlich liegt die Gestaltung der TV-Sendung in der Hand der Redaktion beim Sender, diese setzt aber eine enge Zusammenarbeit mit der Record Company, d. h. der TV-Promotion, voraus.

4.4 Printmedien

Im Gegensatz zu Radio und Fernsehen können gedruckte Medien Musik nur indirekt durch Bilder und Texte über Künstler und Musikstücke wiedergeben. Inhaltlich geht es dabei zumeist um Home-Stories und Interviews, Rezensionen von Neuveröffentlichungen und Berichte von Konzerten und Tourneen. Printmedien sind weniger geeignet, kurzfristig einen neuen Titel zu promoten (Ausnahme: die CD-Neuerscheinung eines Stars) als vielmehr mittelfristig ein positives Verhältnis Künstler-Konsument aufzubauen und zu pflegen, indem über den Künstler und sein Umfeld berichtet wird. Dies ist von besonderer Bedeutung für die Entwicklung neuer Künstler (Artist Development). Da die Durchschlagskraft der gedruckten Medien begrenzt ist, wird Print-Promotion flankierend zur TV/Radio-Promotion eingesetzt.

Print-Beiträge haben eine umso größere Wirkung auf den Verkauf, je besser die Kernzielgruppe erreicht wird. Bei gedruckten Medien sind die Möglichkeiten der Formatierung vielfältig. Zahlreiche Special Interest-Publikationen sind auf ganz spezielle Zielgruppen ausgerichtet. Für Musikliebhaber gibt es eine Fülle, nach Musik-Genres unterschiedener Musikzeitschriften (Pop und Klassik). Ähnlich wie bei den elektronischen Medien spielt neben der Reichweite (= Anzahl der Leser) auch die Glaubwürdigkeit des Mediums eine Rolle. Hohe Glaubwürdigkeit genießen die überregionalen Tageszeitungen und Magazine wie Spiegel, Focus und Stern.

Print-Medien setzen sich im Wesentlichen zusammen aus Zeitschriften (Magazinen) und Zeitungen. Die Zeitschriften kann man unterteilen in: allgemeine Publikumszeitschriften (z.B. Stern, Spiegel, Focus, Bunte), Musikzeitschriften (z.B. Bravo, Yam, Rolling Stone, Musikexpress, Intro), Programmzeitschriften (z.B. TV Spielfilm, TV Today, Hör Zu) und Publikums-Fachzeitschriften Phono/HiFi (z.B. Stereoplay, Audio, Fono Forum). Eine besondere Rolle für das Musikgeschäft spielen die Fachzeitschriften für Industrie und Handel (Musikwoche, Musikmarkt) sowie Händlermagazine, die vom Handel kostenlos an Endverbraucher abgegeben werden (z.B. WOM-Journal oder mbeat von Müller). Zu nennen sind noch die Stadtmagazine, die vor allem Musikkäufer aus dem Progressiv/Alternativ-Bereich sehr gut erreichen und mit „Prinz" sogar überregional vertreten sind.

Seitens der Industrie werden die Printmedien durch Mitarbeiter der Presse-Promotion (Print-Promotion) betreut. Es handelt sich in der Regel um wenige (2-3) Spezialisten, die engen Kontakt mit den Redaktionen der Print-Partner halten. Zum Promoten wichtiger Künstler/Titel werden Presse-Texte und Presse-Fotos vorbereitet. Dabei werden zwei Strategien gleichzeitig verfolgt: Zum einen durch gleichzeitigen Einsatz in möglichst vielen Medien eine große Resonanz in der Breite zu erzeugen, und zum anderen durch exklusiven Einsatz in einem einzigen, aber wichtigen Medium einen möglichst durchschlagenden Einsatz in der Tiefe zu erzielen (z.B. den Leitartikel oder einen mehrseitigen Bericht und/oder die Titelseite). Daher werden Redakteure auch zu wichtigen Ereignissen (Konzerten, CD-Präsentationen) eingeladen oder erhalten vorab Exklusiv-Interviews mit den Stars. Die Basispromotion der Breite wird technisch unterstützt durch Extranet-Angebote.

4.5 Clubs/Discotheken und Konzerte

Neben TV, Radio, Print und Internet (zur Internet-Promotion siehe Abschnitt 5) gibt es weitere Promotion-Bereiche, die weniger Basis-Medium einer Promotion-Kampagne sind, sondern diese ergänzen. Zu nennen sind vor allem Discotheken/Clubs und Tourneen/Konzerte. Discotheken und Clubs haben sich seit Ende der 1970er Jahre (Beginn der Disco-Ära) zu einem eigenständigen Promotion-Bereich entwickelt. Die Club-Promotion ist begrenzt auf das entsprechende Musikgenre, heute unter „Dance" oder „HipHop/Dance" zusammengefasst. Bei einigen Musikfirmen gibt es einzelne Dance-Spezialisten, die gleichzeitig für A&R, Marketing und Promotion zuständig sind. Ziel der Club-Promotion ist es, zahlreiche Einsätze der Musiktitel in Clubs und Discotheken zu erzielen. Die Einsätze werden auch als Kriterium für die Dance-Charts herangezogen, eine erfolgreiche Dance-Promotion führt also zunächst zu einer hohen Platzierung in den Dance-Charts. Damit wird ein Musiktitel über den Dance-Bereich hinaus wahrgenommen und bevorzugt auf Dance-Compilations verkoppelt. Die Dance-Promotion erfolgt in einem Vorlauf von 6-8 Wochen vor der Veröffentlichung des betreffenden Musikproduktes, um den Verkauf bestmöglich vorzubereiten. Ähnlich wie bei der Radio-Promotion geht der Trend dahin, den Download möglichst früh anzubieten (am besten zeitgleich mit dem Beginn der Promotion) und die Veröffentlichung des physischen Produktes davon abhängig zu machen, ob das Produkt signifikante digitale Verkäufe erzielt. Bei der Club-Promotion wird eine längere Vorlaufzeit benötigt, weil Dance-Titel üblicherweise bei konventionellen TV- und Radio-Formaten nicht eingesetzt werden (Ausnahme sind Jugendformate im Radio) und die Dance-Promotion somit die Hauptlast der Promotion tragen muss.

Tourneen und Konzerte werden zur Promotion gezählt, da sie ähnliche Wirkungen haben. Dabei geht die Promotion-Wirkung weniger direkt von den Konzertbesuchern aus, sondern vielmehr indirekt von der Berichterstattung über die Konzerte in anderen Massenmedien, bis hin zur Live-Übertragung im Fernsehen. Deshalb ist eine Tournee zur Promotion eines Albums optimal, wenn sie zeitgleich zum Höhepunkt der Promotion-Phase erfolgt. In der Realität finden große Tourneen jedoch meistens mit zeitlichem Abstand nach der Album-Veröffentlichung statt, d. h. das Album wird eher zum Promotion-Instrument der Tournee als umgekehrt.[27] Mitschnitte dieser Tournee können dann einige Monate später als Live-DVD ausgewertet werden und verlängern wiederum den Lebenszyklus des Albums.

5 Internet-Promotion und Digital Marketing

Nachdem ab 2004 das „Internet der nächsten Generation" entstand – auch als „Web 2.0" propagiert –, verschoben sich die Gewichte zwischen Internet und Radio: Das Internet begann Radio in seiner Bedeutung als Promotion-Instrument für Musik zu überholen[28]. Damit setzte auch die Entwicklung von Internet-Promotion und Digital Marketing zu jeweils eigenständigen Bereichen ein.

Charakterisiert wird das Web 2.0 durch ein neues Community-Denken und Schlagworte wie: „kollektive Intelligenz", „Social Networking", „User Generated Content" und „Open Source – Software". Typische Anwendungsbeispiele

[27] Vgl. dazu die Ausführungen in Abschnitt 1.

[28] Vgl. dazu Tabelle 2 in Abschnitt 4.1.

sind „Wikipedia“ (kostenlose Internet-Enzyklopädie), „eBay“ (Verkaufs- und Versteigerungsplattform für alle), „Google“ (Suchmaschine), „YouTube“ (Videoportal), „MySpace“ (Musik/Künstlerportal), Last.fm (personalisiertes Internet-Radio) oder „Second Life“ (virtuelle Welten). Neue, typische Elemente des Web 2.0 sind Blogs (Tagebücher im Web) oder Podcasts (kurze, individuell produzierte Audio/Video-Beiträge als Download). Die Nutzung von Foren, privaten Homepages, Fan-Sites und Newslettern hat beträchtlich zugenommen. Bei vielen neuen Angebotsformen ist Musik ein tragender Bestandteil. Damit haben sich die Präsentationsmöglichkeiten für Musik und Künstler im Internet wesentlich erweitert. Aus dieser Entwicklung ergab sich zwangsläufig die Forderung nach einer speziellen digitalen Promotion und mit etwas zeitlichem Abstand zusätzlich die Forderung nach einem speziellen digitalen Marketing.

Bei der Internet-Promotion (auch: Online-Promotion) geht es um die Präsentation von Künstlern und Musikprojekten auf Websites im Internet nach der Regel „Content gegen Platzierung“, d. h. die Musikindustrie stellt den redaktionellen Inhalt kostenlos zur Verfügung und erhält dafür eine gleichfalls kostenlose Präsentation auf einer Partner-Website. Sofern es sich bei der Partner-Website um einen Download-Shop oder einen CD-Online Shop handelt, ist der Bereich Digital Sales Marketing unmittelbar beteiligt[29].

Immer dann, wenn die Internet-Präsentation gegen Entgelt erfolgt, handelt es sich um Digital Marketing. In Abgrenzung zum herkömmlichen Marketing bezieht sich Digital Marketing auf Marketing-Aktionen, die im Internet stattfinden. Dabei muss es sich nicht unbedingt um Maßnahmen zum Verkauf digitaler Produkte handeln, da Internet-User ja auch als Käufer physischer Produkte (nicht nur über CD-Online Shops im Internet) in Erscheinung treten. Die Übergänge zwischen Promotion und Marketing sind fließend, nicht nur aus organisatorischer Sicht, sondern auch hinsichtlich der Erstellung von Contents und Tools, die beide Bereiche verwenden.

Als Partner der Musikindustrie im Internet kommen drei Gruppen von Internet-Websites in Frage: 1. die großen Internet-Portale (z.B. T-Online, Yahoo, AOL, MSN) allein durch ihre Reichweite; 2. reichweitenstarke Plattformen im Unterhaltungs- und News-Bereich, die oft gleichzeitig auch Partner für klassische Promotion sind (z.B. Pro7.de, Bild.de, RTL.de, Spiegel Online, Focus.de, SAT1.de, Heise Online), und 3. spezielle Musik-affine Websites, die oft auch Musik-Partner im TV- oder Print-Bereich sind (z.B. Laut.de, MTV.de, Viva.tv, Intro.de, Bravo.de, Visions.de, Spex.de, Yam.de, Musikexpress.de). Hinzu kommt die brancheneigene Musiksuchmaschine musicline.de. Überschneidungen

[29] Vgl. dazu Abschnitt 3.4.5.

mit Digital Sales Marketing gibt es dort, wo Internet-Portale zugleich eigene Musik-Shops betreiben (z.B. Musicload/T-Online oder AOL).

Die Musikindustrie verfügt ihrerseits über eine Anzahl von Websites, die gemeinsam mit den Partnerwebsites zu einem möglichst effizienten Netzwerk verlinkt wird. Dabei handelt es sich um drei Arten von Websites: Zum ersten die Firmen/Label-Websites (z.B. bei EMI: www.emimusic.de) als breite, zentrale Informationsbasis. Dort werden die Basis-Musikdateien (Künstler, Katalogangebot) vorgehalten inklusive aktueller Informationen und Links zu allen wichtigen Informationsangeboten. Zweitens eine größere Anzahl von Artist-Websites der Künstler der betreffenden Musikfirma. Diese Websites werden zum Teil von den Künstlern betrieben, zum Teil aber auch von der Musikindustrie betreut. Drittens spezielle Projekt/Kampagnen-Websites, die zeitlich begrenzt genutzt werden, um eine Aktion zu bündeln (z.B. eine Home Base bzw. eine Landing Page für eine breit angelegte Internet-Aktion).

Internet-Promotion/Marketing erschöpft sich nicht allein in der Verknüpfung der genannten Websites zu einem Projekt, sondern nutzt die Konvergenzen zur klassischen Promotion bzw. zum klassischen Marketing (z.B. TV-Show, TV-Werbung, Print, POS-Maßnahmen, Mailings) im Sinne einer möglichst effektiven Cross-Promotion (Bündelung Online und Offline) mit konventionellen Medien.

Im Gegensatz zu den konventionellen Ansätzen hat Internet-Promotion/Marketing die Möglichkeit, Musik-Fans in die Promotion-Arbeit miteinzubinden und am gemeinsamen Erfolg zu beteiligen. Die Botschaft über Künstler und neue Musikprodukte kann sehr effizient über Social Networks verbreitet werden, so dass im optimalen Fall eine Online-Community entsteht, die ihrerseits den Kommunikationsprozess fortführt. Dabei können „Super-Fans" eine Schlüsselrolle übernehmen. In diesem Zusammenhang wird oft der Begriff „virales Marketing" erwähnt. Gemeint ist die Verbreitung von Botschaften im Internet durch virtuelle Mund-zu-Mund-Propaganda. Dazu benötigt man Inhalte, die besonders Aufmerksamkeit erzeugen (neuartig, kreativ, witzig) und das Pioniergefühl ansprechen. Gut eignen sich Inhalte, die von den Fans selbst generiert werden („User Generated Content"), bewusst nicht professionell, zum Beispiel Videos mit einem „YouTube-Touch". Mit „viralen Tools" können Fans zum Mitmachen ermutigt werden, deren Beiträge viel glaubwürdiger wahrgenommen werden als eine anonyme Werbebotschaft. Besonders zu Beginn einer Aktion ist es wichtig, mit „unfertigen", fragmentierten, aber exklusiven Inhalten (Demos, Aufzeichnungen aus dem Studio, Gesprächen mit Künstlern) so genannte „Early Adopters" zu erreichen und zu überzeugen. Am Ende sollte eine grundsätzliche Intensivierung der B2C-Beziehung (Business-to-Consumer) erfolgt sein hin zu einer „Community" der Fans, die es nach dem Aufbau auch zu pflegen gilt. Die

Kommunikationsprozesse mit den Fans haben natürlich auch zum Ziel, Kontaktdaten von musikinteressierten Konsumenten für alle wichtigen Künstler und Brands (Marken) zu generieren, um die Fans bei Nachfolgeprojekten direkt anzusprechen (Direct-to-Consumer Marketing). Daher werden in Websites vermehrt CRM-Systeme (Customer/Consumer Relationship Management) integriert, um den Kommunikationsprozess zu unterstützen.

Folgende Tools/Digitale Contents finden unter anderem sowohl für die Internet-Promotion als auch für Digital Marketing Anwendung und werden daher meist gemeinsam entwickelt: Audio Tracks und Audio-Samples (Pre-Listenings, Snippets, Demos, Remixe, gestreamt oder als Downoad); Musik-Videos in voller Länge oder als Ausschnitt; EPKs (Electronic Press Kits); News zu Künstler und Produkt; Interviews (z.B. aus dem Studio); Live-Mitschnitte von Konzerten; Live Chats; E-Cards (elektronische Postkarten); Blogs; Podcasts; Gewinnspiele (Contests); Votings (Abstimmungen); Rezensionen; Fotos; Graphics. Für diese Inhalte gilt: Sie müssen aktuell sein (schnell zu erstellen), möglichst früh verfügbar, soweit wie möglich exklusiv und emotional ansprechend. Authentizität ist wichtiger als Professionalität, Kreativität ist wichtiger als technische Vollkommenheit, User-generated ist möglich (und besonders glaubwürdig), Fragmente sind erlaubt, virale Eigenschaften sind willkommen.

Typische Elemente der Kommunikation von Internet-Promotion bzw. Digital Marketing sind: Selbst betriebene Websites (zentrale Firmen/Labelwebsites, Event-Pages, Künstlerwebsites) als Online Home Base; Partner-Websites (z.B. für Startseitenplatzierungen); Foren; Chatrooms; Newsletter (meist Künstlerbezogen; verbunden mit Registrierungsverfahren besonders geeignet zur Generierung von Fan-Adressen); E-Mails; SMS; Plattform-Auftritte (z.B. auf YouTube oder MySpace), virtual Streetteams (im Internet akquirierte/tätige Streetteams). Banner-Werbung hat sich für das digitale Musik-Marketing als nicht so effektiv erwiesen mit Ausnahme von Keyword Marketing (Google Adwords), d. h. der Verknüpfung der Banner mit den entsprechenden Suchbegriffen in Suchmaschinen.

Kernziel von Internet-Promotion bzw. Digital Marketing ist es, während der „heißen“ Promotion-Phase eines Musikprojekts möglichst viel Aufmerksamkeit innerhalb der jeweiligen Zielgruppe im Internet für das betreffende Projekt zu erlangen. Das kann bedeuten, auf wichtigen Servern prominent platziert zu sein und möglichst viele „Clicks“ auf sich zu vereinigen. Das kann aber auch bedeuten, in vielen Foren, privaten Homepages, Fan-Sites und wo auch immer vorzukommen. Bei den vielfältigen Einsatzmöglichkeiten stellt sich natürlich am Ende die Frage der Effizienz. Als Erfolgskontrolle von Internet-Aktionen werden allgemein Kennzahlen verwendet wie Visits (Anzahl Besuche einer Website), Unique Visits (Besuche abzüglich Doppelzählungen), AdViews/Ad Impressions

(Anzahl Abrufe von Websites mit Banner), Page Impressions (PIs, Abrufe von Einzelseiten) oder AdClicks (Clicks auf Banner/Buttons). Diese Kennzahlen beziehen sich auf Kommunikationsziele, garantieren jedoch noch keinen Verkaufserfolg. Entscheidend ist, ob die Verkaufsziele erreicht werden und das Produkt sich in den Charts entsprechend hoch platziert. Deshalb sollte die Präsentation von Musik im Internet unmittelbar mit Kaufmöglichkeiten verbunden sein, entweder als direkter „Buy Button" oder durch Links auf einen oder mehrere Shops, wobei es sich um Download Shops, aber auch um CD-Online Shops handeln kann.

Die Internet-Promotion ist organisatorisch entweder dem New Media-Bereich zugeordnet oder in den allgemeinen Promotionbereich integriert. Da viele der Partner-Websites zu Printmedien gehören, ist die Internet-Promotion zusehends organisatorisch mit der Print-Promotion verbunden. Bei den Online-Promotern handelt es sich um wenige Spezialisten, die Inhalte über Künstler und Musiktitel vorbereiten und ihren Partnern anbieten. Digital Marketing wurde in der Vergangenheit als Bestandteil des Product Marketing den Product Managern zugeordnet oder von der Internet-Promotion mit wahrgenommen. Angesichts der wachsenden Bedeutung des Internet für das Musik-Marketing nimmt der Bedarf zu, Spezialisten einzusetzen, die an das Product Management angebunden sind und sehr eng mit der Internet-Promotion zusammenarbeiten.

6 Die Bedeutung der Charts

Als „Charts" bezeichnet man im Musikgeschäft allgemein die Bestsellerlisten für Singles und Alben. Die TOP 100 sind die „offiziellen", repräsentativen deutschen Charts, wöchentlich ermittelt von Media Control GfK International im Auftrag des Bundesverbandes der Musikindustrie. Compilations werden in einer separaten TOP 30 zusammengefasst. Die TOP 100 sind Verkaufscharts inklusive der Verkäufe von Musik-DVDs und Downloads. Neben den TOP 100 gibt es eine Reihe weiterer Genre-Charts (Klassik, Jazz, Deutscher Schlager, Musik-DVDs, Dance Trend Charts, Downloads und Airplay).

Charts sind ein wichtiger Indikator für (Verkaufs)Erfolge sogenannter „Frontline"-Produkte, also vor allem von Neuveröffentlichungen, aber auch gut verkaufende Katalogtitel können sich platzieren. Chartspositionen repräsentieren Umsatzerfolge noch unmittelbarer, nachdem im Juli 2007 das Mengen-Kriterium für die Ermittlung der Chart-Positionen durch das Wert-Kriterium ersetzt wurde. Charts dienen zuerst als Orientierungsmittel für Musikkäufer, weiterhin für den Handel (Dispositionshilfe), für die Medien (Auswahlkriterium für Einsätze), für die Industrie und für die Künstler. Charts dokumentieren für die musikinteressierte Öffentlichkeit den Stellenwert eines Musiktitels bzw. eines Albums und damit auch den Stellenwert eines Künstlers. Musik ist eine Sache des Geschmacks und der Emotion, Musikqualität ist nur schwer objektivierbar – es gibt keine „Stiftung Warentest“ für Musiktitel. In diesem Kontext treten die Charts quasi als „Ersatzmaßstab“ für den Wert von Musik auf – wenn auch nur bezogen auf den kommerziellen Erfolg, aber der steht im Musikgeschäft ganz oben.

Charts wirken als Multiplikator – vom Charteinstieg (Chart-Entry) über das „Chart-Climbing“ bis zur TOP 50, TOP 20, TOP 10 und zum No-1-Erfolg. Neu-Einsteiger, Aufsteiger und Spitzenreiter werden von allen Beteiligten aufmerksam wahrgenommen und vielfältig kommuniziert. Natürlich ist der Chart-Wettbewerb auch spannend und unterhaltsam. Am Multiplikations-Prozess sind Handel (höhere Disposition, prominente Platzierung der Ware, Sonderaktionen), Medien (Playlists im Radio bzw. höhere Rotation im Musik-TV, Einsätze in TV-Shows, Titelstories in Magazinen, Startseite von Internet-Websites), Industrie (höhere Priorität in Marketing und Promotion, zusätzliche Werbebudgets) und Käufer (höhere Awareness, größeres Interesse, emotionale Aktivierung zusätzlicher Käufe) gleichermaßen beteiligt. Somit stellen die Charts ein sehr effizientes Marketing-Tool der Branche dar.

Gleichzeitig haben sich Chartpositionen und Chartanteile zu operablen Zielen im Musik-Marketing entwickelt. Die Zielerreichung ist täglich an den Trendcharts und wöchentlich an den TOP 100 feststellbar, und natürlich auch an der kumulierten Chart-Statistik, wo die Marktanteile (Chart Shares) der Labels und Industriefirmen für jedermann leicht abzulesen sind. Damit ist das „Frontline-Marketing“ effizient zu steuern, die tägliche bzw. wöchentliche Erfolgskontrolle eingeschlossen. Chartorientierte Musikfirmen verfolgen ausgeklügelte Chartstrategien mit entsprechender Marketing- und Vertriebspolitik. Sie arbeiten im Hinblick auf die Chartpositionen ihrer Schwerpunkt-Produkte gezielt daran, einen möglichst hohen Einstieg zu erzielen, die Positionen unter Einsatz der Promotion- und Werbemaßnahmen zu verbessern, TOP-Platzierungen zu erlangen und insgesamt hohe „Chart-Shares“ (Chart-Marktanteile) zu realisieren. Im Normalfall (wenn die Kosten entsprechend kontrolliert werden) verbindet sich mit dem Charterfolg auch der Unternehmenserfolg, bzw. ohne Charterfolg ist kein hinreichender Unternehmenserfolg realisierbar. Nicht zuletzt verbindet sich mit dem Charterfolg auch der Status eines Künstlers, so dass Künstler von ihren Musikfirmen eine erfolgreiche Chartarbeit erwarten.

Wegen der zentralen Steuerungsfunktion der Charts wachsen natürlich die Begehrlichkeiten, Charterfolge auch bei zunächst ausbleibenden Verkaufserfolgen zu erzwingen, um über „künstliche“ Charterfolge doch noch zu wirklichen Verkaufserfolgen zu gelangen. Gemeint sind die oft diskutierten Chart-Manipulationen. Solange es Charts gibt, hat es Versuche zu Manipulationen gegeben. Charts werden aber nur dann als „Marktbarometer“ akzeptiert, wenn die Ergebnisse „wahr“ sind. Deshalb hat Media Control gemeinsam mit dem

Bundesverband Musikindustrie eine Reihe von Abwehrmechanismen für die Chartermittlungssysteme entwickelt. Damit ist es bislang sehr effektiv gelungen, Chart- Manipulationen abzuwehren.

7 Literatur

GfK Panel Services, 2007a, Jahresbericht Tonträger 2006. Nürnberg: GfK.

GfK Panel Services, 2007b, Spezialbericht "Sources of Awareness" 2001-2006. Nürnberg: GfK.

Haupt, Sebastian, 2007, Musikkopisten und ihre Neutralisationstechniken. Unveröffentlichte Diplomarbeit der Hochschule Harz.

Homburg, Christian und Harley Krohmer, 2003, Marketingmanagement. Wiesbaden: Gabler.

Kotler, Philip, 1982, Marketing Management, 4. Auflage. Stuttgart: Schäffer-Poeschel.

Kotler, Philip und Gary Armstrong, 1991, Principles of Marketing, Englewood Cliffs: Prentice Hall.

Meffert, Heribert, 2000, Marketing, 9. Auflage. Wiesbaden: Gabler.

Nieschlag, Robert, Erwin Dichtl und Hans Hörschgen, 1985, Marketing, 14. Auflage. Berlin: Duncker & Humblot.

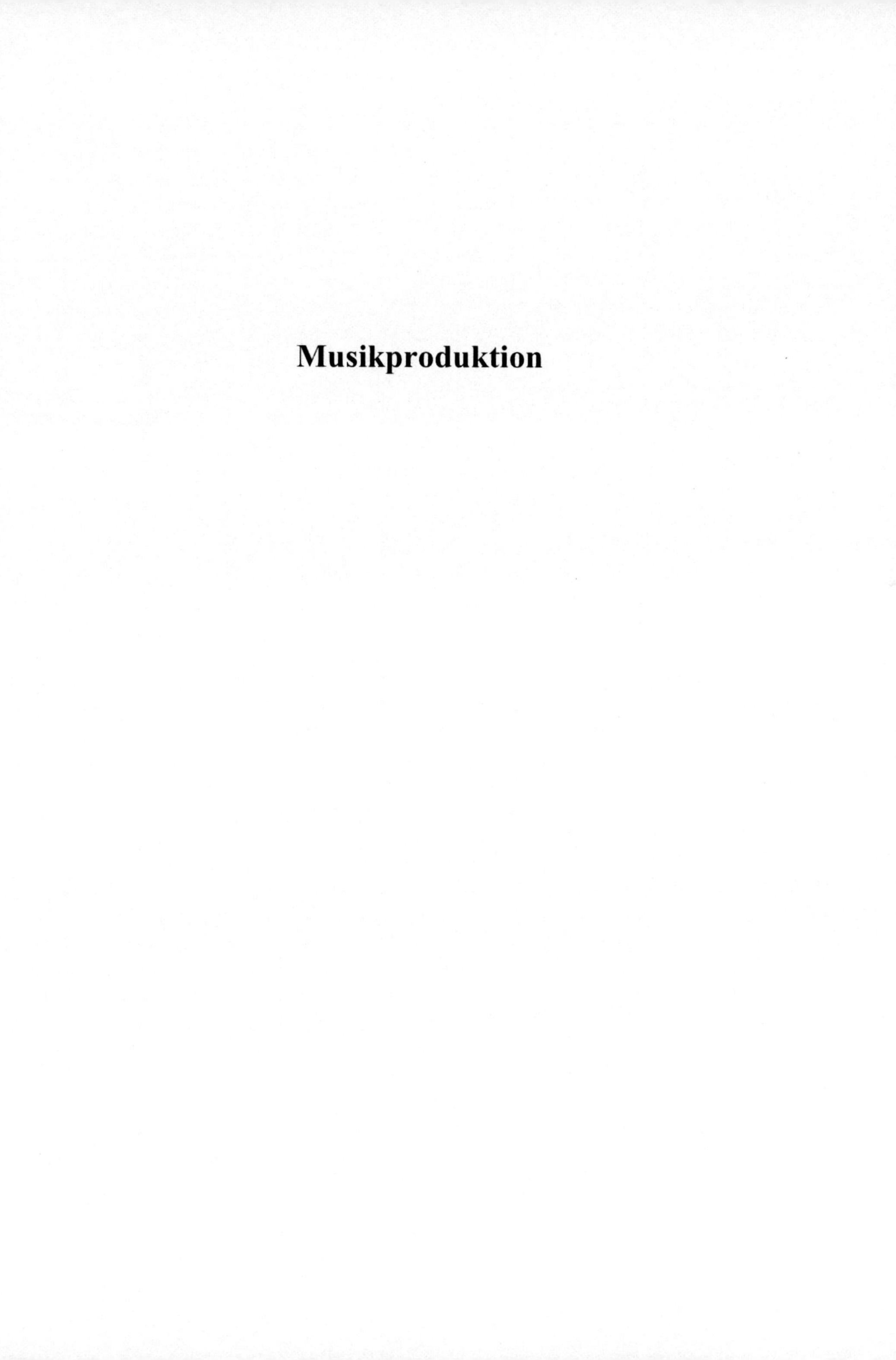

Musikproduktion

Soziologie der Musikproduktion

Alfred Smudits

Wer heute von Musikproduktion spricht, meint damit zumeist die spezifische Form der kulturindustriellen Produktionsweise, assoziiert damit zumeist Phänomene wie das Aufnahmestudio, wie Tonträgerproduktion oder die Tätigkeit von Musikproduzenten.

Allerdings ist dieses Verständnis von Musikproduktion ein sehr spezifisches, denn auszugehen ist ganz sicher davon, dass Musik schon immer produziert worden ist: Wer singt oder wer ein Instrument spielt, produziert durch ein sehr komplexes und wohlstrukturiertes Zusammenspiel verschiedenster Muskelpartien des Körpers Töne. Wer Noten aufschreibt, produziert einen Text, der von kompetenten Lesern dieses Textes als akustisch wahrnehmbare Musik reproduziert werden kann, der prinzipiell auch so dekodiert werden kann, dass sich bei jenen innere musikalische Erfahrungen einstellen. Die Aufnahme- und Studiotechnologien, die im Laufe des 20. Jahrhunderts entwickelt und zur Musikproduktion eingesetzt wurden und werden und um die es im folgenden Beitrag hauptsächlich gehen soll, sind daher nur als eine neue – wenngleich heutzutage sehr dominante – Variante von Musikproduktion aufzufassen. Allerdings soll auch auf die vorangehende historische Entwicklung eingegangen werden, um Besonderheiten ebenso wie Kontinuitäten erkennbar zu machen. Damit wird auch unterstrichen, dass Musikproduktion eine historische Kategorie ist, die ständigen Veränderungen unterworfen ist, und weiters, dass diese Veränderungen durch eine Reihe von Einflussfaktoren bestimmt werden, wobei im vorliegenden Kontext insbesondere auf die soziokulturellen und die kommunikationstechnologischen eingegangen werden soll.[1]

Umfassende gesellschaftliche Veränderungen gehen zumeist einher mit solcher kommunikationstechnischer Art. Diese stellen die materielle Grundausstattung einer gegebenen Gesellschaft unter anderem auch für die Herstellung, Verbreitung und Wahrnehmbarkeit künstlerisch-kultureller Phänomene dar und folgen, ab einem gewissen Ausmaß ihrer Etablierung einer unumkehrbaren eigengesetzlichen Logik. Viele dieser Veränderungen prägen das uns heute bekannte Musikleben, wie etwa die Erfindung der Notenschrift seit dem 10. und des Notendrucks im 15. Jahrhundert, oder die Erfindung der Schallplatte an der Wende zum 20. Jahrhundert. Die Transformationsprozesse des Kulturschaffens, die auf den Einfluss neuer Kommunikationstechnologien zurückzuführen sind,

[1] Natürlich wäre es genauso möglich, den Fokus z. B. auf die rechtlichen oder ästhetischen Faktoren zu legen.

werden im Folgenden als „Mediamorphosen“[2] aufgefasst, wobei fünf Typen unterschieden werden können. Die erste grafische, die „schriftliche Mediamorphose“ ist mit der Erfindung der Schrift, im Bereich der Musik mit der Entwicklung der Notenschrift gegeben. Die zweite grafische, die „reprografische Mediamorphose“ setzte mit der Erfindung der Druckpresse, die „chemisch-mechanische“ mit der Erfindung der Photografie und des Grammophons ein. Letztere wird schon bald – Anfang des 20. Jahrhunderts – von der „elektronischen Mediamorphose“, mit der die Industrialisierung der Kultur ihren Anfang nimmt, überformt. Schließlich ist ab den 1980er Jahren die aktuellste, nämlich die „digitale Mediamorphose“ zu identifizieren.[3]

Dementsprechend wird im vorliegenden Beitrag zunächst (1) eine kurze Skizzierung der Entwicklung der Musikproduktion bis zum 20. Jahrhundert und danach eine ebenso (2) kurze Darstellung der gesellschaftlichen und kommunikationstechnologischen Voraussetzungen kulturindustrieller Musikproduktion erfolgen. Etwas detaillierter wird danach auf (3) spezifische Entwicklungsschritte der Musikproduktion im Rahmen der elektronischen Mediamorphose eingegangen um schließlich (4) die aktuellen Tendenzen, die mit der digitalen Mediamorphose eingesetzt haben, ausführlicher zu behandeln.

1 Musikproduktion vor der Industrialisierung der Kultur[4]

Beinahe bis zum Beginn der Neuzeit war Musikproduktion mit dem Akt des lebendigen Singens und Musizierens gleichzusetzen. Charakteristisch waren geringe Arbeitsteiligkeit, mündliche Überlieferung und organische Einbindung in den Alltag, die Verbindung mit Religion, Arbeit oder Zerstreuung war konstituierendes Moment jeder Musikpraxis. Von Produktion kann hier also nur im eingeschränkten Sinn gesprochen werden, weil das Produkt, nämlich die erklingende Musik, sich gleichsam im Vollzug erschöpft. Dementsprechend macht auch die Trennung von Produktion und Rezeption nur in beschränktem Maße, von Komposition und Interpretation noch gar keinen Sinn.

Mit den gesellschaftlichen Transformationen, die gegen Ende des Mittelalters einsetzten, ergaben sich auch entscheidende Veränderungen im Bereich des Musiklebens. Kurz zusammengefasst handelt es sich dabei um die Ausdifferenzierung der Bereiche Kreation/Komposition, Interpretation und Distribution von Musik, um die Herauslösung der Musikschaffenden aus höfischen und klerikalen

---

[2] Vgl. Smudits 2002. Dabei wird ein von Blaukopf formuliertes Konzept weiterentwickelt, vgl. Blaukopf 1989.

[3] Diese Typologie weicht, was die Begrifflichkeit betrifft, von der ursprünglich in Smudits 2002 entwickelten ab. Die Unterscheidung zwischen grafischen und technischen Mediamorphosen wurde aufgegeben.

[4] Eine ausführlichere Darstellung findet sich bei Smudits 2007.

Bindungen, um die Anpassung größerer Teile des Musiklebens an das Marktsystem, um die Herausbildung einer (den Marktmechanismen gegensteuernden) kommunalen bis staatlichen Musikpolitik, um eine neue Wertschätzung von Musik, insbesondere von „Kunstmusik“, die in der immer gezielteren Abgrenzung zur trivialen, „unterhaltenden“ Musik ihre Zuspitzung erfährt und schließlich um die Ausprägung bestimmter neuer Rezeptionshaltungen und Funktionszuschreibungen.

Für die Musikproduktion im engeren Sinn ist die Entwicklung der Notenschrift von zentraler Bedeutung. Sie begann etwa im 10. Jahrhundert in Italien und Frankreich mit der Verwendung von „Erinnerungshilfen“, den Neumen, und war im 15. Jahrhundert mit der bis heute bekannten Form (geschlüsselte Fünfliniensysteme) im Wesentlichen abgeschlossen. Diese neue musikalische Kommunikationstechnologie kann aus medientheoretischer Sicht als erste grafische Mediamorphose im Bereich der Musik aufgefasst werden, der bereits Mitte des 15. Jahrhunderts mit der Erfindung der Druckpresse (und damit der prinzipiellen Möglichkeit des Notendrucks) die zweite, reprographische Mediamorphose folgte. Mit der Erfindung der „Lithografie“ gegen Ende des 18. Jahrhunderts, die qualitativ hervorragende Abzüge in großer Auflage zuließ, wurde schließlich ein breiter Markt für Notendrucke erschlossen, der das Musikleben des 19. Jahrhunderts entscheidend prägte.

Die Durchsetzung der präskriptiven Notation und die damit eng verbundene Herausbildung der Polyphonie zwischen dem 12. und 15. Jahrhundert hatten entscheidenden Einfluss auf das Musikleben. Es entwickelte sich seit dem 15. Jahrhundert der neuzeitliche Begriff der Komposition, die schriftlich fixiert ist, die aber auch der Interpretation im Rahmen eines lebendigen Vortrags bedarf. Gleichzeitig entstand auch das Berufsbild des Komponisten, dessen Produktionsweise erstmals im „einsamen“ Aufschreiben von Noten bestand.

Die Trennung von Komposition und Interpretation, wenngleich häufig noch von derselben Person ausgeführt, sind Grundlage einer arbeitsteiligen Organisation des Musiklebens, und es beginnt sich damit ab der frühen Neuzeit ein arbeitsteilig strukturierter Arbeitsmarkt für Musikschaffende zu etablieren.

Entsprechend den sich herausbildenden Marktverhältnissen mussten Komponisten ihre Werke vermittelnden Instanzen anbieten, in deren Rahmen sich neue Gruppen von Personen bzw. neue Institutionen etablierten, die das Musikleben mitzugestalten begannen:

- Zunächst sind hier Veranstalter von öffentlichen Aufführungen zu nennen. Mit dem Entstehen der „Oper“ in Italien um die Mitte des 17. Jahrhunderts und der Herausbildung des „Konzertwesens“ seit dem frühen 18. Jahrhundert in England bildet sich eine spezifisch auf die öffentliche Aufführung hin orientierte Musikkultur heraus.

- Weiters ist auch auf die Etablierung von Verlagen und die damit entstehende Vermittlerfunktion der Verleger zu verweisen.
- Im Bereich der Populärkultur entwickelten sich mit der Industrialisierung vor allem in den rasch wachsenden Städten Unterhaltungsetablissements, die eine Nachfrage nach professionellen Musikern bzw. neuen „populären" Liedern erzeugten – womit erneut ein Musikverlags- und Konzertwesen, das vor allem auf ökonomischen Gewinn ausgerichtet war, entstand.
- Ebenfalls im 19. Jahrhundert entstand auch eine spezifisch bürgerliche Salonkultur, die eine Nachfrage nach „gehobener Unterhaltungsmusik" oder bearbeiteter Kunstmusik entwickelte. Als neuer professioneller Spezialist entstand hier der Arrangeur, der jedwede Musik in jedwede Instrumentierung umzusetzen versteht.

Festzuhalten bleibt, dass sich mit Veranstaltern und Verlegern ein neues Segment der Musikproduktion herausgebildet hat, nämlich das der Vermittlung und Realisierung von Kompositionen. Damit sind für das nunmehr arbeitsteilige und durch Marktverhältnisse bestimmte neuzeitliche, aber immer noch vorindustrielle Musikleben zwei Varianten von Musikproduktion zu konstatieren:

- einmal die individuelle schöpferische Tätigkeit der Komponisten, das Produzieren von Texten (bzw. Partituren) und
- zum anderen die Organisation einer Aufführung, die sich als Ergebnis eines vielschichtigen Zusammenspiels von Komponisten, Interpreten, Dirigenten, Veranstaltern, Verlegern, sowie einer Vielzahl direkt oder indirekt an der Realisierung einer Aufführung beteiligter Personen (von Billeteuren bis zu Arrangeuren) ergibt.

2 Das Entstehen von Kulturindustrien. Allgemeine Veränderungen des Musiklebens

Gegen Ende des 19. Jahrhunderts setzte eine erneute Transformation der Gesellschaft ein, die insgesamt durch eine weitere Zuspitzung der industriellen Produktion zur Massenproduktion (economy of scale, Fordismus) und in kultureller Hinsicht vor allem durch das Auftreten neuer Kommunikationstechnologien bewirkt wurde, die sich durch einen spezifischen Bezug zur Masse – als Massenmedien – auszeichneten. Im Bereich der Musik waren das zunächst vor allem das Grammophon und die Schallplatte, entwickelt zwischen 1887 und 1895, und sehr bald auch schon am Markt präsent, und das Radio, entwickelt um 1900 und ab den frühen 1920er Jahren als Massenmedium realisiert, sowie der Tonfilm gegen Ende der 1920er Jahre. Damit wurde bereits im ersten Drittel des 20. Jahrhunderts ein Zustand erreicht, der mit Begriffen wie Kulturindustrie oder Massenkultur umschrieben wird.[5] Mit der Erfindung des Mikrophons auf elektrischer Basis im Jahr 1925, mit der die mechanische Schallaufzeichnung abgelöst wurde, ist der Weg in Richtung elektronischer Medien und damit zur elektronischen Mediamorphose vorgegeben. In der Zwischenkriegszeit und bis nach dem zweiten Weltkrieg waren es das Radio, der Musikfilm und die Schellack, die das Musikleben prägten. Ab der Mitte des 20. Jahrhunderts begann sich dann mit dem wachsenden Wohlstand für immer breitere Gesellschaftsschichten die so genannte „Konsumgesellschaft" herauszubilden. Die allgemeine Prosperität brachte auch eine gesteigerte Nachfrage nach Musik in allen und für alle Lebenslagen mit sich – eine Nachfrage, der mit der Entwicklung des Magnettonbands, der Vinylschallplatte, des Transistorradios und des Fernsehens auch die Grundlage für ein erweitertes Angebot gegenübergestellt wurde.

Mit den elektronischen Medien hatte die Industrialisierung nunmehr auch das traditionelle Kunstleben eingeholt und die im Bereich der Popularkultur auch schon bislang herrschenden Strukturen der Industrialisierung begannen sich auf den traditionellen Kunstmarkt auszudehnen.

Die Veränderungen in sozialer und kommunikationstechnologischer Hinsicht stülpten das Musikleben vollkommen um. Die Strukturen der bürgerlichen Musikkultur verschwanden zwar nicht, sie wurden aber von den sich herausbildenden Strukturen der Musikindustrien überformt. Jene bereits im 19. Jahrhundert sich abzeichnenden Eigenschaften der Ökonomisierung, vor allem sichtbar im Bereich der populären Stile, begannen nunmehr das gesamte Musikleben zu prägen. Musikschaffende wurden tendenziell Arbeitnehmer der Musikindustrie, die Bedeutung von Musikverlagen wurde von der Bedeutung der Phonographischen Industrien und der Radioanstalten überdeckt, die gleichzeitig auch die wesentlichsten Akteure wurden, wenn es darum ging, zu entscheiden, welche Musik überhaupt gehört werden kann und welche nicht. Die korrigierende Musikpolitik der öffentlichen Hand wurde zum beinahe einzigen Garanten des (Über-) Lebens der traditionell bürgerlichen Musikkultur (die ihre ideologische Vormachtstellung allerdings noch gut behaupten konnte). Schließlich änderten sich die Erwartungshaltungen des Publikums an das Musikangebot: die zerstreute Rezeption trat in den Vordergrund, nicht zuletzt bedingt durch die Beschleunigung und Mediatisierung der musikkulturellen Austauschprozesse und die damit einhergehende immer raschere und breitere Verfügbarkeit von Musik. Dies hatte wiederum Auswirkungen auf die Formen und Inhalte der Musik, die durch die Spannung zwischen voranschreitender Standardisierung und wachsendem Innovationsdruck, sowie durch die Herausbildung zahlreicher neuer – insbesondere jugendmusikalischer – Genres geprägt wurden.

---

[5] Vgl. insbesondere Horkheimer und Adorno 2003 (1944); Benjamin 1976 (1936), Leavis 1930; Kracauer 1977.

3 Musikproduktion in der elektronischen Mediamorphose

Die elektronische Mediamorphose lässt sich durch die Schlagworte Industrialisierung und Rationalisierung, sowie Mediatisierung und Kommerzialisierung charakterisieren. Im Bereich des Musikschaffens bedeutete dies zunächst eine Veränderung des unmittelbaren künstlerischen Arbeitsprozesses, und zwar für kompositorisch wie für interpretatorisch Tätige. Als wesentlicher neuer Ort musikalischer Kreativität bildete sich das Aufnahmestudio, sowohl in Rundfunkanstalten wie in Schallplattenfirmen, heraus. Diese Einrichtung zeichnete sich durch ständige technische Verbesserungen aus, die für die Musikschaffenden ebenso ständige Herausforderungen darstellten, und zwar sowohl in technisch-handwerklicher als auch in kreativer Hinsicht. Zunehmend entwickelte sich die Tonaufzeichnung zu einer eigenständigen künstlerischen Ausdrucksform, die an eigenen Standards, und nicht an Live-Aufführungen gemessen wurde. Das Mikrophon ermöglichte einen völlig neuen Gesangs- bzw. Interpretationsstil, insofern als einzelne Interpreten nun nicht mehr gegen die Lautstärke einer Begleitband oder die Größe eines Aufführungsortes ankämpfen mussten[6]. Eine Reihe von neuen beruflichen Tätigkeiten begann sich herauszubilden, wie etwa Produzent, Tonmeister, Aufnahmeleiter oder Studiomusiker, deren Kompetenzen zum Teil sehr viel weiter gefächert sein mussten, zum Teil aber auch sehr viel spezialisierter angelegt waren, als dies bei traditionell arbeitenden Musikschaffenden der Fall war. Die vermutlich wichtigste neue Funktion, die im Rahmen des Musikschaffens entsteht, ist die des Produzenten. Dieser muss – ähnlich wie ein Verleger oder Konzertunternehmer, aber auf organisatorisch völlig anderem Niveau – technische, künstlerische und kaufmännische Faktoren gleichermaßen im Auge behalten können, und soll darüber hinaus auch die letzte Verantwortung für die künstlerische Qualität übernehmen. Von einem Studiomusiker wird erwartet, kontextlos, also ohne Kenntnis des gesamten Musikstücks, einige Parts spielen zu können. Spätestens mit der Einführung der Mehrspuraufzeichnung Anfang der 1960er Jahre ist davon auszugehen, dass das musikalische Endprodukt keine Aufzeichnung einer lebendigen Aufführung ist, sondern ein eigenständiges Produkt, das möglicherweise gar nicht live realisiert werden kann. Grundsätzlich ist festzuhalten, dass der Arbeitsprozess von der Kreation bis zum Erstellen des endgültigen Produkts, etwa einer Schallplatte, in noch mehr Arbeitsschritte aufgelöst wurde, als dies bei der vorelektronischen Produktionsweise der Fall war, und dass sich prinzipiell für jeden dieser Arbeitsschritte Spezialisten herausbildeten. Je nach Größe des produzierenden Unternehmens werden tatsächlich viele Spezialisten zu finden sein oder aber einige „Generalisten“ (z. B. bei Kleinlabels).

[6] Vgl. dazu Frith 1986.

In Bezug auf künstlerische Kreativität und interpretatorische Qualität stellten Aufzeichnungen von Musik eine Ausweitung des musikalischen Horizonts und der Vergleichsmöglichkeiten dar, die einerseits die Anforderungen höher schraubten, andererseits die Perfektionierung im Selbststudium ermöglichten (z. B. durch die Aufzeichnungsmöglichkeit eigener Leistungen). Für kompositorisch Tätige stellten die neuen Aufnahmetechnologien darüber hinaus auch Erweiterungen des kompositorischen Materials und Handlungsspielraumes dar. Tonaufzeichnungen konnten integraler Bestandteil einer Komposition werden (musique concrète, Tonbandkomposition), wie sich überhaupt – in der Popmusik ab den späten 1960er Jahren – die Manipulation im Studio, am Mischpult, zu einem wesentlichen Arbeitsgang der Komposition entwickelte.

Zahlreiche Genres verdanken ihre Existenz einer ganz bestimmten Konstellation von technischen Voraussetzungen, mit denen – das muss unterstrichen werden – die Musikschaffenden immer souveräner umzugehen lernten. Damit wird der Sound, als eine jeweils spezifische Konstellation von Instrumentierung, Klangfarben und Dynamik, zu einem wesentlichen Differenzierungsmittel für individuelle Stile und ganze Genres.

3.1 Musikproduktion und Musikproduzenten.[7] *Einige Details der historischen Entwicklung von ca. 1900 bis 1980*

Bei den ersten Tonaufzeichnungen wurde das aufzunehmende Klangphänomen mittels eines Trichters direkt auf eine Wachswalze bzw. bald auf eine Schallplatte (direct to disc) übertragen. Bei diesen Aufnahmen handelte es sich also um unbearbeitete Live-Aufnahmen. Dennoch kann bereits für die ersten Hits der jungen Schallplattenindustrie zu Beginn des 20. Jahrhunderts – von Enrico Caruso gesungene Arien – ein Produzent ausgemacht werden, nämlich der Aufnahmeleiter der *Gramophone Company*, Fred Gaisberg. „*Gaisberg's attitude to recording was to produce in the studio some kind of snapshot of the kind of performance each artist would normally give in public venues.*" (Beadle 1993: 27)[8]. Er war später auch an den Karrieren des Sängers Feodor Chaliapin oder des Geigers Yehudi Menuhin nicht unbeteiligt und wird von Klassik-Produzenten gerne als deren Vorläufer gesehen.

Es ist also schon in diesem Stadium der Tonaufzeichnung eine mögliche – aus Kostengründen vermutlich selten genutzte – Aufgabe des Produzenten, aus mehreren Aufnahmen jene auszuwählen, die er für die beste hält und die daher massenhaft vervielfältigt wird. Spätestens mit der Entwicklung des elektrischen Mikrophons Mitte der 1920er Jahre wird diese Funktion ausgeweitet. Waren bis dahin Aufnahmen größerer Klangkörper problematisch gewesen, so wird nun

[7] Eine ausführlichere Darstellung findet sich bei Smudits 2003

[8] Vgl. auch Blaukopf 1956: 119ff.

durch die entsprechend flexible Placierung eines oder mehrerer Mikrophone die Erzielung neuer Klangqualitäten ermöglicht, die der Kontrolle von Aufnahmeleitern/Produzenten unterliegen.

In dieser *ersten Phase der Tonaufzeichnung* bestand das Klangideal in der möglichst originalgetreuen Aufzeichnung der „lebendigen" Darbietung von Musik, was hinsichtlich der Raumbezogenheit von Musik heißt, dass die Musik möglichst so klingen sollte, wie sie in den Räumen klingt, in denen sie üblicherweise zu hören ist. Die technischen Möglichkeiten, dieses Ideal einzulösen, waren bis zur Erfindung des elektrischen Mikrophons Mitte der 1920er Jahre allerdings äußerst beschränkt. Mit dem Mikrophon konnte dieses Ideal zunehmend besser erreicht werden, was in den 1950er Jahren im Begriff „High Fidelity" seinen direktesten Ausdruck fand.

Doch diese Entwicklung stellte für die Qualität der Aufzeichnung nur eine graduelle Verbesserung dar[9]. Denn auch bei der elektrischen Aufzeichnung auf Schallplatte setzten die begrenzte Laufzeit derselben und die „Geschlossenheit"[10] einer Aufzeichnung Grenzen für musikalische und technische Manipulationen.

Einer der erfolgreichsten Produzenten und Musiker der 1940er und 1950er Jahre, Mitch Miller sagt in Bezug auf diese Zeit:

„There was no such thing as a remix. You had to know how to talk to the engineer. You had to have musicians who could play on the first day because many times that was it. You had to have arrangers who knew what they were doing. (...) we knew what we were talking about. It wasn't: ‚let's see what we will do tomorrow while we listen tonight.' (...) The artists came in prepared. (...) And so the producers, like Jack Kapp (...), Paul Weston, (...) Percy Faith could do it." (Olsen 1999: 538).

Miller war unter den ersten, die mit der Mehrspuraufnahmetechnik arbeiteten, und er sah im Tonband bloß ein „hervorragendes Werkzeug" (vgl. Olsen 1999: 539), das die relativ aufwändige Produktion in großen Studios erleichterte. Kealy, der diese Arbeitsweise als *craft union mode* bezeichnet, charakterisiert diese folgendermaßen: „*The primary aesthetic question was utilitarian: How well does a recording capture the sounds of a performance*" (Kealy 1990: 210)[11] – und zwar mit den zentralen Ansprüchen „*technical correctness, concert hall realism, and strict division of labour*" (Kealy 1990: 213).

---

[9] Für Verbreitung von Musik über das Radio war es allerdings eine entscheidende Entwicklung.

[10] Jedes Musikstück wird in einem Take aufgenommen. Wenn ein Fehler passiert, muss das ganze Stück nochmals aufgenommen werden.

[11] Kealy spricht zwar in erster Linie von *sound mixers*, doch seine Argumente lassen sich weitgehend auf Produzenten im Allgemeinen übertragen.

Gleichzeitig wurde aber mit dem Mikrophon die zweite Phase der Tonaufzeichnung vorbereitet, nämlich die, bei der die Schaffung künstlicher Räume im Zentrum des Interesses steht. Das erste auffallende musikalische Phänomen in diesem Zusammenhang ist das so genannte "crooning", ein Gesangsstil, bei dem – wie Frank Sinatra das bezeichnet hat – das Mikrophon als Instrument verstanden wird (vgl. Frith 1986: 270f.). Das Crooning schafft eine neue – real kaum mögliche – Binnenarchitektur der Musik. Als Hörer werde ich mit der Fiktion konfrontiert, dass der Sänger oder die Sängerin mir beinahe "ins Ohr singt", während weit entfernt eventuell sogar eine Bigband spielt: Die Abstände zwischen den verschiedenen Klangquellen (Instrumente, Gesang) und dem Ohr des Hörers entsprechen nicht mehr der gewohnten Hörerfahrung der lebendigen Darbietung. Hier werden erstmals "fiktive" Räume geschaffen, der Sound wird tatsächlich „produziert". Beim Live-Konzert wird diese Verzerrung der bislang natürlichen Distanzen durch Verstärker und Lautsprecher ausgeglichen und somit bald als natürlich erlebt.[12] Obwohl also das Klangideal noch an High Fidelity orientiert war, waren die technischen Möglichkeiten bereits viel weiter entwickelt, nämlich in die Richtung der Schaffung fiktiver Räume.[13]

Magnetaufzeichnung

Der nächste entscheidende Qualitätssprung – durch das Mikrophon schon vorbereitet – leitete nunmehr endgültig die *zweite Phase der Tonaufzeichnung* ein. Er erfolgte erst nach 1945 mit der Entwicklung des Magnettonbands und der neuen Tonträgerformate Vinyl-Single und -Langspielplatte. Im Jahre 1948 wurde sowohl das Magnetophon erstmals bei Aufnahmesessions eingesetzt, wie auch Vinyl-Schallplatten produziert. Damit wurde die Möglichkeit geschaffen (a) die mögliche Dauer der Aufnahmen bedeutend zu verlängern und (b) die Aufnahme selbst durch Bandschnitt zu manipulieren. Und es war nur eine Frage der Zeit, bis Mehrspurverfahren zunächst experimentellen und dann standardmäßigen Einsatz erlebten.

Im Bereich der Klassik ist hier als ein Wegbereiter der Produzent Walter Legge zu nennen:

„*He saw the studio as a place in which conditions and recording techniques allowed for the creation of sounds better than normally achieved in places of public performance. In fact he recognized the artificiality of recording, and may have been the first record producer fully to appreciate the possibilities this artificialty offered.*" (Beadle 1993: 27).

[12] Dass dies nicht sofort so war, belegen die Widerstände gegen die unnatürlichen Crooner, die z. T. zum Radio-Boykott derselben führte (vgl. dazu Frith 1986: 263).

[13] Wen das an die Widersprüchlichkeit zwischen dem Stand der Produktivkräfte und den Produktionsverhältnissen erinnert, der mag nicht so falsch liegen.

Von ihm ist auch der erste Fall von "dishonest dubbing" überliefert, als er nämlich 1951 bei der Produktion von Wagners „Tristan und Isolde" einen schwierigen Gesangspart der schon etwas älteren und daher nicht mehr so „leistungsfähigen" Sopranistin Kirsten Flagstadt durch entsprechende Einspielungen seiner jungen Ehefrau – Elisabeth Schwarzkopf – ersetzte (Beadle 1993: 28).

Der "normale" Produzent von Popmusik[14] verstand sich bis zum Beginn der 1950er Jahre und noch bis gegen Ende der 1960er Jahre bei den Majorcompanies weitgehend wie der oben zitierte Mitch Miller, eher als Techniker oder Arrangeur, dem es nicht um Effekthascherei oder Soundtüfteleien ging, sondern um eine „ordentliche" Einspielung einer Nummer, die den Qualitäten der Musik und der Musiker gerecht wird.

Für das Musikleben außerhalb der großen Plattenfirmen stellte aber das Tonband eine enorme Chance dar, jenseits der eingefahrenen Wege erfolgreich sein zu können, denn mit dieser Form der Tonaufzeichnung war die Studiotechnologie plötzlich leichter handhabbar, billiger, flexibler geworden. *„Der kostenintensive Matrizenverschleiß, (...) gehörte mit der elektromagnetischen Tonaufzeichnung der Vergangenheit an.*" (Wicke 2001: 33). Ein Tonstudio aufzubauen stellte kein unüberwindbares ökonomisches oder technisches Problem dar. So entstanden – ermöglicht durch diese technische Entwicklung – ab den späten 1940er Jahren zahlreiche Kleinlabels, die sich auf die Produktion von Musik verlegten, die von den Majors bislang ignoriert worden war: vor allem „Race" (Rhythm'n'Blues) und „Country and Western". Da es sich vielfach um Ein- oder Zwei-Mann-Betriebe handelte, waren die Betreiber oftmals Techniker, Kaufleute, Produzenten, Händler gleichzeitig, vor allem aber waren sie bzw. begannen sie als Kleinunternehmer, weswegen Kealy in diesem Zusammenhang auch vom *entrepreneurial mode of production* spricht, mit dem Ziel *„to get a hit sound from the studio*" (Kealy 1990: 213). Prominent zu erwähnen wären etwa die Firmen *Chess-Records*, *Atlantic-Records* oder *Sun-Records*. Letztere wurde von Sam Phillips gegründet und betrieben, dem Entdecker und ersten Produzenten von Elvis Presley.

Neu an der Musik Presleys war vor allem der Sound, der sich durch einen äußerst offensiven Einsatz von Hall-Effekten auszeichnete. Sam Phillips hatte dies beinahe zum Markenzeichen seiner Produktionen gemacht, er nutze die neue technische Möglichkeit des Tonbandmitschnitts (den so genannten „slapback

[14] Für den Bereich der Pop-Musik muss in jedem Fall der vermutlich erste Mehrspur-Experimentator erwähnt werden, wenngleich er kein „echter" Produzent, sondern vor allem Musiker war, nämlich Les Paul. Dieser Gitarrist hatte bereits in den 1930er Jahren mit Acetat-Disks in seinem kleinen Studio mehrere Aufnahmen „übereinander" aufgenommen und damit für das damalige Publikum verblüffende Effekte erzielen können (vgl. Cunningham 1996: 21). Doch er nimmt tatsächlich eine Sonderstellung ein.

delay sound") für diese Zwecke intensiv aus (vgl. Cunningham 1996: 33)[15]. Dann die Instrumentierung, auch diese von Phillips bewusst so gewollt: eine kleine Besetzung[16], bei der die Stimme im Vordergrund steht. Die üblichen Bläser (beim Rhythm'n'Blues) oder Fiddeln (bei Country and Western) fehlten. Im Zentrum auch der schnellen, fürs Tanzen gemachten Stücke – wie z.B. *That's Allright* – stand die Stimme des Interpreten, der einen Song tatsächlich (theatralisch) interpretierte und nicht nur eine Melodie sang.

Dieser Beitrag von Sam Phillips zum musikalischen Endprodukt geht weit über die herkömmlichen Aktivitäten vom Produzenten, wie sie etwa Mitch Miller versteht, hinaus. Will Miller den Sound der Live-Einspielung im Studio möglichst treu einfangen und wiedergeben, so kreiert Phillips einen völlig neuen Sound, den es ohne technische Tricks nicht gäbe.

Mehrspuraufnahme

Das Mehrspuraufnahmegerät wurde erstmals 1956 vorgestellt und wurde mit Beginn der 1960er Jahre mehr und mehr zum Standard der Tonträgerproduktion. Bis Mitte der 1960er Jahre waren Tonbandaufzeichnungen mit 3-4 Spuren üblich, 1967 gab es 8-12 und dann, Anfang der 1970er Jahre bald 16- und 24-Spurmaschinen (vgl. Jones 1992: 38ff.). Damit waren der Manipulierbarkeit von einmal aufgenommener Musik (beinahe) keine Grenzen mehr gesetzt. Während die Einspielungen der ersten Singles von Presley noch in einem Take live im Studio erfolgt waren, gab es 1957 bereits eine Nummer von Buddy Holly, Word of Love, auf der Holly mit sich selbst Duett singt sowie zu seinen Gitarrenphrasen selbst den korrespondierenden Part spielt (vgl. Wicke 2001: 35).

Seit den frühen 1960er Jahren findet die Produzententätigkeit als eigenständige künstlerische Leistung zunehmend Anerkennung und gleichzeitig wird als musikalisches Endprodukt immer weniger die Komposition, sondern die fertige Tonaufzeichnung, die Schallplatte, angesehen. Neben vielen anderen seien etwa Jerry Leiber und Mike Stoller erwähnt, die ein neues Verständnis von Songwriting propagierten und praktizierten. Ihnen wird der Satz zugeschrieben: „*Wir haben keine Songs geschrieben – wir haben Schallplatten geschrieben*" (Palmer 1997: 41). Der vermutlich einflussreichste Produzent dieser Ära war Phil Spector. Von Leiber/Stoller entdeckt und gefördert hat er sich bald selbstständig gemacht um seine eigenen Ideen vom perfekten Pop-Song zu realisieren. Im Aufnahmestudio von Spector standen bereits: „*(...) an Ampex three-track tape recorder which allowed sound-on-sound overdubbing, and monitoring was provided by three Altec DE loudspeakers. Used in line with the three-track machine*

[15] Dabei handelt es sich um die Rückkoppelung der Aufnahme auf einen zweiten Tonabnehmer.

[16] Hier ist es naheliegend davon auszugehen, dass Phillips aus der Not, nicht so viele Studiomusiker bezahlen zu können, eine Tugend machte.

was a further two-track and a mono machine, and by late 1963 the studio wisely invested in a new four-track Scully recorder" (Cunningham 1996: 55).

Spector war der erste, der den Sound explizit und bewusst ins Zentrum seiner Arbeit stellte. Von nun an wurde zunehmend klar, dass der Sound einen wesentlichen, wenn nicht den wichtigsten Parameter von Popmusik ausmacht. Vor allem bei den Arbeiten der Beatles ab etwa 1965 wird dies auch einer breiteren musikinteressierten Öffentlichkeit immer klarer. Neben den Beatles sind aber auch die Beach Boys zu erwähnen, da diese mit den Beatles in der Mitte der 1960er Jahre darum konkurrierten, wer den genialeren Sound produzieren könne. Auf *Rubber Soul* (12/65) der Beatles reagierten die Beach Boys mit *Pet Sounds* (5/66), darauf die *Beatles* nach dem etwa gleichzeitig erschienen *Revolver* (8/66)[17] mit *Sgt. Pepper (6/67)*. Die Antwort der Beach Boys auf *Sgt. Pepper* sollte *Smile* heißen, ist aber nie vollendet worden und gilt als das vielleicht bedeutendste „lost album" der Popgeschichte. Die beiden Produzenten all dieser Alben sind unterschiedlicher kaum denkbar: Auf der einen Seite Brian Wilson, Autodidakt, unkundig des Noten-Lesens, als Musiker selbst Teil der Beach Boys, ein besessener Klang-Visionär, dessen psychische Labilität ihn schließlich zu Drogen greifen ließ und ihn in letzter Konsequenz beinahe zerstörte und auf der anderen Seite George Martin, klassisch geschulter Komponist und Musiker, als Artist&Repertoire Manager Angestellter der Firma EMI, seriöser Gentleman, beinahe väterlicher Freund und „Lenker" der Beatles.

Während Martin für den im Hintergrund wirkenden Typus des Produzenten steht, dessen Rolle irgendwo zwischen Helfen und Überwachen anzusiedeln ist, steht Wilson für den Typus der Musikschaffenden, die ihre Arbeiten selbst produzieren (wobei auch das zumeist jenseits der öffentlichen Wahrnehmung geschieht). Martin und Wilson stellen also tatsächlich zwei Prototypen von modernen Produzenten dar, die das Studio als eigenständiges künstlerisches Instrument betrachten, und die für die nächsten zwei Jahrzehnte für die Musikproduktion charakteristisch sind: die ‚reinen' Produzenten, die mit Musikschaffenden kooperieren und die Musiker, die sich selbst produzieren. Kealy bezeichnet diese neue Form des Produzierens als den *art mode of production*: „*the gap between the engineering of sound and the creation of music has narrowed to a remarkable degree*" (Kealy 1990: 214).

Analoge Synthesizer und Rhythmusmaschinen

Die musikalische Entwicklung nach den Beatles ist zunächst gekennzeichnet durch den Einsatz immer besserer Studiotechnologien (Mehrspuraufzeichnung, diverse Effektgeräte, immer potentere Mischpulte etc.), deren kompetente Nut-

[17] Von dem Brian Wilson angeblich Vorab-Bänder gehört hatte, was ihn bei *Pet Sound* zusätzlich anspornte.

zung die Erzeugung immer komplexerer Soundstrukturen ermöglichte. Dazu kamen zwei neue Instrumente, der analoge Synthesizer, der – vor allem in Form des Moog-Synthesizers – etwa ab 1970 eine wesentliche Rolle bei der Entwicklung des so genannten Art-Rock, aber auch des Jazz-Rock und schließlich auch im popularmusikalischen Mainstream spielte, und erste Rhythmusmaschinen, von der Beatbox zum Roland CR-78, sowie analoge Sequenzer, die die Wiedergabe ganzer Tonfolgen in Form von Endlosschleifen ermöglichen, und die vor allem im Disco-Bereich Verwendung fanden. Allerdings muss festgehalten werden, dass der analoge Synthesizer sehr lange nur monophon und nicht polyphon bespielbar war, und dass zwar Klangsynthesen, -modulationen und -effekte bislang ungeahnten Ausmaßes erzielbar waren, dass die erzeugten Klänge aber nicht gespeichert, wieder abgerufen oder weiterbearbeitet werden konnten. Von daher unterscheidet sich der analoge Synthesizer also nur graduell von der Elektrogitarre: Wie diese erzeugt er Klänge, für die es keine aus der Realität bekannten Raum- und Distanzerfahrungen gibt.

Die Rolle der Produzenten konsolidiert sich auf dem von Spector, Wilson und Martin etablierten Niveau, das künstlerische Ansehen der Produzenten zumindest innerhalb des Musikbusiness steigt entsprechend der Bedeutung, die dem Sound zuerkannt wird. Die Schaffung eines eigentümlichen Sounds wird aber spätestens ab den späten 1960er Jahren nicht nur als eine künstlerische Herausforderung gesehen, sie wird auch zu einer Notwendigkeit: Denn um am immer breiter werdenden Markt der Popmusik leben und überleben zu können, um die Hörerwartungen des Publikums nicht zu irritieren, müssen die jeweils aktuellsten produktionstechnischen Standards erfüllt werden, allerdings ohne allzu sehr ins Experimentelle zu geraten und darüber hinaus sollte Unverwechselbarkeit bzw. Wiedererkennbarkeit – eine wesentliche Voraussetzung für Erfolg – garantiert sein. Gleichzeitig steigt auch das Selbstbewusstsein der Musikschaffenden und ihr Bedürfnis, den Sound selbst zu kontrollieren. Vor diesem Hintergrund verwundert es nicht, dass immer mehr Musikschaffende, sobald sie gegenüber dem Tonträgerunternehmen mächtig genug sind, in der Regel also sobald sie erfolgreich sind, ihre Produzenten selbst auswählen oder ihre Arbeit gleich selbst (mit)produzieren. Diese Entwicklung lässt sich recht einfach nachzeichnen bzw. belegen: Sieht man sich die in The Mojo Collection (Irvin 2000), einer Orientierungshilfe für Plattensammler, ausgewiesenen Alben an[18], so ist von den 18 Alben, die für die 1950er Jahre genannt werden, keine einzige von den ausführenden Musikschaffenden produziert oder mitproduziert, zwischen

[18] Nach Erscheinungsdatum geordnet findet man hier beinahe 1000 Alben aller populären Genres beschrieben. Die Auswahl haben 65 Experten getroffen, d. h. es ist davon auszugehen, dass es sich um eine Auswahl von Schallplatten handelt, über deren Bedeutung in Fachkreisen Konsens herrscht.

1960 und 1967 sind es 10,7%, 1968/1969 steigt der Anteil auf 42,7% und zwischen 1970 und 1975 weiter auf 54,6%.

Es kann von da an durchaus als Hinweis für überdurchschnittliche musikalische Ambitionen (und Kompetenzen) gelten, wenn ein Musiker als Produzent schon sehr früh in eigener Sache wirkt. So hat etwa Bruce Springsteen schon sein drittes (und erstes wirklich erfolgreiches) Album mitproduziert, Madonna ihr zweites Album, ebenso Prince, der sehr bald umfassendste Kontrolle über seine Arbeit erlangte.

Rekapitulieren wir: Mit der Erfindung des Tonbands und der Mehrspuraufnahme setzte die zweite Phase der Tonaufzeichnung ein. Der fiktive Raum, den der von Sam Phillips kreierte Sound bei den Aufnahmen von Elvis Presley suggerierte war anders als der, der von den Croonern bekannt war, weil mit dem Hall-Effekt nicht nur die reale Distanz zwischen Quelle und Ohr, sondern der Charakter des Raumes selbst verändert wurde. Nicht nur, dass Presley in der Binnenarchitektur der Musik zwischen mir und einer doch relativ weit entfernten Begleitgruppe steht, es wird auch suggeriert, dass der Raum in dem wir uns befinden groß, ja sehr groß ist, und dass er vermutlich ziemlich leer (oder ein Badezimmer) ist.

Ähnliches ließe sich in Bezug auf die Produktionen von Phil Spector, Brian Wilson oder George Martin und der Beatles ausführen. Die Arbeit im Studio wird immer mehr zum Herstellen einer möglichst eigentümlichen Binnenarchitektur der Musik, wobei es zwei wesentliche Variablen gibt:

Die Distanz zwischen den einzelnen Klangquellen zueinander und zum Ohr der vorgestellten Zuhörer, im Wesentlichen generiert durch die Arbeit am Mischpult und die Simulation der Größe und Beschaffenheit des Raumes, in dem die Musik scheinbar dargeboten wird, im Wesentlichen generiert durch Klangeffekte.

4 Musikproduktion in der digitalen Mediamorphose

4.1 Allgemeine Veränderungen des Musiklebens

Mit der elektronischen Mediamorphose wurde zwar die Verlagerung des Schwerpunkts von den Künstlern bzw. dem Kunstmarkt hin zu den vermittelnden Institutionen, den Kulturindustrien eingeleitet und im Laufe des 20. Jahrhunderts auch weitgehend vollzogen. Das ideologische Beharrungsvermögen des bürgerlich geprägten Musiklebens vermochte allerdings die damit auch einsetzende allgemeine Industrialisierung des Kulturschaffens weitgehend auszublenden, die Ausgrenzung des Populären aus dem künstlerischen Feld funktionierte bis in die 1970er Jahre insofern gut, als das Romantisierende bürgerlichen Kunstverständnisses in ideologischer Hinsicht bestehen blieb. Daher konnte weiterhin übersehen werden, dass die Produktionsbedingungen auch für ‚legitime' Kulturschaffende sich längst in Richtung Industrialisierung entwickelten. Ab den 1980er Jahren geriet diese Widersprüchlichkeit zwischen der bürgerlichen Kulturideologie und der realen Situation des künstlerisch-kulturellen Feldes in Bewegung. Die Industrialisierung des Kulturschaffens und die Tatsache, dass eine genuin kapitalistische Kultur bereits dabei war, sich voll zu entfalten, konnte und wollte immer weniger geleugnet werden. Ohne hier in Details gehen zu können[19], welche Ursachen für diese Entwicklung verantwortlich sind, seien in Bezug auf die sozialen und kommunikationstechnologischen Einflussfaktoren nur einige Stichworte genannt: Postmoderne, Risikogesellschaft, Krise des Wohlfahrtsstaates, neoliberale Wende, Postfordismus, Computerisierung bzw. Digitalisierung, Wissens-, Informations-, Netzwerkgesellschaft und Internet. Konstatiert werden kann aus kommunikationstechnologischer Sicht das Einsetzen einer neuen, nämlich der digitalen Mediamorphose, die zahlreiche, mit der elektronischen Mediamorphose nur angelegte Tendenzen verstärkt, oder überhaupt erst sichtbar macht, andere aber auch (erneut) verändert. Auszugehen ist davon, dass sich diese Transformation auch noch zu Beginn des 21. Jahrhunderts in ihrer Anfangsphase befindet, dass also die von der elektronischen Mediamorphose geschaffenen Strukturen noch weitgehend gültig sind, und eindeutige Bewertungen wie auch konkrete prognostische Aussagen daher problematisch erscheinen. Dennoch ist von *einer* Tatsache mit größter Wahrscheinlichkeit auszugehen: Nämlich, dass es sich bei diesem Strukturwandel nicht um graduelle Veränderungen, sondern um einen Paradigmenwechsel handelt. Richtung und Ausmaß sind allerdings derzeit noch als offen einzustufen.

4.2 Musikproduktion und Musikproduzenten. Einige Details der historischen Entwicklung ab etwa 1980

In den 1980er Jahren setzte mit der Digitalisierung eine technische Revolution ein, mit der die Strukturen der musikalischen Produktion erneut radikal umgestaltet wurden. In dieser *dritten Phase der Musikproduktion* wird, was sich mit der Elektrogitarre und dem analogen Synthesizer angekündigt hatte, radikal weiterbefördert: Die Erzeugung von Sounds, für die es keine räumlichen Entsprechungen mehr gibt. Vor allem der Musikcomputer, speziell zunächst in Form des digitalen Synthesizers, eröffnete eine neue Dimension des Musikschaffens, wobei vor allem dessen Sampling-Fähigkeit von weitreichender Wirkung war. Damit wurde es nunmehr möglich, Klänge jedweder Art digital aufzuzeichnen, zu bearbeiten und wiederzugegeben. Ebenfalls erwähnt werden müssen digitale Drum-Computer, digitale Sequenzer sowie die Einführung des MIDI (Music

[19] Diese Diskussion ist derzeit noch im Gange und jede Festlegung wäre anmaßend.

Instrument Digital Interface), mit dem die digitale Integration aller, auch höchst konventioneller Instrumente ermöglicht wurde. Der erste digitale Synthesizer bzw. Sampler, der 1979 vorgestellte Fairlight CMI (Computer Musical Instrument), und Folgeinstrumente wie der Emulator oder das Synclavier waren bis Mitte der 1980er Jahre für durchschnittlich verdienende Musiker noch kaum erschwinglich und daher zunächst eher Spielereien für ambitionierte Studiobesitzer oder Superstars wie Prince, Herbie Hancock oder Stevie Wonder. Gegen Ende der 1970er Jahre setzte allerdings auch eine deutliche Qualitätssteigerung im Bereich der analogen Synthesizer ein – sie wurden kleiner, polyphon spielbar und billiger, sodass es etwa in der New Wave der frühen 1980er Jahre immer mehr Acts gab, deren Sound von Synthesizern geprägt wurde. Diese Entwicklung, die vielfach mit dem Etikett Synthie-Pop charakterisiert wird, brachte in letzter Konsequenz zwei neue Varianten der Produktion hervor: Zum einen Musikmanufakturen neuen Typs, in denen mit Synthesizern bzw. Musikcomputern vor allem Beats und Sounds „komponiert" werden. Diese werden dann jeweils einer Reihe von Hits unterlegt, und das so lange, bis sie eben kommerziell ausgereizt sind (weil sie alt klingen). Beispiele dafür sind (von der Musikkritik vielgeschmähte) Komponisten/Produzenten wie Stock/Aitkin/Waterman (u. a. Rick Astley, Kylie Minouge, Bananarama), Dieter Bohlen (Modern Talking, C.C. Catch, Bad Boys Blue) oder die diversen Ausprägungsformen des sogenannten „Euro-Beat".

Zum anderen stellten die neuen Technologien natürlich Herausforderungen für ambitionierte Musikschaffende dar, neue Sounds zu kreieren, bzw. wurde ihnen mit diesen Technologien die Möglichkeit gegeben, neue Sounds nunmehr immer leichter (was Kosten und Handhabbarkeit betrifft) und unabhängig von anderen (Studiomusikern, Arrangeuren, Komponisten etc.) realisieren zu können. Es entstand also ein neuer Typus des Musikschaffenden, bei dem Charakteristika des Komponisten und des Interpreten sich mit solchen des Produzenten vereinten. Neben dem Einsatz von Sampling aus Gründen der Kostenreduktion (ein Sample ersetzt einen Studiomusiker) kam es bald zu offensiveren Formen, zum, wie Goodwin (1990: 270f.) es nennt, „expliziten Sampling", bei dem es um Aufnahmen oder Remixes geht, „*that celebrate playfulness, sometimes through a kind of baroque overindulgence.*"

Ein typischer Vertreter dieses neuen Verständnisses von Musikproduktion war Trevor Horn, der in den 1970ern als Musiker u. a. bei den Gruppen Yes und Buggles begonnen, dann als Produzent der Gruppe ABC neue produktionstechnische Maßstäbe gesetzt hatte (das Kreieren eines Sounds beinahe ohne Musiker) und schließlich als Produzent der Gruppe Frankie goes to Hollywood 1984 einen durchschlagenden Erfolg erzielen konnte, bei dem völlig klar war, dass der Star dieses Projekts (neben dem sorgsam konstruierten Image) vor allem der Sound war. Hier erlangte der Produzent eine völlig neue Bedeutung:

„*Microchip music technology has vastly increased the power of the production team – if they are computer literate. They can now manufacture the entire musical content of a track, including the vocals, as the court case involving the ZTT record company versus Frankie Goes to Hollywood indicated. Holly Johnson's voice was sampled a few times singing a few words, the rest of the band did little or nothing, and the magic fingers of producer Trevor Horn did the rest, producing seven remixed versions in all of 'Relax', the biggest single in 1984, with all seven featuring the massive drum sound which others have copied – usually by sampling the sound itself off CD*" (Blake 1992: 79).

Es lag auf Grund der nunmehr relativ leichten Verfügbarkeit über Produktionsmittel nahe, dass Produzenten vom Typ Trevor Horns freiberuflich tätig waren, bzw. eine eigene Produktionsfirma oder ein Plattenlabel gründeten. Horn etablierte 1983 das Label ZTT und nahm u. a. die Gruppe Art of Noise unter Vertrag, die – wie der Name andeutet – vor allem Samples von diversen Geräuschen zur Generierung von Sounds heranzogen. Art of Noise wurden damit zum Prototyp für eine dritte Variante des Samplings neben dem impliziten und dem expliziten Samplings, die sich durch die Verwendung von Samples zur Entwicklung eigenständiger künstlerische Ausdrucksformen kennzeichnet (Goodwin 1990: 271). 1983/84 waren sie insofern Pioniere, als sie noch mit relativ teurem Equipment arbeiteten. Um 1986 aber setzte eine deutliche Verbilligung und damit eine wachsende Verbreitung von immer kostengünstigeren digitalen Keyboards und Sampling-Geräten ein: Aus den teuren Studiogeräten wurden relativ leicht erschwingliche Bausteine für Heim-Studios.

Vom DJ zum Produzenten zum Star – Kleingewerbetreibende und Artrepreneurs

Parallel zu den doch stark an die traditionellen Entwicklungslinien der Pop- und Rockmusik anknüpfenden Genres New Wave und Synthie-Pop hatte sich in den 1980er Jahren das Genre House entwickelt. Dabei handelte es sich um eine zwar an die Disco-Musik der 1970er Jahre anschließende, sich aber doch eher experimentell verstehende, dem musikalischen Underground zugehörig fühlende Variante reiner Tanzmusik, sparsamst produziert mit elektronischen Instrumenten. Spätestens gegen Ende der 1980er Jahre waren House und die daraus abgeleitete, etwas radikalere Variante rein elektronischer Musik, nämlich Techno, eigenständige musikalische Genres, die – neben Rap – vielfach als die einzigen wirklichen Innovationen in der Popularmusik des ausklingenden 20. Jahrhunderts angesehen werden.

Mit diesen Entwicklungen eng verbunden war das Phänomen, dass es zunehmend auch Disc-Jockeys (DJs) oder Masters of Ceremony (MCs beim Hip

Hop) waren, die als Musiker/Produzenten in Erscheinung traten. Das Plattenauflegen stellte eine gute Grundlage für die Produzententätigkeit dar, da durch DJ-Erfahrungen im Bereich elektronischer Musik einerseits Repertoirekenntnisse angeeignet wurden und andererseits eine Schulung des Gehörs für produktionstechnische Details der verschiedenen elektronischen Subgenres erfolgte. Hatten bereits seit der Disco-Mode Mitte der 1970er Jahre DJs begonnen, zwei oder mehr Platten während des Auflegens zusammenzumischen, so wurde dies im Hip-Hop und bei House zu einer eigenständigen künstlerischen Praxis entfaltet. Plattenspieler, Mischpult und Schallplatten wurden zu den zentralen Musikinstrumenten von DJs. Dazu gab es dann noch Scratching (als Vorläufer des Samplings)[20] oder Raps – also mehr oder weniger rhythmisch vorgetragene Sprechpassagen. Die Folgen der Verbindung von billiger Technologie und der Aufwertung von DJing beschreibt Poschardt:

„*Die Eroberung des Pop durch den DJ hatte nicht zuletzt damit zu tun, dass innerhalb kürzester Zeit die neue Technologie, das heißt Sampler, Computer und Mixer, erschwinglich wurde. (...) DJs, die nicht aus dem Ghetto stammten, sondern eher aus Reihenhäusern, (konnten sich) schon als Teenager zu Hause ihr Ministudio zusammenstellen. M/A/R/R/S, Bomb the Bass oder Coldcut sind erste Exemplare dieser Bedroomproducer, die Ende der 80er, Anfang der 90er Jahre zu Tausenden auftauchten und ihre Stücke an kleine Independent-Labels verkauften. In der rasch wachsenden Dancefloor-Kultur traten diese DJ-Produzenten an die Stelle, die die Gitarrenbands in der Rockkultur eingenommen hatten. Wenn früher die meisten coolen Jungs davon träumten, Sänger oder Gitarrist zu werden, so träumen sie jetzt davon, DJ zu sein und auf Parties und in Clubs Platten aufzulegen und tagsüber am Computer neue Songs zu komponieren*“ (Poschardt 1997: 373).

Wobei auch Komponieren nicht mehr das heißen musste, was herkömmlich darunter verstanden wurde. Denn mit dem Sampler wird es möglich, eine Nummer ohne Zuhilfenahme eines herkömmlichen Instruments, ja auch ohne die Kompetenz, ein solches spielen zu können, zu komponieren, oder besser zu realisieren. Es bedarf nur eines guten Gefühls dafür, welche vorhandenen Musikphrasen, gesampelt aus bereits vorhandenen Stücken, gut zueinander passen. (vgl. z.B. Beadle 1993: 129f.) Dazu ein recht plastisches Statement des Produzenten Brian Eno:

„*I started coming to the studio with fewer and fewer worked out pieces, and I eventually came in with nothing at all. I would just start working with that thing, the studio as the instrument. I'd say, OK, let's start with anything – a drone or a single repeated piano note. What happens if I put an echo on that?*

[20] Rasches Vor- und Zurückbewegen einer laufenden Schallplatte mit den Händen, wodurch kurze Passagen einer Platte zu einer anderen parallel laufenden „dazugespielt“ werden können.

What happens if I make that echo wobble by sending it through a tape recorder with a bent capistan? [...] As soon as I do that I start to get some feeling for the sound. It starts to become liquid or spreads out in a strange, non-recognisable way. Then I would think about adding other sounds, piling on more layers and acting very much like an abstract painter and his canvas" (Cunningham 1996: 301).

1987 erschien der Dancefloor-Track „Pump Up The Volume" des Projekts M/A/R/R/S, der gerne als Prototyp für genau diese neue Art von Musik, von Komposition, von Kreativität gesehen wird, charakterisierbar durch einen radikalen Einsatz von Sampling hin zur Entwicklung eigenständiger ästhetischer Formen.

„*'Pump up the Volume' could be said fairly to be the hit record which marked pop music's advance into modernism, which acknowledged that the old-fashioned staple of its diet, the song, had just about run its course. [...] after 'Pump up the Volume' things could never be the same again*" (Beadle 1993: 141f.)

Was ist also das Besondere daran? „Pump Up The Volume" ist ein Stück, das aus Partikeln von circa 30 anderen Schallplatten zusammengesetzt wurde, bloß eine zugespielte Gitarre war „neues" Material. Dazu kommt, dass M/A/R/R/S sich eher als Künstler-Kollektiv denn als Pop-Act verstanden. Hier sollte tatsächlich Musik auf ganz neue Art hergestellt werden. „Pump Up The Volume" wurde Nummer Eins in den britischen Charts und dann zur Blaupause für unzählige Dancefloor-Acts, wurde also selbst gleichsam zu einem Baukasten für Folgesamplings.[21]

Neben der Notwendigkeit für innovative Musikschaffende oder Produzenten, effektive Samples zu finden und optimal platziert zu nutzen, ergab sich sowohl die Möglichkeit wie auch die Notwendigkeit, interessante, neue, noch nicht gehörte Sounds zu suchen oder zu generieren. So etwa Andrea Parker, eine der innovativsten Figuren in der DJ-Musik, um nur eines von vielen Beispielen (vgl. dazu Poschardt 1997, 331ff.) anzuführen:

„*Als Musikerin und DJ, die ständig nach neuen Geräuschen Ausschau hält, treibt sie ihre Forschungsarbeit immer wieder zu neuen Streifzügen mit dem DAT-Rekorder. Dabei nimmt sie die tiefen Bassgeräusche eines Flugzeugs oder eines fahrenden Autos auf, die Meilen entfernt sind. (...) Für einen ihrer jüngsten Tracks fuhr Andrea Parker mit ihrem Auto durch eine Waschanlage, filterte aus den Aufnahmen die tiefsten Sounds dieses Ratterns und Dröhnen heraus und konstruierte damit eine Bassline*" (Poschardt 1997: 438).

---

[21] Daneben gab es noch einige andere Tracks, die einen ähnlichen Status erlangten, z. B. „Beat Dis" von Bomb the Bass, „Doctorin' the House" von Coldcut oder „Doctorin' the Tardis" von KLF.

Nie zuvor war es so wichtig, Sounds zu suchen, zu finden, zu kreieren. Es bedarf keiner ausführlichen Erläuterungen, um zu erkennen, dass mit diesen Entwicklungen das Verhältnis zwischen Musikschaffenden, Produzenten und Technikern völlig neu strukturiert wird. Denn was heißt einen Sound kreieren? Ist dies eine kompositorische, eine interpretatorische oder eine produktionstechnische Tätigkeit? Vermutlich keines von den dreien und doch alles gleichzeitig. Die Trennung von Komposition, Interpretation und Produktion ist daher kaum mehr sinnvoll und möglich, dementsprechend wird die Rollenverteilung immer unschärfer und werden Karriereverläufe immer beliebiger. Die Mitte der 1980er Jahre aufgestellte These von Simon Frith (1986: 272): *„the development of pop technology (...) had, by the 1980s, led to the complete collapse of creative distinctions between musicians, producers and engineers"* wird immer mehr zur Selbstverständlichkeit.

Sieht man sich die Biografien von Mitgliedern einiger prominenter Acts seit den 1980er Jahren an, fällt auf, dass oftmals Personen mit vielfältigen Erfahrungen im Musikbusiness anzutreffen sind: Symptomatisch ist etwa der Werdegang der Protagonisten des Projekts „KLF" (Kopyright (sic!) Liberation Front): Bill Drummond war als Musiker kurzzeitig in der britischen Punk-Szene aktiv, war dann Mitbegründer eines kleinen Labels, war als Manager und Produzent tätig, ging dann Anfang der 1980er Jahre als Artist&Repertoire Manager zum Major WEA. 1986 kündigte er, machte eine Soloplatte und gründete bald darauf zusammen mit Jimi Cauty, einem befreundeten Techniker und Produzenten, das Projekt „The Justified Ancients of Mu Mu aka JAMS" aus dem später KLF wurde. So gibt es mittlerweile zahlreiche Acts, die als DJs begonnen hatten, dann als Musiker und Produzenten eigene Tonträger zu veröffentlichen begannen, einigermaßen erfolgreich waren, eine gewisse Bekanntheit erlangten und die sich schließlich für ein Platten-Projekt unter ihrem Namen „Gäste" – zumeist Sänger oder Sängerinnen – ins Studio holen, mit denen sie jeweils einzelne Stücke produzieren. Das Ergebnis ist dann eigentlich ein Sampler, auf dem verschiedene Stars zu hören sind, die eben alle vom selben Produzenten(-Team) betreut wurden, so z. B. das Album *Sleepwalking* (2001) von „Rea & Christian", oder die Produktionen des Acts „Guru's Jazzmatazz". Neu ist allerdings, dass diese Platten nunmehr unter dem Namen des Produzenten(-Teams) veröffentlicht werden. Die Stars sind in solchen Fällen also die Produzenten und nicht die jeweiligen Gast-Interpreten.

Zusammen mit der relativ leicht erreichbaren produktionstechnischen Unabhängigkeit entsteht hier ein neuer Typus des Musikschaffenden, den man vom Habitus her als Musikgewerbetreibenden bezeichnen könnte. Ihr Ziel ist nicht, ein großer Act, ein „Star" zu werden, sondern durch Diversifizierung der Arbeitsbereiche eine gewisse ökonomische Unabhängigkeit zu erlangen, die auf längere Sicht auch in künstlerischer Hinsicht ermöglicht, zu tun, was Spaß macht. Dieses eher kaufmännisch-nüchterne denn künstlerisch-idealistische Verhältnis zur eigenen Arbeit erinnert am ehesten noch an den *entrepreneurial mode*, der Produzenten wie Sam Phillips oder Leonard Chess, aber auch Leiber/Stoller oder Phil Spector kennzeichnete: Schaffe einen Hit-Sound und lebe davon. Insofern, als aber doch auch Anteile des *art mode of production* in diesem Modell enthalten sind, gleichsam stillschweigend vorausgesetzt werden, könnte man vielleicht von einem *artrepreneurial mode of production* sprechen, der für weite Teile der digitalisierten Musikproduktion charakteristisch ist. Dass damit gleichzeitig eine künstlerische Aufwertung der Produzentenrolle einhergeht, verweist dann allerdings eher auf eine Transformation des Künstlerideals denn auf tatsächliche romantische Autonomie-Ambitionen.

Referenzlose Klänge in multidimensionalen Räumen

Wie schon erwähnt, fand bereits mit dem Einsatz von E-Gitarre und analogem Synthesizer eine Abkehr vom Konzept realer Räume statt. Die Konstruktion fiktiver Räume und musikalischer Binnenarchitekturen war angesichts dieser referenzlosen elektronischen Sounds nur mehr unter Hinzuziehung kosmischer oder psychedelischer Raumkonzepte möglich. Dass die Rezipienten sich rasch daran gewöhnen konnten, liegt in der gleichzeitigen Erfahrbarkeit dieser Sounds bei Live-Veranstaltungen über Verstärkeranlagen und damit der Zuordenbarkeit zu realen Raumerfahrungen – eben dem extrem lauten Rockkonzert – begründet.

Samples zerstören das Konzept realer oder fiktiver Räume nun endgültig. In einem einzelnen Song werden unterschiedlichste Sounds, die verschiedensten Raumkonzepten entsprechen, bruchlos neben-, über- oder hintereinander gesetzt. Was nun gestaltet wird, sind virtuelle Räume, die nicht mehr unserem Raum-Zeit-Kontinuum entsprechen müssen oder wollen. Um einen Vergleich mit der Bildenden Kunst zu wagen: Die Klangräume, die mit digitalen Produktionsmitteln hergestellt werden, sind zumindest kubistisch, wenn nicht surrealistisch gestaltet. Es handelt sich um Collagen, zusammengesetzt aus Partikeln, die unterschiedlichsten Raumkonstrukten entsprechen. Hier gibt es beim besten Willen keine fiktiven, geschweige denn realen Räume, in denen diese Klangerfahrungen gemacht werden könnten. Das Konzept eines geschlossenen Raumes – real oder fiktiv – wird durch geschicktes Produzieren bestenfalls simuliert (und zumeist ist dies nötig um die Hörgewohnheiten nicht allzu sehr zu verschrecken). Bei Acts mit einem extremeren Sampling-Stil, etwa im HipHop oder bei Drum'n'Bass, ich denke z.B. an die Beastie Boys oder an Goldie, wird die Irritation leichter spürbar. Unvermeidliche Irritationen treten allerdings nur in den Randbereichen des Musiklebens auf. Und die dort herumstreifenden Hörer sind schwer aus der Fassung zu bringen, da sie sich ohnehin auf der Suche nach dem Thrill des Unerhörten befinden.[22] Beim Hören solcher Stücke verändern sich – sofern man sich darauf einlässt – die subjektiven Vorstellungen bezüglich der Binnenstruktur und der Dimensionen des Klangraums innerhalb von Sekunden: hier ein Gitarrengriff aus einer großen Halle, dort ein intimer Hammondorgel-Klang, da eine dröhnende Bass Drum, dort ein Gickser von Michael Jackson. Nicht zufällig sind die adäquatesten realen Räume, in denen solch multidimensionale Musiken erfahren werden können, Clubs oder diskothekenähnliche Räume, die durch Lichtorgeln kaum mehr als reale Räume erlebt werden können und sollen. Und wie auch immer diese innermusikalischen Veränderungen und die dementsprechenden Veränderungen der Strukturen des Musikschaffens einzuschätzen sind: Durchschnittliche Hörer lassen sich davon – zu Recht – nicht mehr allzu sehr irritieren. Die Adaptionsleistung scheint hier recht schnell und gut zu funktionieren. Ohne es vielleicht zu wissen, ist die mit der digitalisierten Musik gewachsene Generation eine Generation von Sound-Experten.

5 Schlussbemerkungen und Ausblick

Abschließend soll versucht werden, wieder auf die Realität des Status quo zurückzukommen, nachdem die prognostischen Ausflüge möglicherweise ein verzerrendes Bild hinterlassen haben. Die Fakten, die sich aus der digitalen Mediamorphose für die Musikproduktion ergeben, können folgendermaßen zusammengefasst werden:

Zunächst ist zu konstatieren, dass weiterhin die durch die elektronische Mediamorphose geschaffenen Strukturen des Musiklebens dominieren, dass es Musikproduktion innerhalb der Musikindustrie auch im 21. Jahrhundert weiterhin geben wird und dass diese eine entscheidende Rolle im Musikleben spielen wird. Dieses System wird allerdings bereits heftigst aufgestört durch Tendenzen, die der digitalen Mediamorphose entsprechen. Welche Akteure (Musikschaffende, Techniker, Producer, DJs etc.) oder Institutionen (Phonoindustrien, Radiostationen, Internetportale oder -provider, Softwareunternehmen, Telefonnetzbetreiber o. ä.) in ihr den Ton angeben werden und welche Rolle wem im Wechselspiel von Kreativität, Ökonomie und Technik genau zukommen wird, ist derzeit unabwägbar.

Konkret in Bezug auf die Musikproduktion im engeren Sinn ist festzuhalten, dass eine ständige Miniaturisierung und Verbilligung der Produktionsmittel von Musik zu beobachten ist, sodass es etwa ab den 1990er Jahren möglich wird, ohne allzu großen Kostenaufwand eine den professionellen Standards entsprechende Musikproduktion gleichsam im eigenen Haushalt herzustellen („bedroom

[22] In diesem Zusammenhang – des „Unerhörten" – soll nicht unterschlagen werden, dass Beadle (1993: 144ff.) die Innovation von M/A/R/R/S – natürlich mit allen Vorbehalten – mit dem musikrevolutionären Akt von Arnold Schönberg vergleicht.

productions“) und bald auch über das Internet – zumindest theoretisch – weltweit zu vermarkten. Im herkömmlich musikindustriellen Bereich, den großen Studioproduktionen, die natürlich noch immer das Zentrum des Geschehens ausmachen, findet diese Entwicklung insofern ihren Niederschlag, als die Kompetenzen von Produzenten, aber auch von Tonmeistern, die kaum mehr von kompositorischen und interpretatorischen Kompetenzen zu unterscheiden sind, eine künstlerische Aufwertung erfahren.

Damit verändert sich für viele betroffene Musikschaffende aber nicht nur die Arbeitsweise, sondern auch der Arbeitsmarkt. Einerseits werden sie autonomer, können schnell und leicht unternehmerähnlichen Status erlangen, andererseits werden ihre Leistungen aus Rationalisierungsgründen aus den etablierten Institutionen des Musiklebens tendenziell ausgelagert: Rundfunkanstalten können oder wollen sich keine im Haus gefertigte Eigenproduktion mehr leisten, ebenso reduzieren die großen phonographischen Unternehmen ihre Aktivitäten – zugespitzt gesagt – auf den Handel mit Urheberrechten, während sie neues Material nur mehr ankaufen. Zusammenfassen lässt sich diese Tendenz unter dem Schlagwort der flexiblen Spezialisierung[23], bei der die Musikschaffenden frei von unmittelbaren musikindustriellen Vorgaben werden, aber dafür umso mehr auf ihre Selbstbehauptung am freien Markt angewiesen sind. Der qualitative Wandel geht also von der Musikproduktion unter Bedingungen der Kulturindustrien zu neuen, weniger künstlerisch, als vielmehr unternehmerisch autonomen Formen von Musikproduktion, wobei allerdings künstlerische Kompetenz stillschweigende Voraussetzung ist.

Nicht unrealistisch für die zukünftige Entwicklung erscheint ein Bild von Musikschaffenden als Kleinunternehmer, als „Artrepreneurs“ mit vielfältigen Kompetenzen, vor allem technischen, kaufmännischen und künstlerischen, aber auch mit auf vielfältige Betätigungsfelder hin orientierten Aktivitäten, als Komponisten von „Kunstmusik“ ebenso wie von angewandter Musik, als Sound-Designer, Disc-Jockeys, Produzenten etc. Nicht unwahrscheinlich ist auch, dass (unverkäufliche) künstlerisch ambitionierte Arbeit bewusst als „kreative Visitenkarte“ produziert und betrachtet wird, die Aufträge von Seiten der Wirtschaft (und immer weniger der öffentlichen Hand) erbringen soll.

In Bezug auf das Berufsbild von Musikschaffenden ist eine Aufweichung der professionellen Zugangskriterien in das künstlerische Feld konstatierbar. War schon bisher der einschlägige Ausbildungsabschluss nicht das Um und Auf einer musikalischen Karriere, so kann durch den erleichterten Zugang zu den Produktions- und Distributionsmitteln und durch die Tatsache, dass traditionelle musikalische Kompetenzen im Zusammenhang mit diesen neuen Technologien nicht

[23] Vgl. Hesmondhalgh 1996.

unabdinglich sind, eine De-Professionalisierung um sich greifen. Im Zusammenhang mit der These vom Ende lebenslanger Berufskarrieren ist es durchaus denkbar, dass immer mehr Musikschaffende diese Tätigkeit nur für die Dauer eines mehr oder weniger kurzen Lebensabschnitts mit monetären Einkünften werden verbinden können (oder wollen).

Mit der digitalen Kodierung von Musik und der Technik der datenreduzierenden Konvertierung von Musikdateien in das MP3-Format ist das Versenden von Musik über das Internet mittlerweile zu einer relativ einfachen Angelegenheit geworden, die jeder Internet-User bewerkstelligen kann. Und unabhängig davon, ob dies nun legal oder illegal geschieht: Der physische Ton(bild)träger verliert damit vermutlich seine zentrale Bedeutung für das „Plattengeschäft“. Damit wird die im letzten Jahrhundert von der Phonoindustrie entwickelte Logistik in Bezug auf den weltweiten Vertrieb der Ware „Tonträger“ durch immaterielle Vertriebsformen ergänzt, vielleicht sogar weitestgehend abgelöst werden. Was dies für das Musikleben im Allgemeinen und die Musikproduktion im Besonderen bedeuten könnte, ist aus heutiger Sicht nicht abzuschätzen.

6 Literatur

Beadle, Jeremy J., 1993, Will Pop Eat Itself? Pop Music in the Soundbite Era. London und Boston: Faber & Faber.

Benjamin, Walter, 1976 (1936), Das Kunstwerk im Zeitalter seiner technischen Reproduzierbarkeit, Frankfurt/Main: Suhrkamp.

Blake, Andrew, 1992, The Music Business. London: B. T. Batsford.

Blaukopf, Kurt ,1956, Hexenküche der Musik. Teufen/St.Gallen: Niggli.

Blaukopf, Kurt, 1989, Beethovens Erben in der Mediamorphose. Kultur- und Medienpolitik für die elektronische Ära, CH-Heiden: Niggli.

Cunningham, Mark, 1996, Good Vibrations. A History of Record Production, Chessington: Castle Communications.

Frith, Simon, 1986, “Art versus Technology: the strage case of popular music.” *Media, Culture, and Society* (8) 263-279.

Goodwin, Andrew, 1990, “Sample and Hold: Pop Music in the Digital Age of Reproduction.” In: Frith, Simon und Andrew Goodwin (Hrsg.), On Record. Rock, Pop and the Written Word: 258-273. New York: Pantheon.

Hesmondhalgh, David, 1996, “Flexibility, Post-Fordism and the Music Industries”, *Media, Culture, and Society*, (18)3: 469-488.

Horkheimer, Max und Theodor W. Adorno., 2003 (1944), Dialektik der Aufklärung, Frankfurt/Main: Fischer.

Irvin, Jim (Ed.), 2000, The Mojo Collection. The Ultimate Music Companion, Edinburgh: Cannongate.

Jones, Steve, 1992, Rock Formation. Music, Technology, and Mass Communication. Newbury Park etc.: Sage.

Kealy, Edward R., 1990, „From Craft to Art: The Case of Sound Mixers and Popular Music.“ In: Frith, Simon und Andrew Goodwin (Hrsg.), On Record. Rock, Pop and the Written Word: 207-220. New York: Pantheon.

Kracauer, Siegfried, 1977, Das Ornament der Masse. Essays (1920–1931), Frankfurt/Main: Suhrkamp.

Leavis, F. R., 1930, Mass Civilisation and Minority Culture, Cambridge: Minority Press.

Olsen, Eric, Paul Verna und Carlo Wolff (Hrsg.), 1999, The Encyclopedia of Record Producers. New York: Billboard Books.

Palmer, Robert, 1997, Rock&Roll. Die Chronik einer Kulturrevolution, St. Andrä-Wördern: Hannibal.

Poschardt, Ulf, 1997, DJ Culture. Diskjockeys und Popkultur. Reinbek: Rowohlt.

Smudits, Alfred, 2002, Mediamorphosen des Kulturschaffens. Kunst und Kommunikationstechnologien im Wandel, Wien: Braumüller.

Smudits, Alfred, 2003, “A Journey into Sound. Zur Geschichte der Musikproduktion, der Produzenten und der Sounds.“ In: Phleps, Thomas und Ralf von Appen (Hrsg.), Pop Sounds. Klangtexturen in der Pop- und Rockmusik. Basics – Stories – Tracks: 65-94. Bielefeld: Transcript.

Smudits, Alfred, 2007, „Wandlungsprozesse der Musikkultur“. In: Helga de la Motte-Haber und Hans Neuhoff (Hrsg.) Musiksoziologie (Handbuch der systematischen Musikwissenschaft, Band 4): 111-145. Laaber: Laaber-Verlag.

Wicke, Peter, 2001, „Sound-Technologien und Körper-Metamorphosen. Das Populäre in der Musik des 20. Jahrhunderts.“ In: Wicke, Peter. (Hrsg.), Rock- und Popmusik. Handbuch der Musik im 20. Jahrhundert. Band 8: 11-150. Laaber: Laaber.

„Produkt Musik". Eine musikwissenschaftliche Annäherung

Eva Maria Stöckler

1 Einleitung

Die Innovationen in der Informations- und Kommunikationstechnologie und insbesondere die Digitalisierung haben die Wertschöpfungskette der gesamten Musikwirtschaft grundlegend und nachhaltig verändert. Vor allem die Distribution von Musik wurde durch die Möglichkeiten, die Internet und die damit zusammenhängenden Vertriebswege bieten, völlig neu geordnet. Wie groß die Abhängigkeit der Tonträgerindustrie von ihrem Produkt, dem physischen Tonträger, war, hat die digitale Ökonomie deutlich gemacht. Die Umsatzverluste der Tonträgerindustrie sind so groß, dass von einer Krise der gesamten Musikwirtschaft gesprochen wird. Da im Handel – physisch wie digital – kaum Gewinne zu erzielen sind, wird Musik zunehmend zum *„Nebengeräusch"* von visuell aufgeladenen Live-Acts oder wird als Give-away zu Kaffee oder Modeartikel an die Kunden gebracht (Gillig-Degrave 2007: 4). Musik wird zur Wegwerfware. *„Im digitalen Kontext des Internets wird Musik an allen Ecken und Enden gehört, gesucht, gestreamt, abonniert, rauf und runter geladen, für Werbeumfelder missbraucht, als Hördekoration gebraucht und zum Beliebigkeitswohlfühlfaktor degradiert"* (Gillig-Degrave 2008: 4).

Wie die Rezeption von Musik – die Möglichkeit, Musik individuell, isoliert, jederzeit und überall zu hören, aber auch die Zunahme von musikalischen Massenereignissen – wurde auch die Musikproduktion durch die Digitalisierung radikal verändert. Die kapital- und personalintensive, industrielle Produktion von musikalischen Trägermedien – denn genau genommen wird nicht die Musik an sich, sondern es werden Tonträger, Downloads etc. produziert – ist in vielen Bereichen durch kleine Produktionseinheiten ersetzt worden, die ein komplettes Produktions- und Distributionspaket anbieten können. Dies wiederum hat Folgen für die Verwertung der so produzierten Musik.

Die *„Untermusiksetzung der ganzen Menschheit"*, die Ernst Krenek 1938 im Kontext der Ausbreitung des Rundfunks konstatiert hat (Krenek 1938: 152), hat an Brisanz im Laufe der letzten Jahre gewonnen. Musik ist zum Konsumgut, zum „Verbrauchs-" und „Gebrauchs"gut geworden, das einem gewaltigen Preisverfall unterworfen ist. Und mit dem Preisverfall ist eine Entwertung von Musik einhergegangen, die mit eben der Verbreitung von Musik durch den Rundfunk begonnen (Krenek 1938: 150-151) und sich in den Gratisdownloads des Internetzeitalters fortgesetzt hat. Kreneks Kritik aus einer Zeit, in der sich durch den Rundfunk die damalige Musikindustrie vollkommen neu strukturiert hat (vgl. Tschmuck 2003), ist auch für die Folgen der Digitalisierung gültig. *„Man kann nur solche Musik brauchen, die dem Bedürfnis des Hörers nach Unterhaltung entgegenkommt. (...) Sie muss so beschaffen sein, dass sie nicht aufhorchen, sondern weghören macht*“ (Krenek 1938: 150). Das führt jedoch zu einer Schwächung der ästhetischen Substanz der Musik (Krenek 1938: 153).

Ökonomische und technologische Themen haben angesichts der folgenreichen Veränderungen die mediale, öffentliche und wissenschaftliche Diskussion in den letzten Jahren beherrscht. Im Spannungsfeld von digitalen Distributionsmöglichkeiten, dem Rückgang der Tonträgerverkäufe und Fragen des Urheberrechts mussten sich viele Unternehmen der Musikwirtschaft und Institutionen des Musiklebens, aber auch deren Akteure, wie die Künstler selbst, die im Kontext der Musikproduktion zunehmend an den Rand gedrängt werden, neu positionieren.

Die Dominanz des ökonomischen Aspekts, die aus den geschilderten Problemen eines volkswirtschaftlich sehr bedeutsamen Wirtschaftszweiges zu erklären ist, hat jedoch die Tatsache, dass es sich beim „Produkt Musik“ immer auch um ein „ästhetisches Objekt“[1] handelt, das sich nicht auf Ökonomie reduzieren lässt, auch wenn dabei fast stillschweigend vorausgesetzt wird, dass es sich bei dem Produkt, das hier verkauft wird, um ein Konsumgut handelt, also Musik für ein Massenpublikum, in den Hintergrund treten lassen. Zwar hat der ökonomische Aspekt des „Musikmachens“ und „Musikhörens“ historisch gesehen immer eine Rolle gespielt, aber erst die Möglichkeit, Musik als physisches Produkt handeln zu können bewirkte, dass Musik nicht mehr für einen konkreten Auftraggeber geschrieben werden musste, der das alleinige Verfügungsrecht über die Musik hatte – und gleichzeitig auch für die wirtschaftliche Absicherung des Komponisten zuständig war –, sondern für einen Markt produziert wurde und sich an eine anonyme Masse potentieller Käufer richtete, die dem Urheber der Musik persönlich nicht mehr bekannt war.

Sowohl das ökonomische Objekt Musik, das Produkt Musik, das am Musikmarkt gehandelt wird, als auch das ästhetische Objekt Musik, das am „Marktplatz“ der Ästhetik und ihrer Diskursformen verhandelt wird, unterliegen spezifischen Strukturmerkmalen, sind von verschiedenen, ineinander greifenden Parametern geprägt. Sie sind nicht zuletzt distinkte Objekte mit bestimmten Eigenschaften und Qualitäten. Qualität als allgemeiner Wertmaßstab, der die Zweckangemessenheit eines Produktes oder Dienstleistung zum Ausdruck bringen soll, ein Maßstab, der angeben soll, in welchem Maße ein Produkt den

[1] *„Der Ausdruck ‚ästhetisches Objekt‘ steht dabei für alles, dem wir in ästhetischer Aufmerksamkeit begegnen können*“ (Seel 2003: 99).

bestehenden, allgemein formulierten oder selbst gestellten Anforderungen entspricht, ist zu allererst ein Merkmal des ökonomischen Objekts Musik. Produktqualität, also die Qualität eines physisch vorliegenden, handelbaren Gutes wie auch einer Dienstleistung ist messbar. Ästhetische Objekte hingegen verfügen über keine derart objektiv messbaren Qualitäten. Diskriminierbar sind hingegen nur ästhetische Merkmale und strukturelle Eigenschaften. Der Markt jedoch bewertet Musik nicht nach ästhetischen, sondern nach ökonomischen und rechtlichen Kriterien (Wicke 1997: 1359): *„Für die Musikindustrie ist das Musikstück nämlich gar nicht in seiner je besonderen musikalischen Gestalt, sondern nur als Verkörperung eines Bündels verwertbarer Rechte von Interesse.*" Mit der zunehmenden Schwierigkeit, diese Rechte auch durchsetzen zu können, unter dem Eindruck von Umsatzeinbußen der auf ein Massenpublikum zugeschnittenen Musikproduktion und der Veröffentlichung von immer mehr „neuer" Musik in immer kürzerer Zeit, drängt sich die Frage nach der „Qualität" und dem ästhetischen Wert dieses Produktes zunehmend in den Vordergrund. Oder kurz gefasst: *„Wenn das Medium an Kraft verliert, werden die neuen Inhalte umso wichtiger*" (Renner 2003: 244).

Im Folgenden soll dargelegt werden, in welchem Verhältnis sich das ökonomische Objekt und das ästhetische Objekt Musik befinden. Unter ökonomischem Objekt wird dabei Musik als mit wirtschaftlichen Kriterien beschreibbares Gut/Produkt verstanden, das auf dem Musikmarkt gehandelt wird. Der Begriff des ökonomischen Objektes wird dabei eingeführt, um sowohl produktionsorientierte, materiale Aspekte als auch ökonomisch funktionale Aspekte ansprechen zu können. Dessen Merkmale sollen den Merkmalen des ästhetischen Objekts Musik gegenüber gestellt werden, das auf dem „Marktplatz" der künstlerischen Diskursformen verhandelt wird. Damit wird bewusst auf die traditionelle Dichotomie einer normativen Musikästhetik verzichtet und das ästhetische Objekt Musik als *„besondere Art(en) von Darbietungen*" (Seel 2003: 176) verstanden, die zwischen Erscheinungen der sogenannten U-Musik und E-Musik nicht unterscheidet. Wenn im Folgenden von populärer Musik und zeitgenössischer Kunstmusik gesprochen wird, so soll damit, wenngleich die Problematik der Begrifflichkeit evident ist, auf Begriffsmerkmale hingewiesen werden, die ein Sprechen über die kommerziell produzierte Musik einerseits und Musik mit einem selbst gestellten Kunstanspruch, wobei sich das nicht ausschließt, andererseits möglich machen soll. Dabei wird auf die Besonderheit populärer Musik als „die" Musik der elektronischen Medien Bezug genommen. Populäre Musik *„bildet das einzige musikalische Genre des 20. Jahrhunderts, dessen musikalische Gestaltung mit der Phonographie und der elektronischen Klangerzeugung unauflösbar verbunden ist"* (Bielefeldt et al. 2008: 11). Eine ästhetische Betrachtung populärer Musikformen ohne Bezugnahme auf deren mediale Existenz würde zur bekannten ästhetischen Abwertung dieser Musikformen führen. Bewusst in den Blick genommen wird der Doppelcharakter von Musik als Kunstwerk und Warenform. Kunstwerke werden in diesem Kontext als *„Darbietungen im Medium des Erscheinens"* verstanden, die sich von den anderen Arten ästhetischer Objekte abheben, indem sie konstellative Darbietungen sind, *„deren Sinn an eine nichtsubstituierbare (...) Ausführung ihres Materials gebunden ist"* (Seel 2003: 157). Dies gilt für populäre Musikformen und Musikformen zeitgenössischer und historischer Kunstmusik sowie der Avantgarde gleichermaßen.

2 Musik als ökonomisches Objekt

2.1 Funktionale Aspekte

Menschen haben Bedürfnisse, die sich im Verlangen oder dem Wunsch, einem empfundenen oder tatsächlichen Mangel Abhilfe zu verschaffen, manifestieren. Menschen haben etwa das Bedürfnis nach kultureller Betätigung. Musik machen und Musik hören ist vielen Menschen ein solches Bedürfnis und hat vielfältige individuelle und soziale Funktionen. Damit Musik diese Funktionen erfüllen kann, muss sie hörbar gemacht und vermittelt werden, als „Sachgut" (etwa als Tonträger), als „Dienstleistung" (im Live-Konzert) oder als „Nutzungsrecht" (Download).

Um Musik überhaupt wirtschaftlich verwerten zu können, muss sie eine ökonomische Tauschfunktion bekommen, die von Nutzung und Wirkung, von „Inhalt" und Beschaffenheit, von Ästhetik, zunächst unabhängig ist, und darauf basiert, dass Musik nicht immer und überall verfügbar ist. Sollte das nicht der Fall sein, muss diese sogenannte „Knappheit" durch verschiedene Strategien hergestellt werden, etwa, indem Musik nur jenen zugänglich ist, die über Noten verfügen und diese auch zum Klingen bringen können, oder indem man Zugangsbeschränkungen durch Eintrittspreise für Musikdarbietungen einführt. Erst dadurch ist der Werterhalt eines Gutes gegeben. Was allerdings passiert, wenn diese Strategien nicht greifen, hat die Digitalisierung gezeigt. Musik gehört seit der Einführung der CD zu einem großen Teil zu den digitalen Gütern, deren wesentliche ökonomische Merkmale sind, dass die traditionellen Verknappungsstrategien umgangen werden können (vgl. Stelzer 2000: 835 und Strube et al. 2008 in diesem Band). Heute hat jeder, der über die technischen Voraussetzungen verfügt (Computer, Software), die Möglichkeit Musik selbst zu produzieren, sie zu nutzen und ohne technischen Qualitätsverlust zu übertragen. Musik in digitaler Form ist fast unbeschränkt verfügbar. Gleichzeitig wird klassische, zeitgenössische und historische Kunstmusik (neben der Aufführung im Konzert) nach wie vor als physischer Tonträger gehandelt, was in den westlichen Industriestaaten Teil des sozialen Handelns ist und als Kulturtechnik begriffen wird (vgl. Huber 2008 in diesem Band). Diese Musik wird nicht als Konsumgut mit einer geringen Nutzungsdauer rezipiert, sie ist meist eine längerfristige Anschaffung und hat einen beständigen kulturellen Wert, den man „besitzen“ will. Hier bleibt der Tonträger eine Ware mit einem Mehrwert für spezielle Interessen, der sich nur bedingt für den digitalen Vertrieb eignet.

Kopien von digitalen Gütern sind trotz geringfügiger technischer Qualitätsverluste, die vor allem aus den nicht-digitalen Produktmerkmalen wie Artwork, Booklets u. a. herrühren, nahezu perfekt und vor allem kostengünstig herstellbar. Da die Herstellung des ersten Gutes, der „Kopiervorlage“, hohe Fixkosten verursacht, die durch eine etwaige Einstellung des Produktionsprozesses nicht mehr rückgängig gemacht werden können, können die Herstellungskosten nur mehr über höhere Marktanteile und steigende Absatzzahlen wettgemacht werden. Folge davon ist, dass immer mehr neue Musik in immer kürzeren Abständen entsteht. Dies ist nicht nur in der populären Musik zu beobachten, sondern ist ein Phänomen, das auch in der zeitgenössischen Kunstmusik vorherrscht und sich in immer mehr Uraufführungen in immer kürzerer Zeit manifestiert. Mit diesem Überangebot, der Unüberschaubarkeit des Angebots und der mangelnden Bereitschaft, für die digital distribuierte und medial vermittelte Musik zu bezahlen, sind ein Preisverfall und ein Wertverlust verbunden.

Um zu gewährleisten, dass die Erzeuger von Musik, Komponisten, Produzenten, Sänger, Instrumentalisten etc. trotzdem weiterhin Musik produzieren, weil diese Tätigkeit auch ihr wirtschaftliches Überleben sichert, wird ihr Produkt urheberrechtlich geschützt. Diese Rechte sind jedoch in manchen Bereichen immer schwerer durchzusetzen. Die Urheberrechtsgesetzgebung hat lange nicht auf die veränderten wirtschaftlichen Rahmenbedingungen reagiert. Die technischen Entwicklungen haben der Idee des „geistigen Eigentums“ den Boden entzogen, da die technischen Hürden, die eigene Musik zu vertreiben, derentwegen Vertriebsfirmen zwischen Produktion und Rezeption geschaltet werden mussten, nicht mehr existieren. Wolfgang Martin Stroh hält die Idee des „geistigen Eigentums“ für eine frühbürgerliche Vorstellung, die heute nur mehr der Gewinnerzielung der Musik- und Elektronikkonzerne sowie der Verlagskonzerne dient und eine *„historische und musikfeindliche Form falschen Bewusstseins“* sei. *„Man kann die aktuellen Urheberrechte als eine Art Regulativ für den Vertrieb von Musik betrachten“* (Stroh 2008: 13).

Die Urheberrechtsgesetzgebung definiert, was als schützenswertes Werk zu gelten hat und klassifiziert nach bestimmten musikalischen Parametern. Üblicherweise muss das Werk eine eigentümliche geistige Schöpfung (österreichisches Urheberrechtsgesetz §1(1)) und auf menschliches Schaffen zurückzuführen sein. Es muss ein Gedanken- oder Gefühlsinhalt vermittelt werden, das Werk sich vom Handwerklichen abheben und einen Spielraum zur Entfaltung persönlicher Züge zulassen (vgl. Hertin 2003: 779). In der Niederlegung von werkprägenden Faktoren vollzieht das Urheberrecht jedoch eine normative Werkästhetik, die von der künstlerischen Praxis schon lange überholt ist, wie in der Musik der Avantgarde oder in populären Musikformen sichtbar ist.

„Populäre Musik basiert im Gegensatz zur westeuropäischen Kunstmusik auf einer klangschriftlichen Notation, (...)" (Großmann 2008: 131). Ihr Leitbegriff ist der „Sound", der die Dominanz der musikstrukturellen Orientierung populärer Musikformen an der zeitgenössischen Kunstmusik, die auf dem Verschriftlichungs- und Verbreitungsmonopol der Notenschrift basierte, aufgebrochen hat. Phonographische und digitale Medien als grundlegende ästhetische Bestandteile der Gestaltung populärer Musikformen unterscheiden sich jedoch vom notierten melodischen, harmonischen und rhythmischen Material der zeitgenössischen Kunstmusik, denn ihr Material besteht aus *„vorhandenen Medienprodukten der kulturindustriellen Produktion."* (Großmann 2008: 131). Diese Vorstellung ist vom europäischen, traditionellen Verständnis von Autor und Werk weit entfernt und hat Folgen für die ästhetischen Konzepte, die hinter der Musik stehen. Phonographische Notation ermöglicht die digitale Weiterverarbeitung der einmal gespeicherten Musik, ebenso wie die Notenschrift die Aufführung, die „Interpretation" eines Werkes ermöglicht hat. *„Das geistige Eigentum ist aber realiter gar nicht wirkliches Eigentum des Urhebers, sondern Rohstoff, mit dem ein Verlag oder ein Musikkonzern weiterarbeiten kann. Unter welchen Bedingungen ein Komponist sein geistiges Eigentum einem Verlag oder Musikkonzern übergibt, ist keine Naturrechtsfrage, sondern eine Machtfrage bei der Vertragsgestaltung"* (Stroh 2008: 14). Mit der Abtretung seiner Rechte an Verlage und Verwertungsgesellschaften nimmt der Komponist – bei allem Schutz, den diese Institutionen bieten können – eine Wertminderung seines Produktes in Kauf, über das er nun nicht mehr das alleinige Verfügungsrecht hat.

Musik ist ein hedonisches Produkt mit starker symbolischer Funktion, dessen Konsum Spaß und Vergnügen erzeugt und Emotionen hervorruft. Ihr Wert ist in erster Linie ein ideeller (Tschmuck 2003: 16), dessen Beurteilung im Laufe der individuellen Sozialisation erworben bzw. erlernt wird (Clement 2005: 47). Diesem ideellen Wert steht ein ökonomischer Wert der Musik"produkte" gegenüber. Zunächst muss also geklärt werden, was das „Produkt" Musik umfasst und wie weit dieses Produkt den ideellen Wert widerspiegeln kann.

2.2 Materiale Aspekte

Das ökonomische „Produkt" Musik ist ein Bündel von ökonomischen, technischen, rechtlichen und ästhetischen Entscheidungen, die in Abhängigkeit von verschiedenen Produkteigenschaften eine bestimmte Qualität aufweisen müssen, die aber selbst in der Musikbranche, wenn es um populäre Musik geht, als variabel betrachtet wird. *„Die Produktqualität im wirtschaftlichen Sinne definiert sich über die Akzeptanz der Käufer, und die ist ein Ergebnis des Produkts, der Marketing- und Promotionsmaßnahmen, der Wahrnehmung des Künstlers, des ‚richtigen' Zeitpunktes und auch etwas Glück gehört mit dazu"* (van Hoff und Mahlmann 2005: 135).

Unter dem „Produkt Musik" im engeren Sinn versteht man in erster Linie eine ökonomisch (physisch wie digital) verwertbare Aufnahme, insbesondere, wenn es sich um populäre Musik handelt. Dazu gehören Audioprodukte, Bildtonträger, Downloads, Klingeltöne. Um diese Basisprodukte haben sich in den Jahren der Umsatzverluste im Bereich der Tonträger „Zusatzprodukte" und neue Geschäftsmodelle gebildet, die auch Konzertgeschäft, Merchandising, Lizenzgeschäfte usw. beinhalten (vgl. Mahlmann 2008 in diesem Band). Industriell produziert wird nicht die Musik an sich, sondern Medien, die die Hörbarmachung, Übertragung und Vermittlung von Musik sicherstellen. Dazu gehören im weitesten Sinne auch Instrumentenbau, Ausbildung usw., Grundlage einer jeden Musikproduktion ist jedoch immer der „musikalische Inhalt".

Die Produktion populärer Musik, die Produktion von Musik für ein Massenpublikum, ist im Gegensatz zur Produktion von zeitgenössischer Kunstmusik, die sich zum physischen Produktionsprozess autonom verhält, ein arbeitsteiliger Prozess. Künstler (in der Regel der sichtbare Interpret), Komponist, Texter, Produzenten (Gestaltung des Sounds, klanglicher Gesamteindruck), Künstlermanager, Akteure des Musiklabels (Vermarktung) und A&R Manager (Engh 2005: 98-99) kreieren den Inhalt, den „Content"[2], der mehr ist als nur das musikalische „Werk", der „Song". Unter „Content" wird der „*Output des A&R Prozesses*" und der „*ökonomisch verwertbare(n) Musikinhalt*" (Engh 2005: 95) verstanden. Üblicherweise steht am Ende des Produktionsprozesses eine vervielfältigbare Mastercopy mit einem auditiven Inhalt und einem dahinter stehenden Künstlerimage. Dieses „Paket" ist das ökonomisch verwertbare Produkt Musik. Da sowohl die Entwicklung und handwerkliche Produktion der Musik als auch die Auswahl der Komponisten und Interpreten, die Gestaltung der Künstleridentität, in einem engen

[2] Im Kontext der musikwirtschaftlichen Diskussion hat sich der Begriff „Content" für den ökonomisch verwertbaren musikalischen Inhalt durchgesetzt. Dieser Begriff wird hier ohne ästhetische Implikationen verwendet.

Wechselverhältnis stehen, kann auch die Künstleridentität als Teil der Produkteigenschaft begriffen werden kann. Das, was in der populären Musik lange Zeit entscheidender Erfolgsfaktor war, die Authentizität des Künstlers, die Stimmigkeit von Song, Text, Arrangement, Sound und Künstlerimage, lässt sich auch in der Kunstmusik beobachten. Hier setzt sich das Virtuosentum des 19. Jahrhunderts in den „populären" Aufnahmen bekannter und beliebter Interpreten fort. Das von der Musikindustrie hergestellte Produkt ist jedoch nicht nur das Trägermedium, sondern die musikalische Leistung ist eine Dienstleistung, die unterschiedlichen Nutzern zielgruppengerecht angeboten wird, oft aber und besonders in der populären Musik Werbeträger und Promotionsinstrument für andere Nutzungsarten ist.

Die Musikproduktion zeitgenössischer Kunstmusik hingegen ist weniger arbeitsteilig, hier wird der überwiegende Teil des „Contents" in Form von Notentext und schriftlichen Aufzeichnungen vom Komponisten geschaffen, bzw. legt er fest, unter welchen gegebenen Rahmenbedingungen (Orchester, Instrumentation, usw.) die Produktion von Musik zu geschehen hat. Aufnahme und Produktion der Tonträger hingegen, also alles, was nach der „Pre-Production"-Phase passiert, ist wieder der Produktion von Musik für einen Massenmarkt ähnlich. Im einen Fall ist Content ein Gemeinschaftsprojekt, das vielen Vorstellungen genügen muss, deren Eigenschaften sich bestimmten Marktgesetzen beugen und bestimmte ökonomische und technische Qualitäten aufweisen muss, im anderen Fall ist „Content" eine kreative Leistung einer Einzelperson, die vor allem künstlerisch-ästhetische Vorstellungen repräsentiert, aber auch dem aktuellen Kunstdiskurs folgen muss, um im Kreise der Rezipienten als aktuell und neu bewertet zu werden. Darüber hinaus passt sich auch zeitgenössische Kunstmusik den Marktbedingungen an, auch wenn dies mitunter in Zweifel gezogen wird. Tatsächlich schlagen sich Besetzungsvorgaben, Größe eines auftraggebenden Orchesters, die Rahmenbedingungen der Auslobung eines Preises oder eines Stipendiums in der Partitur nieder.

Das Endprodukt populärer Musikproduktion ist die Aufnahme, die klingende Musik, der meist keine schriftliche Aufzeichnung in Form von Noten gegenübersteht. Das Produkt des Produktionsprozesses von zeitgenössischer Kunstmusik ist meist nicht die klingende Musik – von Live-Elektronik und Installationen abgesehen – sondern eine schriftlich fixierte, reproduzierbare Komposition.

Exkurs: Notenschriftlichkeit und Klangschriftlichkeit

Der Begriff des *„musikalischen Kunstwerks (‚opus')"* (Wellmer 2002: 133) ist vor allem durch das seit dem Mittelalter entwickelte Notationssystem und damit zusammenhängend der temperierten Stimmung geprägt. Die Notation von Musik, zunächst entwickelt als Gedächtnisstütze, als Merkhilfe, hat die Konstitution einer spezifisch europäischen Musiktradition befördert, wenn nicht gar ausgelöst (Wellmer 2002: 133). Mehrstimmigkeit, Polyphonie, die Entwicklung der temperierten Stimmung gehen Hand in Hand mit der Weiterentwicklung der Notation, die versucht, die immer komplexer werdenden Strukturen der Musik abzubilden. Gleichzeitig werden durch ein differenziertes Notationssystem (Mensuralnotation) auch immer komplexere musikalische Strukturen möglich. *„Das Aufkommen der Polyphonie macht die Erfindung graphischer Zeichen zur Regelung der bis dahin unberührt gelassenen musikalischen Zeitverhältnisse notwendig"* (Krenek 1956: 30). Komponieren ist mehr Arbeit am und mit dem abstrakten Notentext und weniger die Erfindung des konkreten Klangs. Die Noten-Schriftlichkeit der Musik ist ästhetischer Bestandteil der (zeitgenössischen) Kunstmusik wie die Klang-Schriftlichkeit ästhetischer Bestandteil der populären Musik ist. Zugleich hat diese Verschriftlichung die Richtung der Musikentwicklung determiniert, indem sie die Musik auf die beiden notationell beherrschbaren Parameter Tonhöhe und Tondauer als primäre musikalische Parameter verkürzt hat. Musik ist das, was Tonhöhe und Tondauer hat und – so die historische Entwicklung – was auf einem Tasteninstrument spielbar ist (Wellmer 2002: 135).

Wie sehr Notation und Aufzeichnungsform von Musik die Form der Musik determiniert, zeigt die Entwicklung der populären Musik im 20. Jahrhundert. Diese Musik ist (sowenig wie ethnische Musikformen und Volksmusik) mit den herkömmlichen Notationsformen nicht oder nur mehr unzureichend fassbar. Populäre Musikformen sind Musikformen der phonographischen Reproduktion und Übertragung *„entstanden aus der massenhaften Verbreitung kultureller Produktion in den technischen Medien"* (Großmann 2008: 123), auch zeitgenössische Kunstmusikformen bedienen sich ihrer, wenngleich nicht derartig intensiv. Mit der technischen Möglichkeit der Klangaufzeichnung hat sich das, was als Werk zu gelten hat, grundlegend geändert. Das Werk der populären Musik, der Song, der Track, ist zum überwiegenden Teil nicht mehr notierbar, es ist die Summe des Produktionsvorgangs von Musik und findet seine ästhetische Konvergenz in einer Aufnahme, in einem klingenden Stück Musik, das in einem kreativen Prozess weiter verarbeitet werden kann, zitiert, gesampelt usw. Somit haben Aufnahmen – in welcher Form auch immer sie der Rezeption zur Verfügung gestellt werden, in welcher physischen Form sie auch distribuiert werden – die Partitur als dauerhafte Objekte[3], die die Musik repräsentieren, in der populären Musik abgelöst. Diese Musik ist auf Tonhöhe und Tondauer auch nicht mehr reduzierbar. Das Spezifische sind gerade nicht diese primären musikalischen Parameter. Das Spezifische ist der Sound.

Bei der Gestaltung des Produktes Musik (auf Tonträger wie als Download) werden (vgl. van Hoff und Mahlmann 2005: 135) verschiedene ökonomisch verwertbare Produktbestandteile unterschieden, die nicht alle notwendigerweise in die Endkonzeption eingehen müssen. Diese Unterscheidung beruht auf der Vorstellung einer zielgruppengerechten Vermarktung von Musik und hat prinzipiell auch für Formen der Kunstmusik Gültigkeit.

Wesentlich für jegliches musikalische Produkt ist der „musikalische Inhalt". Dies ist die eindeutig definierte, notierte Komposition, von einer dazu fähigen Institution (etwa ein Orchester) oder von Interpreten zum Klingen gebracht, oder die Kombination von Musik, Text, Arrangement und Aufnahme, bis hin zu verschiedenen Versionen dieser Aufnahme bei verschiedenen Formen populärer Musik. Dazu gehört auch die Entscheidung, mit welchen anderen Musikstücken ein bestimmtes Musikstück gegebenenfalls kombiniert wird. Das Marketing populärer Musik sieht dabei diese Parameter unter dem Aspekt des Verkaufserfolges, dem inhaltliche Entscheidungen untergeordnet werden. In Abhängigkeit von Marketingüberlegungen müssen Formatentscheidungen getroffen werden (CD, DVD, Download), technische Spezifikationen und wenn es sich um Tonträger handelt, die Verpackung und das Artwork festgelegt werden. Am Ende des Produktionsprozesses müssen die Marketingtools und Metadaten festgelegt und das Künstlerimage in die Gesamtkonzeption einbezogen werden. Zeitgenössische Kunstmusik und populäre Musikformen unterscheiden sich vor allem im wenig objektivierbaren musikalischen Inhalt und in der unterschiedlichen Bewertung von Komposition und Arrangement sowie Komposition und Interpretation. Bei zeitgenössischen und historischen Kunstmusikformen steht die Komposition und die jeweilige Interpretation im Vordergrund, bei populärer Musik Arrangement und Kontextmerkmale. Aufgrund der schwierigen Objektivierbarkeit ästhetischer „Qualitätsmerkmale" und da ein ökonomischer Qualitätsbegriff kein Gradmesser für den ästhetischen Wert von Musik ist (van Hoff und Mahlmann 2005: 148), werden Charts zum Ersatzmaßstab für den Wert von populärer Musik bezogen auf den kommerziellen Erfolg, und die Anzahl der Uraufführungen, der Erhalt von Preisen und Stipendien soll Rückschlüsse auf die Bedeutung zeitgenössischer Kunstmusik geben.

[3] Diese Dauerhaftigkeit ist jedoch eine relative und hängt von der Verfügbarkeit adäquater Abspielgeräte ab.

Zeitgenössische Kunstmusik wird ebenso wie Waren, Sport oder Bildung auf einem Markt gehandelt, der heute ein Massenmarkt ist. Dieser Markt besteht auch aus Konzertbesuchern, vor allem aber sind die Adressaten der zeitgenössischen Kunstmusik die Entscheidungsträger des Musikbetriebes: Ensembleleiter, Dirigenten, Veranstalter, Kritiker, Musikwissenschaftler usw. Der *„moderne Komponist"* schreibt *„zum großen Teil für bestimmte Auftraggeber und Abnehmer. Freilich sind es kaum mehr Individuen, sondern Institutionen: Rundfunksender, Universitäten, Stiftungen, Stadtverwaltungen, Schulen und dergleichen"* (Krenek 1956: 57). Da sich Veranstalter von Konzerten zeitgenössischer Kunstmusik der Frage von Besucherzahlen, Frequenz, Umwegrentabilität und Quoten stellen müssen, da sie meist von der öffentlichen Hand oder privaten Subventionsgebern gestützt werden, werden Auslastung und Wirkungsgrad zum wichtigsten Gradmesser für die Vergabe von Geldern. Und das Neue, die Uraufführung, lässt sich besser vermarkten, zieht mehr Menschen an, als eine Zweitaufführung. *„Markttechnisch ergäbe ihre Wiederholung auch keinen Sinn, weil der Kompositions-Output, die Warenmenge, derart groß ist, dass ständig Neues gespielt werden kann"* (Hattinger 2007: 23). Auch im begrenzten Marktsegment zeitgenössischer Kunstmusik gibt es den Verdrängungswettbewerb, der sich in diesen Uraufführungen manifestiert. Die „Neue Musik"-Szene läuft ungeachtet ihres eigenen hohen Kunstanspruchs und der proklamierten Unabhängigkeit Gefahr, ebenso eine Wegwerfindustrie zu werden wie die Popmusik.

Industrielle Normen und ökonomische Rahmenbedingungen beeinflussen die ästhetische Struktur von Musik. Jede technikkulturelle Innovation hat neue Musikformen hervorgebracht. Gegenüber der technischen Innovation im medialen Bereich stagnieren die inhaltliche und ästhetische Seite der Musik, in den populären wie auch in den künstlerisch anspruchsvollen Musikformen. Die populäre Musik versucht dieser Inhaltsleere mit neuen Repertoirekategorien, neuen Stilen, neuen Songs in immer kürzerer Zeit zu begegnen. In der zeitgenössischen Kunstmusik gibt es statt der Flucht in neue Genres die Flucht in neue Präsentationsformen. Das und die Anpassung an die industriellen Normen lenken von der Inhaltsleere und von der Frage nach neuen ästhetischen Entwürfen ab. Populäre Musik und zeitgenössische Kunstmusik mit demselben Problem? *„Die Industrialisierung aller Musik muss notwendigerweise zu einer Konvergenz jener beiden musikalischen Welten führen, die einander im klassischen Industriezeitalter noch wie feindliche Brüder gegenüberstanden"* (Boehmer 2007: 19).

3 Musik als ästhetisches Objekt

Zeitgenössische Musik, Musik, die heute erklingt, ist ein vielgestaltiges Phänomen. Sie tritt in den verschiedensten Erscheinungsformen und in den verschiedensten Darbietungsformen auf. Sie wird – freiwillig oder unfreiwillig – auf verschiedene Art und Weise gehört. Musik wirkt auf die Emotionen, auf das Verhalten, auf den Körper. Sie begleitet den Alltag, den Sport, die Arbeit, sie unterstützt das Bedürfnis nach Selbstverwirklichung, bewirkt sozialen Vergleich oder Distinktion (vgl. Schramm 2008: 260). Musik hat einen hohen individuellen Wert und ist Objekt eines volkswirtschaftlich sehr bedeutenden Wirtschaftszweiges. Physikalische, psychologische, soziologische und ästhetische Dimensionen der Musik stehen dabei in Wechselwirkung zu ihren ökonomischen Rahmenbedingungen.

Musik ist zuallererst ein Phänomen des menschlichen Erlebens. Die physikalische Ebene von Musik, die Schwingung von Luftmolekülen und die wellenförmige Ausbreitung von Schall, bilden die Grundvoraussetzung dafür, dass überhaupt etwas erklingt (Hellbrück 2008: 17). Diese physikalische Ebene stellt das basale akustische Material dar, das aufgrund seiner Eigenschaften bereits bestimmte Gestaltungsmuster nahelegt. Dieses Ausgangsmaterial ist jedoch keine „*neutrale Masse*“: „*Im historischen, kulturellen und erst recht im speziellen künstlerischen Kontext haben bestimmte Materialien immer schon eine mehr oder weniger festliegende Signifikanz oder Symbolik; hierauf wird der Künstler reagieren und hiermit wird er operieren*“ (Seel 2003: 174). Aber erst im Bewusstsein des Menschen entsteht das, was wir als „Musik“ bezeichnen. Das mentale Erkennen gibt der Musik Sinn, benennt und bewertet das Klingende als ästhetische Erscheinung (Musik als Kunstwerk) oder reagiert pragmatisch darauf (Musik als Funktion). So kann das gestaltete Material seine Wirkung auf den Menschen entfalten. Gleichzeitig ist dieses gestaltete Material wesentlich dafür, dass es sich dabei um Musik, und nicht etwa um eine Skulptur handelt. „*Gattungen der Kunst lassen sich unter anderem danach unterscheiden, von welchem Material oder welcher Art der Materialverwendung sie ihren Ausgang nehmen*“ (Seel 2003: 173).

Aufgrund ihrer individuellen Wirkmächtigkeit hatte Musik im Laufe der Menschheitsgeschichte immer bestimmte gesellschaftliche Funktionen und war und ist zudem in spezifische Rituale eingebunden. Die zunächst religiös gebundenen Rituale wurden jedoch zunehmend von gesellschaftlichen und ökonomischen Ritualen abgelöst. Diese Veränderungen haben sich vor allem in medialen und technologischen Entwicklungen niedergeschlagen (vgl. Smudits 2002). Die Möglichkeit, das transitorische Wesen der Musik der Zeit zu entreißen, hat die Entwicklung der Musik entscheidend beeinflusst.

Mit der Möglichkeit, Musik eine physische Extension zu geben, bekommt Musik eine ökonomische Funktion, die neben der Festlegung auf das Ritual immer eine wichtige Funktion von Musik war. Wer die Verfügungsgewalt über die Produktionsmittel der Musik hat, kann deren Erscheinen bestimmen, sei es der Priester, der ein religiöses Ritual durchführt, der Kurfürst, der eine Kantate in Auftrag gibt, oder eine bestimmte gesellschaftliche Gruppe, die ihre Selbstdarstellung im Konzert findet und dafür Symphonien und die dazu passenden Konzertsäle in Auftrag gibt. Immer war Musik mit ökonomischen Handlungen verbunden. Die Entwicklung von Massenmedien hat jedoch aus einer sehr exklusiven, nur wenigen zugänglichen Musik ein Massenphänomen gemacht.[4] Die Vorselektion von dem, was gehört wird, richtete sich nun nicht mehr nach dem – sehr oft gebildeten – Geschmack eines einzelnen oder einer kleinen Gruppe, sondern nach dem diffusen Geschmack einer unbekannten Masse. Immer mehr wurde Kunst ökonomisch bewertet (vgl. Smudits 2002: 212). *„Im Zuge der Ökonomisierung der Ästhetik verkümmert die ‚künstlerische' Funktion, sie wird beiläufig, zentral dagegen wird die ökonomische Funktion, der Anlage- oder Marktwert, die Rentabilität von Werken, von materialisierten Leistungen, wie von Künstlerpersönlichkeiten"* (Smudits 2002: 214).

Die Enquete-Kommission „Kultur in Deutschland" spricht der Musik jedoch dezidiert den Doppelcharakter von Kunstwerk und Warenform zu. *„Kulturgüter, also Bücher, Noten, Bilder, Filme und so weiter haben einen Doppelcharakter: Sie sind zum einen ein Gut, welches gehandelt wird, haben also einen Warencharakter; sie haben zum anderen einen ideellen Wert, da sie die Vergegenständlichung einer Idee sind"* (Kultur in Deutschland 2008: 259). Allerdings zirkulieren nicht mehr Waren („Kunstwerke"), sondern äußere Erscheinungsbilder, die wie die gesamte Ökonomie ein ästhetisches Design bekommen. Hergestellt werden keine Produkte, sondern ästhetisch und semantisch aufgeladene Symbole, deren Konsum zur Deklaration einer Geisteshaltung wird (vgl. Smudits 2002: 214-215).

Die Digitalisierung hat diese Entwicklung einerseits vorangetrieben, indem Musik nun jederzeit und überall verfügbar ist, und sie andererseits angehalten, indem nun die Vorselektion durch die Ökonomie in einzelnen Bereichen durchbrochen werden kann, da die Produktionsmittel einfach verfügbar (Computer und Internetanschluss) und somit von „jedem"[5] benutzbar sind.

---

[4] Dies ist ein Prozess, der mit dem rationellen Notendruck bereits im 19. Jahrhundert begonnen hatte. Musik wiederzugeben war an Notenschriftlichkeit gebunden (sofern es sich nicht um Volksmusik handelte) und jenen vorbehalten, die Noten lesen konnten.

[5] Allerdings wäre es falsch, in diesem Zusammenhang von einer Demokratisierung der Gesellschaft zu sprechen, denn diese „Demokratisierung" betrifft nur die wohlhabenden Mitglieder westlicher Industriegesellschaften.

Das ästhetische Objekt Musik ist im Gegensatz zum ökonomischen Objekt Musik – unabhängig davon, um welche Musik es sich handelt – Gegenstand einer ästhetischen Wahrnehmung und als solcher tritt sie uns als etwas Abgegrenztes entgegen. Diese Abgegrenztheit ist jedoch eine intentionale Reduktion, denn es kann sich dabei auch um musikalische Phänomene handeln, deren Konstitution und „Werkcharakter" sich ausschließlich in der Prozessualität ihrer Erscheinung entfaltet. Will man jedoch dem ökonomischen Objekt Musik das ästhetische Objekt Musik gegenüberstellen, beide auf Augenhöhe bringen, ist es unabdingbar, auch die Musik als Objekt zu beschreiben, als etwas Abgegrenztes, Beschreibbares, Distinktes, wenngleich auch ohne normativen Impetus. Denn: „*Ästhetische Objekte sind Objekte* in *einer besonderen Situation der Wahrnehmung oder* für *eine solche Situation; sie sind Anlässe oder Gelegenheiten einer bestimmten Art des sinnlichen Vernehmens*" (Seel 2003: 46). Dieser Zugang ermöglicht es, ohne die Dichotomie von hoher und niederer Kunst zu bemühen, ohne E- und U-Musik unterscheiden zu müssen, Musik als ästhetische Erscheinung zu begreifen, die in ihrer phänomenalen Präsenz wahrgenommen wird. Zu dieser phänomenalen Präsenz gehören nicht nur die musikalischen Inhalte, sondern auch die nicht-prozessualen Produkteigenschaften und Aspekte von Musik, die Aufmachung einer CD, die Gestaltung einer Bühne. Dass dabei grundlegende materiale und strukturelle Unterschiede zwischen zeitgenössischer Kunstmusik und populären Musikformen herrschen, dass deren unterschiedliches Verhältnis zur eigenen Medialität konstitutiv für die jeweilige Erscheinungsform ist, macht die eine nicht zur hohen und die andere nicht zur niederen Kunstform.

Wie keine andere Ausdrucksform des Menschen verlangt Musik Aufmerksamkeit für ihre phänomenale Präsenz. Musik erklingt und verklingt. Sie verklingt nicht nur in einer unmittelbaren direkten Präsentation, die transitorische Existenzweise von Musik ist auch auf jedem Speichermedium erhalten. Das verlangt jedoch vom Hörer nicht nur die Hingabe an ihre Simultaneität und ihrer Momentaneität, sondern auch die Hingabe an die Gegenwärtigkeit der eigenen Existenz. „*Wir können nicht auf die Gegenwart eines Gegenstands achten, ohne unserer eigenen Gegenwart innezuwerden*" (Seel 2003: 60). Dies ist wohl auch einer der wichtigste Motive, warum Menschen Musik hören. „*Es geht den Subjekten der ästhetischen Wahrnehmung um ein Verspüren der eigenen Gegenwart im Vernehmen der Gegenwart von etwas anderem*" (Seel 2003: 62). Musikhören ist immer ein Vorgang der ästhetischen Aufmerksamkeit und der ästhetischen Wahrnehmung, auch wenn in vielen Fällen, wenn etwa Musik analysieren wird oder sie von einem Instrumentalisten erarbeitet wird, ein spezifisches Erkenntnisinteresse dahinter steht. Logische Erkenntnis ignoriert damit zwangsläufig die oft wechselnde

Präsenz ästhetischer Objekte (Seel 2003: 93), wodurch es immer zu einer defizitären logischen (propositionalen) Erkenntnis kommt.

In Objekten der Kunst verbinden sich ästhetische Wahrnehmung und ästhetische Vorstellung. Auch wenn die Wahrnehmung und ihre Objekte den zentralen Bereich der Ästhetik ausmachen, kann die ästhetische Vorstellung diesen Bereich oft verlassen. Indem wir uns Musik innerlich aus der Partitur, aus dem Lesen „vergegenwärtigen“, ist sie zwar phänomenal charakterisierbar, aber gegenwärtig klanglich unerreichbar und nur in ihrer Quelle – eines realen Objektes – greifbar. Ästhetische Wahrnehmung bezieht sich auf aktuell anwesende Objekte, wohingegen sich ästhetische Vorstellung auf aktuell abwesende Objekte bezieht. Aus dem Wunsch, sich bloß vorgestellte Objekte auch aktuell wahrnehmen zu können, entsteht das Bedürfnis nach Musikhören und der Bedarf nach Musik.

Dies gilt für alle Formen von Musik, also auch für populäre Musikformen, denen bislang ästhetische Zugänge weitgehend verwehrt blieben, weil eine normative Musikästhetik allgemeingültige Urteile spricht, ohne die sozialen und historischen Bedingungen der eigenen Position kritisch zu hinterfragen. Allerdings muss eine nach wissenschaftlichen Kriterien verfahrende Musikästhetik selbst keine Werturteile fällen, „*sondern wertende Aussagen zum Gegenstand hermeneutischer Interpretation*“ (Appen 2007: 16) machen. Die Probleme, die die werkzentrierte historische Musikwissenschaft mit populären Musikformen hat – und sie müsste sie mit zahlreichen Formen zeitgenössischer Avantgardemusik formal auch haben – liegt in der Abwesenheit von Notentext, der bei populären Musikformen durch Bedingungen und Möglichkeiten ihrer Medialität substituiert wird. Sound und Lautstärke sind wesentliche musikalische Parameter dieses ästhetischen Objekts, das sich weniger im Notentext, sondern vielmehr in der musikalischen Aufnahme konstituiert.[6] Michael Fuhr (2007: 92) fordert daher auch eine Abkehr vom normativen und die Hinwendung zu einem deskriptiven Wertekanon. Denn einmal relevante Maßstäbe besitzen keine Aussagekraft über andere und zukünftige Wertmaßstäbe.

Zunächst müssen die Normen, aus denen sich historisch Bewertungen entwickelt haben, festgestellt und Kriterien aufgestellt werden, nach denen dies beurteilt werden soll. Aber auch diese Kriterien sind historischen Veränderungen unterworfen und können immer nur Auskunft darüber geben, welche Musik für die Menschen einer bestimmten Zeit wichtig war. Da ein Kunstbegriff immer auch Wertfragen tangiert, nie nur rein deskriptiv sein kann, sondern immer auch

[6] Damit verschieben sich auch die Parameter dessen, was Original und Kopie ausmachen, was echt und gefälscht ist. Ist es in der Kunstmusik der Notentext, so ist es in der populären Musik das auf den Markt gebrachte, klingende Endprodukt.

zum Teil wertbehaftet und normativ ist, ist die Musikwissenschaft gefordert, alle gesellschaftlich relevanten Musikformen gleichermaßen ernst zu nehmen (Appen 2007: 197).

Ästhetischer Wert ist keine Eigenschaft der Musik, der ihr an und für sich zukommt. Werte allgemein und ästhetischer Wert im Besonderen wird Objekten (von Subjekten) zugeschrieben, wodurch ästhetischer Wert nicht nur der Kunst vorbehalten ist. Ästhetische Wirkung entsteht aus der Wechselwirkung von Beschaffenheit des ästhetischen Objektes und der subjektiven Einstellung, der ästhetischen Wahrnehmung. Wahrnehmung ist immer auch Beurteilung (vgl. Gruhn 1998). Die dichotome Trennung zwischen affektiven Dimensionen des Geschmacksurteils und kognitiven Dimensionen des Sachurteils, zwischen Subjektivität und Objektivität, ist daher auch nicht möglich. Vollzug von Musik ist in erster Linie eine ästhetische Erfahrung des Körpers. Musik verdankt ihre Existenz dem produzierenden, rezipierenden Menschen, sodass sie als Produkt menschlicher Existenz verstanden werden sollte. Darauf beruft sich auch Tibor Kneif (vgl. Kneif 1971), der nicht das Werk, sondern die Objekt-Subjekt-Beziehung, in den Mittelpunkt seiner Arbeit stellt. „*Wertende Aussagen über Musik bilden nicht das Produkt, wohl aber den Gegenstand einer wissenschaftlichen Musikästhetik*“ (Kneif 1971: 137).

4 Ästhetische Praxis

Mit Martin Seels „Ästhetik des Erscheinens“ aus dem Jahr 2000 liegt eine in der Musikwissenschaft bislang noch wenig rezipierte Ästhetik vor, die die Gesamtheit aller prinzipiell sinnlich wahrnehmbaren Eigenschaften eines Objektes in den Mittelpunkt stellt. Diese phänomenale Wirklichkeit von Gegenständen kann auf zwei verschiedene Arten wahrgenommen werden: Mit dem Interesse auf ihr objektiv beschreibbares „naturwissenschaftliches“ „Sosein“ oder in der unreduzierten sinnlichen Fülle des Gegenstandes. Eine solche Aufmerksamkeit muss das Erfasste nicht mithilfe von allgemeinen Begriffen bestimmen, sie setzt kein Verständnis der Dinge voraus, denn Wahrnehmung ist voraussetzungslos. Ästhetische Wahrnehmung ist nicht zweck-, sondern vollzugsorientiert und entfunktionalisiert die Wahrnehmung. Sie ist nicht auf Kunst beschränkt, sondern sie ist ein unverzichtbarer Modus des menschlichen Weltzugangs, der von keiner empirischen Einzelwissenschaft und keiner anderen philosophischen Disziplin gleichwertig bearbeitet werden kann. Dieser ästhetische Zugang ist grundsätzlich verschieden von Erkenntnisinteresse und Modus psychologischer oder soziologischer Zugänge zu Wahrnehmung und Kunst. Ästhetik sollte sich daher nicht einer systematischen Ermittlung des Ist-Zustandes eines künstlerischen Objekts widmen, sondern den „*Motiven und Gründen, die es für die Attraktion durch Formen des sinnlich Wahrnehmbaren gibt*“ (Seel 2007a: 115). Es geht also darum, durch welche Erfahrungen unterschiedliche Arten von Objekten zu ästhetischen Objekten bzw. Kunstwerken werden und welchen Sinn und Wert verschiedene Dimensionen der ästhetischen Praxis für den Einzelnen bzw. für die Gesellschaft haben.

Ästhetische Objekte treten uns in drei Dimensionen entgegen: im bloßen Erscheinen, im atmosphärischen Erscheinen und im artistischen Erscheinen.

1. Im *bloßen Erscheinen* wird Musik als Ort der Kontemplation begriffen. Hier geht es um nichts anderes als um den Vollzug von Gegenwart und innerer Selbstzweckhaftigkeit, um Musikhören um des Hörens willen. Neben theoretischer Kontemplation (das Erscheinen von Gedankenobjekten) und praktischer Kontemplation (die Wahrnehmung von Mitmenschen, von Lebewesen) ist die ästhetische Kontemplation, die das bloße Erscheinen eines Gegenstandes oder einer Situation zum Ziel hat, die radikalste Form der Kontemplation, denn sie verlangt, sich vollständig dem freien Spiel der Sinne zu überlassen und sich scheinbar vom linear irreversiblen Zeitstrom, von der Zeit zu befreien. Die Aufmerksamkeit konzentriert sich völlig auf die Gegenwart. „*Was wir in dieser so bedeutungsgesättigten Welt vermissen und aus diesem Grund zum primären Objekt der (nicht vollständig bewußten) Begierde erheben, sind Phänomene und Eindrücke der Präsenz*“ (Gumprecht 2003: 210). „*Versteht man den Wunsch nach Präsenz als Reaktion auf eine Alltagswelt, die in den letzten Jahrhunderten allzu cartesianisch geworden ist, dann darf man hoffen, daß ästhetisches Erleben uns dabei helfen wird, die räumliche und körperliche Dimension unseres Daseins wiederzuerlangen*“ (Gumprecht 2003: 220).

In einer Zeit, in der alles einen Nutzen, eine Funktion haben muss, bekommt das kontemplative Verweilen einen besonderen Wert, der sich in der Distanz, die dadurch zustande kommt, manifestiert. Appen konnte in seiner 2007 erschienen Studie „Der Wert der Musik“ nachweisen, dass bei der Beurteilung von Musik oft nicht die Eigenschaften der gehörten Musik positiv oder negativ bewertet werden, sondern die Situation der Wahrnehmung selber. Der sinnliche Reiz steht dann vor allem bei nicht musiktheoretisch vorgebildeten Hörern im Vordergrund. Musiktheoretisch vorgebildete Hörer neigen dazu, aufgrund ihres analytischen Kategorieninventars Musik, die nicht ihren Wertkriterien entspricht, abzuwerten. Herbert Bruhn geht sogar soweit (vgl. Bruhn 2008 in diesem Band), jenem ästhetischen Wert, der aus strukturellen und formalen Aspekten der Musik in Form von kompositorischen Gesetzen oder Merkmalen abstrahiert wird, nur geringen Erkenntniswert zuzugestehen.

„*Der Wert der Musik begründet sich zu einem Teil aus dem Wert, den die ästhetische Kontemplation für den Menschen hat. Deren Wert wiederum besteht im Kern im Erleben von Freiheit*“ (Appen 2007: 229), eine Freiheit, die sich etwa im unmittelbaren Erleben eines Konzertes einstellt. Wenn Musik immer und überall verfügbar ist, wenn sie nicht mehr bewusst wahrgenommen werden kann, weil sie den ganzen Tag über erklingt, kann sie nicht mehr das Besondere sein, das sie so sehr ist, und weshalb sie gehört wird.

2. Im atmosphärischen Erscheinen wird Musik als Objekt der Korrespondenz erlebt, als „*Verhältnis des ästhetisch wahrgenommenen Erscheinens einer Situation (oder eines Gegenstands in einer bestimmten Situation) zu den Lebensumständen und -idealen des Betrachters*“ (Appen 2007: 233). Die ästhetische Korrespondenz transzendiert den Alltag, ist Teil des Alltags. Als schön und wohlklingend erscheint, was zu unserem Selbstbild und unserer Selbstwahrnehmung zu einem bestimmten Zeitpunkt passt, was in unserem Sinne erscheint, was eine angenehme Atmosphäre schafft. Dabei werden nicht nur die eigentlichen Objekte des Erscheinens, sondern vor allem die dahinter stehenden Lebensentwürfe, deren Bedeutung und die sie konstituierenden kulturellen Bezüge bewertet. So kann es gravierende Unterschiede zwischen der emotionalen Bewegtheit, die ein Stück durch analytisch aufzeigbare Gestaltungsmittel ausdrückt und der emotionalen Bewegtheit des Hörers geben. Korresponsive Praxis kann sich auch darin äußern, dass sie Gegenwarten des Lebens anschaulich bewusst werden lässt. „*Es ist kein Zufall, dass das erste, was zusammenbricht, wenn wir unser Leben ändern (müssen), die alten ästhetischen Korrespondenzen sind*“ (Seel 1996: 241).

Besonders in der Pop- und Rockmusik mit ihren sehr ausdifferenzierten Stilen ist die Korrespondenzmacht sehr hoch. „*Mit jedem Genre und jeder Band ist eine ziemlich klare Vorstellung vom Charakter der typischen Hörer verbunden*“ (Appen 2007: 244). Diese typischen Hörer und die Eigenschaften der zugehörigen Gruppen korrespondieren mit ausdifferenzierten musikalischen Stilen. Ästhetische Korrespondenzen haben für die Rezipienten daher einen großen sozialen Wert.

3. In der Wahrnehmung von Musik als Objekt der Imagination geht es um das Hören von Musik als Kunst. Es gilt zu fragen, „*worum es Menschen geht, wenn sie Dinge und Situationen als Kunst wahrnehmen oder wahrzunehmen versuchen, und welchen Gewinn diese Art der Betrachtung in Aussicht stellt*“ (Appen 2007: 259). So wie Objekte der Kontemplation oder des Korrespondenzerlebens erst durch entsprechende Wahrnehmungshaltungen zu solchen werden, gibt es ohne die Betrachtung von etwas als Kunst auch keine Kunst. So lassen sich keine eindeutig zuschreibbaren materialen Merkmale bestimmen, anhand derer Kunstwerke zu identifizieren wären (Seel 2003: 179-180). Die genaue, individuelle Anordnung, Materialität und Struktur, sind dabei wichtig. Damit kann das nor-

mative Problem, in welchen Fällen es sich um ein gelungenes Kunstwerk handelt und in welchen nicht, nicht im Mittelpunkt der Diskussion stehen. Zum Kunstwerk wird ein Objekt durch eine Betrachtungsweise, die es als Zeichen versteht, das nicht bloß etwas repräsentiert, sondern etwas präsentiert und erfahrbar macht, das nicht vollständig in Begriffe übersetzbar ist. Ein Kunstwerk ist ein ästhetisch ansprechendes Zeichengefüge, wobei das benutzte Zeichenrepertoire des Produzenten und das rezipierte Zeichenrepertoire des Rezipienten sowie deren Deutung eine Mindestübereinstimmung aufweisen müssen.

Bei der kontemplativen Rezeption wird nur die Präsenz des ästhetischen Objektes, nicht aber der Sinn erfahren, bei der korresponsiven Wahrnehmung stehen die Objekte im Zusammenhang mit der Lebenssituation. Kunst jedoch will verstanden werden, ihre Objekte *„sind von vornherein interpretierte und auf Interpretation hin angelegte Objekte"* (Seel 2003: 158). Dieses Verstehen kann sich verbal, aber auch nonverbal oder in einer anderen Ausdrucksform äußern. Objekte der Kunst *„stellen eine besondere Gegenwart her und bieten eine besondere Gegenwart dar"* (Seel 2003: 159). Ziel der ästhetischen Wahrnehmung sei nicht eine propositionale, vom Werk ablösbare, verlustfrei übersetzbare Erkenntnis. Seel beschränkt Hermeneutik nicht auf Theorie und Praxis der Textlektüre, sondern postuliert „generelles *Verstehen des Verstehens*" (Seel 2007b: 33). Ästhetik als Hermeneutik muss verstehen, worum es der ästhetischen Wahrnehmungsform geht (Seel 2007: 34). Die Aufmerksamkeit richtet sich auf das im Werk inszenierte Geschehen, auf den Mitvollzug der dargebotenen Gestaltungen.[7] Ästhetische Erfahrung ist vollzugsorientiert, nicht resultatorientiert. Ihr geht es um das Erproben von Deutungsmöglichkeiten, nicht um das Resultat eines endgültig Verstandenen. Ästhetische Erfahrung, könnte man sagen, kennt die eigentliche Erfüllung nicht.

5 Musik im Spannungsfeld von Ökonomie und Ästhetik

Voraussetzung für ästhetische Erfahrung und das Verständnis von etwas als Kunst ist, dass ein Objekt als im Medium des Erscheinens präsentiertes Zeichen wahrgenommen wird. Kunstwerke bringen eine bestimmte Situation zur Erfahrung, indem sie sich selbst, ihr Material und ihr Verfahren präsentieren. Nicht nur das Was, der Inhalt des Dargebotenen, sondern auch das Wie, die Form der Darbietung im Kontext ihrer Erscheinung, ihrer Präsenz ist wichtig. *„Sie sind Objekte, die es wert sind, ästhetisch erfahren zu werden (...). Nur im Rahmen einer solchen Bewertung können sie als Kunstwerke zur Erscheinung kommen. Diese Bewertung bezieht sich auf Charaktere der betreffenden Objekte,*

[7] Dieser Verstehensbegriff wurde vielfacher Kritik unterzogen, auf die Appen jedoch nur zum Teil eingeht.

die nur in der Perspektive ihrer Anerkennung als Kunstwerke wahrgenommen werden können" (Seel 2003: 180). Kunstwerke sind gemacht um ihrer selbst willen. Darin unterscheiden sie sich von anderen Dingen. Ihre primäre Funktion ist eine ästhetische, gleich welche anderen Funktionen ihnen sonst zugeschrieben werden (vgl. Seel 2003: 176). Musik, in welchem Medium oder Format sie sich präsentiert, zeigt in ihrem Erscheinen zunächst nur ihre eigene Situation. Entsprechend der ökonomischen Produktbestandteile ist nicht nur der „musikalische Inhalt", sondern auch die Form der Darbietung Teil ihrer Erscheinung. Musik kann nicht abgelöst von einem Medium rezipiert werden. Einzig die Vorstellung von Musik, die reine mentale Imagination, vermag dies.

Kunstwerke sind Zeichen einer bestimmten Weltsicht. In der Rezeption von Kunstwerken können Erfahrungsgehalte vertrauter oder fremder Situationen vergegenwärtigt werden, ohne dass diese Kontexte real existierten müssten. Damit wird Kunst in einer existenziellen Bedeutsamkeit für das Leben erfahrbar. Für einen Moment kann man Abstand zur eigenen Sicht gewinnen und „*so die Eingebundenheit in die Welt aus einer gewissen Distanz betrachten*" (Appen 2007: 270). Kunst wird zu einer Weltdeutung, und sie ist Zeichen für das Mensch-Sein in der Welt. Erlebbar wird dies in den zahlreichen Kontexten, in denen Musik eingebunden ist. Es gibt fast keine Lebenssituation, in der Musik keine Rolle spielen kann. Dabei wird Musik zunehmend auch ökonomisch (!) selbst zum Kontext, innerhalb dessen sich Leben vollzieht.

Diese Frage fokussiert sich in den letzten Jahren zunehmend auf den künstlerischen Status populärer Musikformen. Diese Musik ist Bewertungskriterien, die an klassischer Musik entwickelt und bis heute für zeitgenössische Kunstmusik verwendet werden, nicht zugänglich. Sie beruht auf anderen Voraussetzungen und ist in andere Lebenswirklichkeiten und Rezeptionskontexte eingebunden. Populäre Musikformen operieren mit anderen musikalischen Parametern als zeitgenössische und klassische Kunstmusikformen und/oder mit ähnlichen musikalischen Parametern, die jedoch in jenem Kontext eine andere Gewichtung und andere Bedeutung haben. Um diesen dennoch habhaft zu werden und das traditionelle Analyseinventar nicht vernachlässigen zu müssen, wird die Bedeutung dieser Musik nicht in der musikalischen Erscheinung selbst, im musikalischen Objekt gesucht, sondern außerhalb der Musik. So geht Helms davon aus, „*dass sich der Wert und die Bedeutung eines Pop-Songs vielfach nicht aus seinem Material, sondern aus nicht durch die Struktur begründbaren Zuschreibungen ergäben*" (Helms 2002: 96). Er unterstellt jedoch dieser Musik, dass sie mit musikwissenschaftlichen Methoden nicht analysierbar sei, dass man ihr beliebige Inhalte und Bedeutungen zuschreiben könne. „*Eine Wissenschaft der populären Musik kann keine Hermeneutik sein*" (Helms 2002: 102). Auch Peter Wicke hält es für skurril, „*Pop-Erfahrung in der*

Begrifflichkeit von Kunsttheorie zu fassen zu versuchen", weil sich *„die Kunstwissenschaften stets als eine Bastion zur Verteidigung kultureller Werte verstanden"* hätten (Wicke 2002: 61) und schlägt stattdessen eine Ausrichtung an kultur- und geisteswissenschaftlichen Fragestellungen vor.

Stellt man jedoch die ästhetische Erscheinung in den Mittelpunkt der Analysen, wird eine phänomenologische Betrachtensweise unerlässlich. Dies ermöglicht es zudem, zeitgenössische Avantgardemusik, die sich in vielen Fällen ebenso dem traditionellen analytischen Zugang sperrt, adäquat zu beschreiben. Da das Gefallen an handwerklichem Können, an struktureller Komplexität und Originalität – jene Parameter, auf denen „Qualität" von Kunstmusik basiert – stets auf den Kenntnisstand des Hörers zu beziehen ist, muss die Frage nach dem gelungenen Kunstwerk *auch* in der Wahrnehmung des Rezipienten gesucht werden. *„Gelungen ist Musik aus artistischer Perspektive für den, der an ihr als persönlich bedeutsam empfundene Erfahrungen macht"* (Appen 2007: 287), unabhängig davon, ob die Kunstkritik das Werk für Kunst hält oder nicht. Erst wenn der Rezipient sich an diesem Urteil orientiert, bekommt auch die Kunstkritik eine Bedeutung.

Musik ist ein hervorragender Anlass zur ästhetischen Kontemplation. Die Aufmerksamkeit wird auf die Fülle der Gegenwart gelenkt, die heute weitgehend bzw. sehr oft ausgeblendet wird. *„Die atmosphärische, situationsverändernde Macht der Musik hilft, unser Lebensumfeld so zu gestalten, dass es unseren momentanen oder allgemeinen Lebensidealen entspricht"* (Appen 2007: 289). Das macht Musik auch so wertvoll, denn sie hat unmittelbar mit dem Leben zu tun, das Leben vollzieht sich in vielfacher Weise in und mit Musik. Musik als Kunst trägt wesentlich zur Orientierung in der Welt bei. *„Die Aufmerksamkeit für das artistisch gestaltete Erscheinen ermöglicht die involvierende Begegnung mit fremden Erfahrungen und Weltsichten in einer sinnlichen Fülle, wie sie außerhalb der Kunst nicht möglich ist"* (Appen 2007: 290).

Der Wert der Musik – ästhetisch gesehen – liegt in ihrer Funktion, *„die menschlichen Grundbedürfnisse nach Präsenzerfahrung, atmosphärisch aufgeladener Gestaltung des Lebensumfeldes und imaginierende Weltbegegnung zu erfüllen"* (Appen 2007: 291). Wenn das als gegeben akzeptiert wird, dann ist es ein ethisches Gebot (vgl. Appen 2007: 291), kulturelle Strukturen zu schaffen bzw. aufrecht zu erhalten, die die Erfüllung dieser Funktion ermöglicht, sowohl in Produktion, Vermittlung und Rezeption von Musiken. Daher ist eine Ästhetik, die versucht, diese Dimensionen in eine Werthierarchie zu integrieren und innerhalb dieser Hierarchie Urteile zu fällen, die sagen, was Kunst ist und was nicht, dass eine Musik wertvoller ist als eine andere, abzulehnen.

Die Kunst und ihre Ästhetik haben seit Beginn des 20. Jahrhunderts ihre eigenen Produktions- und Rezeptionsbedingungen wiederholt einer radikalen

Kritik unterzogen. Aber diese Erschütterungen haben sich am Kunstmarkt und in der Kunstwissenschaft bislang kaum abgebildet. Beide orientieren sich nach wie vor am opusbasierten in eine Autonomieästhetik eingebetteten Werkmodell. Wertvorstellungen von Musik, die sich an Vorlagen orientiert, die Jahrhunderte lang gesellschaftlich tradiert wurden und auf einem bürgerlichen Kunstverständnis basieren, das auf klar abgetrennten, unterscheidbaren Schichten sozialer Klassen beruhte, entsprechen nicht der gesellschaftlichen Wirklichkeit und den veränderten Rezeptionsbedingungen von Musik.

„Als eine in sich abgeschlossene, zeitlich überdauernde, individuelle Schöpfung eines Autors wird das Musikwerk in seiner Unverwechselbarkeit und Singularität als zentrale Ausdrucksform bürgerlichen Musikverständnisses gefeiert. Die notenschriftliche Fixierung einer generell auf Mehrstimmigkeit eingeschränkten Musik liefert der Komposition die Form einer gegenständlichen, verstehbaren Ganzheit, deren geistiger Gehalt durch die Möglichkeiten von Interpretation oder Analyse nachgewiesen werden kann“ (Fuhr 2007: 50). Ein Großteil der heute gehörten und produzierten Musik entspricht jedoch diesen Grundsätzen nicht. Wenngleich dieser Werkbegriff schon von Adorno in Zweifel gezogen wurde (Adorno 2000: 266), ist er in die wissenschaftliche Disziplin Musikwissenschaft eingegangen und hat deren Forschungsbereich und Methodik bis heute geprägt. Der Bruch mit dem Kunstwerk als geschlossenes, autonomes Werk bedeutete letztlich die Aufgabe der Vorstellung, Kunst repräsentiere in irgendeiner Form Wirklichkeit (vgl. De la Motte-Haber 2004).

Wie auch immer diese Änderungsprozesse beurteilt werden, Tatsache ist, dass sie radikale Veränderungen der Produktion und Rezeption von Musik zur Folge hatten – und bislang wenig beachtet, auch Änderungen der Musik selbst und des kunstwissenschaftlichen Diskurses.

Das Überangebot an Musik, die jederzeitige Verfügbarkeit allerorten in unterschiedlichen Formaten, hat aus einer ehemals exklusiven Kunstform einen Gebrauchsartikel für jedermann gemacht. Mehr Menschen als je zuvor sind in der Lage, Musik zu spielen, zu produzieren, an einem Instrument, am Computer, im Homestudio. Mehr Menschen als je zuvor finden in dieser für sie sinnvollen Handlung eine Bestätigung ihrer Existenz und eine lustvolle Betätigung. Für sie ist dies eine künstlerische, eine kreative Leistung, die eine ästhetische Erscheinung zur Folge hat, mit der sie sich identifizieren können. Gleiches gilt für die Millionen von Hörern unterschiedlichster Musik. Da gleichzeitig die vertrauten und scheinbar einfach geradlinigen Mechanismen der Musikwirtschaft mit ihren klar zugeteilten Funktionen von Komponist, Urheber– Interpret, Produzent – Konsument, Hörer, fast vollständig außer Kraft gesetzt wurden, stellt sich die Frage nach dem Wert der Musik, nach dem, welche Musik Kunst ist und welche nicht, welche Qualität hat und welche nicht, völlig neu. So neu, dass einerseits versucht wird, das Massenphänomen „Populäre Musik“ der Musikwissenschaft zugänglich zu machen, denn was von so vielen Menschen gehört und geliebt wird, wofür so viel Geld ausgegeben wird, das kann offenbar nicht wertlos sein. Andererseits wird der Qualitätsverlust von Musik beklagt und ihre Autonomie eingefordert, eine Autonomie, die bestenfalls nur für eine geringe Zeitspanne der Musikgeschichte gilt, nämlich genau jene Zeitspanne, in der sich die Strukturen der Musikwirtschaft herausgebildet haben, die heute aufgebrochen werden. Man könnte daher auch sagen, die Idee einer Autonomie der Musik ging Hand in Hand mit der Idee des Urheberrechts und den darauf aufbauenden Strukturen der Musikwirtschaft. Ökonomie und Ästhetik bedingen einander.

Künstler sind dazu gezwungen, in sich abgegrenzte Werke zu schaffen, die als abgegrenztes, unteilbares Gut am Musikmarkt gehandelt werden können. Prozessualität von Musik, der Fokus auf ihre Produktions- und Rezeptionsbedingungen, das Werden von Musik, ist kein Parameter des Marktes. Auf dem Markt werden Produkte und Dienstleistungen gehandelt, aber nicht Prozesse. Der Tauschwert unfertiger Produkte, Produkte, deren Qualität nicht feststellbar ist, Produkte, deren Umfang und Konsumvoraussetzung nicht klar ist, ist nur schwer feststellbar und kann in Geldwert kaum beziffert werden.

Musik ist kein Wirtschaftsgut wie jedes andere. Musik befriedigt besondere Bedürfnisse, hat besondere Eigenschaften und besondere Qualitäten. Die Digitalisierung hat den Umgang mit der Musik vollständig verändert. Der binäre Code hat nicht nur die Schriftlichkeit der Musik, die Möglichkeiten der Aufnahme oder der Vermittlung und des Vertriebs von Musik beeinflusst. Er hat unmittelbar in die musikalische Substanz der Musik eingegriffen. Durch die Überführung eines auditiven, analogen Signals in 0 und 1 ist dieses prinzipiell in jede andere Erscheinungsform aus 0 und 1, Texte, Bilder, etc. verwandelbar. Diese neuartige Materialität, die gerade keine materielle, sondern eine virtuelle Grundlage hat, hat nicht nur die ökonomischen Rahmenbedingungen von Musik verändert. Sie hat die ästhetische Erscheinung der Musik selbst verändert.

6 Literatur

Adorno, Theodor W., 2000, Ästhetische Theorie, Tiedemann, Rolf et al. (Hrsg.), Theodor W. Adorno. Gesammelte Schriften Band. Frankfurt/Main: Suhrkamp.

Appen, Ralf von, 2007, Der Wert der Musik. Zur Ästhetik des Populären. Bielefeld: Transcript.

Bielefeldt, Christian et al. (Hrsg.), 2008, Popmusicology. Perspektiven der Popmusikwissenschaft. Bielefeld: Transcript.

Boehmer, Konrad, 2007, „Musik als klingende Münze. Oder: Von Beethoven, Berlioz und Schumann lernen …“ *Neue Zeitschrift für Musik* 2/2007: 17-19.

Clement, Michel und Sönke Albers, 2005, „Netzeffekte und Lebenszyklus von Musik“, in: Clement, Michel und Oliver Schusser (Hrsg.), Ökonomie der Musikindustrie: 41-54. Wiesbaden: Deutscher Universitäts-Verlag.

Dahlhaus, Carl, 1970, Analyse und Werturteil, Musikpädagogik 8, Mainz.

De la Motte-Haber, Helga, 2004, „Fragestellungen der Ästhetik und Kunsttheorie“, in: De la Motte-Haber, Helga (Hrsg. in Verbindung mit Eckhard Tramsen), Musikästhetik. Handbuch der Systematischen Musikwissenschaft Band 1: 17-37, Laaber: Laaber.

Engh, Marcel, 2005, „Managing Artist and Repertoire (A&R)“, in: Clement, Michel und Oliver Schusser (Hrsg.), Ökonomie der Musikindustrie: Wiesbaden: Deutscher Universitäts-Verlag.

Engh, Marcel, 2006, Popstars als Marke. Identitätsorientiertes Markenmanagement für die musikindustrielle Künstlerentwicklung und -vermarktung, Wiesbaden: 95-111. Deutscher Universitäts-Verlag.

Fuhr, Michael, 2007, Populäre Musik und Ästhetik. Die historisch-philosophische Rekonstruktion einer Geringschätzung. Bielefeld: Transcript.

Gillig-Degrave, Manfred, 2007, „Apropos: Musik ist ein Geschenk“, *Musikwoche* 41/2007: 4.

Gillig-Degrave, Manfred, 2008, „Apropos: Content zwischen Kontext und Konzept“, *Musikwoche* 6/2008: 4.

Großmann, Rolf, 2008, „Die Geburt des Pop aus dem Geist der phonographischen Reproduktion“, in: Bielefeldt, Christian, et al. (Hrsg.), Popmusicology. Perspektiven der Popmusikwissenschaft: 119-134, Bielefeld: Transcript.

Gruhn, Wilfried, 1998, Der Musikverstand. Neurobiologische Grundlagen des musikalischen Denkens, Hörens und Lernens, Hildesheim, Zürich, New York.

Gumprecht, Hans Ulrich, 2003, „Epiphanien“, in: Küpper, Joachim und Christoph Menke (Hrsg.), Dimensionen ästhetischer Erfahrung: 203-222, Frankfurt/Main: Suhrkamp.

Hattinger, Wolfgang, 2007, „Zwischen Anspruch und Event. Vom schlechten Gewissen der Musikmacher“, *Österreichische Musikzeitschrift* 2007/8-9: 18-26.

Hellbrück, Jürgen, 2008, „Das Hören in der Umwelt des Menschen“, in: Bruhn Herbert et al. (Hrsg.), Musikpsychologie. Das neue Handbuch: 17-36. Reinbek: Rowohlt.

Helms, Dietrich, 2002, „Musikwissenschaftliche Analyse populärer Musik?“, in: Rösing, Helmut, Albrecht Schneider und Martin Pfleiderer (Hrsg.), Musikwissenschaft und populäre Musik. Versuch einer Bestandsaufnahme: 91-103, Hamburger Jahrbuch für Musikwissenschaft Band 19. Frankfurt/Main: Peter Lang.

Helms, Dietrich 2003, „Auf der Suche nach einem neuen Paradigma: Vom System Ton zum System Sound“, in: Phleps Thomas et al. (Hrsg.), Pop Sounds. Klangtexturen in der Pop- und Rockmusik. Basics – Stories – Tracks: 197-228. Bielefeld: Transcript Verlag.

Hertin, Paul W., 2003, „Grundlagen des Musikurheberrechts“, in: Moser, Rolf und Andreas Scheuermann (Hrsg.), Handbuch der Musikwirtschaft. 6. vollständig überarbeitete Auflage: 771-803. Starnberg und München: Josef Keller Verlag.

Hoegl, Clemens, 2006, „Das ökonomische Dilemma: Musik um welchen Preis?“ in: Jacobshagen, Arnold und Frieder Reininghaus (Hrsg.): Musik und Kulturbetrieb. Medien, Märkte, Institutionen. Handbuch der Musik im 20. Jahrhundert, Band 10: 166-177. Laaber: Laaber-Verlag.

Kneif, Tibor, 1971, „Musikästhetik“, in: Dahlhaus, Carl (Hrsg.), Einführung in die systematische Musikwissenschaft. Musik-Taschen-Bücher Theoretica Band 10: 133-169, Laaber: Laaber.

Krenek, Ernst, 1938, „Bemerkungen zur Rundfunkmusik“ *Zeitschrift für Sozialforschung* VII.1/2, Hrsg. im Auftrag des Instituts für Sozialforschung von Max Horkheimer Paris: 148-165.

Krenek, Ernst, 1956, De rebus prius factis. Frankfurt/Main: Wilhelm Hansen.

Kultur in Deutschland, 2008, Schlussbericht der Enquete-Kommission. Regensburg: Con Brio.

Nowak, Adolf und Klaus-Ernst Behne, 1997, „Musikästhetik“, in: Finscher, Ludwig et al. (Hrsg.), Musik in Geschichte und Gegenwart. Sachteil Band 6, 2. neu bearbeitete Auflage: 968-1016. Kassel und Stuttgart: Bärenreiter und Metzler.

Renner, Tim, 2003, „Die Musikcompany der Zukunft“, in: Moser, Rolf und Andreas Scheuermann (Hrsg.), Handbuch der Musikwirtschaft, 6. vollständig überarbeitete Auflage: 239-245. Starnberg und München: Josef Keller Verlag.

Sanio, Sabine, 2004, „Erfahrung statt Vergegenständlichung. Zum Begriff der Situation in der gegenwärtigen Ästhetik“, in: De la Motte-Haber, Helga (Hrsg. in Verbindung mit Eckhard Tramsen): Musikästhetik. Handbuch der Systematischen Musikwissenschaft Band 1: 356-372. Laaber: Laaber-Verlag.

Schramm, Holger und Reinhard Kopiez, 2008, „Die alltägliche Nutzung von Musik“, in: Bruhn Herbert et al. (Hrsg.), Musikpsychologie. Das neue Handbuch: 253-265. Reinbek, Rowohlt.

Seel, Martin, 1996, Eine Ästhetik der Natur, Frankfurt/Main: Suhrkamp.

Seel, Martin, 2003, Ästhetik des Erscheinens. Lizenzausgabe München, Wien: Carl Hanser Verlag 2000. Frankfurt/Main: Suhrkamp.

Seel, Martin, 2007a, „Vom Nutzen und Nachteil der evolutionären Ästhetik“, in: Seel, Martin (Hrsg.), Die Macht des Erscheinens. Texte zur Ästhetik: 107-122, Frankfurt/Main: Suhrkamp.

Seel, Martin, 2007b, „Ästhetik und Hermeneutik. Gegen eine voreilige Verabschiedung“, in: Seel, Martin (Hrsg.), Die Macht des Erscheinens. Texte zur Ästhetik: 27-38, Frankfurt/Main: Suhrkamp.

Smudits, Alfred, 2002, Mediamorphosen des Kulturschaffens. Kunst und Kommunikationstechnologien im Wandel. Wien: Braumüller.

Stelzer, Dirk, 2000, „Digitale Güter und ihre Bedeutung in der Internetökonomie", *Das Wirtschaftsstudium* 6/2000: 835-842.

Stroh, Wolfgang Martin, 2008, „Die Idee des geistigen Eigentums als bürgerliches Relikt. Als Allgemeingut im Netz: die Werke Gustavo Becerra-Schmidts sind „open score", *Neue Musikzeitung,* 6/2008: 13-14.

Tadday, Ulrich, 2004, „Musikalischer Körper – körperliche Musik. Zur Ästhetik auch der populären Musik", in: De la Motte-Haber, Helga (Hrsg. in Verbindung mit Eckhard Tramsen): Musikästhetik. Handbuch der Systematischen Musikwissenschaft Band 1: 395-407, Laaber: Laaber-Verlag.

Tschmuck, Peter, 2003, Kreativität und Innovation in der Musikindustrie, Innsbruck: Studienverlag.

Van Hoff, Niel und Carl Mahlmann, „Managing Marketing und Sales", in: Clement, Michel und Oliver Schusser (Hrsg.), Ökonomie der Musikindustrie: 131-155. Wiesbaden: Deutscher Universitäts-Verlag.

Wellmer, Albrecht, 2002, „Das musikalische Kunstwerk", in: Kern Andrea und Ruth Sonderegger (Hrsg.), Falsche Gegensätze. Zeitgenössische Positionen zur philosophischen Ästhetik: 133-175. Frankfurt/Main: Suhrkamp.

Wicke, Peter, 1997, „Musikindustrie", in: Finscher, Ludwig et al. (Hrsg.), Musik in Geschichte und Gegenwart. Sachteil Band 6, 2. neu bearbeitete Auflage: 1343-1361. Kassel und Stuttgart: Bärenreiter und Metzler.

Wicke, Peter, 2002, „Popmusik in der Theorie. Aspekte einer problematischen Beziehung", in: Rösing, Helmut, Albrecht Schneider und Martin Pfleiderer (Hrsg.), Musikwissenschaft und populäre Musik. Versuch einer Bestandsaufnahme: 61-73, Hamburger Jahrbuch für Musikwissenschaft Band 19. Frankfurt/Main: Peter Lang.

Artist & Repertoire (A&R). Eine markentheoretische Betrachtung

Marcel Engh

1 Digitaler Paradigmenwechsel in der Musikindustrie

Der heutige Musikmarkt steht vor einem grundlegenden Strukturwandel. Der digitale Paradigmenwechsel erodiert zunehmend das tradierte Geschäftsmodell der Musikindustrie in Form der Produktion und Vermarktung von physischen Tonträgern. Das Umsatzniveau des deutschen Tonträgermarktes hat sich in den letzten zehn Jahren (1997-2007) fast halbiert – ein Ende des Markteinbruchs ist nicht in Sicht (Bundesverband der Phonographischen Wirtschaft 2007: 12). Dennoch ist die Musikbegeisterung ungebrochen und es wird heute mehr Musik konsumiert als je zuvor, wobei sich das Rezeptions- und Konsumverhalten zunehmend vom physischen Tonträger gelöst und crossmedial aufgefächert hat. Über die Hälfte aller Erlösströme werden im deutschen Musikmarkt nicht mehr von der klassischen Musikindustrie, sondern von anderen Akteuren durch die Verwertung von Nebenrechten für Konzerte, Events, Merchandising oder Sponsoring generiert. Neben starken Umsatzzuwächsen im Live-Konzert-Markt ist Musik auch ein zentraler Treiber erfolgreicher Web 2.0-Plattformen wie MySpace oder YouTube – fast 50% des Traffics des beliebten Videoportals YouTube basiert auf Musikvideoinhalten.

Die seitens der Musikindustrie aus der Distributionsperspektive sehr einseitig geführte Diskussion greift jedoch zu kurz und sollte um die Contentperspektive ergänzt werden. Hier steht die Musikindustrie in massiver Kritik, die dramatische Entwicklung zum Teil selbst verantwortet zu haben, da Attraktivität und Qualität der produzierten Musikinhalte abgenommen habe. Ein häufiger Vorwurf ist, dass die Musikindustrie aufgrund des ökonomischen Drucks keinen langfristigen Künstleraufbau mehr verfolgt, sondern mit enormen Marketingbudgets Stars künstlich und ohne Nachhaltigkeit aufbaut, um kurzfristige Businessplanziele zu erreichen. Losgelöst vom digitalen Paradigmenwechsel und der Distributionsform hat sich das Kerngeschäft der Musikindustrie nicht verändert: Das Aufspüren von Musikkünstlern sowie deren langfristiger Aufbau zu Popstars. A&R basiert auf dieser kreativen Kernkompetenz, wobei der Begriff „A&R“ für „Artist“ und „Repertoire“ steht.

Aus musikwirtschaftlicher Perspektive wird der kreative Produktionsprozess der Musikinhalte als A&R-Politik bezeichnet und ruht auf zwei konstitutiven Säulen: (1) Auswahl des Künstlers und Imagegestaltung als „Artist"-Komponente und (2) Gestaltung des Musikinhalts als „Repertoire"-Komponente.

Der vorliegende Aufsatz soll den A&R-Prozess deskriptiv skizzieren und theoretisch fundieren. Hierzu wird ein markentheoretischer Bezugsrahmen entwickelt und zentrale Grundlagen der A&R-Politik beschrieben werden. Darauf aufbauend wird der A&R-Prozess anhand des Fallbeispiels *Britney Spears* dokumentiert und diskutiert.

2 Markentheoretischer Bezugsrahmen für die A&R-Politik

Den Künstler als Marke zu begreifen motiviert einen holistischen Fokus auf den A&R-Prozess der Künstlerentwicklung und dessen Vermarktung. Seit Domizlaff, der schon 1939 die „Grundgesetze der natürlichen Markenbildung" postulierte und als Begründer der Markentechnik gilt, haben Markenbegriff und Verständnis der Markenführung verschiedene Entwicklungsstufen durchlaufen. Obwohl nicht von einer konsistenten Terminologie gesprochen werden kann, mündet die Entwicklung grundsätzlich in das wirkungsbezogene Markenverständnis aus Sicht des Rezipienten. Dieses Markenverständnis scheint für die Analyse von markierten Musikangeboten geeignet, da für populäre Musik die audiovisuellen Assoziationen und das Vorstellungsbild bezüglich des Popstars in den Köpfen der Konsumenten konstitutive Merkmale darstellen. Jedoch muss zur Begriffsbestimmung der Musikmarke die zugrunde liegende markierte Leistung des Musikangebots näher bestimmt werden. Der Kern der angebotenen Leistung besteht aus dem Musikinhalt sowie der dahinter stehenden Künstleridentität, die sich als Künstlerimage in den Köpfen der Konsumenten manifestiert und als Klammer über das breite Leistungsspektrum des Musikangebots fungiert. Die folgende Begriffsabgrenzung spiegelt die Hybridität des Musikprodukts wider: In Anlehnung an Meffert soll eine „Musikmarke" als ein in der Psyche des Konsumenten verankertes, unverwechselbares Vorstellungsbild von einem Musikangebot beschrieben werden, das über einen längeren Zeitraum in ähnlicher Form angeboten wird (Meffert 1994: 177; Engh 2004: 22). Das künstlerbezogene Musikangebot (z. B. *Britney Spears*) ist vom nichtkünstlerbezogenen Musikangebot (z.B. *Loveparade*) abzugrenzen. Ferner kann die zugrunde liegende markierte Leistung in materieller (z.B. CD) oder immaterieller Form (z.B. Klingelton) vorliegen und kann zudem die Integration eines externen Faktors erforderlich machen (z.B. Konzertbesuch).

Der vorliegende Aufsatz fußt auf dem theoretischen Fundament des image- und identitätsorientierten Markenführungsverständnisses. Der verhaltensorientierte Ansatz der Markenführung basiert auf den Ergebnissen der umfangreichen

Forschung zur Bedeutung, Entstehung und den verschiedenen Komponenten des Markenimages. Das „identitätsorientierte Markenführungskonzept" hat sich in den letzten Jahren als Erfolg versprechender Ansatz zur Neuorientierung des Markenmanagements erwiesen und wurde seit Mitte der 80er Jahre parallel an Forschungsinstituten in Paris, Berkeley und Münster entwickelt. Hierbei wird von einem verhaltenswissenschaftlichen Grundverständnis ausgehend eine hohe Kaufverhaltensrelevanz auf eine starke Identität der Marke zurückgeführt. Die Identität der Marke wiederum bildet die Voraussetzung für die Entwicklung und Festigung des Vertrauens des Konsumenten in die Marke und ist die Grundlage für eine langfristige Kundenbindung und Markentreue. Wichtig für den Prozess der identitätsorientierten Markenführung ist die klare Unterscheidung zwischen „Identität" und „Image" der Marke. Die Markenidentität bestimmt als Aussagensystem das Selbstbild der Marke aus der Sicht des agierenden Unternehmens, während das Markenimage als Akzeptanzsystem das Fremdbild der Marke in den Köpfen der relevanten Anspruchsgruppen beschreibt. Die Markenidentität als Selbstbild stellt somit die strategische Plattform der Markenführung dar, an der sämtliche strategischen und operativen Folgeentscheidungen auszurichten sind, um das Markenimage als Fremdbild langfristig in Form von mentalen Wissensstrukturen beim Konsumenten aufzubauen (vgl. Meffert und Burmann 2002: 90).

Die Aktionsebene des markenführenden Musikunternehmens liegt in der Schaffung einer starken Künstleridentität, die sich aus diversen Quellen speist: Künstlerpersönlichkeit, seine Biographie sowie Song- und Soundgestaltung seien hier beispielhaft angeführt. Zielebene des Musikunternehmens ist es, die kreierte Künstleridentität über geeignete Kommunikationsmaßnahmen nachhaltig als Künstlerimage in den Köpfen der Rezipienten zu verankern. Die Outside-In-Perspektive der absatzmarktbezogenen Markenführungskonzeptionen wird somit um die innengerichtete Inside-Out-Perspektive ergänzt, wodurch sich die Künstleridentität über einen längeren Zeitraum als Folge der Wechselwirkungen von marktorientierten Handlungen des Musikunternehmens entsprechend seiner Ressourcenkompetenz konstituiert (vgl. Engh 2006: 92-99).

Abbildung 1: Konzept der identitätsorientierten Musikmarkenführung (Quelle: Engh 2006)

Die weiteren Ausführungen fokussieren die Inside-Out-Perspektive und beschreiben die A&R-Politik als zentrale Ressource des Musikunternehmens, die Künstleridentität zu formen und in den Köpfen der Rezipienten nachhaltig zu verankern.

3 Grundlagen der A&R-Politik

3.1 Akteure der A&R-Politik

Als „Künstler" bezeichnet man im Allgemeinen den Musikschaffenden, der als Interpret des Musikangebots sichtbar wird, wobei der künstlerseitige Schaffensprozess geteilt sein kann: Einerseits können sich die Subakteure Komponist, Texter, Produzent und Interpret in der Person des sichtbaren Künstlers verdichten, andererseits aber auch getrennte, eng kooperierende Akteure darstellen.

„Komponist" und „Texter" sind für die Songgestaltung zuständig, wobei die Rolle des „Produzenten" die Organisation, Koordination und Kontrolle der künstlerischen und kommerziellen Einflussgrößen umfasst und primär dafür verantwortlich ist, wie etwas aufgenommen wird. Somit übernimmt der Produzent die handwerkliche Produktion des Songs und ist für den klanglichen Gesamteindruck verantwortlich (Frith 1981: 99). Die Akteure der Musikproduktion bekommen seitens des Musiklabels einen Produktionskostenvorschuss, der in der Regel gegen eine Umsatzbeteiligung („Royalties") pro verkauften Tonträger verrechenbar ist. Generell ist festzustellen, dass die Musikindustrie aufgrund des Markteinbruchs und des Margendrucks die Produktionsbudgets in den letzten Jahren deutlich reduziert hat. Ferner entwickeln sich Produktionsteams verstärkt zu ganzheitlichen Kreativzellen, die neben der Produktion und der Umsetzung des Sounds auch das Songwriting und zum Teil sogar die Positionierung des Künstlers übernehmen. Als Beispiel lässt sich das in den 90er Jahren sehr erfolgreiche Produktionsteam *Cheiron Productions* anführen, das den Teenpop-Sound der 90er Jahre als Sound Branding etablierte und u. a. Songwriting und Produktion für die *Backstreet Boys, Christina Aguilera* oder *Britney Spears* übernahm.

Der „Künstlermanager" sieht im Künstler einen kommerziell nutzbaren Investitionsträger, den es aufzubauen und zu vermarkten gilt. Er vertritt hierbei den Künstler in geschäftlichen Interessen und kanalisiert in der Regel die gesamte Kommunikation, so dass der Künstler von geschäftlichen Belangen befreit ist und sich auf seine kreative Aufgabe konzentrieren kann (Engh 2006: 46). Diese Aufgaben erfordern eine ganzheitliche Koordination und Steuerung der Künstlerentwicklung, wobei der Künstlermanager langfristige ökonomische Ziele und Imagepositionen festlegen muss (Lyng 1990: 12ff.). Das „Musiklabel" stellt das Tonträgerunternehmen dar, dessen Marktbearbeitung auf drei zentralen Säulen beruht: (1) A&R, (2) Marketing und Promotion sowie (3) Produktion und Distribution des Musikinhalts (Schulze 1996: 122-128). Die A&R-Abteilung kann als kreativer Nukleus des Musiklabels bezeichnet werden, die zum einen als Trendscout neue Künstler und neue Musikrichtungen entdecken und an das Label binden soll und zum anderen den kreativen Schaffensprozess gestaltet bzw. als Kreativmonitor beobachtet und gegebenenfalls eingreift (Engh 2004: 22ff.).

Die A&R-Organisation hat in der Regel einen A&R-Direktor mit zuarbeitenden und nach Genre strukturierten A&R-Teams, wie z. B. für die Genresegmente Rock/Pop, HipHop oder Schlager und Volksmusik. Ein breit aufgestelltes Musiklabel hat für jedes Genre ein speziell auf die Szene ausgerichtetes A&R-Team, das den „Puls des Marktes" fühlen und den nächsten großen Künstler an das Label binden soll. „A&R-Manager" müssen neben „guten Ohren" eine hohe soziale Kompetenz besitzen, da das zentrale Arbeitsinstrument aus dem Kontaktnetzwerk von Künstlern, Produzenten, Songwritern, Talentscouts, Musikverlagen, Managementagenturen sowie Opinionleadern der Musikszene besteht. A&R-Manager verbringen einen Großteil der Zeit mit der Pflege und dem Ausbau dieses Kreativnetzwerks sowie dem Abhören von Demobändern, die seitens des Künstlers bzw. dessen Management zunehmend auch in digitaler Form über das Internet im großen Umfang zugestellt werden. Die Qualität dieser Demos ist häufig noch in einer „Pre-Production"-Phase und verlangt vom A&R-Manager zum einen sehr geschulte Ohren, um das kreative Potenzial zu erkennen, sowie die konkrete Vorstellung, wie es „fertig produziert" klingen könnte. Zum anderen verlangt das Abhören der Demos eine marktseitige Interpretation, die auch das Image des Künstlers umfasst: Inwieweit ist ein bestimmter Musikstil am Markt durchsetzbar, welche Rolle spielt dabei das Imagekonzept des Künstlers und welche Zielgruppen sollen angesprochen werden? Hier wird deutlich, dass das Kompetenzspektrum des A&R-Managers auch Aspekte des Marketings beinhaltet, wie Fragen der Künstlerpositionierung, des Künstlerimages sowie der Zielgruppenansprache. Obwohl die A&R-Politik im engeren Sinne das Finden und die inhaltliche Entwicklung von Künstlern umfasst, gehören die genannten Marketingelemente zur erweiterten A&R-Funktion und werden in der Regel gemeinsam mit dem Produktmanager umgesetzt. In der Organisation mancher Majorunternehmen wurden aufgrund des fließenden Übergangs der Kompetenzbereiche auch integrierte A&R/Marketing-Abteilungen etabliert, wobei sich heute tendenziell eher getrennte und kooperierende Abteilungen in der Organisationsstruktur durchgesetzt haben (Gottschalk 2003: 451ff.).

3.2 Handlungsraum der A&R-Politik

Obwohl die Herangehensweise der Musikindustrie sehr pragmatisch ist und sich großteils durch intuitive Entscheidungen auszeichnet, soll dieser Abschnitt aus musikwirtschaftlicher Sicht einen Bezugsrahmen schaffen, der den Künstlerentwicklungsprozess systematisiert sowie Ziele und Strategieansätze aufzeigt. Die A&R-Politik besteht aus zwei konstitutiven Dimensionen: (1) Die „Personendimension" beinhaltet die Künstlerauswahl und die Gestaltung der Künstleridentität als „Artist"-Komponente. (2) Die „Produktdimension" beschreibt die Gestaltung des auditiven Musikinhalts als „Repertoire"-Komponente. Aus der Sicht des Musiklabels bestimmt die Ausgestaltung beider Dimensionen die übergeordnete Künstleridentität, die sich nach der Umsetzung aller kommunikativen Maßnahmen als Künstlerimage in den Köpfen der Musikkonsumenten verankern soll. Die Aktionsparameter der Produktdimension lassen sich wiederum in die beiden Stoßrichtungen Songgestaltung als repertoirepolitische Entscheidung bezüglich Komposition und Text sowie Soundgestaltung systematisieren, d. h. die handwerkliche Produktion des klanglichen Gesamteindrucks. Zusammenfassend sind diese drei Dimensionen in der Lage, einen Möglichkeitenraum für die A&R-

Politik aufzuspannen, der die Handlungsoptionen für die Künstlerentwicklung systematisiert (vgl. Engh 2006: 237-241).

Die drei Stoßrichtungen können auch als A&R-Basisentscheidungen betrachtet werden, (1) die Künstleridentität im Wesen zu definieren, (2) die geeigneten Songs zu entwickeln sowie (3) diese im richtigen Sound zu produzieren. In der Regel stellt die Definition der Künstleridentität die strategische Ausgangsentscheidung dar, die Song- und Soundgestaltung auf die Künstleridentität ausrichtet. Für die Entwicklung eines identitätsstarken A&R-Konzepts muss deshalb ein grundlegender Fit zwischen Personen- und Produktdimension gegeben sein. Ein idealtypischer A&R-Prozess startet mit der Ausgestaltung der Personendimension und der Definition der Strukturmerkmale, die das Wesen und damit die Kernidentität des Künstlers bestimmen, wobei diese maßgeblich durch das zentrale Strukturmerkmal der Künstlerpersönlichkeit geprägt wird. Die formulierte Kernidentität fungiert als Kristallisationspunkt, die alle weiteren A&R-Entscheidungen und die gesamte Musikmarkenführung integriert ausrichtet. Die Kernidentität der Musikmarke bestimmt somit die weitere strategische Logik der Künstlerentwicklung, indem sie als Ausgangsplattform einen strategischen Möglichkeitenraum für die Künstlerentwicklung aufspannt. Die Ausgestaltung der Produktdimension sollte ebenfalls an der Kernidentität des Künstlers ausgerichtet werden. Die Repertoirepolitik sollte einer Songgestaltung folgen, welche die formulierte Soll-Identität des Künstlers unterstreicht. Hierbei ist unter anderem darauf zu achten, dass die semantische Dimension des Textes zur Künstleridentität passt. Die Soundpolitik kann diese wiederum durch ein geeignetes Klangbild stärken.

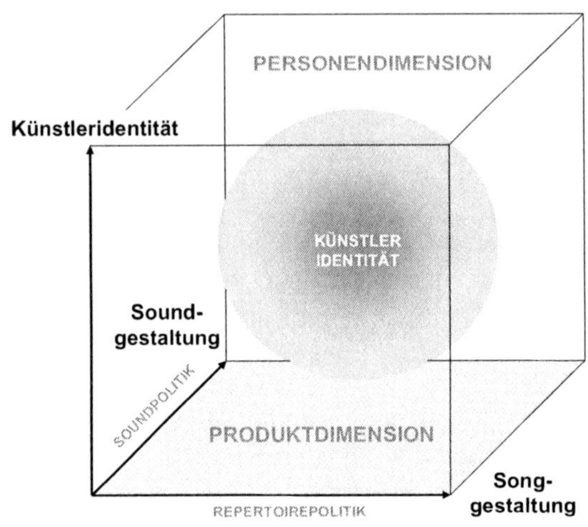

Abbildung 2: *Abbildung 2*: A&R-politischer Handlungsraum (Quelle: Engh 2006)

4 A&R-Politik am Beispiel *Britney Spears*

Im Folgenden soll der musikindustrielle A&R-Prozess anhand des Fallbeispiels *Britney Spears* idealtypisch veranschaulicht werden, wobei der A&R-Prozess nach den skizzierten Dimensionen des musikindustriellen Handlungsraums diskutiert werden soll.

4.1 Ausgestaltung der Personendimension

Die Ausgestaltung der Personendimension zielt auf die Künstlerauswahl und die Definition der Künstleridentität. Unterschieden werden können hier Strukturmerkmale und Zuschreibungsmerkmale. „Strukturmerkmale" stellen essenzielle Attribute dar, welche die Kernidentität des Künstlers beschreiben. Hierzu zählen Künstlerpersönlichkeit, Künstlername und Künstlerbiographie. Die Künstlerpersönlichkeit spielt für die Gestaltung der Kernidentität eine übergeordnete Rolle. Während Strukturmerkmale von hoher übersituativer Konsistenz und zeitlicher

Kontinuität die Kernidentität des Künstlers bestimmen, beschreiben „Zuschreibungsmerkmale“ als akzidentielle Eigenschaften die periphere Identität des Künstlers. Hierbei kann die Kernidentität als Kristallisationspunkt die Gestaltung der im Zeitablauf variableren peripheren Identität ausrichten. Zentrale Zuschreibungsmerkmale sind der persönliche Stil und das visuelle Erscheinungsbild des Künstlers (vgl. Engh 2006: 213-227).

Britney Spears rückte 1999 mit ihrem ersten großen Hit *Baby One More Time* als Teenager mit 17 Jahren schlagartig in den Blickpunkt der Öffentlichkeit. In der Zeit von 1999 bis 2004 wurden vier Alben veröffentlicht, die mit fast 60 Millionen verkauften Tonträgern der Künstlerin einen Superstar-Status verschafften. Die Künstlerentwicklung lässt sich bis heute durch zwei Phasen charakterisieren, die aus einer 2001 definierten und umgesetzten Neupositionierung resultieren. Das Ziel der Neupositionierung bestand darin, die Persönlichkeit des Popstars *Britney Spears* vom netten Mädchen von nebenan hin zu einer sexuell selbstbewussten jungen Frau zu entwickeln.

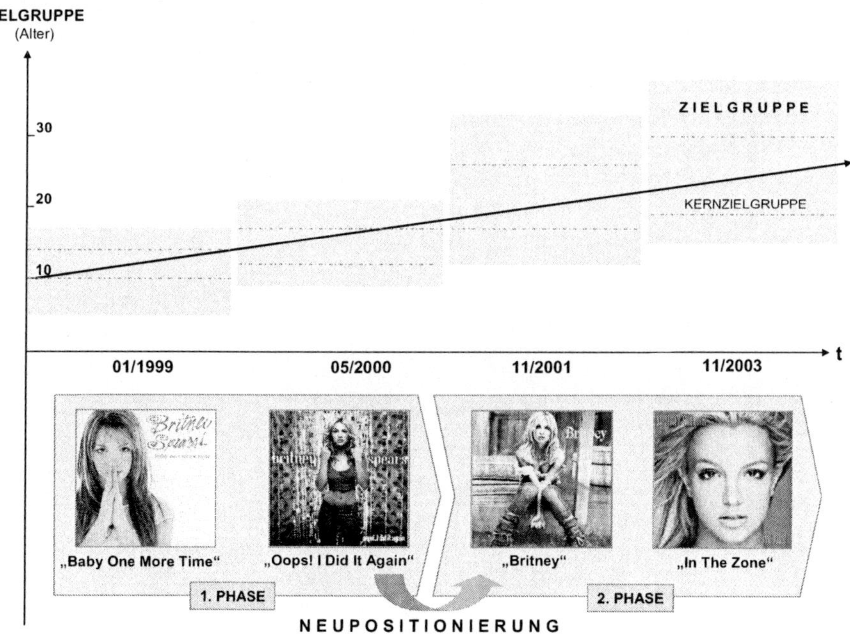

Abbildung 3: Künstlerentwicklung und Zielgruppendefinition im Zeitablauf (Quelle: Engh 2006)

Die zentrale Entscheidungsproblematik in dieser Phase der Künstlerentwicklung bestand in einer zielgruppenspezifischen Gratwanderung, die frühen Fans zu halten und mit ihrem Popstar „älter werden“ zu lassen und gleichzeitig neue Konsumenten anzusprechen und als Fans zu gewinnen. Während die ersten beiden Alben noch primär für ein junges Teenpublikum entwickelt wurden, konnte 2001 mit dem dritten Album die Neupositionierung umgesetzt und eine breitere und ältere Zielgruppe angesprochen werden.

Eine zentrale Herausforderung der Künstlerentwicklung bestand darin, die Aufmerksamkeit neuer Konsumenten auf *Britney Spears* zu lenken. Eine Profilierung der Personendimension mit ausschließlich sexuellen Attributen schien nicht zielführend, da diese im Konkurrenzumfeld keine Alleinstellung garantierten – vor allem *Christina Aguilera* verfolgte eine ähnliche Positionierungsstrategie. Für die Erschließung neuer Zielgruppen und die semantische Anreicherung der Künstleridentität hat sich ein auf dem Konstrukt des „Imagetransfers“ basierender A&R-Ansatz bewährt. Hierbei werden Kooperationsprojekte mit Künstlern umgesetzt, deren Attribute oder übergeordnete Images den zu entwickelnden Künstler in die gewünschte Richtung aufladen können.

Im Fall von *Britney Spears* entschloss man sich, eine längerfristige Kooperation mit dem Superstar *Madonna* anzubahnen, da Strukturmerkmale ihrer Künstleridentität der formulierten Soll-Identität von *Britney Spears* entsprachen. Attribute des *Madonna*-Images sollten auf *Britney Spears* übertragen werden und die neue Künstleridentität festigen. Das erste öffentliche Zusammentreffen war während der MTV Music Awards 2003, wo *Madonna* zum 20jährigen Jubiläum von MTV ihren ersten großen Hit *Like A Virgin* neu interpretierte und auf der Bühne inszenierte. *Madonna* schlüpfte in die Rolle des Bräutigams und trat zusammen mit *Britney Spears* und *Christina Aguiliera* auf, welche beide die Rolle der Braut übernahmen. Die Darbietung schloss mit einem Kuss zwischen *Madonna* und *Britney Spears*, der als Provokation empfunden, heftige Debatten auslöste (vgl. Abbildung 4).

Abbildung 4: Auftritt bei den MTV Music Awards 2003 (Quelle: MTV)

Für die Positionierungsziele von *Britney Spears* war dieser Auftritt zielführend: Die „Königin des Pop" kürt die „Prinzessin des Pop" und übernimmt die Rolle der Mentorin. Die früher stark thematisierte Beziehung zur ihrer Mutter wurde zurückgenommen und durch *Madonna* ersetzt, die von nun an eine private und kreativ-geschäftliche Beziehung zu *Britney Spears* pflegte. Beispielsweise hatte *Madonna* einen prominenten Auftritt im Video zur ersten Single *Me Against The Music* und im Gegenzug hatte die „Prinzessin des Pop" Gastauftritte während der „Re-Invention"-Tour von *Madonna.*

Zuschreibungsmerkmale bestimmen die periphere Identität und visualisieren vor allem über das Erscheinungsbild des Künstlers dessen Kernidentität nach außen. Das Erscheinungsbild wird über Medienkanäle an den Konsumenten herangetragen: Artwork der CD, Musikvideos und Pressefotos sind beispielsweise zentrale Treiber der Imagebildung. Das Video zur ersten Hitsingle *Baby One More Time* verdeutlicht die Zuschreibungsmerkmale, die für *Britney Spears* in der ersten Phase formuliert wurden. Der Inhalt des Songs, der die diffusen Gefühle einer jungen Liebesbeziehung beschreibt, wird durch das Video in den Kontext „Schulalltag“ und „Peergroup" transportiert und wird somit in einer relevanten Lebenswelt der Zielgruppe verankert.

Die Strukturmerkmale „nettes Mädchen von nebenan“ und „moralisch“ wurden im Video durch das Bild eines „college girls“ in Schuluniform und strengen Zöpfen visualisiert. Eine Neuausrichtung der Zuschreibungsmerkmale erfolgte in der zweiten Phase mit der Singleauskopplung *I'm a Slave 4 U* des dritten Albums *Britney* und einer radikalen visuellen und inhaltlichen Neupositionierung. Die Repertoirepolitik zielt eindeutig auf sexuelle Konnotationen und eine Adaption bzw. Anreicherung der Kernidentität in diese Richtung. Die visuelle Umsetzung in tangible Zuschreibungsmerkmale wird durch das Musikvideo dokumentiert: „*Get nasty*“ haucht die Künstlerin lasziv und eine tief geschnittene, enge Lederhose gibt den Blick frei auf den verschwitzten, fast nackten Körper des Popstars.

4.2 Ausgestaltung der Produktdimension

Bei der Produktion des auditiven Musikinhalts wurden die Repertoirepolitik und die Soundpolitik als zentrale Instrumente der Produktdimension unterschieden. Während die Repertoirepolitik die Songgestaltung beschreibt, zielt die Soundpolitik auf die handwerkliche Produktion und die Gestaltung des allgemeinen Klangbilds. Die „Repertoirepolitik“ kann in zwei Dimensionen differenziert werden: Komposition und Text des Songs. Die Komposition umfasst die Variablen Melodie, Harmonie und Rhythmus, wobei die Melodie als sangbare und geschlossen wahrnehmbare Tonfolge das wichtigste Kompositionsinstrument darstellt, damit ein Song im episodischen Gedächtnis „nachhallt“ und dort als „Ohrwurm“ verankert werden kann (de la Motte-Haber 1996: 478). Die zweite Dimension des Songs besteht aus dem Text, der die Komposition begleitet und dem musikalischen Stimulus eine semantische Qualität gibt, die sowohl emotionale als auch kognitive Prozesse auslösen kann. Der Text kann weiter operationalisiert werden: Einerseits in den „Refrain“ bzw. „Chorus“ als textlich und melodisch gleich bleibende Wiederholung von einem Textausschnitt und andererseits den „Verse“ als die dazwischen liegenden Strophen. Die Elemente Komposition und Text sollten sich in der Regel in der sogenannten „Hook“ des Songs verdichten, die Refrain und Kernmelodie zusammenführt und für den Rezipienten gestaltpsychologisch „greifbar“ macht. In der Repertoirepolitik stellt die Gestaltung der Hook somit das wichtigste Tool dar, den Song gedächtnispsychologisch zu verankern. Die „Soundpolitik“ kennzeichnet die handwerkliche Produktion des Songs und beschreibt den klanglichen Gesamteindruck des Musikangebots, der im Wahrnehmungsprozess populärer Musik eine kaufentscheidende Rolle spielt. Der Sound lässt sich durch die Attribute Instrumentation und

Arrangement, Aufnahme- und Wiedergabeverfahren sowie Interpretation und menschliche Stimme des Interpreten weiter operationalisieren (Engh 2006: 231). Ein klar konturiertes Soundprofil kann hierbei als Sound Branding für den Aufbau der Künstleridentität konstitutiv sein.

Die in der Personendimension formulierte Neupositionierung hat Auswirkungen auf die Song- und Soundgestaltung der Produktdimension. Während die Repertoirepolitik der ersten beiden *Britney-Spears*-Alben das Thema Liebe lediglich als Beziehungskonstrukt behandelten, enthalten die Texte der Alben nach der Neupositionierung starke sexuelle Konnotationen, die das neue sexuelle Selbstbewusstsein der Künstlerin explizit ausdrücken: In *Breath On Me* haucht sie lasziv „*... and boy don't stop 'cause I'm halfway there*" oder in *Touch Of My Hand* beschreibt sie anschaulich die Vorzüge der Masturbation. Die Themen Körperbewusstsein und Sexualität ziehen sich fast durch das gesamte Album *In The Zone*. Die neue semantische Qualität der Songtexte wird in der Soundpolitik durch das Klangbild verstärkt. Während das Klangbild in der ersten Phase der Künstlerentwicklung sich als eingängiger „glossy pop" des schwedischen Produzententeams *Cheiron Productions* manifestiert, wirkt der Sound nach der Neupositionierung komplexer und urbaner. Der Bruch im Klangbild erfolgte mit der Single *I'm A Slave 4 U*, die vom Produzententeam *The Neptunes* umgesetzt wurde. Das urban-elektronische Klangbild des innovativen Produzentenduos gilt als der „state of the art sound" und genießt in der Musikszene eine hohe Glaubwürdigkeit. Ein Ziel der A&R-Politik bestand auch darin, *Britney Spears* in der Wahrnehmung von „Opinionleader"-Zielgruppen zu repositionieren. Nach der Co-Branding-Strategie mit *Madonna*, sollte die hohe musikalische Kompetenz und Glaubwürdigkeit des Produzententeams *The Neptunes* ebenfalls in Form eines Imagetransfers auf die Künstlerin übertragen werden.

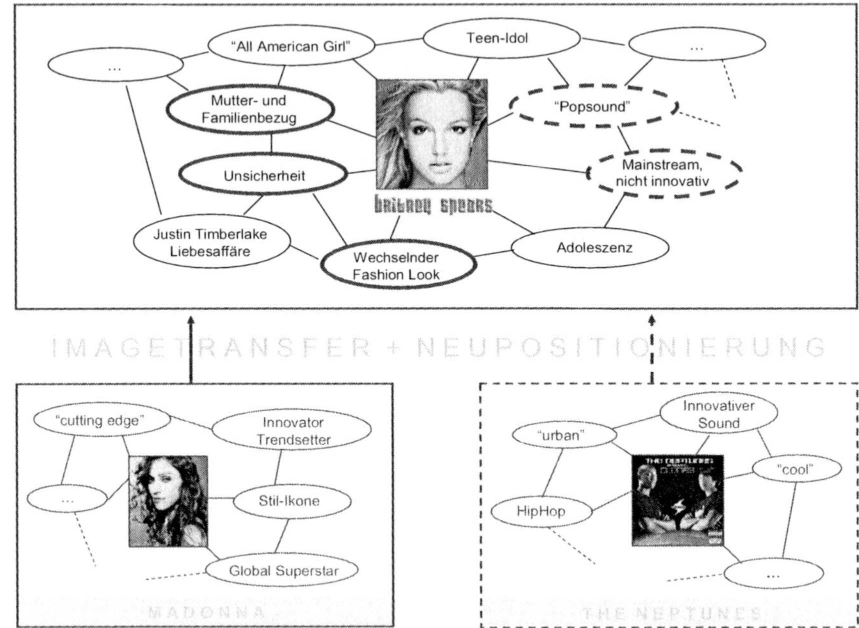

Abbildung 5: Schematheoretische Darstellung der Imagetransfermaßnahmen

Für eine erfolgreiche Künstlerentwicklung und -vermarktung sind verhaltenswissenschaftliche Gesetzmäßigkeiten zu beachten. Es ist anzunehmen, dass das Image von *Britney Spears* in den Köpfen der Konsumenten durch semantische Netzwerke bzw. Schemata repräsentiert wird. Als „Schemata" bezeichnet man die Strukturen der Repräsentation des musikalischen Wissens im Langzeitspeicher (LZS) sowie deren Funktion für die Musikinformationsverarbeitung. Somit beschreibt der Schemabegriff integrativ zwei Aspekte der kognitiven Verarbeitung (vgl. Stoffer 1985: 163): (1) die Struktur der Wissensrepräsentation (struktureller Aspekt) und (2) die Funktion dieses strukturellen Rahmens für den Verarbeitungsprozess (funktioneller Aspekt).

Die hierarchische Struktur zeigt das *Britney-Spears*-Schema als organisierte Menge des gesamten kognitiv repräsentierten Musikwissens des Konsumenten, das sich als semantisches Netzwerk aus Knoten und Kanten darstellen lässt. Knoten umfassen das jeweilige Wissen über den Popstar, und Kanten veranschaulichen die Beziehungen zwischen den Inhalten (vgl. Esch 1998: 86 sowie

Collins und Loftis 1975: 407). Durch die Markentechnik des Imagetransfers können existente Attribute eliminiert und gewünschte neue Attribute in den Köpfen verankert werden (vgl. Schweiger 1982: 321-323). Das Image des „süßen Teenies“ sollte abgestreift und eine neue Glaubwürdigkeit erzielt werden. Aktuelle Brisanz erhält die Positionierungspolitik im Licht der persönlichen Krise des Popstars, die durch die Boulevardmedien omnipräsent and medial erlebbar ist – es vergeht kaum ein Tag, an dem nicht neue Skandalmeldungen in der Presse verkündet werden. Aus identitätsorientierter Forschungsperspektive betrachtet, stünde eine Identitäts-Image-Fitanalyse im Forschungsinteresse. Es ist anzunehmen, dass sich ein diffuses Künstlerfremdbild beim Konsumenten verfestigt, da das seitens des Künstlermanagements intendierte Soll-Selbstbild aufgrund der Persönlichkeitskrise des Stars nicht in kontrollierter Form kommunikativ umgesetzt werden kann.

5 Zusammenfassung und Ausblick

Die Krise der Musikindustrie erfordert neue, der Umweltdynamik gerecht werdende Marktbearbeitungsstrategien, wobei die A&R-Politik als das Fundament des modernen Musikmarketing eine strategische Kernfunktion ausüben sollte. Abschließend werden einige Handlungsempfehlungen thesenartig zusammengefasst.

5.1 A&R und Content als strategischen Erfolgsfaktor begreifen

Die heute stark distributionsperspektivisch getriebene Diskussion muss um die Contentperspektive erweitert werden. Die A&R-Politik schafft den eigentlichen Wert für die digitale Distribution und stellt die Basis jeglicher Wertschöpfung dar. Ohne attraktive Musikinhalte würden keine Live-Konzerte besucht oder Musikvideos auf YouTube gesehen werden.

5.2 A&R als Basis für den Ausbau von Verwertungsrechten nutzen

In der aktuellen Debatte wird von vielen Vertretern der Industrie eine 360-Grad-Künstlervermarktung gefordert. EMI hat mit *Robbie Williams* einen 360-Grad-Vertrag abgeschlossen, wodurch das Musikunternehmen auch an Konzert-, Merchandise- und Sponsoringeinnahmen partizipiert. *Live Nation* hat als globaler Live-Promoter einen ähnlichen 360-Grad-Vertrag mit *Madonna* abgeschlossen. Es kann debattiert werden, wer strategisch besser positioniert ist, große Teile der Wertschöpfungsarchitektur zu kontrollieren. Die sogenannten Major-Musikunternehmen sind jedoch in einer guten Position, da sie Künstler strategisch langfristig aufbauen und global vermarkten. Die A&R-Funktion bildet hierbei die strategische Basis, die alle anderen (Folge)Entscheidungen und Verwertungsformen ausrichten sollte.

5.3 Ganzheitliche und identitätsorientierte A&R-Politik umsetzen

Die Durchsetzung der A&R-Strategie erfolgt durch den Einsatz einer Vielzahl interdependenter und zu harmonisierender A&R-politischer Instrumente, die in zwei Ausgestaltungsdimensionen systematisiert wurden: (1) Personendimension als „Artist"-Komponente, d. h. Künstlerauswahl und Gestaltung der Künstleridentität und (2) Produktdimension als „Repertoire"-Komponente, d. h. Song- und Soundgestaltung. Im Rahmen einer integrierten A&R-Politik ist auf ein Fit zwischen Personen- und Produktdimension zu achten. Die Ausrichtung der A&R-Politik auf die Kernidentität des Künstlers fördert den Aufbau eines prägnanten, widerspruchsfreien Künstlerimages.

5.4 Digitale Technologien für die A&R-Politik nutzen

Der digitale Paradigmenwechsel bietet für das Musikmarketing und die A&R-Politik auch vielfältige Chancen. Neben viel diskutierten Kostenvorteilen im Kontext digitaler Distributionsmöglichkeiten sind hier vor allem neue Strategien des „Relational Music Branding" in Form der Steuerung der Künstler-Fan-Beziehungen zu nennen. Durch interaktive 1-to-1-Kommunikation und das Monitoring der Fan-Community-Kommunikation können wertvolle Einblicke in die Psyche der Fans und damit Implikationen für die A&R-Politik gewonnen werden. Ferner können konkrete A&R-Instrumente vor ihrem Einsatz kostengünstig und effizient getestet werden (vgl. Clement, Engh und Thielmann 2003: 195).

6 Literaturverzeichnis

Bruner, Gordon C., 1990, "Music, Mood and Marketing", *Journal of Marketing*, 54(4): 94-104.

Bundesverband der Phonographischen Wirtschaft, 2007, Jahrbuch 2007, Starnberg.

Clement, Michel; Engh, Marcel.; Thielmann, Bodo, 2003, "Innovative Product- and Customer Retention Strategies in the Music Business", *The International Journal on Media Management,* 5(3): 190-198.

Collins, A. M.; Loftis, E. F., 1975, "A Spreading Activation Theory of Semantic Processing Framework", *Psychological Review*, 87(6): 407-428.

Engh, Macel, 2006, Popstars als Marke, Identitätsorientiertes Markenmanagement für die musikindustrielle Künstlerentwicklung und -vermarktung, Wiesbaden: Gabler.

Engh, Marcel, 2004, „Popstar als Marke. Markenführungsstrategien für den Musikmarkt – dargestellt am Beispiel Britney Spears", In: Baumgarth, Ch. (Hrsg.), Erfolgreiche Führung von Medienmarken. Strategien für Positionierung, Markentransfers und Branding: 19-43. Wiesbaden: Gabler.

Esch, Franz-Rudolf, 2003, Strategie und Technik der Markenführung, München: Verlag Vahlen.

Esch, Franz-Rudolf, 1998, Wirkung integrierter Kommunikation – Ein verhaltenswissenschaftlicher Ansatz für die Bewerbung, Wiesbaden: Gabler.

Frith, Simon, 1981, Jugendkultur und Rockmusik, Reinbek: Rowohlt.

Gottschalk, Götz, 2003, „Künstlermanagement", In: Moser, Rolf; Scheuermann, Andreas. (Hrsg.), Handbuch der Musikwirtschaft, 6. vollständig überarbeitete Aufl.: 451-465. München: Josef Keller Verlag.

Lyng, Robert,1990, Die Praxis im Musikbusiness, München: Presse Project Verlags GmbH.

Meffert, Heribert; Burmann, Christoph, 2002, „Theoretisches Grundkonzept der identitätsorientierten Markenführung", In: Meffert, Heribert; Burmann, Christoph; Koers, Martin (Hrsg.), Markenmanagement. Grundfragen der identitätsorientierten Markenführung: 35-72. Wiesbaden: Gabler.

Meffert, Heribert, 2000, Marketing. Grundlagen marktorientierter Unternehmensführung. Konzepte – Instrumente – Praxisbeispiele, Wiesbaden: Gabler.

Meffert, Heribert, 1994, „Markenführung in der Bewährungsprobe", *Markenartikel*, 12: 478-481.

Meyer, L. B., 1956, Emotion and Meaning in Music, Chicago: University of Chicago Press.

Motte-Haber, Helga de la, 1985, Handbuch der Musikpsychologie, Laaber: Laaber.

Rauhe, Hermann, 1974, Popularität in der Musik. Interdisziplinäre Aspekte musikalischer Kommunikation, Karlsruhe: Braun.

Schweiger, Günter, 1982, Imagetransfer, *Marketing Journal*, 15(4): 321-323.

Stoffer, Thomas H., 1985, „Modelle der kognitiven Verarbeitung und Repräsentation musikalischer Strukturen", in: Neumann, Odmar (Hrsg.), Perspektiven der Kognitionspsychologie, 147-183. Berlin: Springer

Musikinstrumentenindustrie im digitalen Paradigmenwechsel

Joachim Stange-Elbe, Kai Bronner

Die Methoden der Klangerzeugung im traditionellen akustischen Instrumentenbau waren seit Ende des 19. Jahrhunderts nur geringen Änderungen unterworfen, an den Prinzipien ihrer Klangerzeugung und Spieltechnik wurde nicht gerüttelt: Über Gitarren-, Geigen- oder Klaviersaiten, schwingende Felle (Schlagzeug) oder Luftsäulen (Blasinstrumente) werden unterschiedliche Luftdruckschwankungen erzeugt, die wir als klanglichen Eindruck wahrnehmen. Hingegen wurden im 20. Jahrhundert bei den elektronischen Instrumenten ständig neue Klangerzeugungsverfahren entwickelt und neue Spieltechniken (Interfacetechnologien) eingeführt. Aufgrund des technischen Fortschritts der letzten Jahrzehnte entwickelte sich der Markt der elektronischen Instrumente und ihrer Digitalisierung mit einer immensen Dynamik, deren wirtschaftliche und gesellschaftliche Auswirkungen nicht ignoriert werden können. Der Fokus der folgenden Ausführungen liegt deshalb im Bereich der elektronischen Instrumente.

Der Markt in Zahlen

Der Markt für elektronische Instrumente lag 2004 fest in asiatischer Hand. Weltweit größter Instrumentenhersteller war das japanische Unternehmen Yamaha[1].

Ebenso wie der Import von Digital-Pianos und Synthesizern nach Deutschland in den Jahren 2004 bis 2006 sich von 41.185 auf 91.170 Stück mehr als verdoppelt hat, ist der Export im selben Maße von 15.791 auf 33.923 gestiegen. Dabei sind die Einfuhren von Digital-Pianos aus China, Japan und Indonesien von 25.370 Stück auf 70.553 im Jahr 2006 gestiegen. Davon kamen mit 46.743 Instrumenten weit mehr als die Hälfte allein aus China[2].

Hingegen teilte sich der Weltmarkt nach Verkaufszahlen und Umsatz für traditionelle Musikinstrumente laut einer Studie der Dresdner Bank im Jahr 2004 zu 37% in akustische Gitarren, 26% in Keyboards, 16% in elektrische Gitarren, 13% in Blasinstrumente, 7% in Klaviere und 1% in Flügel auf.

[1] Dresdner Bank Branchen-Report 2004: Herstellung von Musikinstrumenten (36.3)

[2] Zusammengestellt vom Deutschen Musikrat nach: Statistisches Bundesamt (Hrsg.): Außenhandelsstatistik, diverse Jahrgänge. Stand: 08.05.2007.

Beliebtestes Musikinstrument in Deutschland war das Klavier gefolgt von der Gitarre und der Blockflöte. Innerhalb der EU war Deutschland vor Italien größter Hersteller von klassischen Musikinstrumenten.

1 Elektrifizierung

Bei der Betrachtung der Neuerungen im Instrumentenbau des 20. Jahrhunderts stellt sich die Frage, welche Revolutionierung die umwälzendere war: die Elektrifizierung oder die Digitalisierung und Virtualisierung. Zwar baut die eine auf der anderen auf, die Auswirkungen auf die Art und Weise des Musizierens sowie auf die Musikproduktion und den damit verbundenen musikwirtschaftlichen Aspekten zeigen jedoch unterschiedliche Ausprägungen. Hinzu kommt, dass sich gewisse digitale Aspekte – begreift man den Begriff des Digitalen losgelöst von der modernen Informationstechnologie – bereits beim traditionellen, uns vertrauten akustischen Instrumentarium finden lassen: Hierzu lassen sich die Rasterung des unbegrenzten Tonvorrates durch die Tasten der gleichnamigen Instrumente wie auch die Ventiltechnik der Blechblasinstrumente zählen, deren Wirkung darin besteht, den begrenzten Tonvorrat auf einen neuen Grundton zu beziehen, um so das chromatische Total zu erreichen. Selbst unsere Notenschrift mit ihrem Liniensystem und den rhythmischen Proportionen wie das temperierte Tonsystem huldigen den digitalen Prinzipien des Rasterns, Sortierens und Zuordnens (Fricke 1998: 38ff.).

So stellt die Elektrifizierung des Instrumentariums, die Nutzbarmachung eines neuen musikalischen Rohstoffes, der Elektrizität, einen Meilenstein im Instrumentenbau des letzten Jahrhunderts dar. Bereits gegen Ende des 19. Jahrhunderts theoretisch durchdacht (vgl. Anon. Techniker 1887/88: 46f.) und zu Beginn des 20. Jahrhunderts praktisch realisiert, gingen diese Entwicklungen mit neuen einzigartigen Interfacetechnologien einher. Neben der Übernahme der traditionellen Benutzungsschnittstellen – wie beim Neo-Bechstein-Flügel und der »elektrostatischen Geige« –, stellen die Spielweisen des Ätherophon (Theremin) wie des Trautonium damals und bis heute eine Revolution dar: gänzlich ohne Tastatur wird das Theremin gemessen an mechanischen Kriterien völlig berührungslos gespielt, das Trautonium wird mittels eines Bandmanuals, das die Vorzüge eines Saiteninstrumentes mit einem Tasteninstrument koppelt, in Klavierhaltung angesteuert (vgl. Stange-Elbe 1989). Beide Instrumente, die heute in digitalen Nachbauten noch existieren und in der musikalischen Praxis Verwendung finden, entstanden in Versuchslaboren unter der Leitung von Naturwissenschaftlern, denen das Ausüben von Musik lediglich ein Hobby war. Beide waren im Prinzip das Werk von Einzelpersonen – Lev Termen beim Theremin, Friedrich Trautwein und später Oskar Sala beim Trautonium – und für eine lebendige musikalische Performance bestimmt. Während sich das Theremin zunächst im

Varieté durchsetzte und erst später den Weg in die Filmmusik fand, war das Trautonium durch den nimmermüden Einsatz von Oskar Sala schnell im Konzertsaal und Rundfunkstudio heimisch; erst in der Nachkriegszeit eroberte sich das Trautonium einen festen Platz in der Filmmusik. Es ist bezeichnend, dass bei beiden Instrumenten eine Serienproduktion versucht wurde. Da das Theremin im Prinzip wie ein Radioapparat funktionierte, wurde ein Vorsatz für Radioapparate angefertigt (Leithäuser 1932: 509), der sich jedoch innerhalb des radiobegeisterten Publikums der 1930er Jahre nicht durchsetzen konnte; diese Tendenz war ebenso in Amerika zu beobachten, wo es 1928 patentiert wurde: Ein Jahr später erwarben drei amerikanische Gesellschaften Lizenzen für die Produktion und den Verkauf von insgesamt 3000 Geräten. Die Produktion wurde aber schon nach wenigen hundert Stück eingestellt, da die erwartete Nachfrage ausblieb (Ruschkowski 1998: 29). Die Vermarktung als Instrument für Jedermann aufgrund seiner (angeblich) einfachen Spielweise stellte sich nämlich als Fehlkalkulation heraus, da selbst erfahrene Musiker mit der diffizilen Spielweise des Instruments Probleme hatten. Wegen seiner charakteristischen „gespenstischen" Klangeigenschaften und der besonderen Klangformungsmöglichkeiten diente das Theremin jedoch zur Erzeugung stimmungsvoller Atmosphären vor allem in Horror- und Science Fiction-Filmen und wurde von experimentierfreudigen Musikern der damaligen Zeit in mehrere Kompositionen integriert. Nachdem Theremin-Klänge immer wieder in Rock- und Popstücken zu hören waren (z.B. Beach Boys „Good Vibrations", Led Zeppelin „Whole Lotta Love", Portishead „Mysterons"), gibt es heutzutage eine Vielzahl unterschiedlicher Theremin-Nachbauten, MIDI-Versionen, Bausätze und Software-Adaptionen sowie Theremin-Communities (www.thereminvox.com) und Musiker, die sich auf dieses Instrument spezialisiert haben.

Der Massenproduktion des Trautonium durch die Firma Telefunken wirkte die Planung des Zweiten Weltkriegs entgegen: In einer für die Rüstungsproduktion gleichgeschalteten Industrie war kein Platz mehr für die musikalischen Neuerungen der Elektrizität; so bleibt die Frage offen, ob sich dieses Instrument beim breiten Publikum hätte durchsetzen können. Die beiden Vorkriegsmodelle, das Konzert- und Rundfunktrautonium bildeten die Grundlage für die weitere Entwicklung, ab 1989 auch auf digitaler Basis (http://www.mixtur-trautonium.de). Nach dem Tod von Oskar Sala wurden weitere Bemühungen unternommen, dem Instrument eine breitere Basis zu verschaffen, sogar an einer Virtualisierung wurde gearbeitet (http://www.trautonium.de). Letztendlich sind das Theremin und das Trautonium überlebende Reliquien einer höchst innovativen Anfangszeit des elektronischen Instrumentariums.

1.1 Die Elektrifizierung und ihre Folgen

Erste Auswirkungen der Elektrifizierung auf den Musikinstrumentenbau, die von wirtschaftlicher und gesellschaftlicher Relevanz waren, betrafen die Gitarrenherstellung. Aufgrund großer Unterhaltungsorchester, Bigbands und der damaligen Aufnahmetechnik wurden die Instrumentenbauer mit der Forderung konfrontiert, lautere und durchsetzungsfähigere Gitarren herzustellen. Schließlich wurde deutlich, dass dieses Ziel nur über die elektrische Verstärkung des Klangs zu erreichen war. Die ersten elektrisch verstärkten Gitarren kamen so in den 1930er Jahren auf den Markt, und das erste Patent auf eine Gitarre mit elektrischem Tonabnehmer wurde 1937 in den USA erfolgreich angemeldet. Zuerst hielten die Stromgitarren im Country-, Jazz-, und Blues-Bereich Einzug, aber den größten und zugleich einen stilprägenden Einfluss hatte die E-Gitarre aber wohl in der Rock'n'Roll- und Beatmusik der 1950er und 1960er Jahre. Während Bill Haley, Chuck Berry und Elvis Presley den Rock'n'Roll populär machten, begann sich in England Anfang der 60er die sogenannte „Beat-Musik" zu entwickeln, in deren Ära der Aufstieg zwei der erfolgreichsten und einflussreichsten Bands der Musikgeschichte begann: Die Rede ist von den Beatles und den Rolling Stones. Die Heimatstadt der Beatles, Liverpool, war Anfang der 1960er das Zentrum der Beat-Musik mit Hunderten ansässiger Beat-Bands. Für die Liverpooler Jugendlichen war Musik eine Möglichkeit, ihrem tristen Alltag zu entfliehen, bot aber zugleich die Chance auf eine bessere Zukunft. Die Stadt hatte zu der Zeit eine der höchsten Arbeitslosenzahlen Englands und viele Stadtviertel glichen Slums. Arbeits- und Ausbildungsmöglichkeiten für Jugendliche waren spärlich gesät, deshalb sahen viele ihre einzige Chance in dem Beruf des Musikers. Die dafür notwendige Anschaffung von Instrumenten unterstützten die Eltern der Jugendlichen als eine Investition in die Zukunft ihrer Kinder, was bei den Musikgeschäften den Absatz von Instrumenten beträchtlich ansteigen ließ. Vor allem der Markt von E-Gitarren wurde dadurch angekurbelt, denn die Standardbesetzung der Beat-Bands bestand aus zwei E-Gitarren, E-Bass, Schlagzeug und Gesang, gelegentlich erweitert durch eine Elektro-Orgel. Diese Entwicklung griff auf andere englische Großstädte wie z.B. Manchester über und bescherte der Musikindustrie einen enormen Aufschwung mit bis dahin unbekannten ökonomischen Ausmaßen[3]. Nachdem die Elektrizität für die gewünschte Klangverstärkung gesorgt hatte, konnten mit ihrer Hilfe auch verschiedene Geräte zur Effekterzeugung wie WahWah, Vibrato, Echo, Phasing, Distortion (Verzerrung) oder Flanger produziert werden und zum Einsatz kommen. Sie erlaubten zusätzlich zur individuellen Spielweise eine ausdifferenzierte Klanggestaltung und prägten

---

[3] Pete Best of the Beatles – The Greatest Rock'n'Roll Story Never Told. Regisseur Geoff Wonfor. DVD. Warner Music Vision, 2006.

damit auch den Sound eines Genres, einer Band oder eines Solo-Interpreten entscheidend mit. Zwei der größten Instrumentenhersteller, welche die Entwicklung im Orgel- und Synthesizer-Bereich entscheidend mit beeinflusst haben, waren dann wohl auch nicht ganz zufällig in der Produktion von Effektgeräten tätig, nämlich die japanischen Firmen Roland und Yamaha.

1.2 Elektronische Musik

An dieser Stelle sei ein Seitenblick auf die Elektronische Musik der 1950er Jahre gestattet, die, wie keine andere, in praktischer wie ästhetischer Sicht einen nicht ganz unproblematischen, aber für die weitere Betrachtung des digitalen-virtuellen Instrumentariums wichtigen Meilenstein darstellt. Gänzlich von einer Performance abgekehrt, war und blieb die Elektronische Musik (vgl. Humpert 1987) – wie die Computermusik in den USA (vgl. Roads 1996) zunächst eine reine Studioangelegenheit. Es war dem Genre der Elektronischen Musik und der Computermusik, resp. der Elektrizität vorbehalten, eine Musik zu erzeugen, die bewusst und ganz radikal auf den Musiker als Interpreten verzichtete. Produziert wurde ausschließlich im eigens dafür eingerichteten Studio, und bei einer nach strengen Regeln komponierten bzw. montierten Musik sowie einer auf additiven Schritten beruhenden Klangsynthese, die nicht in Echtzeit erfolgen konnte, war eine Performance durch Musiker schlichtweg unmöglich geworden. Erst mit der Digitalisierung, der Verfügbarkeit eines kompletten elektronischen Studios in einem Computer und einer Klangerzeugung in Echtzeit, konnten diese Grenzen gesprengt werden: Die Live-Elektronik als eine musikalische Performance hielt Einzug im Konzertsaal. In den 1950er Jahren war die Elektronische Musik hingegen in ihrer Hermetik und ihrem ästhetischen Anspruch genau so wenig ein Massenphänomen wie ihre Produktionsgeräte. Hierin war dieses musikalische Phänomen durchaus den ersten analogen Synthesizern vergleichbar, die sich wegen ihrer notwendigen Vielfalt und raumgreifenden Größe dem bühnentauglichen Live-Betrieb versagten; auch sie konnten eher zur Komposition denn zur Performance eingesetzt werden, obwohl durch die nun eingesetzte subtraktive Synthese eine Klangerzeugung in Echtzeit gegeben war; eine von Oszillatoren erzeugte obertonreiche Schwingung wurde durch Filter bezüglich ihrer Klangfarbe gestaltet und mittels eines Hüllkurvengenerators zu einem dynamischen Verlauf geformt, verstärkt und über Lautsprecher ausgegeben. Waren die Gerätschaften des elektronischen Studios fast allesamt Geräte nicht-musikalischen Ursprungs (vgl. Eimert und Humpert 1973) und – wie die Geräte der Elektrotechnik – dementsprechend gänzlich ohne musikalische Interfacetechnologie zu bedienen, so rückte das Studiogerät „modularer Synthesizer“ wieder mehr in die Richtung eines – allerdings bühnenuntauglichen – Musikinstrumentes: Neben einer fast beliebigen Erweiterung durch separate Module (Oszillatoren, Filter,

Modulatoren, Hüllkurvengeneratoren und Verstärkern), unzähligen Schaltern, Schiebereglern und Drehknöpfen bildete eine Tastatur die zentrale Benutzungsschnittstelle zur Tonhöhenkontrolle (vgl. Enders 1985). Waren die analogen modularen Synthesizer aufgrund ihrer Bauweise zunächst ausschließlich im Studio beheimatet, so änderte sich dies mit der Entwicklung des Kompaktsynthesizers durch Bob Moog (vgl. Pinch und Trocco 2002), bei dem die einzelnen Module fest verschaltet waren und eine integrierte Tastatur die zentrale Benutzungsschnittstelle darstellte. Im Gegensatz zu den modularen Systemen, die – obwohl mit einer Tastatur ausgestattet – in manchem Elektronischen Studio heimisch wurden, fanden die bühnentauglichen kompakten Instrumente fast ausschließlich in der Rock-/Pop-Musik ihre Verwendung; der Synthesizer als Spielinstrument im Elektronischen Studio war letztendlich tabu. Da die kompakte Bauweise naturgemäß einige Einschränkungen in der Anzahl der Module mit sich brachte, entwickelten verschiedene Synthesizer-Hersteller ihre Instrumente mit unterschiedlichen und differenzierten Klangcharakteristiken, die – ähnlich wie im Klavier- und Orgelbau – für einen bestimmten charakteristischen Firmensound standen (http://www.vintagesynth.com). Diese über eine Tastatur angesteuerten Spielinstrumente besaßen ein Klangreservoir, deren Spektrum sich von typischen Synthesizer-Effekt-Klängen bis zu wie auch immer gearteten Imitaten des traditionellen akustischen Instrumentariums erstreckte.

1.3 Analoge Synthesizer

Gerade der bereits erwähnte Physiker und Elektroingenieur Robert „Bob“ Moog war ein Pionier der elektronischen Musikinstrumente in den USA, dessen Name eng mit dem analogen Synthesizer verknüpft ist. Er finanzierte sich seine Doktorarbeit mit der Herstellung von Theremin-Bausätzen und kam dadurch in Kontakt zu Musikern, die sich mit elektronischer Musik beschäftigten. Dieser Austausch zwischen Musikern und einem Techniker führte zur Entwicklung eines analogen Synthesizers, der diese Art von Instrument über die Forschungslabors und Studios für elektronische Musik hinaus bekannt machte und die Ära dieser Instrumente einleitete. Für den Durchbruch des Moog-Synthesizers sorgte aber eine Schallplatte von 1968, die sich über eine Million Mal verkaufte. Mit Switched-on Bach – so ihr Titel – wurde anhand einiger „Hits“ von Johann Sebastian Bach, die eindrucksvollen musikalischen Möglichkeiten des Moog-Systems demonstriert. Zuvor waren die neuartigen, futuristischen Synthesizer-Klänge vorwiegend für Soundeffekte in Jingle- und Werbemusikproduktion verwendet worden. Eingespielt und aufgenommen wurde Switched-on Bach von dem Physiker und Toningenieur Walter Carlos (später Wendy Carlos), der Bob Moog bei der Weiterentwicklung und Verbesserung des Synthesizers unterstützte. Bei dem ersten Moog-Synthesizer handelte es sich noch um ein modular aufgebautes

Gerät, das für den Studio-Einsatz konzipiert war, obwohl einige Musiker wie Emerson, Lake & Palmer das System mit großem Aufwand auch live auf der Bühne einsetzten. Der Wunsch nach einem bühnentauglichen und erschwinglichen Synthesizer – für die modularen Moog-Systeme musste man je nach Ausführung bis zu 11.000 US$ bezahlen – veranlasste Bob Moog zur Entwicklung des kompakten Minimoog, der sich in den Jahren seiner Fertigung von 1970 bis 1980 zu einem Preis von rund 1.200 US$ über 12.000 Mal verkaufte und bis heute als der analoge Synthesizer schlechthin gilt (Ruschkowski 1998: 116).

Seit dem Minimoog wurde der Synthesizer immer häufiger in der Popmusikproduktion eingesetzt, sodass ab Mitte der 1970er Jahre in der Musikinstrumentenindustrie und den Medienkonzernen eine Umorientierung auf elektronische Systeme und Techniken begann.

2 Digitalisierung

In den Versuchslabors amerikanischer Forschungseinrichtungen (vgl. Supper 1997) waren im Zusammenhang mit der Sound-Synthese mittels Computer in den 1970er und 1980er Jahren bereits erfolgreiche Versuche unternommen worden, Klänge auf digitaler Basis in Echtzeit zu erzeugen. Mit der FM-Synthese (Frequenzmodulation) entwickelte der amerikanische Musiker John Chowning eine digitale real-time Klangsynthese, deren Potenzial er im Hinblick auf einen spielfähigen Synthesizer zunächst jedoch nicht erkannte.

Wie Bob Moog startete in Japan *Ikutaro Kakehashi* seine Karriere in der Herstellung und Entwicklung von Musikinstrumenten mit dem Bau eines Theremins. Er konzentrierte sich aber schnell auf die Entwicklung anderer Instrumente. Nachdem er bereits unter dem Firmennamen *Ace* Gitarrenverstärker und Rhythmusgeräte hergestellt und in Kooperation mit Hammond auch Orgeln entwickelt und vertrieben hatte, gründetet er 1972 mit sieben Mitarbeitern die Firma Roland. Nach einigen Rhythmus- und Effektgeräten brachte Roland 1973 den ersten japanischen Synthesizer SH1000 auf den Markt und konnte im ersten Geschäftsjahr schon einen Umsatz von 300.000 US$ verbuchen, was für die damalige Zeit eine stattliche Summe darstellte. Ein Grund für den wirtschaftlichen Erfolg war auch der Preisvorteil des SH1000 gegenüber vergleichbaren Modellen der Konkurrenz von etwa ARP oder Moog, denn begünstigt durch einen vorteilhaften Wechselkurs konnte er in den USA für 800 US$ angeboten werden. Roland orientierte sich nämlich frühzeitig Richtung Nord-Amerika und Europa, um der noch übermächtigen Konkurrenz von Yamaha und Kawai im eigenen Land auszuweichen. Der so entstehende internationale Markt für elektronische Instrumente sorgte dann für stärkere Konkurrenz der Anbieter untereinander, mit dem Resultat, dass sich durch eine größere Angebotspalette und fallende Endpreise ein Massenmarkt entwickelte, der nun auch die neue Zielgruppe der Hobby- und Amateurmusiker umfasste. Auf diese Entwicklung waren die japanischen Unternehmen aber besser vorbereitet als die meisten amerikanischen Hersteller, die in der Folge mit großen wirtschaftlichen Problemen zu kämpfen hatten, nicht selten Konkurs anmelden und den Eigentümer wechseln mussten. Die japanischen Unternehmen hatten eine klare, zielorientierte Strategie und richteten sich frühzeitig auf den weltweiten Markt aus. Sie achteten stärker auf Kosteneffizienz und Preisgestaltung, konnten über eine breite Produktpalette (Produktdiversifikation) Verluste in einer Sparte mit Gewinnen einer anderen ausgleichen und verfügten in der Regel über eine größere Kapitalstärke als die amerikanische und europäische Konkurrenz. Yamaha etwa hatte sich schon zu einem großen Industriekonzern entwickelt, der neben Musikinstrumenten auch Motorräder, Motoren, Möbel, Haushaltsgeräte und Hifi-Technik produzierte.

Gerade die japanischen Unternehmen räumten den Forschungs- und Entwicklungsaktivitäten einen hohen Stellenwert ein, weshalb es auch kein Zufall war, dass Yamaha 1983 den ersten wirtschaftlich erfolgreichen, digitalen Synthesizer auf den Markt brachte. Bezeichnenderweise erwarb man die exklusiven Patentrechte der Synthesetechnik der Frequenzmodulation (FM-Synthese), die der *Yamaha DX7* zur Klangerzeugung nutzte, von dem Amerikaner John Chowning, der diese Technik an der Stanford University in Kalifornien entwickelt und zuvor schon einigen amerikanischen Instrumentenherstellern erfolglos vorgestellt hatte. Mit rund 170.000 verkauften Exemplaren wurde der Yamaha DX7 zum meistverkauften Synthesizer aller Zeiten. Für den Erfolg der FM-Synthese waren sowohl kreative als auch ökonomische Gründe ausschlaggebend, denn sie ermöglichten es, mit verhältnismäßig geringem Konstruktionsaufwand neue, interessante Klangfarben zu erzeugen. Yamaha war der geeignete Partner für Chowning und seine FM-Synthese, da Yamaha über die notwendigen Ressourcen verfügte, die FM-Technik für die kommerzielle Anwendung in Musikinstrumenten weiter zu entwickeln: Die hierfür erforderlichen Chips konstruierte Yamaha in der firmeneigenen Produktionsstätte für integrierte Schaltkreise.

2.1 Musik-Computer und MIDI

Neue, speziell für musikalische Anwendungen entwickelte Schaltkreise und leistungsfähige Personalcomputer – wie der 1982 erschienene *Commodore 64* –, der sich mit über 17 Millionen Exemplaren häufiger verkaufte als jeder andere Computer, sorgten dann für Einbindung der Homecomputer in die Musikproduktion. Zunächst dienten die Rechner noch überwiegend als Kommunikationszentrale und Steuereinheit für Synthesizer, Drumcomputer und weitere Hardware-Komponenten wie Sampler sowie der Speicherung der Aufnahmedaten. Die Steuerung und Verwaltung solcher Musiksysteme wurde über spezielle Musiksoftware, sogenannte „Sequenzer“ ermöglicht. Grundvoraussetzung für die Kommunikation der verschiedenen Geräte war nicht nur eine physikalische Verbindung über Kabel, sondern auch ein einheitliches Datenformat über das sich die Geräte „verständigen" konnten. Um Kompatibilität auch zwischen Geräten verschiedener Hersteller zu garantieren, wurde von den führenden Synthesizer-Produzenten 1983 der MIDI-Standard (Musical Instrument Digital Interface) festgelegt.

Mit der MIDI-Technologie fand denn auch die digitale Revolution im Studio- und Bühnenbetrieb statt, die seither mit ihren Vor- und Nachteilen ein essentieller Bestandteil der Musikproduktion geworden ist. Wie die Elektrifizierung im 20. Jahrhundert als ein Meilenstein in der Entwicklung des Instrumentenbaues angesehen werden kann, so muss dies ebenfalls für die MIDI-Technologie festgestellt werden. Durch MIDI gab es einen entscheidenden Schritt zur Teilung zwischen den die Musik konstituierenden elementaren Parametern (der Tonhöhe und Tondauer, der Lautstärke und des Ausdrucks sowie des Tempos), also dem Spiel des Musikers und der Klangfarbe (den instrumentalen Eigenschaften), sowie weitergehend dem Arrangement bzw. der Produktion. Das gespielte Instrument oder die abgespielte Sequenz wird zwar für den Inhalt unerheblich oder austauschbar, wirft aber bezüglich einer optimalen klanglichen Authentizität neue Anforderungen an eine instrumentengerechte Spielweise und erfordert ein ganz neues Geschick des Virtuosen oder Arrangeurs. Durch die Verbindung zwischen den Instrumenten und dem Computer rückte dieser als Kompositions- und Arrangier-Werkzeug in den Mittelpunkt des Musikstudios. So wurde in den 1980er Jahren in Verbindung mit einer neuen Computerkultur die Grundlage für eine ganz spezifische Musiksoftware gelegt, die in all ihren Entwicklungsschritten bis heute Bestand hat. Nicht selten wurde – oder musste sogar – für die Live-Performance im Studio vorproduziert werden und einzelne Musiker wurden durch MIDI-Sequenzen ersetzt. Aber auch bestimmte akustische Instrumente wurden von der MIDI-Technologie maßgeblich beeinflusst, als Beispiele wären hierfür die Disk-Klaviere und -Flügel der Firma Yamaha und der Computerflügel der Firma Bösendorfer zu nennen, die mit einer MIDI-Schnittstelle ausgestattet sind.

Die MIDI-Technologie, eine neue Generation von Computern und die digitale Klangerzeugung sorgten für eine rasante Entwicklung auf dem Musikinstrumenten- und Computermarkt, sodass ein neuer, stetig an Bedeutung gewinnender Marktsektor für Musiksoftware entstand. Besonders deutsche Entwickler und Firmen waren hier führend, wobei die Hamburger Firmen *C-Lab*, *Emagic* und *Steinberg* mit ihren Programmen *Notator*, *Logic* und *Cubase* eine exponierte Stellung einnahmen. Im Zuge globaler Firmenzusammenschlüsse, von denen auch der Musikinstrumentenmarkt nicht verschont blieb, wurde 2004 Steinberg von Yamaha übernommen und Emagic 2002 von Apple.

Die amerikanischen Apple Computer zeichneten sich von Beginn an durch Eigenschaften aus, die sie für die Verwendung in der Musikproduktion prädestinierten. Ab dem Beginn der 1990er Jahre verdrängten sie dann auch in Europa die Commodore- und Atari-Modelle als Music-Computer vom Markt. Wesentlicher Grund hierfür war eine neue Produkt- und Preispolitik von Apple, die ihre McIntosh-Modelle auch für den Normalanwender erschwinglich werden ließen. Zuvor waren Apple-Rechner in Europa aufgrund ihrer Preise nur für den professionellen Anwender interessant gewesen. Preisgestaltung und Bedienbarkeit der Produkte orientierten sich verstärkt an den Bedürfnissen eines breiteren Anwenderkreises, was zur viel zitierten sogenannten „Demokratisierung" der musikalischen Produktionsbedingungen führte.

2.2 Musikstile und Technologie

So wie in den 1950er bis 70er Jahren in erster Linie Jugendliche und innovative Musiker durch experimentierfreudige Spielweise und unkonventionellen Einsatz ihrer Instrumente – vor allem E-Gitarren, Orgeln, analoge Synthesizer und Effektgeräte – neue Musikgenres wie etwa Skiffle, Beat, Psychedelic Rock und Krautrock etablierten, begann Mitte der 1980er Jahre eine neue Generation von Musikern die Möglichkeiten der Musikproduktion mit dem Computer auszuloten. Die Discjockeys begannen der Soul- und Discomusik, die sie in den Discotheken spielten, durch spezielle Mix-Techniken und das Hinzufügen von einfachen Drum- und Rhythmuselementen einen stärkeren „Drive" zu verleihen, um deren Tanzbarkeit zu erhöhen und dem Sound eine dynamischere Wirkung zu verleihen. Der so entstehende Musikstil mit der Bezeichnung *House*, der seinen Namen wohl einem der Clubs verdankt, in dem er zuerst gespielt wurde, dem *Warehouse* in Chicago, war dann auch Tanzmusik, die vor allem durch synthetische Drum-, Percussion- und Bass-Sounds geprägt war. Viele dieser Klänge stammten von analogen Rhythmusmaschinen und Bassline-Synthesizern der Firma Roland. Kommerziell betrachtet waren diese Geräte überwiegend Flops. Zum einen, weil die Konkurrenz der neuen MIDI-kompatiblen Geräte und der digitalen Synthesizer groß war, aber auch weil sie die ihnen angedachte Aufgabe, ein Ersatz für Bass- und Schlagzeugbegleitung zu sein, überhaupt nicht erfüllen konnten. Deshalb wurden sie nach kurzer Zeit vom Markt genommen und in Ausverkäufen regelrecht „verramscht". Sie waren also billig und im Gegensatz zu vielen digitalen Geräten der Zeit leicht zu verstehen und zu bedienen. Das waren die ausschlaggebenden Gründe, warum sie die jungen Pioniere der House-Music für ihre Zwecke entdeckten. Die Kombination aus Experimentierfreude und Zufall sorgte dann dafür, dass der Bassline-Synthesizer TB-303 von Roland einen besonderen Platz in der Reihe einflussreicher Musikinstrumente bekommen sollte. Eine Gruppe der sich etablierenden House-Music-Produzenten experimentierte 1985 mit dem TB-303, um seine Funktionsweise zu ergründen und entlockte ihm bis dahin unbekannte und außergewöhnliche Klänge, die am besten mit Begriffen wie „Blubbern“, „Zirpen“ , „Knarzen“, „Zwitschern“ beschrieben werden können. Angetan von den Klängen wurde ein House-Track damit produziert und in einer Disco in Chicago auf seine Tauglichkeit getestet. Die Reaktionen des Publikums sorgten dafür, dass es nicht das letzte Stück mit diesen „Acid-Sounds“ blieb und eine neue Variante der House-Music, das *Acid-House* entstand. Auch in anderen Spielarten der neuen elektronischen Musik, im Techno oder Rap, prägte der TB-303 mit seinen Artverwandten wie den Drum-Machines TR-808 und TR-909 den Sound. Ein gutes Beispiel für die Drumsounds des TR-808 abseits der elektronischen Genres stellt der weithin bekannten Song „Sexual Healing“ von Marvin Gaye dar.

Dieser überraschende Erfolg der TRs und TBs sorgte für zahlreiche Nachahmer-Geräte und ließ Roland einige Jahre später die Sounds des TB-303 und des TR-808 in seine Grooveboxes MC-303 und MC-505 integrieren, die darüber hinaus Klänge der Analog-Synthesizer Juno und Jupiter, von Sounddesignern entworfene Dancemusic-Samples sowie Sequenzer-Funktionen in einem Gerät vereinigten. 1997 kamen TB-303, TR-808 und TR-909 zu neuen Ehren in dem Softwareprogramm ReBirth RB-338. Die Software der Firma *Propellerhead* bildete sowohl den Sound als auch das Aussehen der Geräte – was damals ein Novum war – auf einer grafischen Oberfläche realistisch nach. Deshalb kann der RB-338 auch als ein Meilenstein in der Entwicklung virtueller Instrumente betrachtet werden.

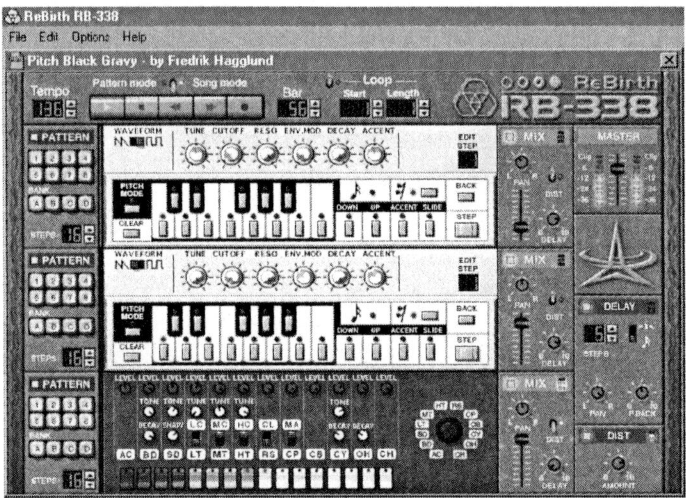

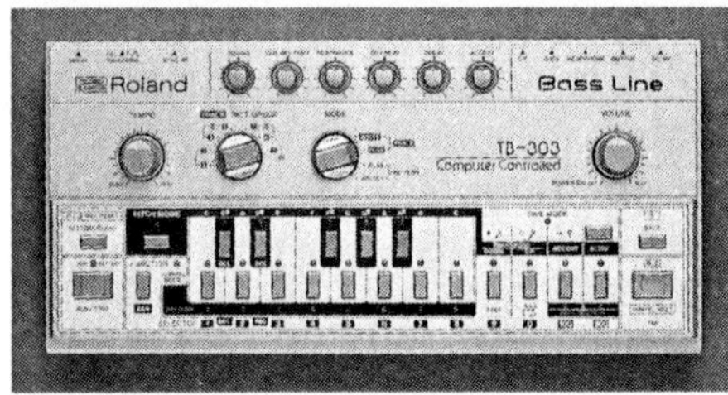

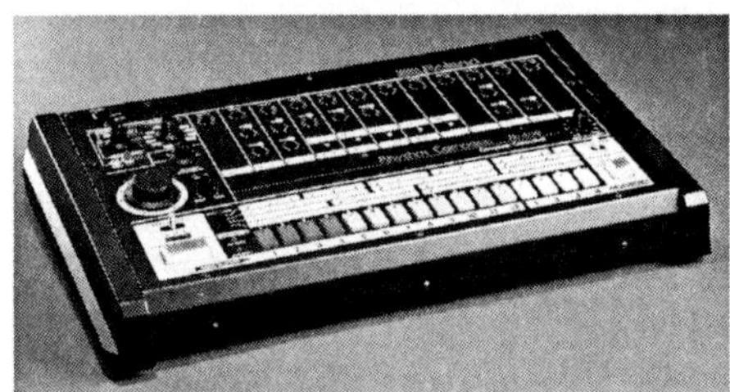

Abbildung 1: ReBirth RB-338 (oben) und seine Vorbilder TB-303 und TR-808[4]

[4] mit freundlicher Genehmigung von Roland Deutschland

3 Virtualisierung

Eine logische Folgerung aus der Digitalisierung ist die Virtualisierung, die sich bereits bei der Samplingtechnologie feststellen lässt. Das Virtuelle als die Eigenschaft eines Sachverhaltes, der nicht in der Form existiert, in der er zu wirken scheint, aber in seinem Wesen und seiner Wirkung eines real existierenden Sachverhaltes gleichartig ist, lassen sich digitalisierte Klänge bereits als virtuelle Klänge definieren. Nicht mehr als Teil der Realität sind digitalisierte virtuelle Klänge vermittelt durch technische Prozesse in der virtuellen Realität des Computers erfahrbar. Hören wir beispielsweise einen digitalisierten Geigenklang oder wird durch einen entsprechenden Algorithmus ein solcher Geigenklang hervorgerufen, so ist es nicht die von uns assoziierte Geige, die gespielt wird, sondern seine Simulation. Wird eine derartige Klanginformation durch einen bestimmten Mechanismus ausgelöst, so ergeht die Aufforderung an den Klangerzeuger, mit einer entsprechenden Wellenform die Membran eines Lautsprechers zu erregen, deren abgestrahlte Schallwellen wir als einen Geigenklang wahrnehmen. Aber nicht nur die Klänge, auch die Instrumente, ja die komplette Studiotechnologie wird einer Virtualisierung unterzogen. Was mit grafischen Benutzungsoberflächen für die Klangprogrammierung von Synthesizern begann, mündete in eine komplette Virtualisierung der Klangerzeugung (einer digitalen Nachbildung der Schaltkreise und elektronischen Eigenschaften des jeweiligen Synthesizers durch ein Programm) einschließlich der grafischen Kopie der Instrumentenoberfläche, die möglichst originalgetreu auf dem Bildschirm projiziert wird. Wenn darüber hinaus der Klang mit dem realen Vorbild als identisch befunden wird, kann ein solches virtuelles Instrument unter klanglichen Gesichtspunkten als geglückt angesehen werden. Vorteile gegenüber dem so kopierten analogen Instrument liegen in der Verfügbarkeit nicht mehr erhältlicher Originale (die tatsächlich durch die Virtualisierung so etwas wie einen zweiten Markt erleben), der Ausweitung der polyphonen Spielweise und der unbegrenzt möglichen Speicherung der Klangparameter. Probleme ergeben sich jedoch bei der Handhabung der Instrumente mittels alphanumerischer Tastatur und Maus, die nur einen beschränkten Parameterzugriff auf der simulierten Instrumentenoberfläche ermöglichen; Abhilfe können hier ein angeschlossenes MIDI-Keyboard und ein Hardware-Controller schaffen. Unter den Gesichtspunkten einer traditionellen Live-Performance von Musik bleibt die Benutzung von virtuellen Softwareinstrumenten problematisch, sie eröffneten jedoch durch den computerspezifischen Produktionsbereich völlig neue Möglichkeiten. Der Computer, der zur Ausführung einer bestimmten Anwendung ständig neu definiert werden muss, wird so zu einem Instrument und darüber hinaus zur zentralen Workstation der musikalischen Studiotechnologie. Neben dem Notensatz als einem Abbild des traditionellen Komponierens (bei dem sich vereinzelt die üblichen Copy-and-Paste-

Verfahren bereits stilbildend auswirken) und der Realisation kompletter Orchesterpartituren (mit der bahnbrechenden Vienna Symphonic Library (http://vsl.co.at/)) stehen Kompositionsweisen, die sich den neuen digitalen Kulturtechniken bedienen, um neue Konzepte zu verwirklichen; unter unzähligen Beispielen seien hier die Schöpfungen von Karlheinz Essl (allen voran seine Lexikon-Sonate als interaktivem Strukturgenerator, vgl. Essl 2000) und Georg Hajdu (mit seinem Quintet.net als einer Plattform für vernetztes globalisiertes Musizieren, vgl. Hajdu 2003) genannt, die sich – entgegen aller traditioneller Kompositionsmethoden – mit MAX/MSP einer Programmiersprache für Echtzeitkomposition und -klangerzeugung bedienen (vgl. Puckette und Zicarelli 1991). Die neuen musikalischen Tätigkeiten des Automatisierens und Programmierens bestimmen auch die Instrumentenentwicklungen, die sich explizit mit den problematischen Interfacetechnologien des Computers als Musikinstrument auseinandersetzen. Als ein frühes Beispiel muss hier MusicMouse von Laurie Spiegel (http://www.retiary.org/ls/progs/mm_manual/mouse_manual.html) Erwähnung finden, ein Instrument, das zur gleichen Zeit komponiert, einen Klang erzeugt und auf die vom Spieler ausgehenden Einflüsse reagiert, indem es die computerspezifischen Steuerelemente als Interface benutzt: die Töne werden über die Mausbewegungen erzeugt, gleichsam wie ein imaginäres Zeichnen von Melodien innerhalb eines Ton-Koordinatensystems als Bildschirmbild.

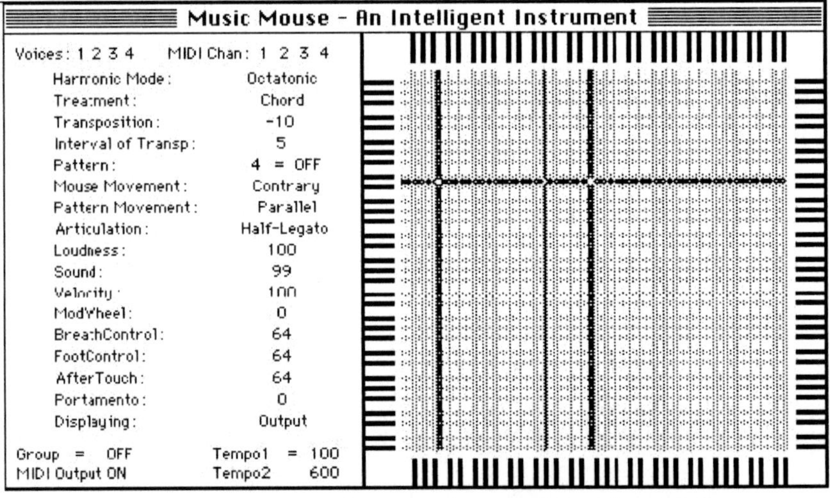

Music Mouse parameter set as displayed in the new Atari ST version, and in the Dec. 1988 update to the Macintosh version. The Amiga version of Music Mouse features all the same live keyboard controls, but does not show them on-screen because it is an audioVISUAL instrument, with drawing modes, color faders, etc.

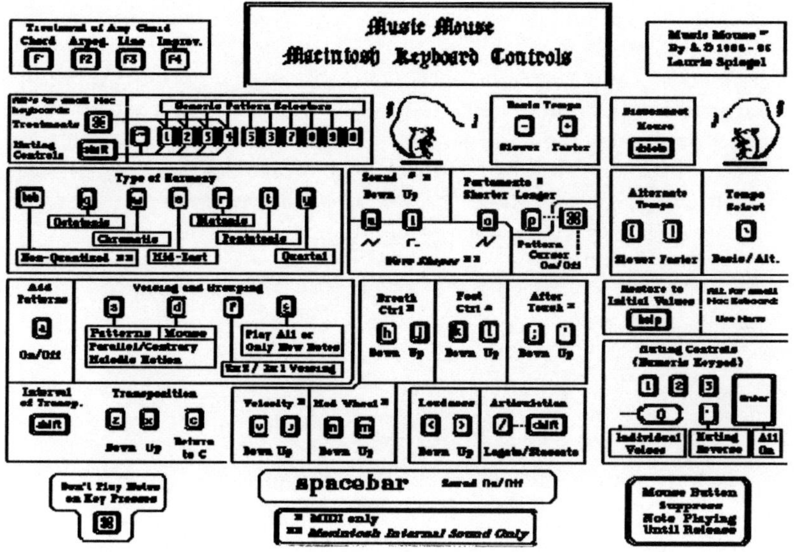

Abbildung 2: Screeenshot MusicMouse[5]

Die Spielweise von MusicMouse ist mit der anderer Instrumente nicht mehr vergleichbar, sie ist an die neue Umgebung angepasst und zwingt zu einem anderen Umgang mit Musik. Nicht in der Simulation von traditionellen Interfacetechnologien, sondern in der Entwicklung neuer spezifischer Instrumenten-Controller ist die Zukunft einer neuen Instrumententechnologie zu sehen. Diese neuen Controller für digital gesteuerte Soundprozessoren und weiteres Performanceequipment sind derzeit Nischenprodukte, die von einzelnen Künstlern oder Forschergruppen entwickelt werden und zum derzeitigen Zeitpunkt noch nicht durch eine industrielle Fertigung als Massenprodukte vertrieben werden – in dieser Hinsicht sind diese „Instrumente", mit denen zu Beginn des 20. Jahrhunderts durchaus vergleichbar. Es sind Instrumente, die es sich je nach musikalischem Stil zu erarbeiten gilt, Instrumente eines Spezialistenkreises einer neuen Avantgarde.

---

[5] Abb-2a http://retiary.org/ls/programs.html
Abb-2b http://tamw.atari-users.net/mmouse.htm

Für ein Aufsehen und Aufhorchen außerhalb dieses Spezialistenkreises hat die Integration des Instruments „reacTable" in die Bühnenshow der Künstlerin Björk bei ihren Welttournee „Volta" geführt. Das reacTable besteht aus einer „Multitouch"-Tischoberfläche über die durch das Bewegen verschiedener Objekte und der Finger die Klanggestaltung gesteuert wird (siehe Abbildung 3). Besonders beeindruckend ist dabei das visuelle Feedback, das infolge der Aktionen erzeugt wird. Entwickelt wurde das reacTable von der *Music Technology Group* an der Universität Pompeu Fabra in Barcelona (http://mtg.upf.edu/reactable/).

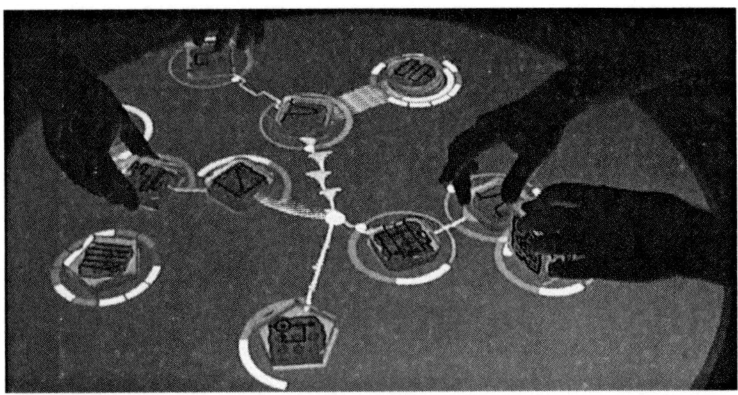

Abbildung 3: Demonstration des reacTable[6]

[6] http://reactable.iua.upf.edu

3.1 Sampling und die Folgen

Aber auch im Live-Performancebereich führte die Samplingtechnologie zu einem neuen Umgang mit Musik und dem Musizieren. Mit der Samplingtechnologie, die auf eine Verfügbarkeit aller nur denkbaren Klänge hinauslief, hielten klangliche Substitute des traditionellen akustischen Instrumentariums im Sample-Player mit Tastatur-Interface auf der Bühne und im Studio ihren Einzug. Je nach der Charakteristik des Klanges wurde gemessen am traditionellen Instrumentarium das Prinzip von Ursache und Wirkung (Saxophon- oder Streicherklänge gespielt auf einer Tastatur) durchbrochen. Im Wesentlichen wurden die Module der subtraktiven Synthese beibehalten, sie lehnten sich an den analogen Syntheseprinzipien an. Auch die FM-Synthese bediente sich der Überlagerung von verschiedenen Wellenformen und der Simulation einer analogen Schaltung. Einzig mit der Granularsynthese wurde eine digitale Klangerzeugungsmethode geschaffen, die ihr Potenzial ganz aus dem Digitalen schöpft und sich nicht an einem analogen Vorbild anlehnt. Durch die Verwendung jeglicher beliebiger komplexer Wellenform, die als Ausgangspunkt für die Klanggenerierung diente, ergaben sich eine neue Vielfalt an Optionen, die nur schwer überschaubar war: ein Editieren der umfangreichen Parametereinstellungen am Gerät selbst war fast unmöglich, oft nur versteckt zugänglich, oder – wie ursprünglich bei der FM-Synthese – auch gar nicht gewünscht. Der Einsatz der digitalen Chiptechnologie war hier unausweichlich.

Der Roland TR-909 Rhythm Composer kombinierte schon analoge Klangerzeugung mit digitaler Sampling-Technologie, also dem Speichern von Klängen auf digitalen Chips. Der erste massenmarktfähige Hardware-Sampler zu einem Preis von 1000 US$ wurde 1985 von der japanischen Firma *AKAI* eingeführt. Davor gab es zwar schon Sampler, aber die waren aufgrund Ihrer Preise von mehreren Tausend Mark nur einer kleinen Zielgruppe vorbehalten. Das Prinzip des Samplings, wenn auch noch in analoger Form, wurde schon in den 1960er Jahren im *Melletron* angewandt. Damals allerdings wurden über eine Tastatur Tonbänder in Form von Bandschleifen angesteuert und so die darauf gespeicherten Klänge abgerufen. Die charakteristischen Klänge des „Ur-Samplers“ sind etwa auf „Strawberry Fields Forever“ von den Beatles oder auf „Nights in White Satin“ von The Moody Blues zu hören. Dass die Zeit des Mellotrons keineswegs abgelaufen ist, zeigt die Tatsache, dass es in den letzten Jahren auch Bands wie Oasis oder Air verwendeten und es heutzutage mit einigen technischen Verbesserungen und Erweiterungen sogar von zwei konkurrierenden Firmen wieder hergestellt wird.

Der Sampler ist aber viel mehr als nur ein Abspielgerät von zuvor aufgezeichnetem Schallmaterial, mit ihm werden die Klangsequenzen auch neu zusammengesetzt, in Tonhöhe und Geschwindigkeit variiert, vielfältig bearbeitet und mit Effekten versehen. Vor allem in den noch jungen Musikstilen Hip Hop / Rap und Drum'n'Bass / Jungle ist der Sampler ein wichtiges Musikinstrument und Produktionswerkzeug. Oft werden dabei auch Samples aus Werken anderer Künstler verwendet, was dann urheberrechtliche Implikationen mit Rechtsstreitigkeiten zur Folge haben kann. Es gibt einige Samples, die sehr oft verwendet werden und eine Art Markenzeichen dieser Musikstile geworden sind: das sogenannte Amen Break aus dem Stück *Amen Brother* der Soulband The Winstons von 1969, das *Funky Drummer*-Schlagzeug-Solo des gleichnamigen Stücks von James Brown (der wohl meistgesampelte Künstler überhaupt) und das *Apache* Percussion-Break der Incredible Bongo Band.

3.2 Musizieren und Musikkonsum verändern sich

Bei dieser neuen Art des Musizierens werden neben dem Klangvorrat eines Musikinstruments durch das Sampling auch die Klangbestandteile anderer Werke – und seien es auch nur kleinste Mikropartikel – Mittel und Material des kreativen Gestaltungsprozesses. In der Digitaltechnik enthält das (immaterielle) Trägermedium über die Puls-Code-Modulation PCM aufgezeichnete Klangdaten. Die Wiedergabe und das instrumentale Spiel erfolgen im Sampler / Computer ebenfalls über die PCM, sodass sich hier die Sphären des passiven Musikkonsums und des aktiven Musizierens über die gleiche Technik verbinden (Abbildung 4): „*Die Spieltasten des Instruments und die Bedienelemente des Mediums verschmelzen vollständig im Sampler*“ (Klug 2004: 182).

Die Unterscheidung zwischen der Medienwiedergabe eines geschützten Werkes und der Tätigkeit an einem Musikinstrument mit freiem Klangmaterial wird somit erschwert, da beides mit ein und demselben Gerät geschieht und die Grenze von der Musikproduktion mit freiem Klangmaterial zur erlaubnispflichtigen Verwendung geschützter Werke sehr leicht überschritten wird. Fragestellungen zum Werkbegriff und zum Urheberrecht müssen neu gestellt und überdacht werden. Die Vision von Glenn Gould, dass der Hörer sein eigener Komponist wird (vgl. Gould 1987: 151), beginnt Realität zu werden und wird in manchen Zukunftsszenarien schon detailreich geschildert.[7]

[7] The S2S2 Consortium 2007: 4: "...*Music instruments for all: In 2020, many sound devices will have a general purpose computer in them and will include quite a number of real-time interaction capabilities, sensors and wireless communication. Basically, any sound-producing device will be able to behave like a personalised musical instrument. Music making will become pervasive and many new forms of communication with sound and music will become available. Music content will be inherently multimodal and music making available to everyone: music from all to all...*".

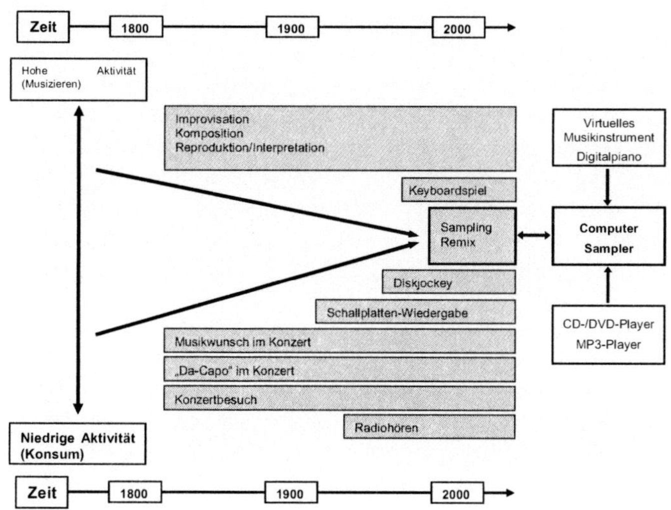

Musikkonsum und Musizieren, Grafik nach Klug (2004: 181 und 184)

4 Der DJ als Musiker und der Plattenspieler als Instrument

Die im Disco-Einsatz etablierten elektronischen Musikstile wie House, Techno, Hip Hop, Drum'n'Bass benötigen im Club den DJ als aktiven Musiker. Durch das Ineinandermischen, Schichten der Tracks mittels zwei oder mehr Schallplattenspieler (Turntables) und Mixer, die Manipulation des Tonmaterial über Effekte und Sampler sowie den Spieltechniken des „Scratching“ und „Beatjuggling“ – die im sogenannten „Turntablism“ zur Perfektion getrieben werden – entsteht eine neue Art des Musizierens. Die daran beteiligten Gerätschaften bilden somit eine neue Generation von Musikinstrumenten. Auch beim Scratching handelt es sich um eine zweckentfremdete Benutzung von Technologie – vergleiche *Acid* und Rolands TB-303 –, die einen neuen Sound hervorbringt, der dann von mehreren Musikstilen aufgegriffen wird bzw. diese prägt.

Der Einsatz des Plattenspielers als Instrument wurde 1983 in dem Stück „Rockit“ von Herbie Hancock erstmals einem breiten Publikum „vor Ohren“ geführt. Das Scratching wird hier zu einem wichtigen musikalischen Element, das den Song wesentlich kennzeichnet. „Final Scratch“ ist schließlich auch der Name eines 1998 vorgestellten DJ-Tools, mit dem digitale Audio-Dateien über ein spezielles Interface und Vinyl-Schallplatten, die mit einem Steuersignal (Timecode) versehen sind, abgespielt und eben auch gescratched werden können. Dieses System basiert auf der Verbindung der Vorzüge des traditionellen analogen Plattenauflegens mit den Vorteilen der Eigenschaften digitaler Klanginformationen: Der DJ muss seine gewohnten Bewegungsabläufe nicht verändern, bekommt weiterhin ergonomisch vorteilhafte, haptische Feedback-Informationen seiner Bewegungen, verfügt aber zugleich über ein nur durch die Kapazität seiner Computerfestplatte begrenztes Musik- und Klangreservoir. Mittlerweile gibt es mehrere dieser digitalen DJ-Systeme, die entweder mit den erwähnten Steuersignal-Vinyl oder Steuersignal-CDs arbeiten, alle DJ-relevanten Bedienelemente ganz auf der grafischen Oberfläche einer Software nachbilden oder andere mechanische Controller wie etwa sogenannte Scratch-Wheels integrieren. Den Kombinationsmöglichkeiten analoger (physischer) und digitaler (virtueller) System-Komponenten sind praktisch keine Grenzen gesetzt.

Konzipiert für das Komponieren, Produzieren und Aufführen von Musik mit dem Computer sowohl für Live-Musiker als auch DJs ist die Software *Live,* der in Berlin ansässigen Firma *Ableton* (www.ableton.com). Für den Live-Einsatz hebt sich die Anwendung durch Funktionen hervor, mit denen die Bearbeitung von Audiomaterial – etwa auch in Echtzeit aufgezeichnete Gitarren-Klänge – und dessen Integration in eine Live-Darbietung vereinfacht wird. Die Software, die auch Klangerzeugung und -manipulation über virtuelle Instrumente (Software-Synthesizer) und Effekte ermöglicht, kann zudem MIDI-Geräte einbinden sowie über Hardware-Controller bedient werden.

Der DJ, der mit Scratching oder sonstigen Klangeffekten mittels Sampler oder Laptop eine mit herkömmlichen Instrumenten besetzte Band unterstützt und als gleichberechtigter Musiker anerkannt wird, ist heute keine Seltenheit mehr. Auf der anderen Seite gibt es aber auch Konzerte, in denen die modernen Laptop-Musiker in der Überzahl sind und durch einen Gitarristen, Percussionisten oder einen anderen, ein traditionelles Instrument spielenden Musiker ergänzt werden. In jüngerer Zeit sind verstärkt rockige E-Gitarren und Elemente des Punk mit elektronischen Klängen und Beats zu einem Musikstil kombiniert worden, der mit dem Modeausdruck „Electroclash“ bezeichnet wird. Die Kombination von Gitarrensounds mit zum Tanz animierenden Schlagzeug- und Rhythmuselementen war allerdings schon Ende der 1980er Jahre in Großbritannien unter dem Label *Manchester Rave* bzw. *Rave* bekannt. Als Musikstil und Sub-kultur löste Rave in England die Acid-House Bewegung ab. Die Party-Konzepte dieser neuen Entwicklung kombinierten Live-Auftritte von Gruppen wie *Primal Scream*, *Stone Roses* und den *Happy Mondays* mit den Sounds und Rhythmen von House-DJs. Aus den Kooperationen von Bands und DJs entstanden in der Folge auch Aufnahmen und Remix, die dann als Tonträger unter der Stilbezeichnung *Rave* veröffentlicht wurden und damit dem Musikstil offiziell seinen Namen gaben.

Die großen, oft illegalen Tanzveranstaltungen in alten Fabrikhallen oder unter freiem Himmel, die ebenfalls mit *Rave* bezeichnet wurden und wo neben Rave auch Acid House und andere Stile elektronischer Tanzmusik wie Techno und Breakbeat gespielt wurden, ließen bereits erkennen, dass sich aus einer Sub-Kultur ein Massenphänomen von immensen wirtschaftlichen Ausmaßen und bedeutendem gesellschaftlichen Stellenwert entwickelte. Die weltweite größte Rave-Veranstaltung, die bis 2006 in Berlin und von 2007-2011 in verschiedenen Städten des Ruhrgebiets stattfindende Loveparade mit über einer Million Besuchern, verdeutlicht die kommerziellen Ausmaße dieser Entwicklung jedes Jahr aufs Neue.

Neue Zielgruppen der Musikinstrumentenindustrie

DJs und Produzenten von elektronischer Musik sind somit auch eine der wichtigsten Zielgruppen der Musikinstrumentenindustrie. Es vergeht kaum eine Woche, in der nicht ein neues Produkt für dieses Marktsegment vorgestellt wird. Die Palette umfasst dabei neue digitale DJ-Systeme, spezielle MIDI-Controller für DJs, CD-/Vinyl-Hybrid-Spieler, Software- und Hardware-Klangerzeuger, Sequenzer und Sampler. Schaut man sich im Studio eines modernen Musikproduzenten um, so erblickt das Auge neben leistungsfähigen Rechnern, die mit einer großen Auswahl von Musik-Software bestückt sind, ein Arsenal an modernen Keyboards und Hardware-Geräten. Es finden sich aber auch alte, sogenannte „Vintage"-Synthesizer wie der Minimoog oder der Yamaha DX7. Diese Klassiker verdanken ihren Einsatz in neuen Produktionen nicht nur nostalgischen Schwärmereien oder einer Sammlerleidenschaft ihrer Anwender. Viele Produzenten schwören auf deren charakteristischen Klang, der von den digitalen Software-Nachahmungen oft nicht erreicht wird und/oder bevorzugen die Hardware-Variante aufgrund der ergonomisch vorteilhaften, haptischen Handhabung. Je nach Vorlieben stellt sich der Musikproduzent von heute seine individuelle Kombination aus Software und Hardware, aus analogen und digitalen Komponenten zusammen. Dabei stehen modernste Entwicklungen und Vintage-Geräte, analoge und digitale Systeme, Hardware und Software in einer sich ergänzenden Co-Existenz nebeneinander.

5 Die Zukunft: Multimedial-Multisensuell?

Entscheidenden Einfluss auf die (Weiter-)Entwicklung von Musikinstrumenten wird neben neuen Klangerzeugungs- und formungsverfahren die Bedienbarkeit und Spielbarkeit der Geräte nehmen: Interaktive, gemeinschaftlich (kollaborativ) spielbare Instrumente wie das reacTable oder die (wieder technisch zweckentfremdete) Nutzung der Beschleunigungs- und Neigungssensoren des Controllers der Wii-Console von *Nintendo* zur Steuerung von Synthesizern zeigen die Richtung an.

Medienkonvergenz, Multimedialität und die Ansprache möglichst vieler Sinne, wie sie bereits in Marketing und Werbung unter der Bezeichnung multisensuelle Markenführung praktiziert wird (vgl. Kilian 2007a und Kilian 2007b), sind weitere Aspekte, die bei Produktentwicklung und -design von Musikinstrumenten eine wesentliche Rolle spielen werden. Im Februar 2008 hat Pioneer eine Kombination aus DJ- und Videomixer auf den Markt gebracht, die Audio- und Video-Mixing in einem Gerät ermöglicht und eine Vielzahl unterschiedlicher Medienformate verarbeiten kann. Der DJ oder VJ wird so zu einem Multi-Media Jockey MMJ, der Bild und Ton parallel und aufeinander abgestimmt steuern kann[8]. Dass sich in der Zukunft der Multimedia Jockey MMJ zu einem Multimedia-Multisensory Jockey MMMJ entwickelt, ist gar nicht mehr so unwahrscheinlich. Halten doch schon sogenannte Duft-DJs Einzug in Club- und Veranstaltungskultur. Aber der Fortschritt in Biomedizin und Gentechnologie eilt ja auch mit schnellen Schritten voran, sodass wir vielleicht gar nicht bis zum Jahre 2912 für den *KalQuestoTron* warten müssen: *„...Year 2912 :- KalQuestoTron - the first genetically engineered synth. Each cell is an oscillator, filter, and neural sequencer. Can be delivered via injection to always play 'hold music' in your head..."*
(http://www.sequencer.de/synth/index.php/Synthesizer_History_Timeline).

[8] *„(...) Wird es immer noch die klare Trennung zwischen DJ und VJ geben. Oder wird dann alles, was sinnlich erlebbar ist in der Macht einer Person, eines Multimedia Jockeys (MMJ), liegen. Dieser ist dann mit einer* All In One *Lösung ausgestattet. Er animiert und manipuliert die Massen mit abgestimmten Bildsamples, Soundschwällen und Lichtimpulsen. Je nach Stimmung werden süßliche oder feurige Düfte versprüht(...). Der totale Overdose der Sinne und Emotionen, erzeugt mit einer einzigen Software, gesteuert durch eine einzige Person(...)*" (Rissland 2006)

6 Literatur

Anon. Techniker, 1887/77, „Elektricität und Musik", *Zeitschrift für Instrumentenbau* 8.

Eimert, Herbert und Hans Ulrich Humpert, 1973, Das Lexikon der elektronischen Musik. Regensburg: Bosse.

Enders, Bernd, 1985, Die Klangwelt des Musiksynthesizers: Die Einführung in die Funktions- und Wirkungsweise eines Modulsynthesizers. München: Franzis-Verlag.

Essl, Karlheinz, 2000, „Lexikon-Sonate. An Interactive Realtime Composition for Computer-Controlled Piano". In: Enders, Bernd und Stange-Elbe, Joachim (Hrsg.), Musik im virtuellen Raum, KlangArt-Kongress 1997, Osnabrück.

Fricke, Jobst P., 1998, „Musik: Analog – digital – analog. Digitalisierung und Begrifflichkeit als Norm in einer scheinbar analogen Welt": In: Enders, Bernd und Niels Knolle (Hrsg.), KlangArt-Kongreß 1995. Vorträge und Berichte vom KlangArt-Kongreß 1995. Osnabrück: Rasch.

Gould, Glenn, 1987, Vom Konzertsaal zum Tonstudio, Schriften zur Musik II, München: Piper.

Hajdu, Georg, 2003, „Quintet.net – Präliminarien zu einer vernetzten, interaktiven Echtzeitkompositionsumgebung." In: Enders, Bernd und Joachim Stange-Elbe (Hrsg.), Global Village – Global Brain Global Music, Osnabrück.

Hein, Christoph, 2001, „Der Turntable als Musikinstrument", *Postscriptum 7 Musik und Maschine*, Schriftenreihe herausgegeben vom Forschungszentrum Populäre Musik der Humboldt-Universität zu Berlin (online).

Humpert, Hans Ulrich, 1987, Elektronische Musik. Geschichte – Technik – Komposition, Mainz: Schott

Kilian, K., 2007a, „Akustik als klangvolles Element multisensualer Markenkommunikation." In: Bronner Kai und R. Hirt (Hrsg.), Audio-Branding: Entwicklung, Anwendung, Wirkung akustischer Identitäten in Werbung, Medien und Gesellschaft. München: Verlag Reinhard Fischer.

Kilian, K., 2007b, "Multisensuales Markendesign als Basis ganzheitlicher Markenkommunikation." In: Florack, Arnd et al. (Hrsg.), Psychologische Markenführung: 307-340, München: Vahlen.

Klug, H., 2004, „100 Jahre GEMA – Durchschnittliche Lebenserwartung überschritten." In: Kalisch, V. (Hrsg.), Synästhesie in der Musik – Musik in der Synästhesie. Vorträge und Referate während der Jahrestagung der Gesellschaft für Musikforschung in Düsseldorf, 25.-28. September 2002. Essen: Verlag Die Blaue Eule.

Leithäuser, Gustav, 1932, Elektrische Hausmusik und Rundfunk auf der Funkausstellung, *FUNK-Bastler*, 32(1932).

Music technology group Barcelona, reactable Webseite: http://mtg.upf.edu/reactable/ (07/01/2008)

Niemczyk, R und T. Schmidt, 2000, Das DJ Handbuch. Zweite Auflage. Köln: Kiepenheuer & Witsch.

Pinch, Trevor und Franz Trocco, 2002, Analog Days: The Invention and Impact of the Moog Synthesizer. Cambridge, Massachusetts: Harvard University Press.

Poschardt, Ulf, 2001, DJ Culture. Diskjockeys und Popkultur überarbeitete und erweiterte Neuausgabe. Reinbek: Rowohlt.

Rissland, René, 2006, desktop revolution. Neue Wege der Sinnproduktion: digital – gesampelt – verfremdet – automatisiert. Master-Thesis an der Akademie der Bildenden Künste Nürnberg, http://p1580.typo3server.info/fileadmin/_img/semesterprojekte/masters/rene/Desktop_Revolution.pdf

Roads, Curtis, 1996, The Computer Music Tutorial. MIT Press.

Ruschkowski, Andre, 1998, Elektronische Klänge und musikalische Entdeckungen, Stuttgart: Reclam.

Schlicke, Cornelius, 2000, Segmentierung als Grundlage kultureller Praxis: Eine Untersuchung der Musikkultur Techno. In: http://www2.hu-berlin.de/fpm/works/schlicke.htm

Stange-Elbe, Joachim, 1989, Die Bedeutung der Elektroakustischen Medien für die Musik im 20. Jahrhundert, Musikwissenschaftliche Studien, Band 10, Pfaffenweiler.

Supper, Martin, 1997, Elektroakustische Musik und Computermusik. Geschichte – Ästhetik – Methoden – Systeme, Darmstadt: Wissenschaftliche Buchgesellschaft und Hofheim/Ts.: Wolke.

The S2S2 Consortium, 2007, A Roadmap for Sound and Music Computing. Version 1.0. http://www.smcnetwork.org/roadmap Zugriff 12/2007

Volkwein, B., 2003, What's Techno? Geschichte, Diskurse und musikalische Gestalt elektronischer Unterhaltungsmusik. Osnabrücker Beiträge zur systematischen Musikwissenschaft Band 4 (herausgegeben von Bernd Enders): Electronic Publishing Osnabrück.

7 Internet

http://www.elektropolis.de/ssb_moogstory.htm

http://www.planetmellotron.com/

http://www.sequencer.de/synth/index.php/Synthesizer_History_Timeline

http://www.soundonsound.com/sos/nov04/articles/roland.htm

http://www.synrise.de/html/minimoog.htm

http://www.synthmuseum.com/moog/index.html

http://www.vintagesynth.com/

AutorInnen

Kai Bronner, Studium der Medienwirtschaft zum Diplom-Wirtschaftsingenieur (FH) 2004 mit einer Abschlussarbeit über Audio-Branding – Akustische Markenkommunikation. Seitdem mehrere Projekte als freier Berater im Bereich Audio-Branding, Akustische Kommunikation und Klangforschung. 2007 Mitherausgeber und Autor eines Sammelbandes zum Thema Audio-Branding. Gründungsmitglied von ExAM - Expertenkreis für Angewandte Musikforschung. Vorträge und Präsentationen in den Bereichen Audio-Branding, Sounddesign, Klang und intermodale Beziehungen, daneben intensive Auseinandersetzung mit elektronischer Musik

Herbert Bruhn studierte Dirigieren und Klavier (Brückner-Rüggeberg, Swarowsky und Celibidache) und arbeitete von 1971 bis 1984 als Solorepetitor und Kapellmeister an verschiedenen westdeutschen Musiktheatern (u. a. Stuttgart, München, Bayreuther Festspiele). Die Begegnung mit Sergiu Celibidache öffnete das Interesse an Grundlagenforschung zur Musik, sodass er ein Studium Psychologie begann, das mit Diplom (1984) und Promotion (1988) abgeschlossen wurde. Nach einer Gastprofessur in Kassel und einer kurzen Zeit als Musikdirektor der Universität des Saarlandes ist Bruhn seit 1989 als Professor für Musik und ihre Didaktik in Schleswig-Holstein (zunächst Kiel, jetzt Flensburg) tätig. Ehrenamtliche Tätigkeiten als Vertrauensdozent der Friedrich-Ebert-Stiftung und als 1. Vorsitzender der Deutschen Stiftung Musiktherapie. Arbeitsschwerpunkte: Empirische Musikpädagogik, Grundlagen der Musikwahrnehmung, Angewandte Musikforschung.

Peter Buxmann ist seit 2004 Inhaber des Lehrstuhls für Wirtschaftsinformatik an der Technischen Universität Darmstadt. Zudem ist er Herausgeber der Zeitschrift WIRTSCHAFTSINFORMATIK. Er befasst sich mit den Spielregeln der Softwareindustrie und forscht auf den Gebieten Standardisierung von Informationssystemen, Kooperationen in digitalen Wertschöpfungsketten, Software as a Service sowie Open-Source-Software. 2006 gründete er gemeinsam mit Thomas Hess die Software Economics Group Darmstadt-München (www.software-economics.org). Prof. Dr. Peter Buxmann wurde 1964 in Frankfurt geboren. Er absolvierte ein Studium der Betriebswirtschaftslehre mit Schwerpunkt Wirtschaftsinformatik an der Universität Frankfurt, wo er im Anschluss auch promovierte. Nach einem Forschungs- und Lehraufenthalt an der Haas School of Business der University of California in Berkeley habilitierte er sich. Von 2000–2004 war er Professor für Wirtschaftsinformatik und

Informationswirtschaft an der Technischen Universität Freiberg, bevor er an die Technische Universität Darmstadt wechselte. Parallel leitete er zahlreiche wissenschaftliche sowie industrienahe Forschungsprojekte und war an mehreren Unternehmensgründungen beteiligt.

Marcel Engh ist als Vice President, Brand Entertainment & Business Development für den globalen Musikkonzern Sony Music in London tätig. Zudem ist er Managing Director von SBX Communications, einer eigenständigen Entertainment-Marketing- und Artist-Agency innerhalb des Sony Networks. Bevor er von 2001 bis 2004 als Director Business Development für die strategische Weiterentwicklung des Medienkonzerns Bertelsmann in New York und Hamburg zuständig war, bekleidete er von 1997 bis 2001 verschiedene operative und strategische Positionen bei der Bertelsmann Music Group in München und begann seine Medienkarriere 1996 beim Musikkonzern EMI Records in New York. Marcel Engh schloss sein wirtschafts- und marketingwissenschaftliches Studium an der Universität des Saarlandes 1996 ab und beendete 2005 seine Promotion zum Thema Medien- und Brand Management an der Handelshochschule Leipzig. Er publiziert regelmäßig in diesem Forschungsfeld und ist zudem als Dozent an verschiedenen Hochschulen tätig.

Gerhard Gensch ist Leiter des Zentrums für zeitgenössische Musik an der Donau-Universität Krems. Nach Studien am Meistersinger-Konservatorium Nürnberg mehrjährige Tätigkeit als Redakteur. 1980-1984 Studium der Kommunikationswissenschaft und Journalistik an der Freien Universität Berlin, Promotion am Institut für empirische Kommunikationsforschung. Von 1984 bis 1989 Mitarbeiter der UNESCO als Leiter des Mass Media Training Center in Lusaka/Zambia und Senior Lecturer am Center for Journalism and Broadcasting in Gabarone/Botswana. 1990 bis 1995 Chefredakteur in Frankfurt am Main (epd-Landesredaktion), seit 1999 an der Donau-Universität Krems, wo er bis 2004 Leiter des Zentralbereichs Kommunikation war. Gastprofessuren und Lehraufträge u.a. in Bamberg, Leipzig und Flensburg sowie an der Stradins University Riga (Lettland), der University of the Arts Denpasar (Indonesien) und dem Shanghai Conservatory of Music. Arbeitsschwerpunkte: Musik und Medien, Musikmanagement.

Simone Heilgendorff ist seit 2007 Professorin für Angewandte Musikwissenschaft an der Alpen-Adria-Universität Klagenfurt (Österreich.), wo sie seit Herbst 2007 einen neuen gleichnamigen Studiengang leitet. Zuvor vertrat sie von April 2004 bis September 2006 die Professur für Musikwissenschaft an der Universität Potsdam. Sie studierte Musikwissenschaft, Philosophie und Psychologie (Dr. phil. 1999, Humboldt Universität Berlin) sowie Viola (Master of Music 1991, University of Michigan/USA) in Freiburg, Zürich, den USA und in Berlin. Als Bratschistin ist sie Gründungsmitglied des Kairos Quartetts, das auf Neue Musik spezialisiert ist. Seit 1993 lehrt sie im Hochschulbereich mit einem Schwerpunkt in der Vermittlung von wissenschaftlicher und künstlerischer Praxis. Veröffentlichungen liegen vor im Bereich der Neuen Musik und der Musik des 18. Jahrhunderts, insbesondere zu ihren kulturellen Kontexten, ihrer musikalischen Analyse sowie zur Interpretation, Aufführungspraxis und Vermittlung von Musik. 2002 erschien ihr Buch *Experimentelle Inszenierung von Sprache und Musik - Vergleichende Analysen zu Schnebel und Cage.*

Michael Huber, Studium der Soziologie und Pädagogik an der Universität Wien, 2006 Promotion zum Dr. phil. Seit 1998 Lehrbeauftragter an verschiedenen Instituten der Universität für Musik und darstellende Kunst Wien, seit 2006 Universitäts-Assistent am Institut für Musiksoziologie. Forschungsschwerpunkte: Stellenwert, Funktion und Rolle der Musik in der Gesellschaft; Musik und neue Medien; Strukturen des gegenwärtigen Musiklebens; Jugendkultur, Sozialisation und Medienrezeption; Populäre Musik, Jazz und elektronische Musik in Österreich

Carl Mahlmann, Dr., seit April 2007 Director Strategic Business Planning bei EMI Music Germany GmbH&Co. KG. Beschäftigt sich dort mit strategischen Fragestellungen und der Organisation der Verfügbarkeit digitaler Assets (Musikdateien, Metadaten). Weitere Aufgabenbereiche: Content Protection (Anti Piracy), Market Research und Charts. Zuvor Director Asset Management, Director Business Planning inklusive Business Development. Langjähriges Mitglied in mehreren Arbeitsausschüssen des Bundesverbandes Musikindustrie und Beirat der Phononet GmbH.

Gunnar Otte studierte Sozialwissenschaften mit den Fächern Soziologie, Sozialpsychologie, Politikwissenschaft und Volkswirtschaftslehre an den Universitäten Hannover, Mannheim und Bloomington, Indiana (USA). Als wissenschaftlicher Mitarbeiter war er von 1998 bis 2003 an der Universität Mannheim tätig und promovierte dort 2003 im Fach Soziologie. Nach einer Tätigkeit als wissenschaftlicher Mitarbeiter am Institut für Kulturwissenschaften der Universität Leipzig ist er seit 2008 wissenschaftlicher Assistent am Soziologischen Institut der Universität Zürich. Seine Forschungsschwerpunkte sind: Soziale Ungleichheit, Lebensstile, Jugendkulturen, Kultur- und Kunstsoziologie, Stadt- und Regionalforschung, Globalisierung sozialer Beziehungen und Methoden der empirischen Sozialforschung.

Martin Pfleiderer ist Musikwissenschaftler und Jazzmusiker. Er studierte Musikwissenschaft, Philosophie und Soziologie an der Universität Gießen und wurde dort 1998 promovierte. Von 1999-2005 war er wissenschaftlicher Assistent für Systematische Musikwissenschaft an der Universität Hamburg, wo er 2006 habilitiert wurde. Seither zahlreiche Lehraufträge u. a. in Hamburg, Krems und Basel; 2007/08 Vertretung der Professur für Theorie, Ästhetik und Geschichte populärer Musik an der Universität Paderborn. Gegenwärtige Interessenschwerpunkte sind populäre Musik (vor allem deren Geschichte und Analyse), afroamerikanische Musik, Jazz und World Music sowie Musikpsychologie, Musiksoziologie und Rhythmusforschung.

Gerrit Pohl absolvierte zunächst eine Ausbildung zum Bankkaufmann und studierte anschließend Betriebswirtschaftlehre. Seit 2007 ist Pohl Ressortleiter Musik in der New Media Abteilung des Axel Springer Mediahouse München. Bis 2007 war Pohl Redakteur bei der Musikzeitschrift „Rolling Stone". Er ist Gründungsmitglied des „Forschungsprojekt Zukunftsmusik", hat Lehraufträge an verschiedenen Hochschulen und ist aktiv an der Kongressgestaltung der Musikmessen „Popkomm" und „c/o pop" beteiligt. Sein Forschungsinteresse gilt insbesondere den Digitalisierungsprozessen in der Medienindustrie. Pohl ist zudem Mitverfasser zahlreicher wissenschaftlicher Veröffentlichungen und leidenschaftlicher Plattensammler.

Alfred Smudits studierte Soziologie und Psychologie in Wien. Er arbeitete mehrere Jahre am internationalen Forschungsinstitut MEDIACULT, und ist seit 1992 dessen Generalsekretär. Als a. o. Professor am Institut für Musiksoziologie an der Universität für Musik und darstellende Kunst in Wien lehrt und arbeitet er in den Bereichen Kunst-, Musik- und Mediensoziologie, Popularmusik sowie Kulturtheorie und Kulturgeschichte.

Joachim Stange-Elbe, Studium der Musikwissenschaft, Germanistik und Philosophie an der Universität Freiburg i.Br.; 1988 Promotion über "*Die Bedeutung der elektroakustischen Medien für die Musik im 20. Jahrhundert*"; Tätigkeiten als Regieassistent am Freiburger Theater und als Redaktionsassistent beim Südwestfunk; Freier wissenschaftlicher Mitarbeiter am ZKM Karlsruhe; Habilitation 2000 in Osnabrück über computergestützte Analyse und Performance, 2004 Ernennung zum außerplanmäßigen Professor; von 1999-2002 wissenschaftlicher Mitarbeiter am Institut für Musikwissenschaft an der Universität Rostock; 2002/2003 Mitarbeiter des WissPro Projektes an der Musikhochschule Lübeck; von Herbst 2003-2007 Leiter des Instituts für Musikwissenschaft an der Universität Rostock; Forschungsschwerpunkte sind Musik- und Medientechnologie, Probleme der musikalischen Performance und die Theorie und Praxis des realen und virtuellen Musizierens; 2007 Gründung von "Klangspiegel. electronic & claasic", einem Studio für elektronische und Computer-Musik, Konzerte mit eigenen und Bearbeitungen klassischer Werke.

Eva Maria Stöckler, Studium der Musikwissenschaft, Deutschen Philologie und Slawistik (Russisch) Diplom und Lehramt an der Universität Salzburg, danach Studienleiterin am Bildungszentrum Salzburg und Leiterin des Kunstraums St. Virgil, diplomierte Erwachsenenbildnerin, Lehrtätigkeit am Ausbildungsinstitut Salzburg, 2004 Promotion an der Universität Salzburg mit einer Arbeit über Ernst Krenek, *... verloren im „Dunkel des unübersehbaren Lebensraumes“, Ernst Kreneks Kafka-Rezeption* (erschienen 2006), Stipendiatin des II. Internationalen Kompositionsseminars der Internationalen Ensemble Modern Akademie Frankfurt/Main (2005), seit 2006 wissenschaftliche Mitarbeiterin und Studienkoordinatorin am Zentrum für zeitgenössische Musik der Donau-Universität Krems, Arbeitsschwerpunkte in Forschung und Lehre sind Musik des 20. und 21. Jahrhunderts, musikästhetische und transdisziplinäre Fragestellungen.

Jochen Strube studierte Betriebswirtschaftlehre an der TU Bergakademie Freiberg und arbeitete im Anschluss als wissenschaftlicher Mitarbeiter am Fachgebiet Information Systems der TU Darmstadt. Dort forschte er zu den ökonomischen Prinzipien digitaler Güter und promovierte zum Thema *Preissetzung für Musikdownloads*. Seit 2008 arbeitet er als Consultant im Bereich Pricing bei der internationalen Marketing- und Strategieberatung Simon-Kucher&Partners. Dr. Strube ist Autor zahlreicher wissenschaftlicher Publikationen und war Redner auf verschiedenen nationalen und internationalen Konferenzen.

Peter Tschmuck studierte an der Universität Innsbruck Betriebs- und Volkswirtschaftlehre, wo er 1999 auch zum Dr. rer. soc. oec. promovierte. Nach seiner Tätigkeit als Beteiligungscontroller bei der Voest-Alpine Eisenbahnsysteme (VAE) war er zwischen Januar 1999 und Mai 2000 als Vertragsassistent am Institut für Volkswirtschaftslehre der Wirtschaftsuniversität Wien tätig. Ab Juni 2000 wechselte er als Universitätsassistent an das Institut für Kulturmanagement und Kulturwissenschaft (IKM) der Universität für Musik und darstellende Kunst Wien, wo er sich im Juni 2003 zum außerordentlichen Universitätsprofessor habilitierte. Gegenwärtigen Forschungsschwerpunkte: Kulturbetriebslehre, Musikwirtschaftsforschung, Kulturpolitik- und –betriebsevaluation, Ökonomik des Urheberrechts.